Diogenes Taschenbuch 130/xxxvi

Die Menschliche Komödie

Honoré de Balzac

Buch der Mystik

Erzählungen

Diogenes

MIT FREUNDLICHER GENEHMIGUNG DER
ROWOHLT VERLAG GMBH, REINBEK BEI HAMBURG
VERÖFFENTLICHT ALS DIOGENES TASCHENBUCH, 1977

100/77/E/I
ISBN 3 257 20476 0

Inhalt

SERAPHITA

☆

DER STROMFJORD

WER NUR IRGEND EINEN BLICK AUF EINE Karte von Norwegens Seegrenzen geworfen hat, der muß in tieſe Bewunderung verſinken über die phantaſtiſchen Geſtaltungen dieſer langen, gleich der feinſten Brüſſeler Spitze ausgezackten Granitküſte, in deren Klüften unaufhörlich des Nordmeers Wogen brüllen. Wer hat ſich dann nicht den erhabenen Anblick vorgeſtellt, den dieſe Küſten ohne Geſtade, dieſe Unzahl von Baien, Buchten und von andern kleinen Einſchnitten, jedoch in unendlicher Verſchiedenheit darbieten, und die ſämtlich pfadloſe Schlünde ſind? Kommt man nicht in Verſuchung, die Behauptung aufzuſtellen, die Natur habe ſelbſt in ſeltſamem Spiele mit unauslöſchlichen Hieroglyphen das Symbol nordiſchen Lebens hier niedergelegt, indem ſie in der Geſtalt dieſer Küſten das Bild eines unermeßlichen Fiſchſkeletts zeichnete? Denn der Fiſchfang liefert den Haupthandel und faſt die geſamte Nahrung der wenigen gleich einer einſamen Steinflechte an den ſtarren Klippen klebenden Einwohner. — Kaum kommen auf eine Strecke von vierzehn Graden der Breite ſiebenmalhunderttauſend Seelen!
Den ganz ruhmloſen Gefahren, dem ewigen Schnee, der dem kühnen Reiſenden von des Nordlands Gipfeln, deren Namen ſchon Froſt erregt, entgegen ſtarrt, haben wir es zu verdanken, daß bis jetzt dieſe erhabenen Schönheiten in ſtiller Jungfräulichkeit unbe-

rührt und im ſchönen Einklang blieben mit Erſcheinungen in der menſchlichen Natur, die, wenigſtens für die Dichtung, ebenſo jungfräulich ſich dort zutrugen, und deren Geſchichte hier folgt.

Hat eine dieſer Buchten eine ſolche Ausdehnung, daß das Meer nicht gänzlich in dem Felſenkerker gefriert, ſo wird dieſer kleine Meerbuſen von den Einwohnern ein Fjord genannt, ein Wort, welches die Geographen faſt aller Länder angenommen haben. Ungeachtet der allgemeinen unter dieſen tiefen Einſchnitten herrſchenden Ähnlichkeit, gewährt doch jeder wieder für ſich ein eigentümliches Bild; überall zeigt das Meer ſeine gewaltigen Einbrüche, immer aber hat es die Felſen auf verſchiedene Art zerriſſen, und für ihre ſeltſamen Geſtaltungen finden ſich keine Ausdrücke in der ganzen Geometrie. Hier ſind die Klippen gleich einer Säge ausgezackt, dort vermag auf der ſenkrecht aufſteigenden Maſſe weder Schnee liegen zu bleiben, noch der jüngſte Anflug der nordiſchen Tanne Wurzel zu faſſen; hin und wieder ſind einige zierliche Krümmungen abgerundet worden, und bilden nun ein von dunkeln Nadelhölzern überhöhtes Tal. Man könnte dieſes Land eine Meer-Schweiz nennen.

Zwiſchen Drontheim und Chriſtiania liegt ein ſolcher Meerbuſen, genannt der Stromfjord. Geſteht man dem Stromfjord auch nicht den erſten Rang zu unter dieſen herrlichen Landſchaftsbildern, ſo gebührt ihm doch wenigſtens das Verdienſt, daß er alle irdiſche Pracht des Nordlandes umfaßt, und daß er zum Schauplatze einer ganz ätheriſchen Begebenheit diente.

Beim erſten Anblick ſcheint der Stromfjord das Bild eines vom Meer in das Land hineingebrochenen Trichters darzubieten. Der Durchbruch der Wellen läßt auf den furchtbaren Kampf ſchließen, der zwiſchen den beiden gleich kräftigen Mächten, dem wilden Ozean und dem ſtarren Granit, einſt ſtattfand. So ſcheinen zum Beiſpiel abenteuerlich geformte Klippen den Schiffen den Eingang zu verſagen. Kühn ſpringt der Nordländer hier von einem Felſen zum andern, ohne vor dem hundert Klafter tiefen und ſechs Fuß breiten Abgrund zu erbeben. Ein dünnes, halbzerbröckeltes Stück Gneis verbindet dort zwei Felshörner, während hier Jäger oder Fiſcher vermittelſt einer hinübergeworfenen Tanne zwei himmelan ſtarrende Klippen vereinigen, an deren Fuß ewig die Wogen ſich heulend brechen.

In ſchlangenförmiger Biegung wendet ſich die Einfahrt rechts und ſtößt dann auf einen vom Geſtade des Meers achtzehnhundert Fuß gerade aufſteigenden Berg, deſſen Fuß eine faſt ſenkrechte Maſſe Granit von beinahe einer Stunde Länge bildet, die erſt in einer Höhe von dreißig Klaftern über dem Waſſer Riſſe und Sprünge zu bekommen anfängt.

Am Ende der Biegung iſt der Fjord endlich von einem gewaltigen mit Waldungen gekrönten Gneisfelſen geſchloſſen, von dem ein Fluß in vielfaltigen Abſtürzen herabſchäumt, der zur Zeit des Schneeſchmelzens zum Strom angeſchwollen, einen unermeßlichen Waſſerfall bildet, mit Wut aus dem Gebirge herausbricht und uralte Tannen und Lärchen, trotz ihrer Größe aber in dem furchtbaren Toben kaum bemerkt, herunterſtürzt.

Das Gebirge, welches an ſeinem Fuße die ganze Wut des Meeres und auf ſeinem Gipfel alle Stürme des eiſigen Nordpols aushalten muß, wird der Falberg genannt, und dieſer Gipfel, der ſteilſte im ganzen Norwegen, iſt ſtets mit Eis und Schnee umhüllt, denn in dieſer Nähe des Poles bringt ſchon eine Höhe von achtzehnhundert Fuß eine Kälte hervor, die ſonſt nur auf den höchſten Piks der Erde angetroffen wird. Steil gegen das Meer abfallend ſenkt ſich dieſe Felskuppe allmählich nach Oſten zu und verbindet ſich dort mit den Fällen der Sieg durch ſtufenweis abſteigende Täler, in denen aber die Kälte doch nur kurzes Gebüſch und verkrüppelte Bäume aufkommen läßt. Der Fluß, der im Hintergrund des Fjords herabſtürzt, heißt die Sieg und gibt der Gegend den Namen Siegdahlen, was ungefähr ſoviel heißt als Wasserfall der Sieg. Von den Maſſen des Falbergs durch den Fjord getrennt, zieht ſich das Tal von Jarvis hin, eine anmutige Landſchaft, beherrſcht von Hügeln, mit Tannen, Lärchen, Birken, einzelnen Fichten und Buchen bewachſen, das lieblichſte Bild, welches die nordiſche Natur in dieſen rauhen Felſen hervorzuzaubern vermag. Leicht fällt es dem Auge hier, die Linie zu verfolgen, wo das von den Strahlen der Sonne erwärmte Land anfängt, für einige Kultur empfänglich zu werden, und die ſparſame Vegetation der nordiſchen Flora emporkeimt. Hier iſt der Golf breit genug, um dem vom Falberg zurückgeworfenen Meere zu geſtatten, in kleinen Wellen an den ſanft aufſteigenden Uferhügeln anzuſpülen, deren Saum aus feinem Sande, vermengt mit Glimmer, Kieſeln, Porphyr, vielerlei vom Fluſſe mitgeſchwemmtem ſchwediſchem Marmor, Muſcheln und Algen beſteht, welche Polar- und Südſturm hertrieben.

Am Fuße der Berge von Jarvis liegt das aus zweihundert hölzernen Häuſern beſtehende Dorf, in dem eine einſame, von der Welt abgeſonderte Einwohnerſchaft wohnt, die, gleich den Bienenſchwärmen in einem Walde, ohne Zu- und Abnahme glücklich vegetiert, und im Schoße einer wilden Natur ihre Nahrung ſammelt. Das unbekannte Beſtehen dieſes Dorfs erklärt ſich leicht. Nur wenige Menſchen waren mutig genug, ſich durch das Klippengewirr zu wagen, um die eigentlichen Küſten des Meeres zu erreichen und da dem Fiſchfange obzuliegen, den die Norweger an weniger gefährlichen Geſtaden im Großen treiben. Die vielen Fiſche des Fjords liefern einen Teil der Nahrung ſeiner Umwohner, die Weiden in den Tälern geben Milch und Butter, und einige Grundſtücke in vorzüglicher Lage erlauben Roggen, Hanf, Gemüſe zu bauen, die ſie ebenſo gut gegen die Strenge der Kälte, wie gegen die kurze aber oft furchtbare Hitze ihrer Sonne, mit aller Geſchicklichkeit, die der Nordländer in dieſem zweifachen Kampfe entwickelt, zu ſchützen wiſſen. Der Mangel an Straßen, ſowohl zu Lande, wo ſie garnicht zu finden ſind, als wie zu Waſſer, wo ihre ſchwachen Fahrzeuge kaum unbeladen die ſchwierigen Durchfahrten paſſieren können, verhindern ſie, den Reichtum ihrer Wälder zu benutzen. Gleich unerſchwingliche Summen würden erforderlich ſein, um das Fahrwaſſer zu ihrem Fjord zugänglich zu machen, oder einen Weg in das Binnenland zu brechen. Die Straße von Chriſtiania nach Drontheim umgeht den Stromfjord, und führt auf einer mehrere Stunden weit vom Waſſerfalle entfernten Brücke über die Sieg. Zwiſchen dem Jarviſer Tal und Drontheim iſt die Küſte mit unzugänglichen Wäldern bewachſen, und ebenſo iſt der Falberg von Chriſtiania durch grauſenhafte Abgründe getrennt. Vielleicht wäre es möglich geweſen, vermittelſt der Sieg eine Verbindung mit dem inneren Norwegen und mit Schweden herzuſtellen, allein, um zugänglich und ziviliſiert zu werden, hätte der Stromfjord eines Genies bedurft, und wirklich erſchien auch dieſes Genie, allein es trat in der Geſtalt eines Dichters, eines gottesfürchtigen Schweden auf, der das Leben verließ unter Bewunderung der Schönheiten dieſes Landes, und der dieſe Schönheiten verehrte gleich dem herrlichſten Werke des Schöpfers.

Jenen reich begabten Gemütern, denen ein inneres Anſchauungsvermögen verliehen iſt, wird es nun leicht werden, ſich ſelbſt vor ihren geiſtigen Augen ein Bild des ganzen Stromfjords zu entrollen, mit ſeiner Flut die ewigen Felstafeln zu beſpülen, deren weiße Pyramiden im Nebel eines faſt immer perlgrauen Himmels verſchwimmen; die ſchöngeſchweifte Fläche des Golfes zu bewundern; dem Gefäll der Sieg zu lauſchen, wie ſie in langen Streifen tanzt und ſtürzt über die Wirrnis ſchöner Baumtrümmer, die ragen und verſinken zwiſchen den Gneisſtücken; dann auszuruhen in dem lachenden Bild der nordiſch reich bewaldeten Hügel, der mädchenhaft ſchlanken, ſich mädchenhaft neigenden Birken, der Buchenhallen aus hundertjährigen bemooſten Stämmen; in all dem Wechſelſpiel von vielem Grün, Wolkenweiß, Tannenſchwarz und Heiderot, all den Farben, all den Düften dieſer wunderbaren Flora. Erweitert die Maſſe dieſes Amphitheaters, verliert euch in Wolkenhöhen und Felſentiefen, wo die Seehunde lagern –, nie wird euer Sinn die reiche Poeſie dieſer Nordlandſchaft erreichen, und wäre er tief wie der Ozean und phantaſtiſch wie die Umriſſe dieſer Wälder und Wolken im Wechſel von Licht und Schatten.

Über die zwei- oder dreihundert der mit Birkenrinde bedeckten engen und niedrigen Hütten des Dorfes, die am Fuße der Hügel hingebreitet liegen, ragt ein Kirchlein hervor, das durch ſeine einfache Bauart in vollem Einklang mit dem ärmlichen Dorfe ſteht. Ein Kirchhof ſtößt an die Altarſeite der Kirche und hinter dieſem befindet ſich das Pfarrhaus. Noch etwas höher, auf einem Vorſprunge des Gebirges, liegt ein Hof, der einzige von Stein erbaute in der ganzen Gegend, der eben deswegen auch von den Eingebornen das Schwedenſchloß genannt wird; in der Tat kam ungefähr dreißig Jahre vor Beginn dieſer Geſchichte ein reicher Mann aus Schweden und ließ ſich in Jarvis nieder, deſſen Wohlſtand er unermüdlich zu verbeſſern ſuchte. Dieſer kleine, in der Abſicht erbaute Hof, den Einwohnern als Muſter zu dienen und ſie zur Nachahmung aufzumuntern, zeichnete ſich nicht nur durch ſeine Feſtigkeit, ſondern auch durch die ihn umgebende Mauer aus; eine in Norwegen ſeltene Erſcheinung, wo man ſich, ungeachtet des Überfluſſes an Steinen, doch ſtets des Holzes zu allen Arten von Einfriedigungen, ſelbſt der Felder, bedient. Durch dieſe Mauer gut gegen den Schnee geſchützt, ſtand das Haus mitten in einem ſehr großen Hofe auf einer kleinen Erhöhung. Seine Fenſter waren durch ſehr weit hervorſpringende Wetterdächer geſchützt, die von gewaltigen, viereckig behauenen Tannenſtämmen getragen wurden und dadurch, wie viele nordländiſche Bauten, ein gewiſſes patriarchaliſches Anſehen bekamen. Unter dieſen Schutzwehren hervor konnte man gewöhnlich die wilden nackten Felsmaſſen des Falbergs betrachten, die geringe Waſſermenge im wildſchäumenden Fjord mit dem unendlichen fern herüberblickenden Ozean vergleichen, den donnernden Sturz der Sieg vernehmen, deren Fall von weitem ganz unbeweglich erſchien, und den auf drei Stunden im Umkreiſe die Gletſcher des Nordens umgaben; ein Blick vermochte mit einem Worte die ganze Landſchaft zu umfaſſen, in der ſich die übernatürlichen und doch einfachen Begebniſſe dieſer Geſchichte zutragen werden.

✩

SERAPHITUS

DER WINTER VON SIEBZEHNHUNDERTNEUNundneunzig auf Achtzehnhundert war einer der härteſten, deſſen man ſich in Europa erinnern kann. Norwegens Meer war ſelbſt in den Fjords feſtgefroren, eine Erſcheinung, die gewöhnlich durch die unaufhörlichen Strömungen gehindert wird. Furchtbarer Sturm hatte allen Schnee vom Eiſe des Stromfjords in das innerſte Ende des Golfs zuſammengeweht. Seit vielen Jahren war es den Bewohnern von Jarvis nicht vergönnt geweſen, im Winter den großen Spiegel ihrer Gewäſſer die Farben des Himmels widerſtrahlen zu ſehen, ein ſeltnes Schauſpiel im Schoße dieſer Gebirge, deren Unebenheiten unter den vielen aufeinander folgenden Schneelagen verborgen waren, wo die höchſten Gipfel gleich den tiefſten Schlünden in dem unermeßlichen, von der Hand der Natur über dieſe Landſchaft geworfenen weißen Gewande ſich nur als ſchwache Erhöhungen zeigten; jetzt ein traurig glänzender monotoner Anblick. Die mächtigen plötzlich erſtarrten Waſſerfälle der Sieg bildeten eine ungeheure Wölbung, unter der die Einwohner, geſchützt vor den Schneewirbeln, hätten durchgehen können, wenn irgend einer verwegen genug geweſen wäre, ſich ſoweit in das Land hinein zu wagen. Die Gefahren, ſelbſt des kleinſten Weges hielten aber die kühnſten Jäger in ihren Wohnungen zurück, weil ſie fürchten mußten, unter

den dicken Schneedecken weder die ſchmalen am Rande der Abgründe hinführenden Fußpfade treffen, noch die tiefen Klüfte und Schlünde vermeiden zu können. Auch belebte kein lebendiges Geſchöpf dieſe weiße Wüſte, wo nur der vom eiſigen Pole herſtreichende Nordwind zuweilen die öde Stille unterbrach. Der faſt unaufhörlich grau behängte Himmel ließ den See wie matten Stahl erſcheinen. Vielleicht zog hin und wieder ein alter Eidervogel durch die Wüſte, geſchützt durch ſeinen wärmenden Flaum, unter den die Träume der Reichen ſchlüpfen, nicht bedenkend, mit welchen Gefahren dieſe Feder erkauft wird; aber gleich dem Beduinen, der einſam Afrikas Sandwüſte durchzieht, wurde auch der Vogel weder gehört noch geſehen, denn die ſtarre, ihrer elektriſchen Kommunikation beraubte Atmoſphäre tönte weder ſeinen Flügelſchlag noch ſein fröhliches Geſchrei wider. Welches Auge wäre auch im Stande geweſen, den Glanz dieſes von ſchimmernden Kriſtallen eingefaßten Abgrundes zu ertragen und den grellen Widerſchein des Schnees, der kaum auf den höchſten Gipfeln von den Strahlen einer bleichen Sonne getönt wurde, die hin und wieder gleich einem Sterbenden, der ungern vom Leben ſcheidet, auf kurze Momente zum Vorſchein kam! Oft, wenn graue Wolkenmaſſen in Schwaden über Berg und Wald jagten und den Himmel verſchleierten, leuchtete die Erde, des Himmelslichtes ermangelnd, von ſelbſt auf.
Hier herrſcht die ganze Majeſtät der ewigen, um den Pol gelagerten Kälte, deren Hauptcharakter ein tiefes, ernſtes Schweigen iſt. Wie aber jedes Extrem die Wahrſcheinlichkeit der Verneinung, die Kennzeichen des Todes in ſich trägt, — denn Leben iſt der Kampf zweier Kräfte — ſo herrſcht auch hier keine

Spur des Lebens, nur eine Macht, die unfruchtbare Macht des Eises herrscht hier mit unbestrittener Gewalt. Selbst das Brüllen der anlaufenden Flut im offenen Meere gelangte nicht bis in diese stille, in den drei kurzen Jahreszeiten, in denen sich die Natur beeilt, kärgliche Ernten dem geduldigen Volke zu spenden, sonst so tobende Bai. Einzelne hohe Tannen erhoben ihre schwarzen schneebekränzten Pyramiden und das Bartgehänge ihrer Äste machte das Bild dieser Gipfel, auf die sie in dunklen Tupfen verstreut waren, noch trübseliger.

Jede Familie blieb ruhig am warmen Herde in den wohlverwahrten Häusern, mit hartem Brote, eingesalzner Butter, gedörrten Fischen und andern im voraus für die sieben strengen Wintermonate eingesammelten Vorräten gut versehen. Kaum sieht man leichten Rauch von diesen Wohnungen aufsteigen. Alle liegen fast gänzlich unter dem Schnee begraben, gegen dessen Druck sie noch überdies durch lange vom Dach heruntergehende und von starken Balken gehaltene Dielen geschützt werden, die rings um das Haus einen bedeckten Gang bilden. Während der furchtbaren Winterzeit verfertigen und färben die Frauen die ihnen zur Kleidung dienenden wollenen oder leinenen Zeuge; die meisten Männer beschäftigen sich unterdessen mit Lesen oder hängen ernsten, wundervollen Betrachtungen nach, aus denen jene tiefen Theorien, jene mystischen Träume des hohen Nordens entstanden sind, jene nur auf einen, wie mit einer Sonde erforschten Punkt der Wissenschaft gerichteten Studien: – jene halb mönchischen, dem beschaulichen Leben gehörenden Gebräuche, die den Geist zwingen, bei sich selbst einzukehren und aus sich selbst seine Nahrung zu schöpfen, und die aus dem

norwegischen Bauer ein in der übrigen europäischen Gesellschaft ganz isoliert stehendes Wesen machen.
Im ersten Jahre des neunzehnten Jahrhunderts und um die Mitte des Mais war dies ungefähr der Zustand dieser Gegend. Eines Morgens, als die Sonne durch ihre Strahlen alle die flimmernden, aus den Schnee- und Eiskristallisationen hervorbrechenden Diamanten hell erglänzen ließ, glitten zwei Gestalten über den Meerbusen und flogen längs dem Fuße des Falbergs hin, gegen dessen Gipfel sie von Höhe zu Höhe hinauf eilten. Waren es zwei lebende Wesen, waren es zwei Pfeile? Wer sie so gegen diese unzugängliche Höhe aufsteigen sah, hätte sie leicht für zwei Eidervögel halten können, die in Gesellschaft die Wolken durchsegelten. Weder der abergläubigste Fischer, noch der verwegenste Jäger würde menschlichen Geschöpfen die Macht beigemessen haben, die steilen Granitwände zu ersteigen, an denen jenes Paar mit der grausenerregenden Sicherheit der Somnambulen hinfuhr, die mit Hintansetzung aller Gesetze der Schwere und aller durch die geringste Abweichung unaufhaltsam einbrechenden Gefahren, auf schmalem Rande der Dächer laufend, ihr Gleichgewicht unter dem Gebote einer unbekannten Gewalt zu behaupten wissen.
»Halte mich, Seraphitus,« sprach ein blasses junges Mädchen, »und laß mich Atem schöpfen. Nur dich vermochte ich anzublicken, während wir am Rande dieses Abgrundes hineilten; was wäre aus mir geworden? Ich bin ja nur ein schwaches Geschöpf. Ermüde ich dich?«
»Nein,« entgegnete das Wesen, auf dessen Arm sie sich lehnte, »nur vorwärts, Minna! Die Stelle hier ist nicht sicher genug, um auszuruhen.«

Und abermals glitten die langen, an ihren Füßen befeſtigten Schneeſchuhe hell klingend vorwärts; dann gelangten ſie auf die erſte Platte, die der Zufall kühn aus der Wand dieſes Abgrundes hatte hervortreten laſſen.

Die Geſtalt, die Minna Seraphitus genannt, ſtemmte ſich feſt auf ihre rechte Ferſe, um das ungefähr eine Klafter lange, aber nur wie ein Kinderfuß breite Brettchen aufzurichten, das mit zwei Riemen von Seehundsfell an ihrem Halbſtiefel befeſtigt war. Das Renntierfell, mit dem die untere Seite des ſehr ſchmalen Brettchens beſetzt war, ſträubte ſich gegen den Schnee und brachte Seraphitus plötzlich zum Feſtſtehen. Er zog ſeinen linken, mit einem noch längeren Schneeſchuh verſehenen Fuß heran, ſchwenkte ſich leicht um ſeine eigene Achſe, umfaßte ſeine furchtſame Gefährtin, hob ſie ungeachtet der langen, auch an ihren Füßen befeſtigten Schneeſchuhe empor und ſetzte ſie auf ein Felsſtück, das er zuvor vom Schnee mit ſeinem Pelze gereinigt hatte.

»Hier, liebe Kleine, biſt du in voller Sicherheit; nun magſt du ganz nach Gefallen zittern.«

»Faſt haben wir ſchon die Hälfte der Eismütze erſtiegen,« entgegnete ſie und ſah an dem Pik empor, den ſie mit dem unter dem Volke gebräuchlichen Namen benannte. »Ich glaube es noch gar nicht.«

Zu atemlos aber, um weiterreden zu können, blickte ſie lächelnd zu Seraphitus auf, der ohne zu antworten ſie in ſeinen Armen hielt und durch ſeine auf ihrem Herzen ruhende Hand die hörbaren und wie bei einem eingefangenen Vögelchen ängſtlichen Schläge desſelben zu zählen ſchien.

»Ohne daß ich gelaufen bin, ſchlägt es oft ebenſo ſchnell,« ſprach ſie.

Seraphitus ſchüttelte ſein Haupt, doch weder mit verächtlicher noch kalter Miene, ungeachtet aber der dieſer Bewegung aufgedrückten Anmut, verriet ſie doch nichts um ſo weniger eine gewiſſe Verneinung, die, von einer Frau angewendet, die köſtlichſte Koketterie geweſen ſein würde. Feurig drückte Seraphitus das Mädchen an ſich. Lautlos nahm ſie dieſe Liebkoſung an, fuhr fort, ihn zu betrachten, und als er den Kopf zurückbog, um durch eine faſt ungeduldige Bewegung ſeine goldenen Locken aus der Stirn zu ſchütteln, ſah er in Minnas Augen ihr volles Glück.

»Ja, teures Kind,« ſprach er mit väterlicher und bei einem ſo jugendlichen Weſen ganz anmutiger Stimme, »ſieh mich nur an, ſchlage nicht die Augen nieder.«

»Warum?«

»Du willſt es wiſſen? Nun, mache den Verſuch!«

Schnell blickte Minna nach unten, aber ebenſo plötzlich ſchrie ſie laut auf, wie ein Kind, das auf einen Tiger ſtößt. Das furchtbare Gefühl des unvermeidlichen Sturzes in den Abgrund hatte ſie ergriffen, ein einziger Blick hätte genügt, ihr den gefährlichſten Schwindel mitzuteilen. Der Fjord hatte eine mächtige Stimme, die dem Opfer, das er begehrte, betäubend in die Ohren dröhnte, ſich zwiſchen das Leben und ſeine Beute einſchiebend. Vom Scheitel bis zu den Fußſpitzen durchrieſelte ſie ein eiskalter Schauder, der bald aber in eine ihren Nerven unerträgliche Hitze überging, in ihren Adern tobte und allen ihren Gliedern elektriſche Schläge entſtrömen ließ. Zum Widerſtande zu ſchwach, fühlte ſie ſich endlich durch unbekannte Gewalt in die vor ihr liegende grauſe Tiefe gezogen, aus der ihr ein ſcheußliches Ungeheuer mit magnetiſch an ſich ziehenden Augen und offenem, ſie zu ver-

ſchlingen drohendem Rachen ſein Gift entgegen ſpie.
»Ich ſterbe, mein Seraphitus, nur dich allein habe ich geliebt auf Erden,« rief ſie und machte von unbekannter Gewalt getrieben eine unwillkürliche Bewegung gegen den Abgrund.
Sanft berührte Seraphitus mit leichtem Atem ihre Stirn und Augen, und plötzlich, gleich einem durch ein Bad wundervoll geſtärkten müden Reiſenden, fühlte Minna kaum noch in der Erinnerung ihre gewaltigen ſchmerzhaften Beängſtigungen, die ſchon verſchwunden waren durch dieſes liebliche und blitzſchnell ihren Körper durchdringende und balſamiſche Wohlgerüche verbreitende Anhauchen.
»Wer biſt du denn?« fragte ſie mit einem Anflug von holdem Schrecken. »Ach, ich weiß es wohl, du biſt ja mein Leben! – Wie vermagſt du in dieſe grauenvolle Tiefe niederzuſehen, ohne zu ſterben?« fuhr ſie nach einigem Zögern fort.
Seraphitus entfernte ſich von Minna, die feſt an den Granit ſich klammerte, ſetzte ſich, wie wenn er ein körperlicher Schatten geweſen wäre, auf den Rand der Platte und betrachtete höhnend den ihn angähnenden unergründlichen Fjord. Abgrund ſtand gegen Abgrund. Sein Körper ſchwankte nicht, ſeine Stirne blieb rein und teilnahmslos, wie wenn ſie einer marmornen Statue angehört hätte.
»Wenn du mich liebſt, Seraphitus, ſo verlaß jene Stelle,« ſchrie das Mädchen, »du gibſt mir alle meine Schmerzen wieder. Wer biſt du denn aber mit dieſer für dein Alter übermenſchlichen Stärke?« frug ſie und fühlte ſich von Neuem in ſeinen Armen.
»Aber, mein Kind,« entgegnete Seraphitus, »du ſchauſt ja ohne furchtſamen Schwindel in noch unendlich größere Räume!«

Und mit erhobenem Finger deutete dieſes ſeltſame Weſen auf den blauen in den Wolken über ihnen ſchwebenden Luftkreis, in welchem kraft geheimnisvoller atmoſphäriſcher Geſetze mitten am Tag die Sterne ſichtbar waren.

»Ein großer Unterſchied!« ſprach ſie lächelnd.

»Du haſt recht,« antwortete er, »wir ſind geboren, nach dem Himmel zu trachten. Gleich den Geſichtszügen der Mutter ſchreckt das Heimatland niemals das Kind.«

Seine Stimme tönte im Innern ſeiner ihm lautlos zuhörenden Gefährtin nach.

»Fort! weiter!« ſetzte er endlich hinzu.

Und von neuem eilten beide auf ſchmalen kaum ſichtbaren Fußpfaden empor zum Gebirge, die Entfernungen gleichſam verſchlingend, von Abſatz zu Abſatz weiter hinauffliegend mit der Schnelle eines arabiſchen Roſſes, des Vogels der Wüſte. Nach wenigen Augenblicken gelangten ſie an ein grünes, mit Kräutern, Moos und Blumen geſchmücktes Plätzchen, auf dem noch niemand geruht hatte.

»Der liebliche Söller!« rief Minna und belegte dies grüne Fleckchen mit dem im Lande gebräuchlichen Namen; »wie mag er aber nur in ſolcher Höhe noch gedeihen?«

»Hier hört allerdings die Vegetation der norwegiſchen Flora auf,« erwiderte Seraphitus. »Stoßen wir ſo hoch auf einige Kräuter und Blumen, ſo verdanken wir ſie nur dieſem Felſen, der ſie gegen des Nordens Kälte ſchützte. Verwahre dieſes Pflänzchen an deinem Buſen, Minna,« fuhr er fort und brach eine Blume ab. »Nimm dieſe liebliche Schöpfung der Natur, die keines Menſchen Auge noch erblickt, und behalte dieſe einzige Blume zum Gedächtniſſe dieſes

in deinem Leben auch einzigen Morgens; keinen Führer wirſt du mehr finden, der dich zu dieſem Söller bringt!«
Und er reichte ihr eine ſeltſame Pflanze dar, die ſein Adlerblick unter den ſtengelloſen Silenen und Saxifragen erſpähet hatte, ein wahres unter dem Hauche der Engel erblühtes Wunder. Mit kindlicher Haſt ergriff Minna ein Sträußchen, das aus den zierlichſt gerollten im Anfange hellbraunem Blättchen beſtand, die dann von Tinte zu Tinte in durchſichtig grüne, wie Smaragd glänzende Spitzen übergingen und ſich in wunderſam gefiederte und die artigſten Figuren bildende Strahlen teilte. Auf dieſem Grunde erhoben ſich hin und wieder weiße, mit goldnen Streifen eingefaßte Sterne, aus deren Mitte purpurfarbige Staubfäden ohne Piſtill emporſtiegen. Ein flüchtiger, lieblich aus Roſen und Orangeblüten zuſammengeſetzter Geruch trug nicht wenig dazu bei, dieſer geheimnisvollen Blume einen gewiſſen überirdiſchen Anflug zu geben, denn auch Seraphitus betrachtete ſie mit ſchwermütigen Blicken, als habe gleichſam ihr aufſteigender Duft trübe Gedanken ausgedrückt, deren Sprache er wohl verſtehe. Minna ſah in dieſer unerhörten Erſcheinung nichts weiter als irgend eine Laune der Natur, die ſich in dieſem Falle erlaubt habe, auf einige edeln Steine die Friſche, die Weichheit und den Geruch der Pflanze zu übertragen. »Warum ſoll dieſe Blume einzig ſein? Pflanzt ſie ſich denn nicht fort?« fragte unbefangen das Mädchen den errötenden Seraphitus, der ſchnell das Geſpräch auf einen andern Gegenſtand leitete.
»Setzen wir uns,« fing er an, »und blicke jetzt hier hinunter. Auf dieſer Höhe zitterſt du wohl nicht mehr? Die vor uns liegenden Abgründe erſcheinen nun ſo

tief, daß du ihre Tiefe nicht mehr zu unterſcheiden vermagſt. Jetzt haben ſie das gleichförmige Anſehen des Meeres, des unbeſtimmten Gewölbes erhalten. Solche Abgründe gefallen dir. Das Eis des Fjords gleicht einem hübſchen Türkis, die Tannenwälder zeigen ſich dir nur gleich dünnen braunen Linien; ſo müſſen für uns die Abgründe geſchmückt ſein.«

Seraphitus warf dieſe Worte mit der Salbung in Ton und Haltung hin, die nur denjenigen bekannt iſt, welche die Gipfel der höchſten Gebirge der Erde erſtiegen haben, und die auch den gewalttätigſten Herrn unwillkürlich zwingt, ſeinen Führer wie einen Bruder zu behandeln, und ſich nur dann über ihn erhaben glaubt, wenn er ſich zu den von Menſchen bewohnten Tälern hinabbeugt.

Zu Minnas Füßen niedergekauert, ſchnallte er ihre Schneeſchuhe ab, ohne daß das jugendliche Geſchöpf es bemerkte, ſo ſehr war ſie verſunken in den mächtigen Anblick über dieſen von ihren Augen umfaßten Teil Norwegens; ſo ſehr war ſie bewegt von der dauernden kalten Feierlichkeit dieſer Gipfel, die ſich mit Worten nicht ausdrücken läßt.

»Nicht allein durch menſchliche Kraft haben wir dieſe Stelle erreicht,« ſprach ſie, die Hände faltend. »Gewiß, ich träume nur.«

»Du nennſt nur übernatürlich die Wirkungen, deren Urſachen du nicht ſiehſt,« antwortete er.

»Deine Antworten,« entgegnete ſie, »tragen ſtets das Gepräge eines eigenen tiefen Sinnes. In deiner Nähe begreife ich alles ohne Mühe. Ach! wie frei fühle ich mich . . .«

»Du biſt deiner Schneeſchuhe entledigt, das iſt alles.«

»O!« rief ſie, »ich, die ich dir die deinigen hätte abnehmen ſollen, um dir die Füße zu küſſen . . .«

»Spare deine Worte für Wilfrid,« unterbrach ſie Seraphitus ſanft.

»Wilfrid!« wiederholte Minna mit aufwallendem Zorn, der ſich aber legte, als ſie ihrem Gefährten in die Augen ſah.

»Du wirſt nie heftig,« fuhr ſie fort und verſuchte vergeblich ſeine Hand zu faſſen, »und bei allen Gelegenheiten zeigſt du eine zum Verzweifeln hohe Vollkommenheit.«

»Hieraus ſchließeſt du alſo auf meine Unempfindlichkeit?«

Minna erſchrak über einen in ihre Gedanken ſo hell hineinleuchtenden Blick.

»Du gibſt mir den Beweis, daß wir uns verſtehen,« antwortete ſie mit aller weiblichen Anmut.

Unmerklich ſchüttelte Seraphitus den Kopf und ſah ſie ſanft — traurig an.

»Du, der du alles weißt,« fuhr Minna fort, »erkläre mir, warum die Schüchternheit, die ich da unten ſtets in deiner Nähe fühle, hier ganz verſchwunden iſt! Warum wage ich hier, zum erſtenmale, dir gerade ins Geſicht zu blicken, während ich dich unten kaum verſtohlen anzuſehen wage?«

»Vielleicht haben wir hier die Kleinigkeiten der Erde von uns geworfen,« antwortete er und knüpfte einige Schnüre an ſeinem Pelze auf.

»Noch nie erſchienſt du mir ſo ſchön,« ſprach Minna, ſetzte ſich ihm gegenüber auf ein bemooſtes Felsſtück und verlor ſich in die Betrachtung des Weſens, welches ſie auf einen für unerſteiglich gehaltenen Teil des Gebirges geführt hatte.

Nie hatte aber auch Seraphitus in einem ſolchen hellen Glanze geſtrahlt, — der einzige paſſende Ausdruck für ſeine Züge und ſeine ganze Geſtalt: war nun dieſer Glanz der von der reinen Gebirgsluft hervorgebrachten Durchſichtigkeit des Teints zuzuſchreiben, oder jener innern Aufregung, die den Körper in jenem Augenblicke belebt, wo er ſich von einer langgedauerten Anſtrengung ausruht? Entſtand er durch den plötzlichen Kontraſt der jetzt hellſtrahlenden Sonne mit den dunkeln Wolken, welche eben erſt unſer ſchönes Paar durchſchritten hatten? Zu dieſen Urſachen muß man vielleicht noch die Wirkungen einer der ſchönſten Erſcheinungen hinzufügen, die jemals in der menſchlichen Organiſation angetroffen werden können.

Wenn irgend ein geſchickter Naturkundiger dieſes Geſchöpf genau betrachtet hätte, das in dieſem Augenblicke, nach ſeiner ſtolzen Stirn und ſeinen blitzenden Augen zu urteilen, als ein ungefähr ſiebzehnjähriger Jüngling erſchien, wenn er ferner geſucht hätte, die geheime Schwungkraft dieſes blühenden Lebens unter der weißeſten Bedeckung zu erforſchen, mit der die nordiſche Natur ihre Kinder ausſtattet, ſo würde er ohne Zweifel zu der Anſicht gelangt ſein, dieſe Erſcheinungen entweder irgend einem in den Meeren verbreiteten phosphoriſchen Fluidum, das unter der äußern Haut hervorleuchte, zuzuſchreiben, oder der immerwährenden Anweſenheit eines innern Leuchtens, welches Seraphitus ſtets ſo kräftig und doch ſo anmutig färbte, und gewiß würde er ſeine ganze Erſcheinung mit einer alabaſternen Vaſe verglichen haben, durch welche das darin bewahrte Licht durchſchimmert. So zierlich ſchmal ſich auch ſeine Hände darſtellten, die er, um Minnas Schneeſchuhe loszumachen, von den Handſchuhen befreit hatte, ſo ſchienen ſie doch mit der Stärke begabt zu ſein, die der Schöpfer in die zangenartigen Scheren des Hummers gelegt hat. Das ſeinen Augen entſtrömende Feuer wetteiferte ſichtbar mit den Strahlen der Sonne und ſchien nicht von ihr Licht zu empfangen, ſondern vielmehr mitzuteilen. Seine feine, ſchlanke, der weiblichen ähnliche Geſtalt bezeichnete eine jener dem Anſcheine nach ſchwachen Naturen, deren Kraft aber ſtets ihrem Willen gleicht, und die zu rechter Zeit ſtark, im normalen Zuſtand faſt ſchwächlich erſcheinen. Von gewöhnlicher Größe ſchien Seraphitus, wenn er ſeine Stirn empor richtete, ſichtbar größer zu werden, als wolle er empor ſchweben. Seine wie von Feenhand gekräuſelten und von einem Lichthauche empor ſchwebenden Locken vermehrten die durch ſeine ätheriſche Stellung hervorgebrachte Illuſion; aber dieſe von jeder Kraftanſtrengung weit entfernte ſchwebende Haltung war mehr das Ergebnis eines moraliſchen Phänomens als einer körperlichen Gewohnheit. Minnas Phantaſie unterſtützte nicht wenig dieſen fortwährenden Zauber, deſſen Herrſchaft jeder erlegen ſein würde, und der Seraphitus als das Gebilde irgend eines glücklichen Traumes erſcheinen ließ. Nichts wäre imſtande geweſen, auch nur eine ſchwache Idee von dem Bilde zu geben, das dieſe für Minna majeſtätiſch männliche Geſtalt darbot, die aber in den Augen eines Mannes durch ihre weibliche Anmut die ſchönſten Köpfe Raffaels verdunkelt haben würde. Beſtändig hat dieſer Maler der Himmel ſeine Engelsſchönheiten mit einer Art ruhiger Freude, lieblicher Anmut begabt; welcher Geiſt wäre aber imſtande geweſen, den Schleier von mit Hoffnung gepaarter Traurigkeit zu erfinden, der die unausſprechlichen in Seraphitus' Zügen herrſchenden Gefühle auszudrücken vermocht hätte? Wer hätte ſelbſt im freien Spiele der künſtleriſchen Phantaſie, der alles möglich iſt, den Schatten nachbilden können, den ein geheimnisvoller Schrecken über dieſe ſo verſtändige Stirn verbreitete, welche die höhere Sphären zu befragen und ſtets die Erde zu beklagen ſchien? Dieſes Haupt vereinte den ſchwebenden Stolz des Raubvogels, deſſen Schrei die Luft erſchüttert, mit der Sanftmut der Turteltaube, deren Stimme die ſtillen Waldtiefen mit Zärtlichkeit erfüllt. Seraphitus' Farbe war auffallend weiß; rote Lippen, braune Augenbrauen und ſeidene Wimpern unterbrachen allein die Bläſſe eines Geſichts, deſſen vollendete Regelmäßigkeit nicht im mindeſten dem Abglanz der Leidenſchaften ſchadete, die ſich auf demſelben nicht heftig und aufbrauſend, ſondern mit jenem natürlichen Ernſte abſpiegelten, den wir ſo gern den höhern Weſen beilegen. Alles drückte in dieſem marmorgleichen Geſichte Kraft und Ruhe aus.

Minna erhob ſich, um Seraphitus' Hand in der leiſen Hoffnung zu ergreifen, ihn an ſich zu ziehen und auf ſeine verführeriſche Stirn einen mehr von Bewunderung als Liebe entriſſenen Kuß drücken zu können, allein ein Blick des Jünglings, ein Blick, der ſie wie der Sonnenſtrahl das Prisma durchdrang, machte die Jungfrau erſtarren; ſie fühlte ohne das Wie zu begreifen, einen Abgrund zwiſchen ſich und ihm aufgetan, ſie wendete den Kopf abſeits und weinte. Plötzlich fühlte ſie ſich von mächtiger Hand umfaßt und eine Stimme voller Anmut ſprach zu ihr: »Komm!«

Sie gehorchte, lehnte ihr ſchnell erfriſchtes Haupt an die Bruſt des Jünglings, der ſie, mit zarter Aufmerkſamkeit ſeinen Schritt dem ihrigen anpaſſend, zu einer Stelle führte, von der ſie die ſtrahlenden

Dekorationen der Nordlandsnatur ganz überſehen konnten.
»Bevor ich zu dir aufblicke und deinen Worten lauſche, ſage mir, Seraphitus, warum ſtößeſt du mich von dir? Mißfalle ich dir? Sprich. Nichts möchte ich mein nennen; alle meine irdiſchen Beſitztümer möchte ich dein wiſſen, wie ſchon meines Herzens ganzer Reichtum dir gehört. Nur aus deinen Augen möchte ich Licht ſaugen, wie mein Gedanke nur in deinem Gedanken entſpringt; dann würde ich nicht mehr dich zu beleidigen fürchten, wenn ich dir ſo den Widerſchein deiner Seele, die Worte deines Herzens, das Leben deines Lebens zurückgebe, wie wir Gott die Betrachtungen zurückgeben, mit denen er unſern Geiſt nährt. Ich möchte du ſelbſt ſein!«
»Nun gut, armes Kind, ein unaufhörliches Verlangen iſt ein uns von der Zukunft gemachtes Verſprechen! Hoffe immer! Willſt du aber rein bleiben, ſo miſche immer den Gedanken an das höchſte Weſen in deine irdiſche Liebe, dann wirſt du alle Geſchöpfe lieben, und dein Herz wird allumfaſſend werden.«
»Gern gehorche ich deinen Geboten,« antwortete ſie, die Augen furchtſam gegen ihn aufſchlagend.
»Ich darf nicht dein Gefährte werden,« ſprach traurig Seraphitus.
Er unterdrückte ſeine weiteren Gedanken, ſtreckte den Arm gegen Kriſtiania aus, das wie ein Punkt am äußerſten Horizonte erſchien, und ſagte: »Sieh, Minna!«
»Wie ſehr klein ſind wir,« entgegnete ſie.
»Ja, aber wir werden groß durch Gefühl und Verſtand,« verſetzte Seraphitus. »Bei uns allein, Minna, fängt die Erkenntnis der Dinge an; das wenige, was wir aus den Geſetzen der ſichtbaren Welt erlernen,

läßt uns die Unendlichkeit der höhern Welt entdecken. Ich weiß nicht, teure Minna, ob es an der Zeit ist, so zu dir zu reden, allein ich wünschte, dir die Glut meiner Hoffnung einzuflößen. Vielleicht werden wir eines Tages vereinigt in der Welt, wo Liebe nicht aufhört.«

»Warum nicht jetzt und für immer?« flüsterte sie leise.

»Nichts ist hienieden beständig,« entgegnete er verächtlich. »Die flüchtige Glückseligkeit der irdischen Liebe ist ein falscher Schimmer, der manchen Seelen die Morgenröte viel beständigerer Glückseligkeit entzieht. Ist unser gebrechliches Glück hienieden nicht Zeugnis eines andern vollkommenen Glücks, gleich der Erde, die als Bruchstück der Welt Zeugnis gibt vom ganzen Weltgebäude? Wir vermögen nicht den unermeßlichen Kreis des göttlichen Gedankens zu messen, von dem wir nur ein unendlich kleiner Teil sind, wir können aber dessen Ausdehnung ahnen, uns niederwerfen, anbeten, harren. Die Menschen trügen sich stets in ihren Wissenschaften, weil sie nicht einsehen wollen, daß alles auf ihrem Erdballe in irgend einer Beziehung steht und auf ihm einer allgemeinen Umwälzung einer fortwährenden Schöpfung untergeordnet ist, die notwendig ein Fortschreiten und ein endliches Ende nach sich ziehen muß. Der Mensch selbst ist keine beendigte Schöpfung, denn sonst könnte Gott nicht Gott sein.«

»Wie hast du nur die Zeit zur Erlernung so vielerlei Dinge gefunden?« fragte das Mädchen.

»Ich erinnere mich nur,« antwortete er.

»Schöner erscheinst du mir als alles, was ich erblikke,« fuhr sie fort, wahrscheinlich ohne seine tiefe Antwort verstanden zu haben.

»Wir sind eines der größten Werke Gottes. Verlieh

uns nicht ſeine Gnade die Fähigkeit über die Wunder der Natur nachzudenken, ſie in uns durch den Gedanken zu erweitern und ſie als eine Stufe zu gebrauchen, um uns zu ihm empor zu ſchwingen? Wir lieben uns in dem Verhältnis des mehr oder weniger in unſern Seelen enthaltenen Lichts. Sei aber nicht undankbar, Minna, blicke auf das zu deinen Füßen ausgebreitete Schauſpiel. Der Ozean entrollt ſich gleich einem Teppiche, die Gebirge gleichen den Mauern eines Zirkus, der Himmel ſchwebt über dieſer Schaubühne, wie ein ungeheurer runder Vorhang, und hier atmet man wie einen Balſamhauch die Gedanken Gottes ein. Sieh, Stürme, welche die mit Menſchen beladenen Schiffe vernichten, erſcheinen uns hier nur wie ein leichtes Aufſprudeln der Waſſer, und hebſt du dein Haupt himmelwärts, ſo blickſt du in das große Sternendiadem. Hier verſchwinden die Nuancen irdiſcher Worte. Hier, wo ſich alles in weiten Raum auflöſt, fühlſt du nicht auch in dir mehr Tiefe als Geiſt? Mehr Größe als Begeiſterung? Mehr Kraft als Begehren? Fühlſt du nicht Regungen, für die in uns ſelbſt kein Dolmetſch lebt? Fühlſt du nicht Flügel? Laß uns beten.«
Und Seraphitus beugte das Knie, kreuzte ſeine Arme über die Bruſt, und Minna fiel auch weinend nieder. So verharrten ſie einige Momente lang, und während dieſer Zeit vergrößerte ſich der in dem Himmel über ihnen ſchwebende blaue Lichtkreis, und leuchtende Strahlen hüllten ſie ein, ohne daß ſie es wußten.
»Warum weinſt du nicht, wenn ich weine?« fragte Minna ſchluchzend.
»Geiſter weinen nicht,« antwortete Seraphitus, ſich erhebend. »Warum ſollte ich Tränen vergießen? Ich ſehe nichts mehr vom menſchlichen Elend, hier ſtrahlt

nur das Gute in voller Majeſtät; drunten hör ich banges Flehen auf der Harfe der Leiden unter den Fingern des gefangenen Geiſtes beben; hier hör ich den Einklang aller Harfen. Drunten habt ihr die Hoffnung, den ſchönen Keim des Glaubens; hier herrſcht der Glaube, in dem ſich die Hoffnung verwirklicht!«

»Nie wirſt du mich lieben, ich bin zu unvollkommen und dir verächtlich.«

»Minna, das am Fuße der Eiche verborgene Veilchen denkt für ſich: die Sonne liebt mich nicht, denn ſie kommt nicht; die Sonne aber ſpricht: wenn ich ſcheine, ſo ſtirbt das arme Blümchen. Und als Freundin der Blume blicken ihre Strahlen nur verſtohlen durch die Blätter der Eiche, und dämpfen ihr Feuer, um den Kelch der Geliebten anmutig zu färben. Ich glaube und fürchte, mich dir zu ſehr entſchleiert gezeigt zu haben. Du würdeſt zittern, kennteſt du mich mehr. Höre! ich bin auf der Erde ohne Geſchmack für eure Früchte, ohne Gemüt für eure Freuden. Leider verſtehe ich alles, und bin, wie jene entnervten Kaiſer des weltlichen Roms, ſo weit gekommen, daß alles mir nur Ekel verurſacht. Denn ich habe die Gabe der Viſion empfangen. Verlaß mich,« rief ſchmerzlich Seraphitus, ſetzte ſich auf ein Felsſtück und ließ das Haupt auf ſeine Bruſt ſinken.

»Warum ſtürzeſt du mich ſo in Verzweiflung,» rief Minna.

»Geh,« fuhr Seraphitus auf; »ich beſitze nichts von dem, was du von mir begehrſt. Deine Liebe iſt zu irdiſch für mich. Warum liebſt du nicht Wilfrid? Wilfrid iſt ein Mann, ein durch Leidenſchaften geſtählter Mann, der wird dich in ſeine kraftvollen Arme ſchließen, der wird dich eine breite, ſtarke Hand fühlen laſſen. Er hat ſchöne ſchwarze Locken,

Augen voller menſchlicher Gedanken, ein Herz, das in den ſeinem Munde entſtrömenden Worten Lavaſtröme ergießt. Seine Liebkoſungen werden dich vernichten. Er wird dein Geliebter, dein Gatte werden. Für dich paßt Wilfrid.«

Minna vergoß heiße Tränen.

»Wagſt du zu behaupten, du liebteſt ihn nicht?« fuhr er fort mit einer dolchartig zum Herzen dringenden Stimme.

»Barmherzigkeit, Barmherzigkeit, mein Seraphitus!«

»Liebe ihn, armes Erdenkind«, entgegnete der furchtbare Jüngling und leitete ſie, von ſeinem Arme umfaßt, an den Rand des Söllers, wo eine ſo ausgebreitete Szene ſich vor ihnen entfaltete, daß ein junges ſo aufgeregtes Mädchen wie Minna ſich unſchwer gänzlich der Welt entrückt glauben konnte. »Ich wollte dir dieſes Stück des Erdenſchmutzes zeigen, noch ſehe ich dich aber an demſelben hängen. Bleibe in ihm, genieße durch die Sinne, gehorche deiner Natur, erblaſſe mit Männern, erröte mit Frauen, ſpiele mit Kindern, bete mit Schuldigen, hebe deine Augen gen Himmel in deinen Schmerzen, zittere, hoffe, bebe; dir wird dein Gefährte zur Seite ſtehen, du wirſt noch weinen, geben und empfangen können. Ich, ich gleiche einem von der Erde verjagten Ungeheuer. Mein Herz klopft nicht, ich lebe nur durch mich und für mich. Ich empfinde durch den Geiſt, ich atme durch die Stirn, ich ſehe durch den Gedanken, ich ſterbe aus Ungeduld und aus Verlangen. Kein Menſch hienieden hat die Macht, meine Wünſche zu erhören, meine Ungeduld zu dämpfen, ich habe Weinen verlernt. Ich ergebe mich und warte.«

Seraphitus ſchlug den Blick nieder zur blumigen

Erde, auf die er Minna geführt hatte; dann wendete er ſich gegen die ſchroffen Gebirge, deren wolkenbedeckten Gipfeln er den Reſt ſeiner Gedanken zuzuwerfen ſchien.

»Hörſt du nicht, Minna?« begann er endlich mit ſeiner Taubenſtimme, denn der Adler hatte genug ſich vernehmen laſſen. »Möchte man nicht behaupten, man höre das Säuſeln der Äolsharfen, die Eure Dichter in Wälder und Berge verſetzen? Siehſt du jene in den Wolken vorüberziehenden nebelhaften Gebilde? Dieſe Töne erquicken die Seele, bald wird der Himmel die Blüten des Frühlings herabſchütteln, ein Lichtglanz iſt dem Pole entſtrömt. Laß uns eilen, es iſt Zeit.«

In einem Augenblicke waren ihre Schneeſchuhe wieder angelegt, und beide eilten die ſteilen Hänge des Falbergs da hinab, wo er ſich an die Täler der Sieg anſchließt. Eine wunderbare Vorſicht leitete ihren Lauf, oder beſſer geſagt, ihren Flug. Stießen sie auf einen ſchneegefüllten Schlund, ſo umfaßte Seraphitus die zagende Minna und eilte blitzſchnell ſo leicht wie ein Vogel über die dünne den Abgrund bergende Decke. In raſcher Bewegung lenkte er ſich oft ohne ſichtbare Urſache mit ſeiner Gefährtin ſeitwärts, um einem Abſturze, einem Baume, einem Felsſtücke, die er unter dem Schnee zu erſpähen ſchien, auszuweichen, wie manche dem Meere vertraute Seeleute verborgene Klippen an der Farbe, den Wirbeln des Waſſers und anderen unbedeutend ſcheinenden Urſachen zu erraten wiſſen. Als ſie endlich die Nähe der bewohnten Gegend erreichten und ſie nun ohne Gefahr in gerader Richtung des Stromfjords bald erreicht hatten, hielt Seraphitus plötzlich.

»Du ſagſt mir nichts mehr, Minna?« fragte er das Mädchen.
»Ich glaubte,« antwortete ſie ehrfurchtsvoll, »du wollteſt ungeſtört deinen Gedanken nachhängen?«
»Laß uns eilen, meine Minetta, die Nacht bricht an,« entgegnete er.
Eiſiger Schauer durchbebte Minna, als ſie dieſe ganz fremde Stimme ihres Führers vernahm, die der klaren und feinen Stimme eines jungen Mädchens glich. DieſeTöne verſcheuchten gänzlich den phantaſtiſchen Traumglanz, in welchem ſie ſich bis jetzt befunden hatte. Seraphitus verlor allmählich ſeine männliche Kraft, und ſeinen Blicken entſchwand der zu hohe Geiſt. Bald gleiteten die beiden zierlichen Geſtalten über den Fjord, landeten an der Schneewieſe, die ſich zwiſchen dem Geſtade des Meerbuſens und den erſten Häuſern von Jarvis hinlagerte, und eilten, von der hereinbrechenden Dunkelheit getrieben, zu dem Pfarrhauſe hinauf, als erklömmen ſie die Rampe einer gewaltigen Auffahrt.
»Mein Vater wird unruhig ſein,« meinte Minna.
»Nein!« entgegnete Seraphitus.
In dieſem Augenblicke trat das Paar in die Pforte der demütigen Wohnung, in welcher der ehrwürdige Becker, Pfarrherr von Jarvis, in der Bibel leſend, ſeine Tochter zum Abendeſſen erwartete.
»Hier, lieber Herr Paſtor,« ſprach Seraphitus, »liefere ich Ihnen Ihre Minna friſch und geſund zurück.«
»Großen Dank, Fräulein,« antwortete der Greis und legte ſeine Brille auf das Buch. »Sie werden müde ſein!«
»Keineswegs,« entgegnete Minna, die in dieſem Augenblicke den küſſenden Hauch ihrer Gefährtin auf der Stirne fühlte.

»Wollen Sie nicht morgen Abend, liebe Kleine, mit Ihrem Vater Tee bei mir trinken?«
»Sehr gerne, Liebe.«
»Sie bringen ſie mir, Herr Paſtor?«
»Ja wohl, Fräulein.«
Mit zierlicher Neigung des Hauptes grüßte Seraphitus den Alten, entfernte ſich und langte in wenigen Augenblicken im Hofe des Schwedenſchloſſes an.
Ein faſt achtzigjähriger Diener erſchien mit einer Laterne unter dem ungeheuern Wetterdache. Mit anmutiger weiblicher Geſchicklichkeit entledigte ſich Seraphitus ſeiner Schneeſchuhe, eilte in das geräumigſte als Salon dienende Gemach des Schloſſes, ſank auf ſeinen großen mit Pelzwerk bedeckten Divan und legte ſich nieder.
»Was wollen Sie genießen?« fragte der Greis und zündete die ungewöhnlich langen, in Norwegen gebräuchlichen Lichter an.
»Nichts, David, ich bin zu ermüdet.«
Seraphitus zog ſeinen Marderpelz aus, wickelte ſich in ihn und entſchlief. Der alte Diener betrachtete liebevoll noch einige Momente lang das vor ſeinen Augen ruhende ſonderbare Weſen, deſſen Geſchlecht niemand zu enträtſeln imſtande geweſen wäre. Erblickte man dieſe hingegoſſene, in ihre gewöhnliche Kleidung gehüllte Geſtalt, eine Kleidung, die eben ſowohl einem Frauengewande als einem Männermantel glich, ſo hätte man darauf geſchworen, die unter der Decke hervorſchauenden Füße gehörten einem Mädchen, die dieſes von der Natur empfangene zierliche Geſchenk ſehen laſſen wolle, aber die Stirne, das Profil des Kopfs, ſchien dagegen wieder das Symbol der am höchſten ausgebildeten männlichen Stärke zu ſein.

»Sie leidet und will mir es nicht vertrauen,« dachte der Alte; »ſie ſtirbt gleich einer von einem zu heißen Sonnenſtrahle getroffenen Blume.«
Und er weinte, der alte Mann!

✩

SERAPHITA

DER ALTE DAVID TRAT WÄHREND DES Abends wieder in das Zimmer.
»Ich weiß, wen du mir meldeſt,« ſagte Seraphita zu ihm, aus dem Schlafe halb erwachend. »Wilfrid mag kommen.«
Ein Mann trat, dieſe Worte vernehmend, ſchnell ein und ſetzte ſich zu ihr.
»Meine teure Seraphita, fühlen Sie ſich nicht wohl? Ich finde Sie bläſſer als gewöhnlich.«
Langſam wendete ſie ſich zu ihm, nachdem ſie ihre Locken, wie eine hübſche Frau, die vom Kopfweh geplagt nicht mehr Kraft zum Klagen hat, zurückgeſtrichen hatte.
»Ich habe,« ſprach ſie, »die Torheit begangen, mit Minna über den Fjord zu gehen. Kinderei! Wir haben den Falberg beſtiegen.«
»Sie wollen ſich folglich töten!« rief er mit dem Schrecken eines Liebenden.
»Fürchten Sie nichts, guter Wilfrid, ich habe Ihre Minna gut beſchützt.«
Wilfrid ſchlug heftig mit der Hand auf den Tiſch, ſprang auf, machte unter ſchmerzlichem Ausruf einige Schritte gegen die Tür, kehrte dann wieder um und wollte ſeine Klagen beginnen.
»Warum dieſer Lärm,« fragte Seraphita, »wenn Sie mich leidend glauben?«

»Verzeihung! Gnade!« flehte Wilfrid, sich ihr zu Füßen werfend. »Verfahren Sie streng gegen mich, fordern Sie alles, was Ihre grausame Frauenlaune nur irgend Hartes ersinnen kann, aber setzen Sie, Geliebteste, keinen Zweifel in meine Liebe. Sie brauchen Minna wie ein Beil, um mich mit tödlichen Schlägen zu treffen. Gnade!«

»Warum mir solche Worte sagen, mein Freund, wenn Sie deren Nutzlosigkeit kennen?« entgegnete sie und betrachtete ihn mit endlich so sanft werdenden Blikken, daß Wilfrid nicht mehr Seraphitas Augen sah, sondern ein flüssiges Licht, dessen Zittern den letzten verschwimmenden Tönen des weichsten Gesanges glichen.

»O! man stirbt nicht aus Angst!« stöhnte er.

»Sie leiden!« begann sie mit einer Stimme, deren Innigkeit im Herzen des Hörers gleiche Wirkung wie die Blicke hervorbrachte. »Was kann ich für Sie tun?«

»Lieben Sie mich, wie ich Sie liebe!«

»Arme Minna!« versetzte sie.

»Ich trage nie Waffen bei mir!« rief Wilfrid.

»Sie sind heute in einer alles umbringenden Laune,« entgegnete lächelnd Seraphita. »Nun, habe ich das nicht gesagt, wie eine geborne Pariserin, von deren Liebesgeschichten Sie mir so viel erzählen?«

Die Arme übereinander geschlagen, setzte sich Wilfrid und betrachtete Seraphita mit finsterm Gesicht.

»Ich verzeihe Ihnen,« sprach er endlich; »Sie wissen nicht, was Sie tun.«

»O!« erwiderte sie, »seit Eva hat jede Frau immer mit vollem Bewußtsein Gutes wie Schlechtes getan.«

»Ich glaube es!« war seine Antwort.

»Ich rede nach meiner innersten Überzeugung,

Wilfrid. Unſer Inſtinkt iſt ja gerade die Urſache, die uns ſo vollkommen macht. Alles, was ihr Männer mühſam erlernen müßt, wird von uns empfunden.«

»Warum empfinden Sie nun aber nicht auch die unendliche Liebe, mit der ich Sie liebe?«

»Weil Sie mich nicht lieben.«

»O Gott!«

»Warum beklagen Sie ſich doch über Ihre Herzensbeklemmungen?« fragte ſie.

»Heute Abend, Seraphita, ſind Sie ſchrecklich. Sie ſind ein wahrer Dämon.«

»Nichts weniger! Ich bin ein armes Geſchöpf, das mit dem Unglück begabt iſt, die Menſchen zu verſtehen. Der Schmerz, Wilfrid, iſt ein Licht, das uns das Leben erhellt.«

»Warum ſtiegen Sie auch auf den Falberg?«

»Laſſen Sie ſich die Urſache von Minna ſagen, ich bin zu angegriffen, um zu erzählen. Sie müſſen ſprechen, Sie, der alles weiß, der alles kann, der nichts vergißt, der ſo lange in ſo manchen geſellſchaftlichen Verhältniſſen gelebt hat... Vertreiben Sie mir angenehm die Zeit... ich bin ganz Ohr!«

»Was könnte ich Ihnen erzählen, das Sie nicht ſchon wüßten? Ihr Wunſch ſoll mich überdies auch nur verhöhnen. Sie laſſen ja nichts gelten, was irgend einigen Wert auf dieſer Erde hat, Sie verachten alle Benennungen, Sie vernichten alle Geſetze, alle Gebräuche, alle Gefühle, alle Wiſſenſchaft, denn Sie führen alles auf die Verhältniſſe zurück, in welche alle dieſe Dinge ſich zuſammenziehen würden, wenn man ſie von einem außerhalb unſres Erdballs liegenden Punkte betrachten könnte!«

»Hieraus müſſen Sie auf den Schluß geleitet werden, daß ich kein Weib bin, und dann, Wilfrid, haben Sie unrecht, mich zu lieben. Wie! Ich verlaſſe die ätheriſchen Regionen meiner mutmaßlichen Macht, ich mache mich demütig klein, ich erniedere mich nach Art der weiblichen Geſchöpfe jeder Gattung, und ſogleich erheben Sie mich wieder? Endlich fühle ich mich vernichtet, zertrümmert, rufe Sie zu Hilfe, bedarf Ihres Arms, und Sie ſtoßen mich zurück! – Wir verſtehen uns nicht.«

»Sie ſind heute Abend viel abſcheulicher mutwillig, viel boshafter, als ich Sie noch je ſah . . .«

»Boshaft!« fiel ſie ein und ſah ihn mit einem Blicke an, der alle ſeine tief verletzten Empfindungen in ein himmliſches Gefühl auflöſte, »nein, ich bin nur leidend, das iſt alles. Nun verlaſſen Sie mich nur, mein Freund; würden Sie dann nicht von Ihrem Rechte als Mann Gebrauch machen? Wir ſollen euch nur ſtets gefallen, euch zur Erholung dienen, immer munter ſein und niemals andere als euch beluſtigende Launen haben. Was ſoll ich tun, mein Freund? Und lägen wir im Todeskampfe, ſo ſollen wir euch, ihr Herren, noch zulächeln! Ihr nennt das, glaube ich, herrſchen! Die armen Frauen, wie dauern ſie mich! Nicht wahr, Wilfrid, ihr verlaßt ſie, wenn ſie alt werden; beſitzen ſie denn kein Herz, keinen Geiſt? Denken Sie alſo, Wilfrid, ich ſei über hundert Jahre alt! Gehen Sie alſo, eilen Sie zu Minnas Füßen!«

»O! meine ewige Liebe!«

»Wiſſen Sie, was Ewigkeit heißt? Schweigen Sie, Wilfrid. Ich habe nur Verlangen in Ihnen aufgeregt, — und Sie lieben mich nicht. Sagen Sie aufrichtig, ruft mein Anblick Ihnen nicht vielleicht das Bild einer koketten Frau ins Gedächtnis?«

»Ja! Gewiß! In Ihnen erkenne ich heute nicht mehr

das unſchuldige, himmliſche Kind, das ich einſt zum erſtenmale in der Kirche von Jarvis erblickte.«

Seraphita fuhr bei dieſen Worten mit der Hand über die Stirne, und Wilfrid erſtaunte über den nun auf derſelben ruhenden heiligen und religiöſen Ausdruck.

»Sie haben recht, Freund! Ich handle ſtets nicht gut, wenn ich meine Füße auf Eure Erde ſetze.«

»Ja, teuerſte Seraphita, bleiben Sie mein leitendes Geſtirn und verlaſſen Sie nicht die Stelle, von der Sie auf mich ſo helle Lichtſtrahlen warfen.«

Mit dieſen Worten ſuchte er die Hand des Mädchens zu ergreifen, die ſie ihm aber ſanft und ohne Zorn entzog. Wilfrid ſprang raſch auf, eilte an das Fenſter und ſtellte ſich ſo, daß Seraphita nicht die Tränen ſehen ſollte, die ihm in die Augen traten.

»Warum weinen Sie?« fragte ſie. »Sie ſind kein Kind mehr, Wilfrid. Kommen Sie wieder her zu mir, ich befehle es. Sie zürnen mir, wenn ich böſe werden ſollte. Sie ſehen, wie krank ich bin, und doch zwingen Sie mich durch Ihr ſeltſames Betragen zum Denken, zum Reden, oder doch wenigſtens, in mich ermüdende Ideen einzugehen. Wäre Ihnen das Verſtändnis meiner Natur eröffnet, ſo würden Sie mir Muſik gemacht, und den mich drückenden Unmut verſcheucht haben, Sie aber lieben mich nur Ihret- und nicht um meinetwegen.«

Der Wilfrids Buſen wild durchtobende Sturm legte ſich plötzlich bei dieſen Worten, und langſam trat er näher, damit er um ſo ungeſtörter das verführeriſche Geſchöpf betrachten könne, das, anmutig den Kopf auf die Hand geſtützt, in der reizendſten Stellung vor ihm lag.

»Sie glauben, ich liebe Sie nicht,« fing ſie wieder an. »Sie täuſchen ſich. Hören Sie mir zu, Wilfrid.

Sie fangen an, viel zu begreifen; Sie haben viel gelitten. Ich will Ihnen Ihre Gedanken enträtseln. Sie streben nach meiner Hand.«
Sie richtete sich auf ihrem Lager auf; alle ihre zierlichen Bewegungen schienen von einem lichten Schimmer umflossen.
»Gibt ein Mädchen, mit ihrer Hand, nicht ein stillschweigendes Versprechen? Und muß sie das gegebene nicht halten? Sie wissen wohl, daß ich nie Ihnen angehören kann. Zwei Gefühle bestimmen vorherrschend die Wahl der irdischen Frauen, sie opfern sich entweder leidenden, verdorbenen, verbrecherischen Männern, um sie zu trösten, zu bessern, zu reinigen, oder sie weihen ihre Liebe höher stehenden, starken, erhabenen Gemütern, um sie anzubeten und sich zu denen emporzuschwingen, von welchen sie aber nur zu oft zermalmt werden. Sie, Sie sind hochgestellt und verdorben, aber durch das Feuer der Reue gereinigt; ich – ich bin zu schwach, um Ihrer Größe nachzufliegen, und zu gottesfürchtig, um mich vor einer andern als der höchsten Macht zu beugen. So läßt Ihr Leben sich erklären, mein Freund: wir sind im Norden, zwischen den Wolken, wo die Abstraktionen hausen!«
»Sie töten mich, Seraphita, wenn Sie so reden,« entgegnete er. »Immer empfinde ich es schmerzlich, wenn ich sehe, wie Sie Ihre ungeheure Wissenschaft, mit der Sie alle menschlichen Dinge ihrer ihnen von Zeit, Raum und Form verliehenen Eigentümlichkeiten berauben, dazu anwenden, um sie, unter irgend einen reinen Ausdruck gebracht, mathematisch zu betrachten, wie es die Geometrie mit den Körpern macht, die sie aller Eigenschaft entkleidet hat.«
»Gut, Wilfrid, ich will Ihnen gehorchen. Lassen wir

aber das. — Wie gefällt Ihnen die Bärendecke, die mein armer David dort hingebreitet hat?«

»Sehr gut.«

»Was halten Sie von jenem mit Zobel gefütterten Kaschemir? Glauben Sie, daß ein Fürst an irgend einem Hofe einen ähnlichen Pelz habe?«

»Er ist unschätzbar, und seiner Besitzerin würdig.«

»Und die Sie überdies sehr schön finden.«

»Menschenworte gelten ihr nichts, das Herz muß zum Herzen bei ihr sprechen.«

»Es gelingt Ihnen recht gut, Wilfrid, meine Schmerzen mit sanften Worten einzuschläfern, ... die ... Sie schon andern gesagt haben.«

»Leben Sie wohl!«

»Bleiben Sie. Ich liebe Sie und Minna, glauben Sie mir! Allein ich verschmelze Sie beide in ein Wesen, und so vereint, sind Sie für mich ein Bruder oder auch eine Schwester. Heiraten Sie, damit ich Sie vor meinem Scheiden von dieser Sphäre der Prüfungen und Trübsale noch glücklich sehe. Mein Gott, ganz einfache Frauen haben alles über ihre Liebhaber vermocht! Sprachen sie zu ihnen: ‚Schweige!' so waren sie stumm; ‚stirb!' so waren sie tot. ‚Liebe mich nur von weitem!' so hielten sie sich in weiterer Entfernung als Höflinge von ihrem Könige. ‚Heirate!' so vermählten sie sich. Ich, ich will ja weiter nichts, als Sie glücklich wissen, und das verweigern Sie mir! Folglich habe ich keine Macht! Doch hören Sie, Wilfrid; kommen Sie näher heran! Ja, es würde mich betrüben, müßte ich sehen, wie Sie sich mit Minna vermählen, sehen Sie mich aber einst nicht mehr, ... dann — versprechen Sie mir, sich ihr zu vereinen; euch hat der Himmel für einander bestimmt.«

»Ich habe Ihnen mit Wonne zugehört, Seraphita. So unverſtändlich auch Ihre Worte waren, ſo ſehr bezauberten ſie mich. Was wollten Sie aber mit allem ſagen?«

»Sie haben recht, ich vergaß, das törichte, arme Geſchöpf zu ſein, deſſen Schwachheit Sie nur allein lieben. Ich quäle Sie, und Sie ſind in dieſe wilde Gegend doch nur deshalb gekommen, um Ruhe in ihr zu finden, Sie, deſſen Kraft durch die unbändigen Ausbrüche eines mißkannten Genies gebrochen iſt, Sie, erſchöpft durch langwierige Arbeit in den Wiſſenſchaften, Sie, deſſen Hände ſich im Verbrechen beſleckt und die Feſſeln der Gerechtigkeit getragen haben ...!«

Halb tot war Wilfrid auf den Teppich geſunken, allein ein Hauch Seraphitens auf ſeine Stirne reichte hin, ihn ſanft zu ihren Füßen ſchlafen zu laſſen.

»Schlafe ſanft und erhalte dich,« ſprach ſie und erhob ſich.

Jetzt legte ſie ihre Hände auf Wilfrids Stirn, und nun entſtrömten ihren Lippen in abgemeſſenen Pauſen die folgenden Reden, jede in verſchiedenen aber melodiſchen und von hohem Wohlwollen durchdrungenen Tönen, die wie dunſtartige Wellen ihrem Haupte zu entquellen ſchienen, gleich den Strahlen, mit denen jene keuſche Göttin den Schlaf ihres geliebten Hirten umgab.

»Wohl darf ich mich dir, teuerer Wilfrid, in meiner eigentlichen Geſtalt zeigen, denn du biſt ſtark.

»Die Stunde iſt gekommen, die Stunde, in welcher glänzendes Licht der Zukunft zurückſtrahlt auf die Seelen, die Stunde, in der die Seele ſich frei bewegt.«

»Jetzt iſt mir vergönnt, dir zu geſtehen, wie ſehr ich dich liebe. Siehſt du nicht, wie groß meine Liebe iſt, eine ganz rückſichtsloſe Liebe, ein nur von dir erfülltes Gefühl, eine lange Liebe, die dir bis in das Jenſeits folgt. Begreifſt du jetzt, wie feurig ich wünſchte, dich des ſo ſchwer auf dir laſtenden Lebens entledigt zu wiſſen, und dich jener Welt, in deman ewig liebt, noch weit näher zu wiſſen, als du ihr ſchon biſt? Nur für ein Leben zu lieben, heißt nichts weiter als leiden. Haſt du nicht das Vorgefühl einer ewigen Liebe empfunden? Verſtehſt du jetzt, zu welchen Entzückungen ein vollendetes Geſchöpf ſich erhebt, wenn es in doppelter Geſtalt denjenigen lieben darf, der niemals die Liebe verrät, denjenigen, vor dem man ſich anbetend niederwirft!

»Hätte ich doch Flügel, Wilfrid, um dich zu ſchirmen, beſäße ich doch die Macht, um dich ſchon jetzt in jene Welt zu führen, in der die reinſten Freuden, die reinſte auf dieſer Erde zu empfindende Neigung nur wie ein Schatten gegen den Tag erſcheinen, der unaufhörlich die Herzen erhellt und erfreut.

»Verzeihe, ſelbſt der befreundeten Seele, dir das Gemälde deiner Fehler in der liebevollſten Abſicht, die brennenden Schmerzen des Gewiſſens zu mildern, auch nur mit einem Worte vorgeführt zu haben. Vernimm die Melodien der Verzeihung. Erfriſche deine Seele mit dem Atem der Morgenröte, die ſich dir jenſeits der Finſternis des Todes auftun wird. Ja, dein Leben iſt jenſeits.

»Möchten doch meine Worte als helle Träume dir erſcheinen und mit Blumen geſchmückt glänzend auf dich niederſteigen. Erklimme, erklimme den Gipfel, von dem aus alle Menſchen ſich deutlich ſehen, obgleich klein und zuſammengedrängt, gleich dem Sande am Ufer des Meeres. Hat ſich die Menſchheit entrollt, ähnlich einem einfachen Bande? Betrachte die verſchiedenen Farbenmiſchungen jener Blüte der himmliſchen Gärten. Siehſt du jene, denen noch das Verſtändnis fehlt, jene, deren Färbung beginnt, jene, die ſchon geprüft ſind, jene, die in der Liebe ſind, jene, die in der Weisheit ſind und trachten nach dem Lichte? Begreifſt du durch dieſen ſichtbaren Gedanken die Beſtimmung des Menſchengeſchlechts, woher es kommt, wohin es gehe? Beharre in deinem Wege! Am Ziele deines Pilgerlaufes wirſt du vernehmen die Poſaunen des Allmächtigen, das Jauchzen des Siegs und die Jubeltöne, deren ein einziger die Erde würde erbeben machen, die aber in eine Welt ohne Aufgang und Niedergang ſich verlieren.

»Begreifſt du, armer, teurer Geprüfter, daß ohne den ſtarren Schleier des Schlafs ſolche Schauſpiele deinen Verſtand zerreißen würden, gleichwie der Sturm ein ſchwaches Segel empor wirbelt und zerreißt, und für immer den Menſchen um ſeinen Verſtand bringen müßte? Begreifſt du, daß nur die zur höchſten Kraftanſtrengung geſteigerte Seele kaum im Traume der verzehrenden Mitteilungen des Geiſtes zu widerſtehen vermag? Durchfliege noch die lichtglänzenden Sphären, bewundere und eile. So fliegend erquickſt du dich, du gehſt ohne Beſchwerde, und gleich allen Menſchen wirſt du wünſchen, immer in ſolchen Wogen von Wohlgerüchen, von Strahlen verſenkt zu ſein, in welchen du wandelſt, ohne von der Laſt deines in Ohnmacht liegenden Körpers gedrückt zu ſein, und in welchen du nur durch den Gedanken redeſt.

»Eile, fliehe, freue dich einen Augenblick lang der Schwingen, die du bald tragen wirſt, wenn die Liebe in dir ſo vollendet iſt, daß du keiner Sinne mehr bedarfſt, und wenn du ganz Erkenntnis und Liebe biſt!

Schaue den, der zu dir ſpricht, der dich aufrecht erhält über dieſer Welt, in der die Abgründe ſind, denn je höher du ſteigſt, um ſo unbegreiflicher werden dir die Abgründe! In den Himmeln gibt es keine Tiefen. Betrachte mich noch einen Moment, denn ſpäter wirſt du mich nur unvollkommen erblicken, ſo wie es die blaſſe Erdenſonne erlaubt.«

Da richtete ſich Seraphita empor und blieb mit ſanft geſenktem Haupte, mit wallenden Locken in jener hoch ätheriſchen Stellung, in der die erhabenſten Maler die Boten des Höchſten dargeſtellt haben. Die Falten ihres Gewandes fielen mit jener unbeſchreiblichen Anmut, die den Künſtler vor den köſtlichen Linien des Schleiers der antiken Polyhymnia feſſelt.

Dann ſtreckte ſie ihre Hand aus, und Wilfrid ſtand langſam auf, und als ſeine erwachenden Blicke auf Seraphita fielen, lag das Mädchen, den Kopf auf ihre Hand geſtützt, mit ruhigem Geſichte und ſtrahlenden Augen, wie vorher auf ihrer ſchwarzen Bärendecke. Mit ernſtem Schweigen betrachtete ſie Wilfrid, aber ein unbeſtimmter Schrecken, eine achtungsvolle Furcht belebten ſeine Züge und verrieten ſich in einer ſchüchternen Haltung.

»Ja, Teure,« begann er endlich nach langer Pauſe, als antworte er auf eine Frage, »ganze Welten liegen zwiſchen uns. Ich füge mich dem Verhängniſſe und beſchränke mich darauf, Sie anzubeten .... was wird aber aus mir Armem, Einſamem werden?«

»Bleibt Ihnen nicht Ihre Minna, Wilfrid?«

Er ließ ſein Haupt ſinken.

»Sehen Sie nicht ſo geringſchätzig auf meine Frage herab, alles begreift die Frau durch Liebe! Verſteht ſie nicht, ſo empfindet ſie; empfindet ſie nicht, ſo ſieht ſie; und wenn ſie weder ſieht, noch empfindet, noch versteht – nun? – so legt sich der irdische Engel auf das Erraten und verbirgt seine schützende Gönnerschaft unter der Anmut der Liebe.«

»Nur Sie allein, Seraphita, könnten mich verstehen; ich bin nicht wert, einer anderen Frau anzugehören.«

»Sie sind plötzlich sehr bescheiden geworden! Wollen Sie mich durch diese künstliche Schlinge fangen? Eine Frau wird immer gerührt, wenn sie ihre Schwäche gepriesen sieht! Wie? – Kommen Sie morgen abend zum Tee zu mir, der gute Becker kommt auch, und Sie werden Minna treffen, das reinste Geschöpf, das ich auf dieser Welt kenne. Verlassen Sie mich jetzt, mein Freund, ich muß heute abend noch lange und sehr ernst beten, denn ich habe mir einige Fehler zuschulden kommen lassen.«

»Wie ist es möglich, daß Sie sündigen?«

»Armer lieber Wilfrid! Wer seine Macht mißbraucht, verfällt in hochmütigen Stolz, nicht wahr? Ich glaube heute zu hochmütig gewesen zu sein. – Doch fort! Gehen Sie! Morgen mehr!«

»Morgen!« wiederholte mit matter Stimme Wilfrid und warf einen langen Blick auf dies Wesen, dessen unauslöschliches Bild er mit sich forttragen wollte. Und er ging.

☆

SERAPHITA – SERAPHITUS

WILFRID WOLLTE SICH ENTFERNEN, VON geheimem Zauber gefesselt verweilte er aber noch einige Augenblicke vor dem Schwedenschlosse und betrachtete das durch die Fenster schimmernde Licht.

»Was habe ich gesehen?« fragte er sich. »Nein, das ist kein menschliches Geschöpf, eine ganze Schöpfung ist es! Von jener durch Wolken nur erblickten Welt bleibt mir nichts als ein kaum tönender Widerhall, ähnlich der Erinnerung an einen längst verflogenen Schmerz, oder wie Traumbilder, in denen wir das in die harmonische Musik höherer Sphären, in denen alles Licht ist und Liebe, übergehende Todesröcheln vergangener Geschlechter zu vernehmen meinen. – Wache ich? Bin ich noch in Schlaf versunken? – Blieb mir noch der scharfe Blick, vor dem die lichten Räume sich in die Unendlichkeit verloren? – Trotz der grimmigen Kälte der Nacht strömt Feuer in meinen Adern! – Fort in das Pfarrhaus! Bei dem Pastor und seiner Tochter kann ich vielleicht meine Gedanken sammeln.«

Noch aber verließ er nicht die Stelle, von der sein Blick in Seraphitas Gemach zu dringen vermochte. Das geheimnisvolle Geschöpf schien der strahlende Mittelpunkt eines Kreises zu sein, der um sie eine weit größere Atmosphäre als um jedes andere Wesen zog, und jeder, der sie betrat, erlag der Macht verzehrender Gedanken und einer ungeheuern Lichtmasse. Kräftig, aber nicht ohne harten Kampf entriß sich Wilfrid dieser unerklärlichen Gewalt. Als er endlich die das Haus umgebende Mauer hinter sich hatte, fühlte er sich wieder im Besitze seines freien Willens, stürzte fort zur Pfarrwohnung und befand sich bald unter dem hohen Holzdache, das schützend über die geistliche Pforte hinausragte. Er öffnete hastig die äußere gut verwahrte Tür, gegen welche der Sturm den Schnee hintrieb, und klopfte rasch an die zweite mit den Worten: »Wollen Sie mir wohl vergönnen, lieber Pastor, den Abend bei Ihnen zuzubringen?«

»Gern!« entgegneten zumalen zwei Stimmen.

Als Wilfrid das Zimmer betrat, kehrte er nach und

nach wieder in das wirkliche Leben zurück. Zärtlich grüßte er Minna, drückte dem Alten die Hand und überflog mit ſeinen Augen ein Bild, deſſen Ruhe den Aufruhr ſeines ganzen Weſens ſtillte, wobei eine Erſcheinung ſtattfand, die hin und wieder bei tiefen Denkern angetroffen wird.
Wenn irgend ein hoher Gedanke einen Gelehrten, einen Dichter auf den Fittichen der Phantaſien emporträgt, ihn gänzlich den irdiſchen drückenden Sorgen entrückt und ihn in endloſe Fernen verſetzt, wo die größten Maſſen der Tatſachen reine Abſtraktionen werden, wo die höchſten Werke der Natur nur als Bilder erſcheinen, wie tief unglücklich fühlt er ſich dann, wenn ein plötzliches Geräuſch ſeine Sinne trifft und ſeinen umherſchweifenden, weit entfernten Geiſt in den aus Fleiſch und Knochen gebauten Kerker zurückruft? Der Zuſammenſtoß dieſer beiden Mächte – Körper und Geiſt –, von denen die eine mit der unſichtbaren Kraft des Blitzes, die andere mit jenem der ſinnlichen Natur eigenen nachgebenden Widerſtand ausgerüſtet iſt, der zeitweiſe der Vernichtung kühn entgegentritt, dieſer Kampf, oder wenn man lieber will, dieſe furchtbare Miſchung erzeugt unerhörte Leiden. Der Körper iſt wieder der ihn verzehrenden Flamme verfallen, und die Flamme hat wieder ihre Beute erfaßt; allein dieſes Zuſammenſchmelzen wird nicht bewerkſtelligt ohne furchtbares Aufwallen, ohne ſchreckliche Exploſionen, wie wir deren in der Chemie erblicken, wenn feindliche Elemente ſich wieder ſcheiden, die ſie mit Mühe verbunden hatte.
Seit einigen Tagen geſchah es, daß, ſo oft Wilfrid bei Seraphita eintrat, er ſich der Körperwelt entrückt fühlte. Ein einziger Blick dieſes ſonderbaren Ge-

ſchöpfes reichte hin, ſeinen Geiſt in jene Sphäre zu entrücken, in die tiefes Nachdenken den Gelehrten, das Gebet die gottergebene Seele, die Viſion den Künſtler, der Schlummer ſogar einige Menſchen verſetzt; denn jeder zieht ſeines eigenen Weges in die erhabenen Tiefen, jeder hat ſeinen eigenen ihn dort leitenden Führer, jeder fühlt aber ſchwere gleiche Leiden bei ſeiner Rückkunft. In ſolchen Augenblicken allein zerreißen die Schleier und zeigen uns klar die Offenbarung, das furchtbare brennende Geheimnis der unbekannten Welt, von welcher der Geiſt nur unſcheinbares Stückwerk zur Erde zurückbringt. Eine bei Seraphita verlebte Stunde erſchien Wilfrid gewöhnlich nicht anders als jener von den Opiumeſſern ſo ſehr geliebte und unaufhörlich begehrte köſtliche Taumel des Traumes, in dem jede Nervenfaſer der Mittelpunkt des höchſten Entzückens iſt. Erſchöpft gleich einem jungen Mädchen, das vergeblich ſich abgemüdet hat, um dem Laufe eines Rieſen zu folgen, kehrte er von ihr heim. Die Kälte begann vermöge ihrer ſcharfen Stiche das innere Beben zu beruhigen, das die Vereinigung ſeiner beiden ſo heftig getrennten Naturen hervorgebracht hatte; auch kam er wohl deshalb ins Pfarrhaus zurück, um ſich bei Minna durch den Anblick des gewöhnlichen Lebens zu erlaben, nach welchem er ebenſo begierig war, wie ein abenteuernder Europäer begierig ſein wird, ſein Vaterland wieder zu ſehen, wenn das Heimweh ihn mitten in den orientaliſchen Feenſzenen ergreift, die ihm anfangs ſo verführeriſch erſchienen.

Mehr als je angegriffen, ſank Wilfrid in einen Seſſel und ſchaute einige Zeit lang ſo befremdet um ſich her, wie ein aus ſchwerem Schlafe Erwachender. Der alte Pfarrherr, wahrſcheinlich ebenſo wie ſeine Tochter an die auffallende Sonderbarkeit ihres Gaſtes gewöhnt, fuhr nebſt dieſer in ſeiner Beſchäftigung fort.

Im Gemach hingen eine Inſektenſammlung und Muſcheln aus Norwegens Meer. Geſchickt angebracht auf dem gelben, die Wände bekleideten Getäfel von Tannenholz, bildeten dieſe Seltenheiten eine recht reiche, nur etwas vom Tabaksrauche des Paſtors gebräunte Tapete. Im Hintergrunde, dem Haupteingange gegenüber, erhob ſich ein gewaltiger Ofen, der, ſorgfältig von der Magd abgerieben, wie polierter Stahl glänzte.

In einem großen, mit ausgenähter Arbeit überzogenen Großvaterſtuhl ſaß hart neben dem Ofen, die Füße in einen Fußſack gehüllt, der alte Pfarrherr an einem Tiſche und las in einem großen Folianten, dem andere Bücher zur Unterlage dienten. Zu ſeiner Linken ſtand eine Schleifkanne voll Bier nebſt einem Glaſe, zu ſeiner Rechten eine dampfende, mit Fiſchtran genährte Lampe. Der Alte ſchien ein Sechziger zu ſein. Sein Geſicht gehörte zu denen, die Rembrandts Pinſel mit vorzüglicher Liebe ſchilderte, dieſelben kleinen, lebhaften, in vielen Runzeln eingehüllten und von graulichweißen dicken Brauen überſchatteten Augen, dieſelben weißen, ſich in zwei reichen Locken unter der ſchwarzen Samtmütze hervorſtehlenden Haare, dieſelbe mächtige und kahle Stirn, derſelbe von der Fülle des Kinns faſt viereckig erſcheinende Schnitt des Geſichts, dieſelbe tiefe Ruhe endlich, die den ſcharfen Beobachter irgend eine vorherrſchende Macht wahrnehmen läßt, beſtehe ſie entweder in der vom Gelde verliehenen Königswürde, oder in der hart ausgeprägten richterlichen Gewalt des Bürgermeisters, oder in dem Selbstbewußtsein innen wohnender Kunst, oder in der massiven Kraft glücklicher Unwissenheit. Der schöne Greis, dessen wohlgenährte Gestalt eine kernhafte Gesundheit vermuten ließ, war mit einem von grobem Tuche verfertigten und schlicht mit einer Sahlleiste verzierten Schlafrocke bekleidet. Sehr ernsthaft hielt er in seinem Munde ein langes Rohr mit einem Meerschaumkopfe, blies in gleichen Zeiträumen Rauchwolken aus, folgte mit nachdenklichen Blicken ihren phantastischen Gebilden und war sonder Zweifel eben im Begriffe, in die Gedanken des von ihm gelesenen Schriftstellers durch eine beschauliche Überlegung ganz einzudringen.

Auf der anderen Seite des Ofens und nahe einer in die Küche führenden Türe zeigte sich Minna in unbestimmten und durch die ihr vermöge der Gewohnheit nicht beschwerlich fallenden Tabakswolken in dämmerhaften Umrissen. Auf einem kleinen vor ihr stehenden Tische befanden sich alle einer Näherin notwendigen Gerätschaften, nebst einem Stoße Tischzeug und einer Menge der Ausbesserung bedürftiger Strümpfe, welches alles von einer Lampe erhellt wurde, die ganz derjenigen glich, welche die weißen Blätter des von ihrem Vater gelesenen und seine ganze Aufmerksamkeit in Anspruch nehmenden Buches beleuchtete. Ihr frisches Gesicht, dessen zarte Umrisse die größte Reinheit ausdrückten, stand in voller Harmonie mit dem ihrer weißen Stirn und ihren hellen Augen eingeprägten offenen Gemüte. Etwas vorgebeugt gegen das Licht, um besser zu sehen, zeigte sie ohne ihr Wissen die ganze Schönheit ihres Brustbildes. Ein Nachtgewand von weißem Baumwollenzeuge umfloß ihre Glieder; ein einfaches weißes Häubchen, nur mit einigen Schleifen von demſelben Stoffe verziert, verbarg ihren reichen Lockenſchmuck. Gleich vielen Frauen ſchien ſie ganz einer tiefen geheimen Beſchauung hingegeben zu ſein, die ſie aber nicht hinderte, die Fäden ihrer Serviette oder die Maſchen ihres Strumpfes zu zählen. So ſtellte ſie das vollkommenſte, treueſte Bild eines ganz dem irdiſchen Wirken geweihten Weibes auf, deſſen Blick wohl die Wolken des Heiligtums zu durchdringen imſtande wäre, das aber ein demütiger und zugleich mildtätiger Gedanke in dem Bereiche der Menſchen feſthält. Zwiſchen dieſen beiden Tiſchen hatte ſich Wilfrid in einen Seſſel geworfen. Mit einer Art Trunkenheit betrachtete er das harmoniſche vor ſeinen Augen liegende und durch die Rauchwolken nicht verunſtaltete Bild. Das einzige, dieſes Gemach während der ſchönen Jahreszeit erhellende Fenſter war ſorgfältig verhängt. Ein alter über einen Stock geworfener Teppich fiel vor demſelben in ſchweren Falten als Vorhang herunter. Nichts Pittoreskes, nichts Glänzendes, dagegen aber eine ſtrenge Einfachheit, eine wahre natürliche Herzlichkeit und alle Gewohnheiten eines häuslichen, ruhigen, ſorgenloſen Lebens waren hier vereinigt. Viele Wohnungen gleichen einem ſchimmernden Traume; der über ſie hingegoſſene Glanz des Vergnügens ſcheint unter dem kalten Lächeln des Luxus Ruinen zu verbergen; dieſes Gemach aber war eine erhabene Wirklichkeit, harmoniſch in allen Farben, und erweckte patriarchaliſche Gedanken eines vollen und geſammelten Lebens. Die in ihm herrſchende Stille wurde nur zuweilen durch das Hin- und Hergehen der mit Zubereitung des Nachteſſens beſchäftigten Magd und das Aufziſchen des nach Landesſitte in geſalzener Butter geröſteten

trockenen Fiſches in der Küche unterbrochen.
»Wollen Sie nicht auch eine Pfeife rauchen?« fragte der Pfarrherr in einem Momente, in dem er glaubte, daß Wilfrid ihn vernehmen könnte.
»Großen Dank, beſter Paſtor!« antwortete dieſer.
»Sie ſcheinen heute viel leidender als gewöhnlich!« meinte Minna, betroffen über ſeine große Schwäche anzeigende Stimme.
»Ich bin ſtets ſo, wenn ich vom Schloſſe komme.«
Minna fuhr zuſammen.
»Eine höchſt rätſelhafte Perſon wohnt dort, lieber Paſtor!« fing Wilfrid nach einer Pauſe wieder an. »Während der ſechs Monate, die ich hier ſchon zubringe, habe ich noch nie gewagt, Fragen über ſie zu tun, und ſelbſt heute fällt es mir ſehr ſchwer, mit Ihnen von ihr zu reden. Anfangs war es mir ſehr unwillkommen, meine Reiſe durch den Winter unterbrochen und mich hier zu längerm Verweilen gezwungen zu ſehen; jetzt aber, und hauptſächlich ſeit den letzten zwei Monden, hat jeder Tag die mich an Jarvis kettenden Feſſeln enger zuſammengeſchnürt. Ich fürchte, meine Tage hier beſchließen zr müſſen. Sie wiſſen, wie ich Seraphita das erſtemal sah, welchen Eindruck ihre Stimme und ihr Blick mir machte, Sie wiſſen, wie es mir endlich gelang, Zutritt bei ihr zu erhalten, die Jedem unzugänglich iſt. Seit dem erſten Tage kehrte ich ſtets mit dem Vorſatze zu Ihnen zurück, Sie um Aufklärungen über dieſes rätſelhafte Geſchöpf zu bitten, denn ſchon damals begann für mich jene Reihe von Bezauberungen...«
»Von Bezauberungen!« rief der Pfarrherr und leerte ſeine Pfeife in eine große, plumpe, mit Sand gefüllte Schüſſel, die ihm als Spucknapf diente. »Gibt es denn Bezauberungen?«

»Gewiß!« entgegnete Wilfrid haſtig. »Sie, der Sie in dieſem Momente das Buch des Johannes Wier von Bezauberungen und Beſchwörungen leſen, werden ſicher mich verſtehen, wenn ich es unternehme, Ihnen meine Empfindungen zu ſchildern. Studiert man aufmerkſam die Natur ſowohl in ihren größten Revolutionen, als auch in ihren kleinſten Werken, ſo iſt es ſchlechthin unmöglich, nicht einzuſehen, daß Zauberei im eigentlichſten Wortverſtande unter die Unmöglichkeiten gehört. Der Menſch vermag keine Kräfte zu ſchaffen, ſondern nur die einzig und allein beſtehende Kraft, die alle übrige in ſich begreift, nämlich die Bewegung anzuwenden, den Atem des höchſten Schöpfers der Welten! Die verſchiedenen Gattungen ſind zu genau geſondert, als daß des Menſchen Hand ſie unter einander mengen könnte, das einzige ihm mögliche Wunder war vollbracht, als es ihm gelang, zwei feindliche Subſtanzen zu einem Körper zu vereinigen. Das Schießpulver iſt noch des Blitzes Blutsverwandter! Iſt es möglich, plötzlich eine neue Schöpfung entſtehen zu laſſen? Jede Schöpfung erfordert Zeit, und unbeweglich muß die Zeit verharren unter der ſchöpferiſchen Hand. Die ſchaffende Natur gehorcht folglich außer unſrem Bereiche Geſetzen, deren Ausübung keines Menſchen Hand hindern oder ſtören kann. Wenn wir nun aber der Materie ihr volles Recht zugeſtehen, ſo würde es unverſtändig ſein, wollten wir nicht auch in uns die Exiſtenz einer ungeheuern Kraft anerkennen, deren Wirkungen ſo ſehr über alle menſchlichen Bewegungen erhaben ſind, daß alle bis jetzt auf Erden gelebt habenden Generationen nicht einmal imſtande waren, ſie nur in ein geregeltes Syſtem zu bringen. Ich rede hier nicht von der dem

Menſchen verliehenen Fähigkeit, alles zu abſtrahieren und die ganze Natur in das Wort einzuzwängen, – eine rieſenhafte Unternehmung, die aber vom großen Haufen ſo wenig beachtet wird wie die Bewegung –, die jedoch die indiſchen Theoſophen darauf geleitet hat, die Schöpfung durch ein Wort zu erklären, dem ſie auch wiederum eine umgekehrte Wirkung beilegten. Der kleinſte Teil ihrer Nahrung, ein Reiskorn, aus welchem eine ganze Schöpfung hervorgeht, dieſelbe Schöpfung aber auch in demſelben zuſammengedrängt erſcheint, bot ihnen ein ſo reines Bild des ſchaffenden und des abſtrakten Wortes dar, daß es keine Schwierigkeiten haben konnte, dieſes Syſtem auch auf Schaffung der Welten auszudehnen. Die Mehrzahl der Menſchen mußte ſich mit dem Reiskörnchen begnügen, mit dem alle Schöpfungsgeſchichten beginnen. Als der Apoſtel Johannes ſprach: ‚Im Anfange war das Wort und das Wort war bei Gott und Gott war das Wort', wurden die Schwierigkeiten nur noch größer. Das Keimen, Wachſen, Blühen unſerer Gedanken iſt aber nur eine Kleinigkeit, vergleichen wir dieſe vielen Menſchen verliehene Eigentümlichkeit mit der ganz anormalen Fähigkeit, dieſer Eigentümlichkeit mehr oder weniger durch irgend eine Konzentrierung hervorgebrachte tätige Kräfte mitzuteilen, ſie auf drei-, neun-, ſiebenundzwanzigfache Potenz zu ſteigern, ſie ſo auf die Maſſen heftig wirken zu laſſen und durch Kondenſation der natürlichen Wirkungen endlich zu magiſchen Reſultaten zu gelangen. Zauberei, Bezauberung nenne ich übrigens jene ungeheuren, zwiſchen zwei Membranen unſerer Gehirnhaut ſpielenden geiſtigen Tätigkeiten. Man findet hin und wieder menſchliche Weſen, die in der unerforſchten und moraliſche

Welt genannten Natur ausgerüſtet ſind mit jenen unerhörten Kräften, vergleichbar der im Gas, in Säuren und Salzen verborgenen Macht, die andern Weſen auf das innigſte ſich anzuſchmiegen, ſie als tätiges Prinzip ſo zu durchdringen und ſie mit ſolchem Zauber zu umſtricken wiſſen, gegen den ſolche arme Heloten ganz verteidigungslos ſind. Sie unterwerfen ſolche bedauernswerte Kreaturen einer furchtbaren Herrſchaft und laſſen ſie ſchwer das Bleigewicht des Szepters einer höhern Natur empfinden, wenn ſie einmal auf ſie wirken, wie der den unglücklichen Fiſcher elektriſierende und betäubende Krampfrochen, oder ein anderesmal wie eine das Leben aufreizende und verflüchtigende Doſis Phosphor, oder unter anderer Geſtalt wie das die körperliche Natur einſchläfernde Opium den Geiſt ſeiner Feſſeln entledigt, ihn über die Welt erhebend ihm dieſe durch ein Prisma zeigt und ihn auf die ihm wohlgefälligſte Weide führt, oder wenn ſie in Starrſucht verſetzt, die alle körperliche Tätigkeit zugunſten irgend einer Viſion vernichtet.

»Wunder, Zaubereien, Beſchwörungen, Hexereien, kurz alles, was wir ſehr uneigentlich übernatürlich zu nennen pflegen, iſt nicht anders möglich und kann nur durch die Gewalt erklärt werden, mit der ein Geiſt uns zwingt, die Wirkungen einer rätſelhaften Optik auszuhalten, welche uns die geſamte Schöpfung ganz nach ſeiner Willkür bald vergrößert oder verkleinert, verſchönert oder ſcheußlich entſtellt erſcheinen läßt, und uns jetzt bis in den Himmel entzückt, jetzt zur Hölle hinabſtürzt, – die höchſte Wonne und den höchſten Schmerz bezeichnende Ausdrücke. Dieſe Phänomene ſind nicht außerhalb uns, ſondern in uns ſelbſt zu ſuchen. Nun ſcheint mir das von uns Seraphita genannte Wesen einer der seltenen aber furchtbaren Dämone zu sein, denen die Gewalt verliehen ist, Menschen an sich zu fesseln, die Natur genau zu erforschen und an der geheimnisvollen Macht Gottes selbst teil zu nehmen. Den Reigen der von mir empfundenen Zaubereien eröffnete das mir auferlegte Schweigen. So oft ich auch entschlossen war, Sie über Seraphita zu befragen, so oft wurde ich auch durch den Gedanken davon abgehalten, irgend ein Geheimnis an das Licht zu ziehen, dessen unbestechlicher Hüter ich sein müsse; jedesmal schien ein feuriges Siegel meine Lippen zu schließen; zum hundertsten Male sehen Sie mich hier ermattet, gänzlich erschöpft vor sich, weil ich mit dieser Zauberwelt zu spielen gewagt hatte, die Ihnen beiden als sanftes zartes Mädchen, mir aber als die unerbittlichste Zauberin, als eine Hexe erscheint, die in ihrer Rechten einen unsichtbaren, den Erdball in Aufruhr setzen könnenden Apparat, in ihrer Linken den Blitzstrahl hält, der nach ihrer Willkür alles vernichten kann. Ich bin so weit gebracht, daß es mir nicht mehr möglich ist, ihr frei in die Stirn zu blicken, – sie ist zu unerträglich rein! Seit einigen Tagen streife ich aber zu nahe hin an dem Abgrunde des Wahnsinns, als daß ich auch jetzt noch nicht reden sollte; und ergreife dazu den Moment, in welchem ich Mut in mir fühle, diesem Ungeheuer, das mich hinter sich herschleppt, ohne zu fragen, ob ich auch seinem Fluge folgen könne, Widerstand zu leisten. – Wer ist sie? – Kannten Sie sie als Kind? Wurde sie jemals geboren und hat sie Eltern gehabt? Wurde sie erzeugt aus der Vereinigung der Sonne und des Eises, denn sie setzt in Flammen und macht alles erstarren? Sie zieht mich an und ſtößt mich ab, abwechſelnd gibt ſie mir Tod und Leben, ich liebe und haſſe ſie! So länger zu leben, iſt unmöglich, und lieber will ich ganz im Himmel oder der Hölle verfallen ſein!«

Der alte Pfarrherr hielt in der einen Hand ſeine unterdeſſen geſtopfte Pfeife, in der andern den Deckel, ohne ihn aufzuſetzen. Geheimnisvoll lächelnd und zuweilen ſeine Tochter anſehend, die dieſe völlig zu dem ſie einflößenden Weſen paſſende Sprache zu verſtehen ſchien, horchte er Wilfrids langer Rede, der ſchön wie Hamlet erſchien, als dieſer dem Geiſte ſeines Vaters Rede ſtand, der nur ihm allein, mitten unter den andern Lebenden, ſichtbar war.

»Das klingt alles ungefähr wie das Geſchwätz eines Verliebten!« antwortete endlich ganz unbefangen treuherzig der gute Paſtor.

»Ein Verliebter!« entgegnete Wilfrid, »ja allerdings, nach der gewöhnlichen Anſicht der Menge. Aber mein teuerſter Herr Becker, kein Wort vermag den Wahnſinn auszudrücken, der mich zu dieſem wilden Geſchöpfe hinreißt.«

»Sie lieben folglich dieſes Geſchöpf?« fragte Minna mit einem Tone, der nicht ganz ohne einige Bitterkeit erſchien.

»Ja, Fräulein, wenn ich ſie ſehe, durchrieſelt mich ein ſo eigentümliches Beben, wenn ich ſie nicht ſehe, bemächtigt ſich meiner eine ſo tiefe Traurigkeit, daß ſolche Empfindungen bei jedem andern Manne Liebe genannt werden müßten; Liebe aber zieht feurig die Weſen zu einander hin, während ſich zwiſchen ihr und mir ſtets ein Abgrund auftut, deſſen Kälte mich in ihrer Gegenwart eiſig anhaucht, von dem ich aber, von ihr entfernt, nichts empfinde. Stets verlaſſe ich ſie troſtloſer, ſtets aber kehre ich entflammter zu ihr zurück, gleich den Gelehrten, die ein von der Natur verſchloſſenes Geheimnis zu erforſchen begehren, gleich dem Maler, der ſeiner Leinwand Leben einhauchen will, alle Mittel der Kunſt aber vergebens an dieſen nutzloſen Verſuch verſchwendet.«

»Alles, was Sie da ſagen,« verſetzte das Mädchen, »ſcheint mir ſehr richtig.«

»Wie kannſt du darüber urteilen, Minna?« fragte der Alte.

»O, mein lieber Vater! Wären Sie heute früh mit uns auf dem Gipfel des Falbergs geweſen und hätten Sie ſie beten ſehen; gewiß würden Sie mich nicht ſo fragen! Wie Herr Wilfrid, als er ſie das erſtemal in unſerer Kirche ſah, würden Sie ausrufen: das iſt der Genius des Gebetes.«

Eine ziemlich lange Stille folgte dieſen letzten Worten.

»Ach,« fing endlich Wilfrid wieder an, »ſie hat nichts gemein mit andern auf dieſem jämmerlichen Erdenrunde ſich herumtreibenden Geſchöpfen!«

»Auf dem Falberg!« rief verwundert der alte Pfarrherr. »Wie konnte euch deſſen Beſteigung gelingen?«

»Darüber vermag ich keine Auskunft zu geben,« antwortete Minna. »Der ganze Weg erſcheint mir jetzt gleich einem fern liegenden Traume! Ohne dieſes Wahrzeichen würde ich alles für gar nicht möglich halten.«

Bei dieſen Worten zog ſie die Blume aus ihrem Buſen, und alle drei konnten nicht genug das zierliche, noch ganz friſche Steinbrechpflänzchen bewundern, das, obgleich gut von den zwei Lampen beleuchtet, doch mitten durch die Rauchwolken in einem eigentümlichen Lichte ſtrahlte.

»Das iſt höchſt ſeltſam, faſt übernatürlich!« meinte der Alte.

»Ein Abgrund!« ließ Wilfrid ſich vernehmen.
»Ihr Wohlgeruch verurſacht mir Schwindel!« rief Minna. »Noch jetzt vermeine ich ihren Worten zu lauſchen, die in Muſik verwandelten Gedanken gleichen, noch jetzt ſehe ich ihren flammenden Blick, der die reinſte Liebe iſt.«
»Erbarmen Sie ſich meiner, verehrteſter Herr Paſtor, erzählen Sie mir das Leben dieſer rätſelhaften menſchlichen Blume, als deren Symbol mir dieſe geheimnisvolle Blüte erſcheint.«
»Wenn ich Ihnen, mein werter Gaſt,« antwortete der Greis und blies eine ſtarke Dampfwolke von ſich, »das Leben dieſes Weſens erklären ſoll, ſo iſt es unumgänglich notwendig, daß ich Ihnen eine Skizze von der dunkelſten aller chriſtlichen Doktrinen entwerfe; ein ſehr ſchwieriges Unternehmen, verſtändlich zu reden von der allerunbegreiflichſten der Offenbarungen, dem letzten Strahle des Glaubens, wie man behauptet, der unſerm Jammertale geleuchtet hat. Haben Sie je von Swedenborg gehört?«
»Ja, nur dem Namen nach, nichts aber von ihm ſelbſt, ſeinen Werken, ſeiner Religion.«
»So! nun da will ich Ihnen einen Abriß vom ganzen Swedenborg geben.«
Nach einer Pauſe, in welcher der Pfarrherr alle ſeine Erinnerungen geſammelt zu haben ſchien, begann er folgendermaßen:
»Emanuel von Swedenborg wurde in Upſala in Schweden im Monat Januar des Jahres 1688 nach der Angabe einiger Autoren, im Jahre 1689, wie ſein Epitaphium beſagt, geboren. Sein Vater Jaſper Swedberg war Biſchof von Scara in Weſtgotland. Er lebte bis in das fünfundachtzigſte Jahr und ſoll am 29. März 1772 in London geſtorben ſein. Ich

bediene mich mit Fleiß dieſes Ausdrucks, denn, den Behauptungen ſeiner Schüler zufolge, wäre Swedenborg lange nach dieſer Zeit noch in Jarvis lebend geſehen worden.

»Erlauben Sie, mein werter Herr Wilfrid«, unterbrach ſich der alte Paſtor ſelbſt, um dieſem jeden Einwurf abzuſchneiden, »ich berichte Tatſachen, ohne ſie weder zu beſtätigen, noch zu leugnen. Hören Sie jetzt aufmerkſam zu, und dann denken Sie über alles ganz nach Ihrem Belieben, was Sie wollen. Ich will Sie benachrichtigen, wenn ich Swedenborgs Lehrſätze vor den Richterſtuhl der Kritik ziehen werde, um meine geiſtige Neutralität zwiſchen der Vernunft und zwiſchen ihm dadurch zu beurkunden!

»Emanuel Swedenborgs Leben zerfällt in zwei ſcharf geſchiedene Hälften. Bis zum Jahr 1745 trat der Freiherr Swedenborg in der Welt als einer der größten Gelehrten auf; geſchätzt und geliebt wegen ſeiner Tugenden lebte er ganz vorwurfsfrei und dem Nutzen der Menſchheit beharrlich alle ſeine Kräfte weihend: Mit hohen Ämtern in Schweden bekleidet, gab er zwiſchen den Jahren 1709 und 1740 über Mineralien, Phyſik, Mathematik und Aſtronomie zahlreiche und gediegene, die Wiſſenſchaften fördernde Werke heraus. Er erfand eine neue Art von Schiffsdocken, er ſchrieb Abhandlungen über die wichtigſten Gegenſtände, über Ebbe und Flut, über die Lage der Erde. Er gab neue Konſtruktionen zu verbeſſerten Schleuſen an und vereinfachte das Verfahren beim Schmelzen der Metalle, er beſchäftigte ſich mit einem Worte mit keiner Wiſſenſchaft, ohne ihr zu einem bedeutenden Fortſchritte zu verhelfen. In ſeiner Jugend ſtudierte er die hebräiſche und lateiniſche Sprache nebſt den orientaliſchen Sprachidiomen und war in ihnen ſo ſehr bewandert, daß nicht nur mehrere berühmte Gelehrte ſich bei ihm Rats erholten, ſondern daß er ſich auch in den Stand geſetzt ſah, in Aſien und beſonders in der Tartarei Spuren des älteſten Buches, des ‚Worts' nachzuweiſen, welches ‚Der Streit des Herrn' und ‚Sprüchwörter' genannt wird, und das Moſes in ſeinem 4. Buche XXII, 14, 27, Joſua, Jeremias und Samuel erwähnen. Er behauptete in dem erſten den hiſtoriſchen und in dem zweiten den prophetiſchen Teil dieſes Buches zu erkennen, welches älter als das erſte Buch Moſis ſei. Swedenborg war ſogar überzeugt, daß das Buch ‚Jaſchar' oder ‚Buch des Gerechten', von dem Joſua ſpricht, ſich in der öſtlichen Tartarei vorfinde, und die ganze Lehre der Korreſpondenzen und deren Verehrung enthalte.

»Ein Franzoſe ſoll, wie man erzählt, in neueſter Zeit Swedenborgs Behauptungen gerechtfertigt und angekündigt haben, daß von ihm in Bagdad mehrere in Europa unbekannte Bücher der Bibel aufgefunden worden ſeien. Bei dem im Jahre 1785 in Paris wegen des animaliſchen Magnetismus entſtandenen Streites, an dem faſt alle europäiſche Gelehrte teilnahmen, brachte der Marquis von Thomé Swedenborgs Namen zu großen Ehren, als er einige Behauptungen angriff, die den vom Könige zur Unterſuchung des Magnetismus aufgeſtellten Kommiſſarien entſchlüpft waren. Dieſe Herren hatten nämlich den Satz aufgeſtellt, es gäbe bis jetzt keine Theorie des natürlichen Magnets, während er bewies, daß Swedenborg ſchon im Jahre 1720 eine ſolche verfaßt habe. Der Marquis bewies ferner bei dieſer Gelegenheit, die Urſache, warum die berühmteſten Gelehrten Swedenborg ſo in Vergeſſenheit geraten ließen, beſtände darin, daß ſie ſich mit den ſeinen verborgenen Schätzen insgeheim geraubten Federn ſchmücken wollten, und er ſpielte dabei auf Buffons Theorie der Erde an. Kurz, es gelang ihm durch viele aus Swedenborgs enzyklopädiſchen Werken gezogene Zitate der vollſtändige Beweis, daß dieſer große Seher dem langſamen Schritte der menſchlichen Wiſſenſchaften weit vorausgeeilt war. Um ſich ſelbſt vollkommen hiervon zu überzeugen, darf man auch nur ſeine philoſophiſchen und mineralogiſchen Abhandlungen leſen. So tritt er in einer Stelle als der Vorläufer der heutigen Chemie auf, wenn er verkündet, alle Erzeugniſſe der organiſchen Natur ſeien zerſetzbar, und Waſſer, Luft, Feuer gehörten keineswegs zu den Elementen. In einer anderen Stelle dringt er mit einigen Worten in die tiefſten Myſterien des Magnetismus und bringt dadurch Meßmer um die Ehre der erſten Entdeckung. Hier ſehen Sie endlich, um es kurz zu machen,« fuhr der alte Pfarrer fort und deutete dabei auf ein langes, zwiſchen dem Ofen und dem Fenſter befeſtigtes Brett, auf dem Bücher von jedem Formate ſtanden, »hier ſehen Sie ſiebzehn verſchiedene Werke von ihm, deren ein einziges, ſeine im Jahre 1734 herausgegebenen philoſophiſchen und mineralogiſchen Abhandlungen, drei Folianten ausmachen. Dieſe, Swedenborgs poſitive und reelle Gelehrſamkeit beurkundenden Werke wurden mir von ſeinem Vetter Seraphitus, dem Vater unſerer Seraphita, als teures Andenken hinterlaſſen.

»Swedenborg verfiel im Jahre 1740 in ein vollſtändiges Schweigen, welches er nur verließ, um allen ſeinen zeitlichen Beſchäftigungen Valet zu ſagen und ſich ganz der ſpirituellen Welt hinzugeben. Die erſten Befehle des Himmels empfing er im Jahre 1745. Hören

Sie ſelbſt, wie er ſeine himmliſche Vokation ſchildert: Eines Abends verbreitete ſich, als er damals in London mit vielem Appetite ſein Mahl verzehrte, in ſeinem Gemache ein gewaltiger Nebel. Nachdem das Gewölk ſich verzogen hatte, erhob ſich aus dem einen Winkel des Zimmers eine Geſtalt mit menſchlicher Form und ſprach zu ihm mit furchtbarer Stimme: ‚Speiſe nicht ſo viel!' Er beobachtete ein ſtrenges Faſten. In folgender Nacht erſchien ihm dieſelbe Geſtalt, diesmal aber in vollem Lichtglanze, und ſprach: ‚Ich bin geſendet von Gott, der dich auserkoren hat, um den Menſchen ſein Wort und ſeine Schöpfungen auszulegen. Schreibe, was ich dir in die Feder ſage!' Die Viſion dauerte nur wenige Momente. Der Engel war, wie er behauptete, in Purpur gekleidet. Während dieſer Nacht wurden die Augen ſeines innern Menſchen geöffnet und empfänglich gemacht zum Schauen des Himmels, der Geiſterwelt und der verſchiedenen Höllen, dreier verſchiedener Sphären, in denen er viele ſeiner früheren Bekannten traf, die zum Teil in ihrer menſchlichen Geſtalt längſt geſtorben waren, zum Teil das irdiſche Leben erſt vor kurzem verlaſſen hatten.

»Von dieſer Stunde an lebte Swedenborg fortwährend das Leben der Geiſter, und blieb in dieſer Welt der Geſendete Gottes.

»Wurde ſeine himmliſche Deutung auch von vielen Ungläubigen beſtritten, ſo zeugte ſein ganzes Betragen doch für ein der Menſchheit überlegenes Weſen. Obgleich ſein Vermögen ſich nur auf das Notwendigſte beſchränkte, ſo gab er doch unermeßliche Summen aus, und beurkundet iſt es, daß er in mehreren Handelsſtädten große gefallene oder am Falle ſtehende Häuſer wieder rettete. Kurz, keiner, der ſeine

Großmut in Anſpruch nahm, verließ ihn ohne volle und ſchnelle Befriedigung.

»Ein nicht an ihn glaubender Engländer folgte ihm nach, traf ihn in Paris und berichtete, daß alle Türen unausgeſetzt bei ihm offen ſtänden. Eines Tages beklagte ſich ſein Diener über dieſe Unvorſichtigkeit, die ihn bei den unausbleiblichen Diebſtählen in ſchweren Verdacht bringen würde. – ‚Er ſoll nur ruhig ſein,‘ ſprach lächelnd Swedenborg, ‚denn er ſieht freilich nicht den an meiner Pforte wachenden Hüter!‘ Wirklich ſchloß er auch nie in irgend einem Lande eine Tür, ohne daß ihm jemals etwas abhanden gekommen wäre.

»In Gotenburg, einer ſechzig Meilen von Stockholm entlegenen Stadt, verkündigte er drei Tage vor Ankunft des Eilboten die in Stockholm wütende Feuersbrunſt und bemerkte dabei, ſein Haus ſei ohne Schaden geblieben; was ſich auch ſpäter beſtätigt fand.

»Die Königin von Schweden erzählte in Berlin ihrem Bruder, dem Könige, eine ihrer Damen ſei wegen einer Summe angefordert worden, die ihr Gemahl kurz vor ſeinem Tode, wie ſie gewiß wiſſe, bezahlt habe, da ſie aber die Quittung nicht hätte finden können, ſei ſie zu Swedenborg geeilt und habe ihn gebeten, ihren Mann zu befragen, wo dieſes wichtige Dokument liege. Am folgenden Tage bezeichnete Swedenborg der Dame den Ort, wo ſie aufbewahrt ſei, und als er auf ihren Wunſch den Verſtorbenen gebeten hatte, ihr ſelbſt zu erſcheinen, erblickte ſie im Traume ihren Gatten in dem Nachtgewande, das er vor ſeinem Tode getragen, und ſah, wie er ihr an der von Swedenborg bezeichneten Stelle die Quittung zeigte, die ſich auch wirklich daſelbſt vorfand.

»Als er ſich in London mit dem Kapitän Diron einſchiffte, hörte er eine Dame die Frage ſtellen, ob man auch hinreichend mit Mundvorrat verſehen ſei. — ‚Es wird deſſen nicht zu viel bedürfen,' antwortete er, ‚in acht Tagen, um 2 Uhr ſind wir an dem Hafen von Stockholm.' Und ſo geſchah es auch.

»Der viſionäre Zuſtand, in welchen ſich Swedenborg in Beziehung auf irdiſche Dinge ganz nach ſeinem Belieben verſetzen konnte, und der alle ihm Nahende vermöge ſeiner wunderbaren Wirkungen in das größte Erſtaunen verſetzte, war nur unbedeutend zu nennen im Vergleiche zu ſeiner Macht, in die Himmel zu ſehen. Unter ſeinen Viſionen ſind diejenigen, in welchen er von ſeinen Reiſen in die Aſtral-Länder erzählt, nicht die am wenigſten merkwürdigen, und ſeine davon hinterlaſſenen Schilderungen müſſen durch die Unbefangenheit, mit der ſie bis in die kleinſten Einzelheiten gehen, notwendig überraſchen. Ein Mann, deſſen umfaſſendes Wiſſen unwiderlegbar feſtſteht, und der Verſtand, Kraft und Erfindungsgaben in ſich vereinigte, würde gewiß beſſer erfunden haben, hätte er Dichtungen in die Welt ausgehen laſſen wollen. Die phantaſtiſche Literatur der Orientalen beſitzt nichts, was ſich mit dieſem Schwindel erregenden und unendlich viele, aber noch im Keime verſchloſſen liegende Poeſie enthaltenden Werke vergleichen ließe, wenn es erlaubt iſt, ein Werk des Glaubens mit den Erzeugniſſen der arabiſchen Phantaſie in Vergleich zu ſtellen. Swedenborgs Entrückung durch den ihm auf ſeiner erſten Reiſe als Führer dienenden Engel iſt mit einer Erhabenheit geſchildert, die in Rückſicht auf die von Gott zwiſchen Erde und Sonne gelegte Entfernung alles übertrifft, was Klopſtock, Milton, Taſſo und Dante in ihren Epopöen zu ſchildern verſucht haben. Dieſer Teil, der ſeinem Werke über die Aſtral-Länder als Einleitung dient, iſt nie gedruckt worden, er gehört zu den von Swedenborg ſeinen drei Lieblingsjüngern hinterlaſſenen mündlichen Überlieferungen; Silveriem, ſein Neffe und ehemaliger Hofkaplan des Königs von Schweden, beſitzt ihn handſchriftlich. Der verſtorbene Seraphitus hat ſeiner oft gegen mich erwähnt, das Andenken an das Wort ſeines Vetters war aber ſo feurig bei ihm, daß er ſchon bei den erſten Sätzen inne hielt und in ein durch nichts zu verſcheuchendes ſchwärmeriſches Nachdenken verſank. Die Rede, in welcher der Engelgeiſt Swedenborg beweiſt, daß jene Himmelskörper nicht geſchaffen ſind, um bloß in den endloſen Räumen unbewohnt umher zu irren, vernichtet, wie mir der Freiherr verſicherte, durch das Erhabene einer göttlichen Logik alle menſchliche Wiſſenſchaft. Jupiters Bewohner beſchäftigen ſich nicht mit Wiſſenſchaften, die ſie Schatten nennen; die Merkurier verabſcheuen den Gebrauch des Wortes um ihre Gedanken auszudrücken als zu grobſinnlich und bedienen ſich der Augenſprache; die Saturner werden unausgeſetzt von böſen Geiſtern in Verſuchung geführt; die Einwohner der Venus ſind rieſengroß, aber einfältig, und leben von Straßenräubereien, demungeachtet aber wird ein Teil dieſes Planeten von ſehr ſanftmütigen und in der Liebe zum Guten lebenden Leuten bewohnt. Kurz, Swedenborg beſchreibt die Sitten der auf dieſen Planeten wohnenden Völker ſo genau und äußert ſich über ihre Exiſtenz mit Bezugnahme auf das ganze Univerſum ſo beſtimmt, er gibt Erklärungen, die ſo gut zu den Wirkungen ihrer ſichtbaren Umwälzungen in dem allgemeinen Weltſyſtem paſſen, daß in vielleicht nicht zu fernen Zeiten die Gelehrten ſich an dieſen Lichtquellen erfriſchen.

»Hier haben Sie,« fuhr der Alte fort, langte ein Buch von der Wand herunter und ſchlug es bei einer bezeichneten Stelle auf, »hier haben Sie eine ſeiner Viſionen, die Ihnen zum Beiſpiel ſeiner höchſt einfachen Erzählungsweiſe dienen kann. Er war damals im Planeten Mars.

,Auf dieſem Planeten ſah ich einſt eine mächtige halb purpurne und halb weiße Flamme, die ſich auf eine Hand ſetzte und zwar anfangs auf die obere und ſodann auf die innere Fläche, zuletzt ſpielte ſie rings um dieſelbe herum. Die von der Flamme ganz umfloſſene Hand entfernte ſich, ſetzte ſich dann in einiger Entfernung feſt; ſchien ſich gänzlich in Flamme zu verlieren und verwandelte ſich in einen mit denſelben lebhaften Farben geſchmückten Vogel, der unter ſtets wechſelndem Farbenſpiele voller Leben meinen Kopf umſchwirrte. Während des Flugs verließen ihn allmählich ſeine Kräfte und endlich auch ſein Leben, als ein in Stein verwandelter, anfangs perlfarbiger, zuletzt ſchwarzer und des Lebens beraubter Vogel ſetzte er dennoch ſeinen Flug fort. Als er noch lebend um meinen Kopf ſchwebte, hatte ich einen Geiſt bemerkt, der an meiner Seite herauf auf meine Bruſt kletterte und den Vogel zu erhaſchen ſuchte, der damals noch durch ſeine Schönheit alle mich Umſtehenden entzückte, der Geiſt glaubte, der Herr ſei in ihm verborgen. Endlich fing er ihn, der Himmel aber bewährte jetzt ſeine Macht. Denn er war nicht imſtande, ihn feſtzuhalten und mußte ihn loslaſſen. Allen Zeugen dieſer Viſion war ihr himmliſcher Urſprung klar und gewiß. Sie wußten, die Flamme bedeute die Liebe und die Hand die Macht;

das Farbenſpiel ſei das Sinnbild der im geiſtigen Leben vorkommenden Veränderungen und der Vogel bedeute die Intelligenz, und ebenſo wußten ſie, die in den Farben und in dem Leben des Vogels dargeſtellten Veränderungen ſeien auf die verſchiedenen Grade der Intelligenz zu deuten.

'Hegt man Zweifel,' ſpricht er am Ende ſeines Werkes, 'daß ich wirklich in eine große Anzahl der Aſtral-Welten verſetzt geweſen bin, ſo erinnere man ſich meiner Bemerkungen über die Entfernungen in dem zweiten Leben, denn dieſe beſtehen nur in bezug auf den äußern Zuſtand des Menſchen. Weil ich nun aber in meinem Innern ebenſo geſtaltet war, wie die Engelsgeiſter jener Erden, ſo war mir auch die Möglichkeit gegeben, ſie kennen zu lernen.'

»Die beſonderen Verhältniſſe, denen wir die Anweſenheit des Freiherrn Seraphitus, Swedenborgs geliebten Neffen, in unſerer Gegend zu danken hatten, verheimlichten mir kein einziges öffentliches Ereignis dieſes höchſt ſeltenen Lebens. So wurde er vor noch nicht langer Zeit in den öffentlichen Blättern Europas, die folgende Tatſache nach einem Briefe des Chevalier Beylon bekannt machten, eines Betruges angeklagt.

»Swedenborg, behauptete man, der durch die Reichsräte von der geheimen Korreſpondenz der hochſeligen Königin von Schweden mit dem Prinzen von Preußen, ihrem Bruder, unterrichtet worden war, entdeckte ihr manche in derſelben enthaltenen Geheimniſſe und machte ſie glauben, er ſei durch übernatürliche Mittel zu dieſer Kenntnis gekommen.

»Ein ſehr glaubwürdiger Mann, Karl Leonhard von Stahlhammer, Hauptmann in der Königlichen Garde und Ritter des Schwertordens antwortete dieſer

Verleumdung durch folgenden Brief.« Der Pfarrherr ſuchte lange in der Schublade ſeines Tiſches unter vielen Papieren, fand endlich eine alte Zeitung, reichte ſie Wilfrid, der laut folgendes Schreiben daraus vorlas:

»Stockholm, am 13. Mai 1788.«

»Mit großem Erſtaunen habe ich den Brief geleſen, der die Unterhaltung berichtet, welche der berühmte Swedenborg mit der Königin Louiſe Ulrike gehabt hat. Die daſelbſt erzählten Umſtände ſind ganz falſch, und Verzeihung hoffe ich vom Verfaſſer desſelben zu erhalten, wenn ich durch eine getreue und von mehreren angeſehenen dabei gegenwärtigen und noch am Leben befindlichen Perſonen beglaubigt werden könnende Geſchichtserzählung ihm ſeinen großen Irrtum nachweiſe.

»Im Jahre 1758, kurz nach dem Tode des Prinzen von Preußen, erſchien Swedenborg bei Hof, wo er ſich regelmäßig einzufinden pflegte. Kaum war er von der Königin bemerkt worden, ſo wendete ſie ſich mit der Frage an ihn: ‚A propos, Herr Bergaſſeſſor! Haben Sie nicht meinen Bruder geſehen?' Swedenborg antwortete mit Nein, worauf die Königin hinzuſetzte: ‚Wenn Sie ihm gelegentlich begegnen, ſo grüßen Sie ihn von mir!' Dieſe Worte ſagte ſie wohl nur in einem Anfall von ſcherzhafter Laune zu ihm und dachte dabei keineswegs daran, irgend etwas ihren Bruder betreffendes von ihm erfahren zu wollen. Nicht nach vierundzwanzig Tagen und nicht in einer Privataudienz, ſondern acht Tage darauf kam Swedenborg wieder an Hof, aber ſo früh, daß die Königin ihr Appartement, das weiße Zimmer genannt, wo ſie mit ihren Hofdamen und andern bei ihr Zutritt habenden Frauen ſich unterhielt, noch nicht verlassen hatte. Swedenborg wartete aber nicht auf das Erscheinen der Königin, sondern trat geradezu in ihr Gemach und sagte ihr etwas leise in das Ohr. Die Königin, höchst betroffen, wandelte eine Ohnmacht an, und sie bedurfte einige Zeit, um sich wieder zu erholen. Als sie wieder zu sich gekommen war, sagte sie zu den sie umgebenden Personen: ,Nur Gott und meinem Bruder ist bewußt, was er mir zugeflüstert hat!' Sie gestand, er habe ihr aus ihrem letzten Briefwechsel mit dem Prinzen Dinge erzählt, die nur ihnen beiden bekannt gewesen wären. – Ich vermag nicht zu erklären, wie Swedenborg in Besitz dieser Geheimnisse gekommen ist, allein ich kann mit meinem Ehrenworte bekräftigen, daß weder der Graf H..., wie der Verfasser des Briefes behauptet, noch sonst irgend jemand die Briefe der Königin aufgefangen oder gelesen hat. Der Reichsrat verstattete ihr damals ohne alle Schwierigkeit, an ihren Bruder schreiben zu dürfen, und betrachtete diesen Briefwechsel als eine den Staat ganz und gar nicht interessierende Sache. Es ist auch augenscheinlich, daß der Verfasser des obigen Briefes den Charakter des Grafen H.. nicht im mindesten gekannt hat. Dieser ehrwürdige Mann, der seinem Vaterlande die wichtigsten Dienste geleistet, verbindet mit Talenten des Geistes die vorzüglichsten Eigenschaften des Herzens; sein vorgerücktes Alter hat keineswegs diese kostbaren Gaben geschwächt. Während seiner ganzen Verwaltung hat er stets die aufgeklärteste Politik mit der gewissenhaftesten Rechtlichkeit zu verbinden gewußt und war ein offener Feind aller geheimen Intrigen und Umtriebe, die er als unwürdige Mittel zu Erreichung seines Zweckes betrachtete. Nicht besser kannte der Verfasser den Bergaſſeſſor Swedenborg. Die einzige Schwäche dieſes wahrhaft ehrenwerten Mannes war ſein Glaube an Geiſtererſcheinungen, ich aber habe ihn während eines ſo langen Zeitraums gekannt, daß ich die feſte Verſicherung geben kann, er ſei ſo beſtimmt überzeugt geweſen, wirklich mit Geiſtern zu reden und umzugehen, als ich überzeugt bin, in dieſem Augenblicke Gegenwärtiges zu ſchreiben. Die Erklärung, die der Chevalier Beylon über dieſe Tatſache hat geben wollen, iſt folglich ganz und gar unbegründet; ebenſo iſt der von den Grafen H. . . und J. T. . . in der Nacht bei Swedenborg gemachte Beſuch gänzlich erdichtet.

»Schließlich muß ich noch dem Verfaſſer jenes Schreibens die Verſicherung erteilen, daß ich nichts weniger als Swedenborgianer bin, nur die Liebe zur Wahrheit allein konnte mich bewegen, eine ſchon ſo oft ganz entſtellte Tatſache wortgetreu zu berichten, und dieſelbe mit Beiſetzung meiner Namensunterſchrift zu bekräftigen.«

»Die Beweiſe, die Swedenborg dem ſchwediſchen und preußiſchen Königshauſe von ſeiner höhern Sendung gab, trugen wahrſcheinlich nicht wenig dazu bei, daß mehrere an dieſen beiden Höfen lebende Perſonen Anhänger der von ihm geſtifteten Kirche wurden,« nahm der Pfarrherr wieder das Wort und legte das Zeitungsblatt in ſeinen Tiſch. »Ihnen aber noch außerdem viel von ſeinem materiellen und ſichtbaren Leben zu erzählen, iſt mir nicht gut möglich, denn ſeine ganze Lebensweiſe war zu eingeſchränkt, als daß viel von ihm in das Publikum hätte kommen können. Er lebte höchſt zurückgezogen und wollte weder Reichtum noch Berühmtheit erlangen. Er zeichnete ſich ſogar durch eine Art von Abneigung, ſeine Anhänger zu vermehren, aus, ſchenkte nur wenigen ſein Vertrauen, und teilte ſeine innere Gabe nur ſolchen Männern mit, die große Fortſchritte in Weisheit, Glauben und Liebe gemacht hatten. Mit einem einzigen Blicke vermochte er den Seelenzuſtand der ſich ihm Nahenden zu erkennen, und erhob diejenigen zu Sehenden, denen er ſein inneres Wort mitteilen wollte. Seit dem Jahre 1745 hat keiner ſeiner Jünger ihn irgend etwas aus einem irdiſchen Beweggrunde unternehmen ſehen. Ein einziger Menſch, der ſchwediſche Geiſtliche Mattheſius, beſchuldigte ihn des Wahnſinns; allein durch einen ſonderbaren Zufall geſchah es, daß eben dieſer Mattheſius, Swedenborgs und ſeiner Schriften Feind, kurze Zeit darauf ſelbſt wahnſinnig wurde; in dieſem Zuſtande lebte er noch vor wenigen Jahren von einer ihm vom Könige von Schweden erteilten Penſion in Stockholm. Eine in Beziehung auf ſein bürgerliches Leben ſehr ſorgfältig ausgearbeitete Lobrede wurde ihm überdies im Jahre 1786 in öffentlicher Sitzung der königlichen Akademie der Wiſſenſchaften in Stockholm von dem beim Bergkollegium angeſtellten Rat Sandel gehalten. Eine vom Lordmayor von London ausgeſtellte Erklärung berichtet endlich die geringſten Umſtände von Swedenborgs Tode und der demſelben vorgehenden Krankheit, in welcher er von Ferelius, einem der angeſehenſten Geiſtlichen Schwedens, den ſorgfältigſten Beiſtand erhielt. Die aufgeforderten Perſonen bezeugen, daß Swedenborg, weit entfernt, den Inhalt ſeiner Schriften abzuleugnen, noch auf dem Sterbebette beharrlich ihre Wahrheit beſtätigte. ‚In hundert Jahren,‘ ſprach er zu Ferelius, ‚wird meine Lehre die Kirche regieren.‘ Mit größter Genauigkeit hat er den Tag und die

Stunde ſeines Todes vorhergeſagt. Am Todestage ſelbſt, Sonntag, den 29. März 1772, fragte er, welche Stunde es ſei, und als er die Antwort empfing: ‚Fünf Uhr!‘ ſetzte er hinzu: ‚So iſt es aus mit mir! Gott ſegne euch!‘ Zehn Minuten ſpäter verſchied er, unter Aushauchung eines leiſen Seufzers, in größter Ruhe. »Einfachheit, Beſcheidenheit, Zurückgezogenheit waren folglich die charakteriſtiſchen Kennzeichen ſeines Lebens. Hatte er eine ſeiner Abhandlungen vollendet, ſo ging er zur See nach London oder Amſterdam, um ſie in einer dieſer Städte drucken zu laſſen, und redete fernerhin nie mehr von derſelben. So ſendete er nach und nach ſiebenundzwanzig verſchiedene Abhandlungen in die Welt, die alle, wie er behauptete, von Engeln ihm in die Feder geſagt worden waren. Mag es ſich nun aber damit verhalten, wie es wolle, ſo iſt ſo viel gewiß, daß wenig Menſchen ſtark genug ſind, das Feuer ihrer Worte auszuhalten.«

»Hier ſind ſie alle verſammelt,« fuhr Paſtor Becker fort und deutete auf ein zweites ungefähr ſechzig Bände enthaltendes Brett. »Die ſieben Abhandlungen, aus denen der Geiſt Gottes am hellſten leuchtet, ſind betitelt: ‚Die Wonne der ehelichen Liebe‘, ‚Das Buch vom Himmel und von der Hölle‘, ‚Die enthüllte Offenbarung‘, ‚Enthüllung des innern Sinnes‘, ‚Die göttliche Liebe‘, ‚Das wahre Chriſtentum‘, ‚Die Weisheit der Engel, betreffend die göttliche Liebe und Weisheit‘. – »Seine Erklärung der Apokalypſe fängt mit dieſen Worten an«, ſprach der Alte, langte den erſten nahe bei ihm ſtehenden Band herunter, ſchlug ihn auf und las: »Ich habe von dem Meinigen hier nichts hinzugefügt, ſondern mich nur der Worte des Herrn bedient, der durch denſelben Engel dem Johannes hatte gebieten laſſen: verſiegle nicht die Worte der Weisſagung in dieſem Buche, denn die Zeit iſt nahe! (Offenbarung 22, 10).«

»Ja, mein lieber Herr,« nahm der Pfarrherr nach einer Pauſe wieder das Wort, »oft habe ich in den Winternächten heftig an allen meinen Gliedern gezittert, wenn ich in den furchtbaren Werken las, in welchen dieſer Mann mit der unſchuldigſten Miene die größten Wunder darlegt.

‚Ich habe geſchaut', ſagt er, ‚die Himmel und die Engel. Der geiſtige Menſch ſieht den geiſtigen Menſchen viel deutlicher, als der irdiſche Menſch den irdiſchen Menſchen. Wenn ich die in den Himmeln und unter den Himmeln erblickten Wunder beſchreibe, ſo gehorche ich nur dem mir deshalb vom Herrn erteilten Gebote. Jedem ſtehet frei, meinen Worten Glauben zu ſchenken oder nicht, denn ich vermag niemand in den mir von Gott verliehenen Zuſtand zu verſetzen, und nicht von mir hängt es ab, anderen die Gabe der Unterhaltung mit Engeln mitzuteilen oder ihnen das Verſtändnis durch ein Wunder zu öffnen. Sie ſelbſt ſind die einzigen Werkzeuge, die ihnen zu engliſcher Entzückung verhelfen können. Seit achtundzwanzig Jahren verkehre ich in der geiſtigen Welt mit Engeln, auf der irdiſchen Welt mit Menſchen, denn es gefiel dem Herrn, mir die Augen des Geiſtes zu öffnen, wie er ſie erſchloß dem Apoſtel Paulus und den Propheten Daniel und Elias.'

»Nicht wenige Menſchen haben aber doch Viſionen aus der geiſtigen Welt und zwar vermöge der durch den Somnambulismus hervorgebrachten gänzlichen Trennung des äußern vom innern Menſchen. ‚In dieſem Zuſtande', ſagt Swedenborg in ſeiner im Jahre 1762 erſchienenen ‚Weisheit der Engel' in Nr. 257, ‚kann ſich der Menſch bis ins himmliſche Licht erheben, denn dann ſind ſeine irdiſchen Sinne abgetan, und ohne Hemmnis wirkt der Himmel auf den innern Menſchen.‘

»Viele Perſonen, die keineswegs an Swedenborgs himmliſchen Offenbarungen zweifeln, ſind deſſenungeachtet der Meinung, daß nicht alle ſeine Schriften unter gleich göttlicher Inſpiration geſchrieben ſeien. Andere fordern für den ganzen Swedenborg eine volle Anerkennung, obgleich ſie zugeben, daß er viele unerklärbare Stellen enthalte, ſie glauben aber, der Prophet habe wegen Unvollkommenheit der irdiſchen Sprache ſeine geiſtigen Viſionen nicht beſſer ausdrücken können, auch würden die Dunkelheiten dem Verſtändnis der vom Geiſte Wiedergebornen weichen; denn nach dem hohen Ausſpruche eines ſeiner Jünger iſt das Fleiſch nur eine äußere Geburt. Dichtern und andern Profanſchriftſtellern öffnet ſeine Wunderwelt ein unermeßliches Gebiet, den Lehrern iſt ſie eine unbeſtrittene Wahrheit, manchen andern Chriſten gereichten aber ſeine Schilderungen zum Ärgernis, andere ſpöttiſche Gemüter machten ſich luſtig über ſeine himmliſchen Tempel, ſeine goldenen Paläſte, ſeine prächtigen Städte, in denen die Engel ſich erluſtigen, nebſt ſeinen aus rätſelhaften Bäumen beſtehenden Boskets, ſeinen mit ſprechenden Blumen und weißer Luft verſehenen Gärten, in denen myſtiſche Edelgeſteine, Sardonyx, Karfunkel, Chryſolith, Chalzedon, Beryll, der Urim und Thumim, mit Sprachvermögen begabt, himmliſche Wahrheiten bedeuten und Fragen durch Veränderungen ihres Lichtglanzes beantworten und die Farben ſelbſt die köſtlichſte Harmonie vernehmen laſſen (Wahre Religion, 219). Viele gute Köpfe wollten auch nichts von ſeinen Welten wiſſen, wo Farben als Konzert ertönen, wo Rede flammt, wo ſich das Wort zum Gewinde formt (Wahre Religion, 278). Selbſt im Norden haben einige Autoren ſeine Pforten von Perlen, die Diamanten, die ſein neues Jeruſalem ausſchmücken, lächerlich gefunden, denn dort ſind die gewöhnlichſten Geräte aus den auf unſerer Erde koſtbarſten Stoffen verfertigt. Iſt aber, behaupten dann ſeine Anhänger, die Seltenheit dieſer Dinge auf Erden ein vernünftiger Grund, daß ſie in jenen Welten auch ſo ſparſam zu finden ſein müſſen? Auf Erden beſtehen ſie aus irdiſcher Subſtanz, während ſie in den Himmeln, ebenſo wie die dort wohnenden Engel, himmliſch verklärt erſcheinen. Bei dieſer Gelegenheit bediente ſich übrigens Swedenborg des Ausſpruchs unſres Herrn Jeſus Chriſtus, wenn er im Evangelium Johannis 3, 12, ſpricht: ‚Glaubet ihr doch nicht, wenn ich euch von irdiſchen Dingen ſage, wie würdet ihr glauben, wenn ich euch von himmliſchen Dingen ſagen würde?‘

»Ich, lieber Herr, habe den ganzen Swedenborg geleſen,« fing der Pfarrherr nach einer Pauſe und mit ſelbſtzufriedener Miene wieder an, »und zwar ſage ich dies mit Stolz, weil ich meinen Verſtand dabei nicht eingebüßt habe, denn wenn man Swedenborg lieſt, muß man entweder wahnſinnig oder ein Seher werden. Gelang es mir aber auch glücklich, dieſem zweifachen Wahnwitz zu entgehen, ſo will ich doch nicht leugnen, daß ich oft ſeltſame Entzückungen, tiefes Weh und innere Freuden empfand, die nur allein aus der Fülle der Wahrheit, aus der Evidenz des göttlichen Lichts entſpringen konnten. Alles erſcheint klein, wenn die Seele die verzehrenden Blätter dieſer Werke durchfliegt, und unmöglich kann man ſeine Bewunderung zurückhalten, wenn man bedenkt, daß dieſer Mann in einem Zeitraume von dreißig Jahren nur allein über die Wahrheiten der geiſtigen Welt fünfundzwanzig Quartanten, jeden zu fünfhundert enggedruckten Seiten in lateiniſcher Sprache herausgeben konnte. Er hat, wie man behauptet, deren noch zwanzig andere in London hinterlaſſen, die ſein Neffe, der ſchon früher erwähnte Silveriem in Verwahrung hat. Ein Mann, der vom zwanzigſten bis zum ſechzigſten Lebensjahre ſich durch eine Art von Enzyklopädie faſt erſchöpft hatte, bedurfte wohl übernatürlichen Beiſtandes, um jene wunderbaren Bücher in einem Alter zu verfaſſen, in dem die Kräfte des Menſchen abzunehmen beginnen. In dieſen Schriften befinden ſich Tauſende von mit Zahlen bezeichneten Sätzen, von denen auch kein einziger mit irgend einem andern im Widerſpruch ſteht. Überall wendet er eine unbegreifliche Genauigkeit und eine unendliche Geiſtesgegenwart an, um das Daſein der Engel hervorzuheben und zu beweiſen. Seine ‚Wahre Religion', in welcher er ſein ganzes Dogma zuſammengefaßt niedergelegt hat, ein lichtkräftiges Werk, wurde in einem Alter von dreiundachtzig Jahren begonnen und vollendet. Seine an Allwiſſenheit grenzende Allſeitigkeit iſt von keinem ſeiner Rezenſenten, von keinem ſeiner Feinde angefochten worden. Obgleich ich mich in meiner Jugend an dieſem Strome himmliſchen Lichtes reichlich gelabt habe, ſo hat mir Gott doch nicht meine innern Augen geöffnet, und ſo war es mir möglich, ſeine Schriften mit dem Verſtande eines nicht wiedergebornen Menſchen zu beurteilen. So bin ich denn hin und wieder auf Stellen geſtoßen, bei welchen Swedenborg, der Inſpirierte, die Engel nicht ganz gut verſtanden haben muß. Bei manchen ſeiner Viſionen wandelte mich ein Lächeln an, wo ich, wäre ich ein Schauender geweſen, bewundernd hätte glauben müſſen. Nie vermochte ich die hörnerförmigen Schriftzüge der Engel noch ihre Gürtel zu begreifen, die aus mehr oder weniger ſtarkem Golde beſtehen. Wenn ſeine Behauptung: ‚Es gibt einſame Engel' mich anfangs in eine ſeltſame Rührung verſetzte, ſo war ich bei einigem Nachdenken nicht imſtande, dieſe Einſamkeit mit ihren Heiraten in Einklang zu bringen. So konnte ich auch nicht einſehen, warum die Jungfrau Maria im Himmel ihre weißſeidenen Gewänder beibehält. Ich fragte mich, warum die gigantiſchen Dämonen Enakim und Hephilim ſogar noch in den apokalyptiſchen Gefilden Armageddons zum Streite mit den Cherubim auszögen, und begriff auch nicht, wie es den Satanen möglich wurde, zu den Engeln zu gelangen, um mit ihnen zu diſputieren. Der Baron Seraphitus wandte mir ein, dieſe Einzelheiten beträfen die Engel, die in menſchlicher Geſtalt auf Erden wohnten. Seine Viſionen ſind oft durch ſeltſame Figuren verunſtaltet. In ſeinen ‚Memorabilien', wie er eine Schrift benannt hatte, beginnt er mit den Worten: ‚Ich erſchaute eine Menge verſammelter Geiſter, die hatten Hüte auf ihren Köpfen.' In einem andern Memorabilium empfängt er vom Himmel ein kleines Papier, auf welchem er, wie er ſagt, Buchſtaben ſah, wie ſich deren die Völker der Urzeit bedienten, und die aus krummen, oben mit kleinen Ringen verſehenen Linien beſtanden. Mir wäre es ſehr recht geweſen, wenn er, um ſeine Verbindung mit den Himmeln noch beſſer zu beweiſen, dieſen Zettel bei der königlichen Akademie der Wiſſenſchaften in Stockholm niedergelegt hätte. Vielleicht habe ich aber auch unrecht, und dieſe in ſeinen Werken hin und wieder anzutreffenden ſcheinbaren Albernheiten mögen eigentümliche Bedeutungen mit ſich führen, denn ſeine Kirche zählt heutigen Tages mehr als dreimalhunderttauſend Anhänger, ſowohl in den Vereinigten amerikaniſchen Freiſtaaten, wo verſchiedene Sekten ſich zu ihr halten, als auch in England, wo die einzige Stadt Mancheſter allein ſiebentauſend Swedenborgianer enthält. Außerdem bekennen ſich eine Menge durch Kenntniſſe und Rang ausgezeichnete Männer in Deutſchland und im Norden öffentlich zu dem von Swedenborg verkündigten Glauben, der zuletzt mehr Troſt gewährend erſcheint als manche andere chriſtliche Gemeinſchaft.

»Nun würde es mir ſelbſt lieb ſein, könnte ich Ihnen mit wenigen Worten einen beſtimmten Umriß der Hauptpunkte der Lehre entwerfen, die Swedenborg in ſeiner Kirche aufgeſtellt hat, allein eine ſolche bloß aus dem Gedächtnis gemachte Skizze müßte notwendig unzuverläſſig und fehlerhaft ausfallen; ich darf mir folglich nur erlauben, Ihnen von den geiſtigen und körperlichen Geheimniſſen zu erzählen, die ſich hauptſächlich auf Seraphitas Geburt beziehen.«

Der alte Paſtor hielt eine Zeit lang inne, während welcher er ſeine Erinnerungen zu ſammeln ſchien.

»Nachdem Swedenborg mit mathematiſcher Gewißheit den Satz aufgeſtellt hat, der Menſch ſei beſtimmt, in den untern oder obern Sphären ewig zu leben, belegt er mit dem Namen Engelgeiſter diejenigen Weſen, die, auf der Erde zum Himmel vorbereitet, in dieſen als Engel aufgenommen werden. Seiner Meinung nach hat Gott keine Engel beſonders erſchaffen; es gibt folglich keinen Engel, der nicht früher auf Erden Menſch geweſen wäre; die Erde iſt demnach die Pflanzſchule des Himmels. Allein die Engel ſind keineswegs Engel von ſich ſelbſt, ſondern ſie werden Engel vermöge der Verbindung mit Gott; dieſer Verbindung verweigert Gott ſich niemals; denn Gottes Weſen iſt niemals negativ, ſondern unaufhörlich aktiv.

»Dieſe Engelgeiſter müſſen durch drei Naturen der Liebe gehen, weil der Menſch nur gradweiſe wieder geboren werden kann (,Wahre Religion'). Zuerſt durch die Liebe zu ſich ſelbſt; der höchſte Ausdruck dieſer Liebe iſt das menſchliche Genie, das wir in ſeinen Werken bewundern. Dann folgt die Liebe der Welt, die Propheten, mächtige Herrſcher, kurz Menſchen erſchafft, welchen die Welt als leitenden Geſtirnen folgt, und die ſie mit dem Namen göttlich begrüßt. Zuletzt erſcheint die Liebe des Himmels, die zu Engeln macht. Dieſe Geiſter ſind ſozuſagen die Blüte der Menſchheit, die ſich in ihnen zuſammendrängt. Sie müſſen notwendig in der Liebe des Himmels oder in der Weisheit des Himmels ſein, ſtets aber zuvor in der Liebe, ehe ſie in die Weisheit gelangen. Die erſte Umwandlung des Menſchen iſt folglich die Liebe.

»Um zu dieſer erſten Stufe zu gelangen, muß ſein früheres Weſen durch Gebet und Hoffnung zum Glauben und zur Liebe geläutert werden. Die durch Ausübung dieſer Tugenden erhaltenen Gedanken bleiben für immer und werden mit übergetragen auf jede neue menſchliche Hülle, unter welche ſich jede Verwandlung des innern Weſens verbirgt; denn nichts wird abgeſondert, alles iſt notwendig: Gebet vermag nicht zu ſein ohne Hoffnung, Glaube nicht ohne Liebe, die vier Seiten dieſes Vierecks ſind eine durch die andere bedingt. ,Mangelt eine dieſer Tugenden,' ſpricht er, ‚ſo gleicht der Engel einer zerbrochenen Perle.‘ Jeder dieſer Zuſtände iſt demnach ein Zirkel, in welchem die Reichtümer des vorigen Zuſtandes ſich fortwährend kreisförmig bewegen. Die große Vollkommenheit der Engelgeiſter entſpringt aus dieſer geheimnisvollen Progeſſion, in welcher keine der gradweiſe errungenen Tugenden, die notwendig zur Erlangung der glorreichen Inkarnation ſind, verloren geht, während ſie ſich bei jeder Umwandlung ganz unmerklich des noch anklebenden Fleiſches und ſeiner Irrtümer entledigen. Wenn er in der Liebe lebt, hat der Menſch alle ſeine ſchlechten Eigenſchaften ſchon abgelegt. Gebet, Hoffnung, Liebe, Glaube haben ihn ſchon durch das Sieb geſichtet, wie Jeſaias ſpricht, und ſein Inneres darf durch keine irdiſche Neigung mehr befleckt werden. Daher das große Wort des Apoſtel Lucas: ‚Sammelt euch einen Schatz, der im Himmel nicht verderbe!‘ Und der Ausſpruch Jeſu: ‚Laſſet dieſe Welt den Menſchen, denn ſie gehört ihnen; reiniget euch und gehet ein zu meinem Valer!‘

»Die zweite Umwandlung iſt die Weisheit, und Weisheit heißt das volle Verſtändnis aller himmliſchen Dinge, zu welchem der Geiſt durch die Liebe geleitet wird. Der Geiſt der Liebe hat Stärke erlangt, er iſt das Reſultat der geſammelten beſiegten irdiſchen Leidenſchaften, er liebt Gott blind; der Geiſt der Weisheit weiß aber, warum er Gott liebt. Die Schwingen des einen breiten ſich aus und tragen ihn empor zu Gott, die Schwingen des andern liegen zuſammengefaltet vermöge der durch die Weisheit empfangenen Furcht, er kennt Gott; der erſte wünſcht inbrünſtig ihn zu ſehen und ſich in ihn zu ſtürzen, der zweite ſteht in Berührung mit ihm und zittert.

»Geſchieht die Vereinigung eines Geiſtes der Liebe und eines Geiſtes der Weisheit in einem Menſchen, ſo beginnt für ihn ein göttlicher Zuſtand, während deſſen ſeine Seele Weib, ſein Körper Mann iſt, die letzte Zuckung des Menſchentums, wo Geiſt und Form um die Oberherrſchaft kämpfen, denn Form und Fleiſch ſind unwiſſend und wollen ſinnlich bleiben. Dieſe letzte Prüfung erzeugt unerhörte Leiden, deren einzige Zeugen die Himmel ſind und die auch Jeſus Chriſtus am Ölberge ſo bitter durchkämpfen mußte. Nach dem Tode öffnet ſich der erſte Himmel der gereinigten menſchlichen Doppelnatur. Daher ſterben auch die andern Menſchen in Verzweiflung, während der Engelgeiſt in Entzückung verſcheidet.

»Die drei Grade der Exiſtenz, durch welche der Menſch zum Himmel gelangt, ſind demnach folgende: Der natürliche Zuſtand, in welchem die noch nicht wiedergebornen Weſen leben, der geiſtige Zuſtand, in welchem die Engelgeiſter ſich befinden, und endlich der göttliche Zuſtand, in welchem der Engel verharrt, bis er ſeine Hülle ſprengt. Eine einzige Betrachtung Swedenborgs wird Ihnen wunderbar ſchnell den Unterſchied zwiſchen natürlich und geiſtig erklären.

»Für die Menſchen, ſprach er, geht das Natürliche in das Geiſtige über, ſie betrachten die Welt unter ſichtbaren Formen und lernen ſie erkennen, ſo weit als ihre Sinne es erlauben. Für den Engelsgeiſt aber geht umgekehrt das Geiſtige über in das Natürliche, und er betrachtet die Welt in ihrem innern Zuſammenhange und nicht bloß in ihrer Form.

»Aus dieſem folgt nun, daß unſere menſchlichen Wiſſenſchaften nichts weiter ſind als eine Zergliederung der Form; der Gelehrte dieſer Welt iſt rein äußerlich, wie ſein ganzes Wiſſen; ſein Inneres dient ihm nur zu ſeines Erkennens Erhaltung. Der Engelgeiſt ſchreitet viel weiter vor, ſein Wiſſen iſt der Gedanke, während des Menſchen Wiſſenſchaft nur das Äußere bildet. Er ſchöpft ſeine Kenntnis der Dinge aus dem Worte, er kennt folglich alle Korreſpondenzen, durch welche die Menſchheit mit den Himmeln übereinſtimmt. Es gibt, behauptet Swedenborg, eine unzählige Menge von Arkanen in dem innern Sinne der Korreſpondenzen, daher befinden ſich auch diejenigen Menſchen, welche die Propheten und das von ihnen verkündigte Wort verſpotten, im Stande der Unwiſſenheit, und gleichen den Menſchen auf der Erde, die nichts von einer Wiſſenſchaft wiſſen und demungeachtet über die Wahrheit derſelben ſich luſtig machen. Die Korreſpondenzen verſtehen, die zwiſchen dem Worte und den Himmeln ſtattfinden, und diejenigen kennen, die zwiſchen den ſichtbaren und wägbaren Dingen der irdiſchen Welt und dem Auge unſichtbaren, der Hand des nicht wiedergebornen Menſchen unwägbaren in der geiſtigen Welt vorgefunden werden, das heißt, das Verſtändnis der Himmel beſitzen. Weil alle Objekte der verſchiedenen Schöpfungen von Gott ausgegangen ſind, ſo müſſen ſie notwendigerweiſe einen geheimen Sinn in ſich tragen, wie es die hohen Worte Jeſaias 51,6: ‚Der Himmel wird wie ein Rauch vergehen, und die Erde wie ein Kleid veralten' andeuten. Dieſes geheimnisvolle Band zwiſchen den kleinſten Teilen der Materie und den Himmeln bildet dasjenige, was Swedenborg ein himmliſches Arkanum nennt. Sein Werk ‚Von den himmliſchen Arkanen', in welchem die Korreſpondenzen oder Beziehungen des Irdiſchen zum Geiſtigen erklärt werden, um nach Jakob Böhmes

Ausdruck die ‚Signatur aller Dinge' abzugeben, umfaßt nicht weniger als ſechzehn Bände und dreizehntauſend Propoſitionen oder Sätze. ‚In dieſer wunderbaren Kenntnis der Korreſpondenzen, welche Swedenborg durch die Güte Gottes verliehen war,' ſagt einer ſeiner Jünger, ‚liegt das Geheimnis der großen Anziehungskraft, die ſeine Werke ausüben. Seiner Lehre gemäß wird alles vom Himmel abgeleitet und alles dahin zurückgeführt. Seine Schriften ſind klar und erhaben. Er ſpricht im Himmel, ſeine Rede wird aber auf Erden vernommen. Über jeden ſeiner Sätze könnte man ein Buch ſchreiben.' Unter tauſenden zitiert dieſer Schüler folgenden Satz: ‚Das Reich des Himmels,' ſpricht Swedenborg in ſeinen Himmliſchen Arkanen, ‚iſt das Reich der Beweggründe. Die Tat wird erzeugt im Himmel, teilt ſich von dort aus der Welt und dem unendlich Kleinen der Erde mit; weil nun die irdiſchen Wirkungen von ihren himmliſchen Urſachen ausgehen, ſo folgt daraus, daß alles bei ihnen korreſpondierend und bedeutungsvoll iſt. Der Menſch iſt das vermittelnde Glied zwiſchen dem Irdiſchen und dem Geiſtigen.'

»Die Engelgeiſter kennen ganz genau die Korreſpondenzen und den innern Sinn der Prophezeiungen. Daher hat alles hienieden für dieſe Geiſter Bedeutung. Eine Blume iſt ihnen ein Gedanke, ein Leben, welches in einigen Zügen dem großen All entſpricht, von dem ſie eine fortdauernde Anſchauung haben. Für ſie bedeuten Ehebruch und Sünden, von denen die ſo oft von ſogenannten Schriftſtellern verſtümmelten heiligen Schriften und die Propheten reden, den Zuſtand der Seelen, die auf Erden fortfahren, ſich mit irdiſchen Leidenſchaften zu beſudeln, und ſolcher Geſtalt ihren Ehebruch mit dem Himmel unausgesetzt forttreiben. Wolken sind ihnen Schleier, die Gott einhüllen. Flammen, Rosse und ihre Reiter, unzüchtige Weibspersonen, Edelsteine, alles hat in der heiligen Schrift für sie eine auserwählte Bedeutung und enthüllt ihnen durch seine Beziehung zu dem Himmel die Zukunft irdischer Begebenheiten. Alle können die Wahrheit der Offenbarung Johannis ergründen, die menschliche Wissenschaft nur materiell zu deuten vermag, zum Beispiel: ‚Und ich sah einen neuen Himmel und eine neue Erde, denn der erste Himmel und die erste Erde ist des Menschen nicht mehr' (Offenbarung XXI, 1). Sie kennen die Feste, ‚wo man isset das Fleisch der Könige und der Hauptleute und das Fleisch der Starken und der Pferde und derer, die darauf sitzen, und das Fleisch aller Freien und Knechte, beide der Großen und der Kleinen' (Offenbarung XIX, 18), zu denen ein in der Sonne stehender Engel alle unter dem Himmel fliegenden Vögel, als zu dem Abendmahle des großen Gottes, einladet. Sie schauen die geflügelte und mit der Sonne bekleidete Frau und den stets gewappneten Mann. Das Pferd der Apokalypse und der auf ihm reitende Tod, sagt Swedenborg, ist das sichtbare Bild der der Vernichtung geweihten menschlichen Intelligenz, denn diese trägt ihr zerstörendes Prinzip schon in sich. Sie erkennen ebenso die unter seltsamen und abgeschmackten Bildern verborgenen Völker. Besitzt ein Mensch Empfänglichkeit zu Erlangung des prophetischen Verständnisses der Korrespondenzen, so erweckt sie in ihm den Geist des Wortes, er sieht dann ein, daß die Schöpfungen nichts anderes sind als Verwandlungen; diese Empfänglichkeiten belebt seine Intelligenz und flößt ihm einen brennenden Durst nach den Wahrheiten ein, den er erſt im Himmel ſtillen kann. Er empfängt nach der größeren oder geringern Vollkommenheit ſeines Innern die Macht der Engelgeiſter, und geht, vom Verlangen der unterſten Stufe des nicht wiedergebornen Menſchen geleitet, in den Grad der Hoffnung über, der ihm die Welt der Geiſter öffnet; dann erreicht er den Grad des Gebetes und mit ihm den Schlüſſel zu den Himmeln. Welches Geſchöpf würde nicht den inbrünſtigen Wunſch hegen, würdig zu werden zu dem Eintritt in das Gebiet des Verſtändniſſes, das im Verborgenen von Liebe und Weisheit genährt wird? Während ihres Erdenlebens hienieden bleiben ſolche Geiſter rein, ſie ſehen, denken und reden nicht gleich andern Menſchen. Es gibt zwei Wahrnehmungen, eine innere und eine äußere; der Menſch iſt ganz im Äußern, der Engelgeiſt ganz im Innern. Der Geiſt geht den Zahlen auf den Grund, begreift ſie in ihrer Allheit, kennt ihren Sinn. Er verfügt über die Bewegung und vereint ſich vermöge ſeiner Allgegenwart mit allem! Nach dem Ausſpruche des ſchwediſchen Sehers iſt ein Engel dem andern auf deſſen einfachen Wunſch gegenwärtig; denn er beſitzt die Gabe, ſich von ſeinem Körper zu trennen, und ſieht die Himmel, wie die Propheten ſie ſahen, und wie ſie Swedenborg ſelbſt ſchauete. ‚In dieſem Zuſtande,‘ ſagte er, ‚iſt der Geiſt des Menſchen von einem Ort zum andern entrückt, während der Körper an ſeiner Stelle bleibt, ein Zuſtand, in dem ich mich ſechsundzwanzig Jahre lang befand.‘ So ſind alle die bibliſchen Stellen zu verſtehen, wenn es heißt: ich wurde im Geiſte entrückt.

»Die Weisheit der Engel verhält ſich zur Weisheit der Menſchen, wie die unzähligen Kräfte der Natur ſich zu ihrer Urkraft verhalten. Alles lebt, bewegt ſich und beſteht in dem Geiſte, denn er iſt in Gott, wie der Apoſtel Paulus beſagt: ‚In Gott leben, weben und ſind wir.‘ Die Erde bietet ihm ſo wenig ein Hindernis dar, wie das Wort eine Dunkelheit. Seine nahe bevorſtehende Göttlichkeit erlaubte ihm, den durch das Wort verſchleierten Gedanken Gottes zu ſehen, ebenſo wie er, nur durch den Geiſt lebend, mit dem allen irdiſchen Dingen beiwohnenden geheimen Sinne vertraut iſt. Die Wiſſenſchaft iſt die Sprache der zeitlichen, die Liebe die der geiſtigen Welt. Daher beſchreibt auch der Menſch mehr, als er erklärt, während der Engel ſieht und begreift. Die Wiſſenſchaft macht den Menſchen traurig, die Liebe entzückt den Engel, die Wiſſenſchaft iſt im Suchen begriffen, die Liebe hat gefunden. Der Menſch beurteilt die Natur in Beziehung auf ſich ſelbſt, der Engel in Beziehung auf den Himmel. Alles hat Sprache für die Geiſter, ſie ſind im Geheimnis der unter den Schöpfungen herrſchenden Harmonien. Sie verſtehen die Sprache der Töne, der Farben, der Pflanzen. Sie können das ſtumme Reich der Metalle befragen und es antwortet ihren Gedanken. Was ſind für ſie alle Wiſſenſchaften und Schätze der Erde, die ſie in jedem Momente mit einem Blicke umfaſſen? Was ſind für ſie die den Menſchen ſo viel Nachdenken verurſachenden Welten, die ihnen nur als letzte Staffel gelten, von der ſie ſich mit Gott vereinigen? Die Liebe oder die Weisheit des Himmels kündigt ſich an ihnen durch einen ſie umgebenden Lichtkreis an, den die Auserwählten ſehen. Ihre Unſchuld, deren irdiſche Form die Unſchuld der Kinder iſt, beſitzt die Kenntnis der Dinge, die den Kindern mangelt; ſie ſind unſchuldig und gelehrt. ‚Und,‘ ſagt Swedenborg, ‚die Unſchuld der Himmel macht einen ſolchen Eindruck auf die Seele, daß diejenigen, die mit beſonderer Vorliebe an ihr hängen, ihr ganzes Leben ein Entzücken davon behalten, wie ich an mir ſelbſt erprobt habe. Es genügt vielleicht,‘ fügt er hinzu, ‚nur die geringſte Vorſtellung davon zu haben, um für alle Zeiten verändert zu ſein und um den Wunſch zu hegen, zum Himmel aufſteigen und in die Sphäre der Hoffnung eingehen zu können.

»Seine Lehre über die Ehe kann auf folgende wenige Sätze zurückgeführt werden. ‚Der Herr hat die Schönheit und Zierlichkeit aus dem Leben des Mannes genommen und ſie auf das Weib verpflanzt. Iſt nun der Mann mit dieſer Schönheit und Zierlichkeit ſeines Lebens nicht vereinigt, ſo iſt er hart, traurig und unbändig, damit verbunden, wird er freudig, denn er iſt vollendet.‘

»Die Engel ſind ſtets mit der tadelloſeſten Schönheit begabt. Ihre Vermählungen werden mit wunderbaren Zeremonien gefeiert. Zu dieſer Vereinigung, aus welcher aber keine Kinder entſpringen, liefert der Mann das Verſtändnis, das Weib den Willen. Sie werden ein einziges Weſen, ein Fleiſch hienieden; endlich, mit himmliſcher Geſtalt bekleidet, ſteigen ſie zu den Himmeln empor. In dem irdiſchen Zuſtande iſt die gegenſeitige Neigung der beiden Geſchlechter zur Wolluſt eine hinreichende, erſchöpfende, ekelerregende Wirkung; wenn das Paar aber in ſeiner himmliſchen Geſtalt ein und derſelbe Geiſt geworden iſt, ſo findet es in ſich ſelbſt eine unvergängliche Urſache der höchſten Luſt. Swedenborg hat dieſe Ehe der Engel geſehen, die nach dem Evangeliſten Lucas weder freien noch ſich freien laſſen, und die nur geiſtige Luſt gewährt. Ein Engel erbot ſich, ihn zum Zeugen einer ſolchen Vermählung zu machen, und entrückte ihn auf ſeinen Schwingen

(Flügel ſind bei ihnen nur ein Symbol und keine irdiſche Wirklichkeit). Er bekleidete ihn mit ſeinem Feſtgewande, und als Swedenborg ſich in Licht gekleidet ſah, wollte er wiſſen, warum dies geſchehen ſei. – ‚Bei ſolchen Gelegenheiten,' antwortet der Engel, ‚werden unſere Gewänder feurig und hochzeitlich glänzend.' Dann ſah er zwei Engel, die kamen einer von Mittag und einer vom Aufgang; der Engel des Mittags fuhr in einem mit zwei weißen Roſſen beſpannten Wagen, deren Zügel wie Morgenrot ſchimmerten, doch als beide im Himmel in ſeine Nähe kamen, ſah er weder Roſſe noch Wagen. Der in Purpur gekleidete Engel des Aufgangs und der in die Farbe der Hyazinthe gekleidete Engel des Mittags eilten wie zwei Lufthauche einander entgegen und wurden nun eins, der eine war ein Engel der Liebe, der andere ein Engel der Weisheit. Swedenborgs Führer bedeutete ihm, beide ſeien auf Erden, obgleich durch weite Räume getrennt, durch innere und feſtdauernde Freundſchaft verbunden geweſen.
»Der gleichgeſtimmte gegenſeitige Wille, der die Grundfeſte der irdiſchen Ehen bildet, iſt der gewöhnliche Zuſtand der Engel im Himmel. Liebe iſt das Licht ihrer Welt. Das ewige Entzücken der Engel entſteht aus der ihnen von Gott verliehenen Eigenſchaft, ihm ſelbſt ihre dadurch empfundene Wonne zurückzugeben. Dieſe unendliche Wechſelwirkung macht ihr ganzes Leben aus. Im Himmel werden ſie unendlich, weil ſie teilnehmen am Urweſen Gottes, das ſich fortwährend ſelbſt erzeugt. Die Unermeßlichkeit der von den Engeln bewohnten Himmel iſt ſo groß, daß ein Menſch, wäre ſein Geſicht auch mit der Geſchwindigkeit des Sonnenlichtes begabt, doch nie den ſie begrenzenden Horizont entdecken

würde. Das Licht allein erklärt die Glückſeligkeiten des Himmels. Es iſt, ſpricht Swedenborg, eine reine Emanation von der Gott innewohnenden Klarheit, und zwar von einer Reinheit, gegen die unſer irdiſches Licht Finſternis iſt. Dieſe Klarheit vermag, verjüngt alles, zehrt ſich nicht auf, umfließt den Engel, und bringt ihn in Berührung mit Gott durch unendliche, ſich ſelbſt ſtets unendlich vermehrende Wonne, ſie tötet aber unausbleiblich jeden nicht dazu vorbereiteten Menſchen. Weder hienieden noch ſelbſt im Himmel vermag ein Geſchöpf Gott lebend zu ſchauen. Darum heißt es in der Schrift (2. Moſes XIX, 12, 13, 21 — 23): ,... und mache dem Volk ein Gehege umher (das heißt um den Berg, wo Moſes mit dem Herrn ſprach) und ſprich zu ihm: Hütet euch, daß ihr nicht auf den Berg ſteiget, noch ſein Ende anrühret, denn wer den Berg anrühret, ſoll des Todes ſterben.' Und ferner (ebendaſelbſt XXXIV, 29 — 35): ,Da nun Moſes vom Berge Sinai ging, hatte er die zwo Tafeln des Zeugniſſes in ſeiner Hand und wußte nicht, daß ſein Angeſicht glänzete, davon daß er mit dem Herrn geredet hatte, und legte er eine Decke auf ſein Angeſicht, damit niemand ſtürbe, wenn er zu dem Volke redete.' Die Verklärung Jeſu Chriſti beweiſt ebenſo das Licht, das von einem himmliſchen Boten ausſtrahlt, und die unausſprechliche über den unausgeſetzten Genuß desſelben von den Engeln empfundene Wonne. ,Und nach ſechs Tagen' ſpricht der Evangeliſt Matthäus XVII, 1 — 5, ,nahm Jeſus zu ſich Petrum und Jacobum und Johannem, ſeinen Bruder, und führete ſie beiſeite auf einen hohen Berg, und ward verkläret vor ihnen und ſein Angeſicht leuchtete wie die Sonne, und ſeine Kleider wurden weiß als ein Licht, und eine Lichtwolke überſchattete die Jünger.'

»Wenn nun endlich die Welt nur ſolche Menſchen noch enthält, die gegen den Herrn ſtreiten, wenn ſein Wort vergebens gepredigt wird, wenn die Engel aus allen vier Winden verſammelt ſind, dann ſendet Gott einen Vertilgungsengel, um die widerſpenſtige Welt zu zerſtören, die für ihn in der Unendlichkeit des Univerſums nicht mehr als für uns ein Sandkorn iſt. Wenn der Würgengel auf einem Kometen ſich der Erde nähert, ſo hemmt er ihre Bewegung um ihre Achſe; feſtes Land wird Meeresgrund, Gipfel der höchſten Gebirge werden Inſeln, und die ſonſt von der See bedeckten Länder erheben ſich in jugendlicher Friſche, gehorchen Moſes und den Propheten und das Wort Gottes wird mächtig auf einer Erde, die überall die verheerenden Wirkungen des irdiſchen Waſſers und des himmliſchen Feuers bewahrt. Dann wird das vom Engel von oben mitgebrachte Licht die Sonne erbleichen machen, und es wird geſchehen, wie es heißt in der Offenbarung VI, 15–17: ‚Und die Könige auf Erden und die Oberſten und die Reichen und die Gewaltigen und alle Knechte und alle Freien verbergen ſich in den Felſen und Klüften an den Bergen und ſprechen zu den Bergen und Felſen: fallet auf uns und verberget uns vor dem Angeſicht des, der auf dem Throne ſitzet, und vor dem Zorne des Lammes, denn es iſt kommen der große Tag ſeines Zorns und wer kann beſtehen?‘ Das Lamm iſt das Bild der auf Erden mißkannten und verfolgten Engel. Hat nicht auch Jeſus geſagt: ‚Selig ſind die, die da Leid tragen, ſelig ſind die Sanftmütigen, ſelig ſind die Barmherzigen (Matthäus 5, 3–7).‘ Der ganze Swedenborg liegt in den Worten: Leiden, Glauben, Lieben! Muß man nicht, um recht zu lieben, gelitten haben, und muß man nicht glauben? Liebe gibt

Stärke und Stärke gibt Weisheit und folglich auch Eröffnung der Intelligenz, denn Stärke und Weisheit vertragen ſich mit dem Willen. Heißt das Verſtändnis beſitzen nicht eben ſo viel als Wiſſen, Wollen und Können, die drei Attribute des Engelgeiſtes?

»Wenn das Univerſum einen Sinn hat, ſo iſt dieſer Gottes am würdigſten!« ſagte zu mir Saint-Martin, den ich während ſeiner ſchwediſchen Reiſe kennen lernte.

»Allein, mein beſter Herr,« fing der Pfarrherr Becker nach einigem Schweigen wieder an, »was will dieſes Stückwerk bedeuten, genommen aus der ganzen Maſſe eines Werkes, von dem man nur dann eine Idee zu geben vermag, wenn man es mit einem Licht-, einem Flammenſtrome vergleicht? Nähert ſich ihm ein Menſch, ſo wird er hinweggeriſſen vom furchtbaren Strudel und Dante Alighieris gewaltiges Gedicht erſcheint wie ein Punkt, verglichen mit den unzähligen Abſchnitten, durch welche Swedenborg die himmliſchen Welten zugänglich gemacht hat; ſo erbaute Beethoven ſeine Harmonie-Paläſte durch Tauſende von Noten, ſo errichteten die alten Werkmeiſter ihre mächtigen Münſter durch Tauſende von Steinen. Swedenborgs Viſionen verſenken Sie in bodenloſe Abgründe, in denen Ihr Geiſt Sie nicht immer aufrecht zu halten vermag; ein mächtiger Verſtand wird erfordert, um aus ihnen mit heiler Haut zu unſeren ſozialen Ideen zurückzukehren. – »Swedenborg,« fuhr der Alte fort, »liebte vor allen den Freiherrn von Seraphitz, deſſen Name nach altſchwediſchem Gebrauche ſeit langer Zeit die lateiniſche Schlußſilbe us angenommen hatte. Der Freiherr war der eifrigſte Jünger des ſchwediſchen Propheten, der ihm die Augen ſeines innern Menſchen geöffnet und ihn zu einem nach den Geboten Gottes zu führenden Leben vorbereitet hatte.

»Unter den Frauen ſuchte er nach einem auf der Stufe der Engelgeiſter ſtehenden Geſchöpfe; Swedenborg fand die Geſuchte in einer Viſion, und verlobte ihn mit der Tochter eines Schuhmachers in London, in der das Leben des Himmels zum Durchbruche gekommen, und die in den frühern Prüfungen wohl beſtehend erfunden geworden war. Nach der Verwandlung des Propheten ließ ſich der Freiherr in Jarvis nieder, um ſeine himmliſche Vermählung unter dem Segen der Gebete zu vollbringen. Ich, der ich keineswegs unter die Sehenden gehöre, konnte daher auch meine Beobachtungen nur auf das irdiſche Wirken dieſes Paars ausdehnen. Ihr Leben glich ganz dem Lebenswandel der von der römiſch-katholiſchen Kirche ſo hoch geprieſenen Heiligen; ſie linderten das Elend ihrer Nachbarn und verliehen allen einen gewiſſen nicht ohne einige Arbeit zu erlangenden, ihren Bedürfniſſen aber angemeſſenen Wohlſtand. Ihre nächſte Umgebung hat niemals irgend einen Ausbruch von Zorn oder Ungeduld an ihnen bemerkt, beſtändig erſchienen ſie ſanft und wohltätig, voll Anmut und echter Herzensgüte. Ihre Ehe war die gleichgeſtimmte Harmonie zweier unauflöslich verbundener Seelen. Zwei in gleichem Fluge dahin ſchwebende Eidervögel ſind vielleicht das paſſendſte Bild ihres Vereins. Hier liebt ſie jeder mit der Zuneigung, von der die Liebe der Pflanze zur Sonne allein eine Idee zu geben vermag. Die Frau war einfach in ihren Sitten, ſchön von Geſtalt und Geſicht, und glich durch den Adel ihres Benehmens den hochgeſtellteſten Perſonen. Im Jahre 1783, im ſechsundzwanzigſten Jahre ihres Lebens, fühlte ſie ſich in andern Umſtänden. Ernſte Freude breitete ſich über ſie während ihrer Schwangerſchaft. Die beiden Gatten bereiteten ſich aber zu ihrem Abſchiede von der Welt vor, denn ſie ſagten mir, ganz gewiß ſtände ihnen eine Umwandlung bevor, ſobald ihr Kind nicht mehr ihrer elterlichen Sorgfalt bedürfe und zu dem Alter gelangt wäre, wo es kräftig genug ſein würde, um allein beſtehen zu können. Das Kind erblickte endlich das Licht der Welt und war die uns in dieſem Augenblicke ſo ſehr beſchäftigende Seraphita. Gleich nach ihrer Empfängnis lebten ihre Eltern noch weit einſiedleriſcher als früher, und erhoben ſich durch Gebet immer mehr zum Himmel. Ihre Hoffnung war, Swedenborg zu ſehen, und ihr Glauben verwirklichte ſich. Am Tage vor Seraphitas Geburt erſchien Swedenborg in Jarvis und erfüllte mit Licht das Gemach, in dem das Kind geboren wurde. Seine Worte ſollen, wie man ſagt, geweſen ſein: ‚Das Werk iſt vollbracht, darüber jauchzen die Himmel!‘ Die Dienerſchaft vernahm fremde Töne einer Melodie, die, wie ſie behaupten, aus allen vier Ecken der Welt gehaucht ſchienen. Der Geiſt Swedenborgs entrückte den Vater aus dem Hauſe und führte ihn an den Fjord, wo er ihn verließ. Einige Männer aus Jarvis, die ſich darauf dem Freiherrn genähert hatten, wollen die ſchönen Worte der Schrift von ihm ausrufen gehört haben: ‚Wie ſchön ſind auf den Bergen die Füße des Engels, den uns der Herr ſendet!‘ Ich verließ grade meine Wohnung, um in das Schloß zu gehen, das Kind dort zu taufen, und überhaupt die mir von den Geſetzen gebotenen Pflichten zu erfüllen, als ich dem Freiherrn begegnete.

‚Ihr Amt iſt überflüſſig,‘ ſprach er zu mir. ‚Unſer Kind ſoll ohne Namen auf dieſer Erde weilen. Sie ſollen mit dem Waſſer der irdiſchen Kirche nicht dasjenige taufen, über welches das Feuer des Himmels hingerollt iſt. Dieſes Kind ſoll eine Blume bleiben, Sie werden es nicht altern, ſondern nur vorüberſchweben ſehen, Sie beſitzen ein Daſein, das Kind aber ein Leben, Sie haben nur Sinn für das Äußere, das Kind nicht, denn ſeine Richtung geht nur nach innen.‘

»Dieſe Worte wurden mit einer ganz überirdiſchen Stimme geſprochen, die mich mehr ergriff als der Lichtglanz, der von ſeinem ganzen Geſichte ausſtrahlte. Sein Anblick verwirklichte die phantaſtiſchen Bilder, die wir uns von den in der Bibel geſchilderten Inſpirierten machen. Ich fragte ihn um die Urſache ſeiner Begeiſterung.

‚Swedenborg iſt gekommen,‘ antwortete er, ‚eben verlaſſe ich ihn. Ich habe die Luft des Himmels geatmet!‘

‚Unter welcher Geſtalt iſt er Ihnen erſchienen?‘ fragte ich weiter.

‚Ganz in ſeiner ſterblichen Hülle,‘ entgegnete er, ‚gekleidet wie ich ihn das letztemal ſah in London, bei Richard Shearſmith im Julius des Jahres 1771. Er trug denſelben Changeantrock mit Stahlknöpfen, die bis oben hinauf geſchloſſene Weſte, die weiße Halsbinde und dieſelbe Ratsherrnperücke mit gepuderten Seitenlocken, deren vorn aufgeſtrichenes Haar ſeine hohe und lichtvolle, ganz mit ſeinem vollen Geſichte in Harmonie ſtehende Stirn frei ſehen ließ, es war ſein altes Geſicht, in dem alles auf ruhige aber gewaltige Macht deutete. Ich erkannte ſeine majeſtätiſche Naſe mit den feueratmenden Nüſtern, ich erblickte wieder jenen göttlichen Mund, dem die mir ſo glückverheißenden Worte entſtrömten: ‚Nur noch kurze Zeit!‘ Ich habe empfunden den Widerſchein der göttlichen Liebe.«

»Die von den Geſichtszügen des Freiherrn widerſtrahlende volle Überzeugung unterſagte mir jede Bemerkung. Schweigend hörte ich zu, ſeine Stimme beſaß eine anſteckende Wärme, die bis in mein Innerſtes drang. Seine Schwärmerei wirkte auf mein Herz, wie der Zorn eines Dritten unſere Nerven aufregt. Schweigend folgte ich ihm und trat in ſein Haus, wo ich das namenloſe Kind, geheimnisvoll von der Mutter verhüllt, bei ihr liegen ſah. Seraphita hörte mich kommen, und hob ihr Köpfchen gegen mich auf. Ihre Augen glichen nicht denen eines gewöhnlichen Kindes; wollte ich den von ihnen empfangenen Eindruck ſchildern, ſo müßte ich ſagen, daß dieſe Augen bereits ſahen und dachten.

»Die Kindheit dieſes zur Seligkeit beſtimmten Geſchöpfes war von ſeltſamen in unſrem Klima ganz außerordentlichen Umſtänden begleitet. Neun Jahre lang waren unſere Winter viel milder, unſere Sommer viel länger als gewöhnlich. Dieſe Erſcheinung verurſachte gar manchen Streit unter den Gelehrten; erſchienen aber auch ihre Erklärungen den Akademikern hinreichend zu ſein, ſo erregten ſie dem Freiherrn, dem ich ſie mitteilte, doch nur ein Lächeln.

»Keines Menſchen Auge erblickte Seraphitas entblößten Körper, wie es wohl ſonſt bei Kindern geſchieht. Keines Mannes oder Weibes Hand berührte ſie jemals. Der alte David wird Ihnen dieſe Tatſache beſtätigen, wenn Sie ihn nach ſeiner Gebieterin befragen, für welche er übrigens eine ſo tiefe Verehrung, ja Anbetung fühlt, wie ſie der König, deſſen Namen er führt, kaum für die heilige Bundeslade fühlen konnte.

»Von ihrem neunten Jahre an begann ſie ſich in den Zuſtand des Gebetes zu erheben. Gebet iſt ihr Leben. Sie haben ſie ja geſehen in unſerer Kirche am heiligen Chriſtfeſte, dem einzigen Tag, an dem ſie den Tempel des Herrn betritt, in welchem ſie aber durch einen beträchtlichen Raum von den andern Chriſten getrennt iſt. Liegt dieſer Raum nicht zwiſchen ihr und den Menſchen, ſo fühlt ſie Schmerzen, auch verweilt ſie die meiſte Zeit im Schloſſe.

»Ihr häusliches Leben iſt übrigens unbekannt wegen ihrer gänzlichen Zurückgezogenheit. Den größten Teil ihrer Zeit bringt ſie in myſtiſchen Kontemplationen zu, wie ſie nach Behauptung papiſtiſcher Schriftſteller den frühern einſiedleriſchen Chriſten, den Bewahrern der Überlieferungen des neuen Teſtamentes, eigen geweſen ſein ſollen. Seele und Körper, alles iſt jungfräulich rein an ihr, gleich dem Schnee unſerer Gebirge.

»Mit dem zehnten Jahre war ſie ſo ausgebildet wie heute. In ihrem neunten Jahre ſtarben ſchmerzlos und ohne ſichtbare Krankheit faſt zu gleicher Zeit ihre beiden Eltern, nachdem ſie ihre Todesſtunde vorher beſtimmt vorausgeſagt hatten. Am Fuße ihres Sterbelagers ſtehend, betrachtete ſie ſie mit ruhigen Augen, ohne Schmerz oder irgend eine andere ſichtbare Gemütsbewegung zu zeigen. Vater und Mutter lächelten ſie an. Als wir endlich die beiden Leichen abholen wollten, ſprach ſie: ‚Tragt ſie fort!‘

‚Fühlen Sie keine Betrübnis, Seraphita,‘ fragte ich ſie, denn dieſen Namen hatte ſie von uns erhalten, ‚bei dem Tode Ihrer Eltern?‘ ‚Tot!‘ entgegnete ſie. ‚Nein, denn ſie leben in mir für alle Ewigkeit. Das iſt Nichts!‘ fügte ſie hinzu und deutete ohne die geringſte Gemütsbewegung auf den Sarg, den man ſoeben aufhob. Seit ihrer Kindheit ſah ich ſie jetzt zum drittenmale. In der Kirche kann man ſie nur mit Mühe bemerken, denn ſie ſteht dort nahe an der die Kanzel tragenden Säule, in einer Dunkelheit, die ihre Züge zu unterſcheiden nicht erlaubt. Von allen Dienern ihres Hauſes blieb nach dieſer Begebenheit nur der alte David zurück, der trotz ſeiner zweiundachtzig Jahre zur Bedienung ſeiner Gebieterin hinlängliche Kräfte beſitzt.

»Die Leute aus Jarvis erzählen von dieſem Mädchen wunderbare Dinge, und weil ihre Geſchichte in einem ſo ſehr zum Wunderglauben geneigten Lande ein gewiſſes Anſehen gewann, ſo machte ich mich darüber her, die Bezauberungen des alten Johannes Wier und noch manches andere auf Dämonologie bezügliche Werk zu ſtudieren, in welchen ſogenannte für Menſchen übernatürliche Tatſachen verzeichnet ſtehen, um ähnliche Fälle mit denen, die ihr beigelegt werden, aufzuſuchen.«

»Sie glauben alſo nicht an ſie?« fragte Wilfrid.

»Nein!« verſetzte gutmütig der Pfarrherr. »Ich erblicke in ihr ein ſehr eigenſinniges, von ihren Eltern verzogenes Mädchen, die ihr den Kopf mit ſolchen religiöſen Ideen verwirrten, von denen ich Ihnen ſoeben einen kurzen Abriß geliefert habe.«

Minna ſchüttelte hierbei unwillkürlich den Kopf und zeigte hierdurch, daß ſie anderer Meinung ſei.

»Armes Mädchen!« fuhr der Paſtor fort. »Ihre Eltern haben ihr eine traurige Exaltation zum Vermächtnis hinterlaſſen, welche die Myſtiker auf Abwege leitet und ſie gewiſſermaßen mehr oder weniger zu überſpannten Toren macht. Sie legt ſich Faſten auf, deren Strenge den alten David zur Verzweiflung bringen. Der gute Alte gleicht einer zärtlichen, vom geringſten

Winde bewegten und von jedem Sonnenſtrahle verwelkenden Pflanze. Seine Herrin, deren unverſtändliche Sprache er ganz angenommen hat, iſt ſein Sturm und ſeine Sonne; für ihn ſind ihre Füße von Diamanten, ihre Stirn iſt mit Sternen überſät, ihr Gang von einer lichtweißen Atmoſphäre umſtrahlt, ihre Stimme von den herrlichſten Melodien begleitet, auch beſitzt ſie die Gabe, ſich unſichtbar zu machen. Verlangen Sie, bei ihr gemeldet zu werden, ſo kann er Ihnen antworten, ſie reiſe ſoeben in den Aſtralländern umher. – Schwer iſt es, ſolche Märchen zu glauben! Jedes Wunder gleicht, wie Sie wiſſen, der Geſchichte vom goldenen Horn. Ein ſolches goldenes Horn haben wir in Jarvis, das iſt das Ganze. So behauptet Duncker, der Fiſcher, er habe einmal geſehen, wie ſie im Fjord untergetaucht und als Eidervogel wieder zum Vorſchein gekommen ſei; ein andermal will er ſie mitten im Sturme auf den Wellen wandelnd geſehen haben. Fergus, der Hirt, hat nach ſeiner Ausſage bemerkt, daß während Regenwetters der Himmel über dem Schwedenſchloſſe ſtets hell und über Seraphitas Haupte, wenn ſie ausging, ſtets blau geweſen iſt. Wenn Seraphita in das Gotteshaus kommt, ſo wollen mehrere Frauen Töne einer ungeheuern Orgel vernommen haben, und fragen ganz ernſthaft ihre Nachbarinnen, ob ſie dieſe Töne nicht auch gehört hätten. Meine Tochter aber, die ſeit zwei Jahren von Seraphita ſehr gern geſehen wird, hat weder Muſik vernommen, noch die himmliſchen Düfte gerochen, die, wie man behauptet, die Lüfte durchbalſamen ſollen, wenn ſie ſpazieren geht. Oft iſt zwar Minna ganz begeiſtert, wie ein junges Mädchen, von den Schönheiten unſres Frühlings heimgekommen, und ganz berauſcht von den Düften der erſten Triebe der Lärchen, der Tannen oder der Blumen, die ſie in ihrer Geſellſchaft eingeatmet habe, allein nichts iſt nach einem ſo langen Winter natürlicher erklärbar als ein ſo übertriebenes Vergnügen. Sprich, mein Kind, hat die Geſellſchaft dieſes dämoniſchen Geſchöpfes ſehr viel Ungewöhnliches?«

»Seine Geheimniſſe ſind nicht die meinigen,« entgegnete Minna. »In ſeiner Nähe weiß ich alles, entfernt von ihm weiß ich nichts. In ſeiner Nähe bin ich nicht mehr ich ſelbſt, entfernt von ihm habe ich gänzlich dies köſtliche Leben vergeſſen. Ihn ſehen, iſt ein Traum, deſſen ich mich nur nach ſeinem Willen erinnere. Ich habe in ſeiner Nähe, ohne mich ihrer, entfernt von ihm, erinnern zu können, die Töne vernommen, von denen Bankers und Erichſons Frauen reden; ich habe in ſeiner Nähe himmliſche Düfte empfunden, Wunder erſchaut, und beſitze jetzt kaum eine Ahnung davon.«

»Was mich am meiſten an ihr, ſo lange ich ſie kenne, gewundert hat, war, daß Sie von ihr in ihrer Nähe geduldet wurden«, begann der Pfarrherr von neuem zu Wilfrid gewendet.

»In ihrer Nähe!« rief der Fremde. »Noch nie hat ſie mir nur eine Berührung ihrer Hand, viel weniger noch einen Kuß auf dieſelbe vergönnt. Als ſie mich zum erſten Male ſah, erſchreckte mich ihr Blick. Sie ſprach zu mir: ‚Seien Sie mir hier willkommen, denn Sie mußten kommen.‘ Sie ſchien mich zu kennen. Ich habe gezittert. Schrecken ließ mich an ſie glauben!«

»Und mich die Liebe«, meinte Minna, ohne zu erröten.

»Werden Sie nicht über mich ſpotten,« ſprach der Pfarrherr wohlwollend lächelnd, »wenn ich dich, meine Tochter, einen Geiſt der Liebe nenne, und Sie, lieber Herr, zu einem Geiſte der Weisheit mache?« und bemerkte, ein Glas Bier trinkend, nicht den ſeltſamen Blick, den Wilfrid auf Minna fallen ließ.

»Doch Scherz beiſeite,« begann der Alte von neuem, »ich bin nicht wenig erſtaunt geweſen, als ich heute erfuhr, jene zwei törichten Geſchöpfe hätten den Gipfel des Falbergs erſtiegen. Das iſt aber ſicher nichts weiter als ein Mädchengeſchwätz und Übertreibung, unterſucht man es näher, ſo ſchwindet das Ganze auf die Beſteigung einiger kleinen Hügel zuſammen. Die Spitze des Falbergs iſt noch von keinem Menſchenfuße betreten worden!«

»So muß ich folglich, lieber Vater, unter dem Schutze eines Dämons geweſen ſein,« entgegnete Minna tiefbewegt, »denn ich habe den Falberg mit ihm erklettert.«

»Jetzt wird die Sache ernſthaft,« ſprach der Alte, »Minna hat nie ein unwahres Wort geſagt.«

»Auch ich, teuerſter Herr Becker,« verſetzte Wilfrid, »muß Sie verſichern, daß Seraphita eine ſo ganz außerordentliche Macht über mich ausübt, wie ich ſie gar nicht durch Worte zu ſchildern vermag. Sie hat mir Dinge enthüllt, die nur mir allein bewußt waren.«

»Somnambulismus!« meinte Minnas Vater. »Johannes Wier erwähnt übrigens mehrere ähnliche Fälle ſolcher leichterklärlicher und ſonſt ſchon in Ägypten beobachteter Erſcheinungen.«

»Vertrauen Sie mir Swedenborgs theoſophiſche Werke an,« bat Wilfrid, »ich will mich in dieſe lichtſtrahlenden Schlünde verſenken, auf die Sie mich ſo äußerſt begierig gemacht haben.«

Der alte Becker reichte Wilfrid einen Band hin, der alsbald ſein Leſen begann. Es mochte gegen neun Uhr abends ſein, als die Magd das Abendeſſen brachte und Minna den Tee bereitete. Nach geendigtem Mahle fuhr jedes ſchweigend in ſeiner früheren Beſchäftigung fort, der Pfarrherr las in ſeiner Abhandlung über Beſchwörungen, Wilfrid ſuchte in Swedenborgs Geiſt einzudringen, Minna beſſerte ihre Wäſche aus und verlor ſich in ihren Erinnerungen. Es war ein echt nordiſcher, friedlicher, zum Nachdenken und Studieren einladender Abend. Die Blätter des Propheten mehr verſchlingend als leſend, war Wilfrid für alle äußern Eindrücke tot. Zuweilen deutete der Paſtor halb ernſt, halb ſpottend auf ihn gegen Minna, die dann ſchwermütig lächelte, denn auf ſie ſchien Seraphitus' Haupt aus den ſie alle drei umhüllenden Rauchwolken anmutig freundlich herabzuſehen. Es ſchlug eben Mitternacht, als die äußere Pforte mit Heftigkeit aufgeriſſen wurde. Schwere und eilige Tritte, die Schritte eines erſchrockenen Greiſes, ließen ſich in dem ſchmalen vorgemachartigen Raume zwiſchen den beiden Türen vernehmen, und plötzlich trat der alte David in das Wohnzimmer.

»Gewalt! Gewalt!« ſchrie er, »kommen ſie, eilen ſie alle zu Hilfe! Die Teufel der Hölle ſind entfeſſelt! Sie tragen feurige Mützen. Geiſter aller Art ſind los, Sirenen und Silenen, Adonis und Vertumnen ſonder Zahl führen ſie in Verſuchung, wie Jeſus Chriſtus in der Wüſte in Verſuchung geführt wurde. Helfen ſie das Geſindel verjagen!«

»Erkennen Sie hier Swedenborgs Sprache und zwar in ihrer reinſten Geſtalt?« fragte der Paſtor.

Schaudernd ſahen aber Wilfrid und Minna auf den alten David, der mit ſeinen verwirrten Locken, ſeinen ſtieren Augen, ſeinen zitternden und ſchneebedeckten Füßen, denn er war in der Eile ohne Schneeſchuhe fortgerannt, vor ihnen wie vom heftigſten Sturm geſchüttelt, bebend ſtand.

»Was iſt vorgefallen?« fragte ihn Minna.

»Alle Teufel der Hölle ſind vereinigt, um ihn abtrünnig zu machen.« Bei dieſen Worten zitterte Wilfrid. »Seit beinahe fünf Stunden liegt ſie mit gen Himmel gerichteten Augen, ausgebreiteten Armen auf den Knieen und ruft in furchtbaren Leiden zu Gott. Ich vermag den ſie einbannenden Zauberkreis nicht zu durchbrechen, furchtbare Geiſter ſind von der Hölle als Schildwachen ausgeſtellt, und Eiſenmauern ſind zwiſchen ihr und ihrem alten David emporgeſchoſſen. Was ſoll ich tun, wenn ſie meiner bedürfte? Kommen Sie zu Hilfe! Helfen Sie beten!« Schrecklich war die Verzweiflung dieſes armen Greiſes anzuſehen.

»Noch ſchützt ſie Gottes Allmacht; wenn ſie nun aber doch der Gewalt unterliegen müßte!«

»Still David! Schwätzet kein albernes Zeug! Dieſe Geſchichte muß unterſucht werden, wir wollen Euch begleiten,« ſprach der Pfarrherr, »und dann werdet Ihr Euch überzeugen, daß bei Euch weder ein Vertumnus, noch Teufel oder Sirenen anzutreffen ſind.«

»Ihr Vater iſt blind«, flüſterte David der geängſtigten Minna zu.

Wilfrid, auf den das raſche Leſen einer der erſten Abhandlungen Swedenborgs äußerſt heftig gewirkt hatte, war ſchon im Vorgemach mit Anlegung ſeiner Schneeſchuhe beſchäftigt. Auch Minna war ſogleich reiſefertig. Beide ließen die zwei Alten weit hinter ſich und eilten geflügelten Laufes gegen das Schwedenſchloß.

»Hören Sie das Krachen?« fragte Wilfrid.

»Das Eis des Fjords bricht,« entgegnete Minna, »der Frühling rückt mit ſtarken Schritten näher.«

Wilfrid ſchwieg. Als beide im Hofe angelangt waren, fühlten ſie ſich außerſtande, das Haus zu betreten.
»Was denken Sie von ihr?« fragte Wilfrid von neuem.
»Welche unendliche Klarheit!« rief Minna, die vor ein Fenſter des Wohnzimmers getreten war. »Da iſt er! Mein Gott! wie ſchön er iſt! O mein Seraphitus, nimm mich auf!...«
Dieſer entzückte Ausbruch des Mädchens war aber nur innerlich. Sie erblickte Seraphitus aufrecht ſtehend und von einem leichten regenbogenfarbig ſchimmernden Lichtnebel umgeben, der ſeinem faſt phosphorartigen Körper entſtrömte.
»Wie wundervoll ſchön iſt ſie!« rief auch Wilfrid in ſeiner Bruſt.
In dieſem Augenblicke langte der alte Becker in Davids Begleitung an, und als er ſeine Tochter und den Fremden vor dem Fenſter ſtehend erblickte, trat er zu ihnen, ſah auch in das Zimmer und ſprach: »Nun David? Sie betet!«
»Verſuchen Sie aber nur, Herr, und wollen Sie eintreten!«
»Warum Betende ſtören?« entgegnete der Pfarrherr.
In dieſem Moment fiel ein Strahl des eben über den Falberg aufſteigenden Mondes auf das Fenſter. Betroffen von dieſer doch ſo natürlichen Erſcheinung, ſahen ſie ſich nach der Urſache um; als ſie aber gleich darauf wieder in das Zimmer blickten, war Seraphita verſchwunden.
»Das iſt ſeltſam!« rief Wilfrid verwundert.
»O! ich vernehme die köſtlichſten Himmelstöne!« ſprach Minna.
»Was iſt es nun weiter?« meinte der Paſtor, »ſie iſt ohne Zweifel ſchlafen gegangen!«
David war jetzt ohne Hindernis in das Haus gegangen.

Schweigend kehrten die andern heim; jedes legte ſich dieſe Erſcheinung auf ſeine eigene Art aus, der alte Pfarrherr hegte ſeine beſcheidenen Zweifel, Minna war voller Anbetung, Wilfrid voller Wünſche.

☆

WILFRID

WILFRID WAR EIN MANN VON SECHSUNDdreißig Jahren. Kräftig entwickelt, ſtand ſeine Geſtalt doch in angemeſſenen Verhältniſſen. Er war mittlerer Größe, wie faſt alle Männer, die ſich über andere erhoben haben; Bruſt und Schultern waren breit, der Hals kurz, wie bei Männern, deren Herz dem Kopfe nahe gerückt iſt. Volle ſchwarze Locken umgaben hellbraune Augen, deren ſonnengleicher Glanz die Begierde andeutete, mit welcher ſeine Natur zum Lichte ſtrebte. Erſchienen auch ſeine männlich ausgeprägten Züge wegen Mangels der innern, ein ſturmfreies Leben bezeichnenden Ruhe etwas zu kräftig, ſo verhießen ſie dagegen unerſchöpfliche Hilfsmittel in jeder Verlegenheit, und ebenſo deuteten auch ſeine Bewegungen auf größte Vollkommenheit ſeiner phyſiſchen Kräfte. Ein ſolcher Mann durfte wohl wagen, mit einem Wilden den Kampf aufzunehmen, gleich ihm den Tritt der Feinde weit entfernt in Wäldern zu hören, ihre Annäherung in der Luft zu wittern und am fernen Horizonte ein befreundetes Zeichen zu erblicken. Sein Schlaf war leiſe, wie der aller Geſchöpfe, die nicht in ihm überfallen ſein wollen. Schnell gewöhnte ſich ſein Körper an das Klima jedes Landes, in das ſein ſturmbewegtes Leben ihn führte. Kunſt und Wiſſenſchaft würden eine ſolche Organiſation als eine Art von menſchlichem Modell aufſtellen können; alles ſtand bei ihm im vollkommenſten Gleichgewicht, Tat und Herz, Verſtand und Wille. Anfangs ſchien er zu den rein inſtinktmäßig handelnden Weſen, die ſich blindlings nur von materiellen Bedürfniſſen hinreißen laſſen, gezählt werden zu müſſen, allein ſchon von ſeinem früheſten Lebensmorgen an hatte er ſich in das Gewühl des geſellſchaftlichen, ſeine Geſinnungen ſo ſehr anſprechenden Lebens geſtürzt. Ernſtes Studium hatte ſeinen Verſtand erweitert, Nachdenken ſeine Gedanken geſchärft, Wiſſenſchaften ſein Verſtändnis vergrößert. Die menſchlichen Satzungen waren von ihm ebenſo emſig wie das durch Leidenſchaften aufgeregte Spiel der Intereſſen durchforſcht worden, und bei guter Zeit ſchon ſchien er ſich ſehr genau mit allen Abſtraktionen bekannt gemacht zu haben, auf denen alle Geſellſchaften beruhen. Bleich war er geworden über Büchern, dieſen verſtorbenen menſchlichen Handlungen, dann hatte er wieder gewacht auf den nächtlichen Feſten der europäiſchen Hauptſtädte, und geſchlafen vielleicht auf dem Schlachtfelde in der dem Kampfe vorgehenden und der dem Siege nachfolgenden Nacht; vielleicht hatte ihn ſogar ſeine ſturmvolle Jugend auf dem Verdecke eines Korſaren mitten durch die verſchiedenſten Länder der Erde geführt! So war er wenigſtens zur Kenntnis des lebendigen Treibens der Menſchen gelangt und kannte nun Gegenwart und Vergangenheit. Viele Menſchen ſind wie Wilfrid mächtig geweſen durch Fauſt, Herz und Kopf, die meiſten aber mißbrauchten auch, wie er, dieſe dreifache Macht.

Hing nun dieſer Mann vermittelſt ſeiner Hülle noch mit dem ſumpfigen Teile der Menſchheit zuſammen,

ſo hatte doch gleicherweiſe auch eine andere Sphäre Anteil an ihm.
Ungeachtet der verſchiedenen ſeiner Seele anklebenden Flecken, fanden ſich in ihm doch jene unnennbaren, nur dem Auge reiner Weſen, den Augen der Kinder, deren Unſchuld noch durch keine böſe Leidenſchaft getrübt, und den Augen der Greiſe, die ſie wieder erlangt, ſichtbaren Kennzeichen vor, und dieſe Merkmale bezeichneten einen Kain, dem noch Hoffnung blieb, und der in irgend einem Winkel der Erde Vergeben zu ſuchen ſchien. Minna vermutete einen aus Ruhmſucht zum Verbrecher gewordenen Menſchen in ihm, Seraphita erkannte ihn als ſolchen; beide bewunderten und beklagten ihn. Woher wurde ihnen dieſe Ahnung? Nichts einfacher und doch zugleich nichts ſeltſamer! Sobald der Menſch einzudringen begehrt in die Geheimniſſe der Natur, in der es keine Geheimniſſe gibt, wo es ſich einzig und allein um das Sehen handelt, dann kommt er zu der Erkenntnis, daß das Einfache das Wunderbare erzeugt.
»Seraphitus,« ſprach Minna eines Abends wenige Tage nach Wilfrids Ankunft in Jarvis, »Sie leſen in der Seele dieſes Fremden, während ich nur zu unbeſtimmten Anſichten über ihn gelangen kann. Mich überfällt Hitze oder Froſt bei ſeinem Anblicke, Sie aber ſcheinen die Urſache dieſer Wärme und Kälte zu kennen. Sie vermögen mir dieſes Rätſel zu löſen, denn Ihnen iſt von ihm nichts unbekannt.«
»Ja, wohl ſind mir dieſe Urſachen bekannt,« entgegnete Seraphitus und ſenkte ſeine ſchönen Augen.
»Durch welche Macht?« fragte die neugierige Minna weiter.
»Ich beſitze die Gabe der Spezialität,« antwortete

er, »eine Art inneren Geſichts, das alles durchdringt, und deſſen Wichtigkeit du nur durch ein Gleichnis verſtehen kannſt. In den großen Städten Europas, von denen die Werke ausgehen, durch welche des Menſchen Hand eben ſo wohl die moraliſchen, als auch die Taten der phyſiſchen Natur darſtellt, gibt es hochgeſtellte Männer, welche Gedanken in Marmor ausdrücken. Der Bildhauer bearbeitet den Marmor, und legte eine Welt voll Ideen in ihm nieder. So gibt es Marmorbilder, denen die Hand des Menſchen die Fähigkeit verliehen hat, eine erhabene oder eine ſchlechte Seite der Menſchheit darzuſtellen. Die Mehrzahl der Menſchen erblickt dann in ihnen eine menſchliche Figur und nichts weiter; einige andere auf der Stufenleiter der Weſen etwas Höhergeſtellte bemerken an ihr einige der vom Bildhauer in ſie übertragenen Gedanken und bewundern deren Form. Aber die in die Geheimniſſe der Kunſt Eingeweihten ſind ganz im Einverſtändnis mit dem Bildner, wenn ſie ſeinen Marmor ſehen; ſie erkennen die volle Welt ſeiner Gedanken, und dies ſind die Fürſten der Kunſt, und in ſich ſelbſt tragen ſie einen Spiegel, in dem ſich die Natur in ihren geheimſten Falten zeigt. Ein ſolcher Spiegel liegt nun auch in mir, der die moraliſche Natur mit allen ihren Falten widerſtrahlt; ich errate Vergangenheit und Zukunft und durchdringe ſo das Gewiſſen. Aber wie? wirſt du mich immer wieder fragen. Denke, der Marmor ſei der Körper eines Menſchen, denke, der Künſtler ſei das Gefühl, die Leidenſchaft, die Tugend, ſei Laſter oder Reue, dann wirſt du verſtehen, wie ich in der Seele des Fremden zu leſen vermochte, ohne daß du wiſſeſt, was Spezialität ſei, denn um dieſe Gabe zu verſtehen, muß man ſie beſitzen.«

Gehörte auch Wilfrid zu den beiden erſten ſo ſcharf getrennten Klaſſen der Menſchheit, zu den Kraft- und zu den Gedankenmenſchen, ſo hatten ihn doch ſeine Ausſchweifungen, ſein ſtürmiſches Leben und ſeine Fehler oft zum Glauben geleitet, denn der Zweifel beſitzt zwei Seiten, die Seite des Lichts und die Seite der Finſternis. Wilfrid hatte die Welt in ihren beiden Geſtalten, Materie und Geiſt, zu genau durchforſcht, um nicht Durſt nach dem Unbekannten, Verlangen nach oben bekommen zu haben, von dem faſt alle Menſchen ergriffen werden, die wiſſen, können und wollen. Aber weder ſein Wiſſen noch ſein Tun, noch ſein Wollen beſaß die unumſchränkte Oberherrſchaft. Aus Notwendigkeit hatte er das geſellſchaftliche Leben geflohen, wie ein großer Verbrecher das Kloſter ſucht. Gewiſſensbiſſe, dieſe Tugend der Schwächlinge, erreichten ihn nicht; der Gewiſſensbiß iſt eine kraftloſe Macht, der ſein Vergehen von neuem beginnen würde, Reue allein iſt gewaltig, ſie endigt alles. Wilfrid hatte aber bis jetzt bei ſeinem Durchſtreifen der Welt, die er als ſein Kloſter anſah, noch nirgends Balſam auf ſeine Wunden, noch nirgends ein Herz gefunden, dem er ſich hätte anſchließen mögen. Schon begann bei ihm Verzweiflung die Quellen des Verlangens auszutrocknen, denn er gehörte zu den Gemütern, die, Meiſter und Herr geworden der empörten Leidenſchaften, nun nichts mehr zu beginnen wiſſen, die, wenn ihnen die Gelegenheit mangelt, an der Spitze ihrer Genoſſen ganze Bevölkerungen unter den Hufen ihrer Roſſe zu vernichten, gerne um den Preis des furchtbarſten Märtyrtums die Gabe erkaufen würden, durch irgend eine Art des Glaubens ganz zugrunde zu gehen, die endlich Felſen zu vergleichen ſind, die vergeblich den Schlag des Zauberſtabes, der ihnen die erquikkendſten Quellen entlocken würde, erwarten. Durch einen Plan ſeines unruhigen und abenteuernden Lebens nach Norwegen verſchlagen, hatte ihn der Winter in Jarvis überraſcht.

Der Tag, an dem er zum erſtenmale Seraphita erblickte, ließ ihn ſein ganzes vergangenes Leben vergeſſen. Ihr Bild regte in ihm jene extremen Gefühle wieder auf, die er ſchon längſt tot und begraben glaubte; aus dem Aſchenhaufen ſchlug noch einmal eine Flamme auf. Wer hat nicht ſchon eine ſolche Verjüngung und neue Reinheit ſich wieder gewünſcht, wenn ihn vorher frühes Alter erkältet, wüſtes Leben beſchmutzt hatte? Plötzlich liebte Wilfrid, wie er nie geliebt, denn er liebte ſchweigend, glaubend, fürchtend, kurz, mit allen innern Torheiten. Sein Leben wurde in der innerſten Quelle des eigenen Lebens ſchon durch den einzigen Gedanken, Seraphita zu ſehen, aufgeregt. Vernahm er ſie, ſo geriet er in neue Welten; in ihrer Gegenwart verſtummte er; gänzlich war er von ihr bezaubert. Hier unter Eis und Schnee war dieſe himmliſche Blume aufgewachſen, nach der ſein bis jetzt ſtets getäuſchtes Sehnen verlangte, und deren Anblick jugendliche Gedanken, Hoffnungen, Gefühle erweckte, von denen umgeben wir zu höhern Regionen emporſtreben, gleich wie auf ſymboliſchen Gemälden die Auserkorenen durch Engel gen Himmel geleitet werden.

Himmliſcher Wohlgeruch erweichte den Granit dieſes Felſens, wortbegabtes Licht überſchüttete ihn mit göttlichen, den Weg zum Himmel begleitenden Melodien. Den Becher der irdiſchen Liebe hatte er bis auf die unterſten Hefen geleert, und nun erblickte er erſt den heiligen Gral, mit ſeinem funkelnden Inhalte, der demjenigen einen unauslöſchlichen Durſt nach unvergänglicher Wonne gibt, der, ohne Furcht, ihn in Scherben fallen zu ſehen, ihm mit gläubigen Lippen ſich nähert. Es war ihm endlich gelungen, die von ihm auf der ganzen Erde geſuchte erzene Mauer zu finden, um an ihrer Erſteigung ſeine Kraft zu erproben. Unaufhaltſam raſch ſuchte Wilfrid nun in Seraphitas Nähe in der Abſicht zu kommen, ihr die Unermeßlichkeit ſeiner Leidenſchaft zu geſtehen, gegen welche er ankämpfte, wie das Roß in der Fabel gegen ſeinen Reiter von Erz, den nichts aus ſeinem graden Sitze zu bringen vermag und den die gewaltſamſten Anſtrengungen des ſchaumbedeckten edeln Tieres nur immer ſchwerer und drückender machen. Er kam mit dem Vorſatze zu ihr, um ihr ſein Leben zu erzählen, um die Größe ſeiner Seele durch die Größe ſeiner Fehler zu ſchildern, um ihr die Ruinen ſeiner Wüſten zu malen; als er nun aber vor ihr ſtand und ſich in der unendlichen, von jenen Augen umfaßten Zone erblickte, deren flammender Azur keine Grenzen kannte, da wurde er ſtill und unterwürfig wie der Löwe, der in Afrikas Ebenen auf ſeine Beute ſtürzend durch die geflügelten Winde eine Liebesbotſchaft erhält und plötzlich ſtillſteht. Ein Abgrund öffnete ſich vor ihm, der alle Worte ſeines Wahnſinns verſchlang, und aus dem eine ihn ganz umwandelnde Stimme ſich erhob. Wie ein ſechzehnjähriger Knabe ſtand er ſchüchtern und furchtſam vor dem Mädchen mit der reinen Stirn, vor der weißen Geſtalt, deren eiſerne Ruhe der furchtbaren Leidenſchaftsloſigkeit der Menſchengerechtigkeit glich. Und nur an dieſem Abende hatte der gewaltige Kampf damit geendet, daß ein Blick von ihr ihn ſo niederwarf, wie ein Falke ſeine Beute durch betäubendes Umkreisen erschöpft erst niedersinken läßt, bevor er sie in seinen Horst trägt. Es gibt in uns selbst schwere Kämpfe, die nur durch Taten beendigt werden können, und die so die Nachtseite der Menschheit vorstellen, und diese Nachtseite kennt nur Gott. Mehr als einmal hatte sich Seraphita bemüht, Wilfrid den Beweis zu geben, daß sie diese so vielgestaltige Nachtseite wohl kenne, die bei den meisten Menschen ein zweites Leben ausmacht. Oft konnte sie mit ihrer Taubenstimme zu ihm sagen: »Heute waren wir recht im Harnisch!« wenn Wilfrid auf dem Wege zu ihr sich bestimmt vorgenommen hatte, sie mit Gewalt zu entführen, um sie zu seinem Eigentume zu machen. Nur Wilfrid besaß Kraft genug, sich gewaltig gegen ihre Herrschaft zu sträuben, wie er soeben erst beim Pfarrherrn, wunderbar aber durch dessen Erzählung besänftigt, einen Beweis geliefert hatte. Endlich schien diesem alles verhöhnenden und nichts achtenden Menschen in seiner Nacht ein helles Glaubensgestirn aufzugehen; er fragte sich, ob Seraphita nicht vielleicht eine aus den höhern Sphären Verbannte sein könnte, die jetzt wieder ihrem Vaterlande zueile! Die Ehre der in allen Ländern von Verliebten gemißbrauchten Vergötterung brauchte er nicht erst dieser nordischen Lilie zuzuerkennen, er glaubte schon längst an ihre Göttlichkeit. Warum verweilte sie aber in diesem abgelegenen Fjord? Was tat sie hier? Sein Geist wimmelte von solchen unbeantworteten Fragen. – Für ihn war Seraphita die unbewegliche, aber schattenleichte Bildsäule, die er erst vor kurzem, über den Abgrund gelehnt, erblickt hatte; so stand sie vor allen Tiefen ohne Zucken der Augen in unerschütterlicher Ruhe. Es war folglich eine hoff-

nungslose, aber gewiß eine merkwürdige Erscheinungen liefernde Liebe.
Sobald Wilfrid die ätherische Natur der Zauberin vermutete, die ihm in süßen Träumen das Geheimnis seines Lebens enthüllt hatte, faßte er den Entschluß, sie sich zu unterwerfen, sie zu behalten, sie dem Himmel zu rauben, der sie vielleicht schon erwarte, und wollte demnach als Kämpfer der nach ihrer entfliehenden Beute begierigen Menschheit und Erde auftreten. Das einzige Gefühl, das lange Zeit einen Menschen in großer Aufregung erhalten kann, der Stolz auf diesen Sieg würde ihn, wie er meinte, für sein ganzes übriges Leben glücklich machen. Heftiger strömte das Blut bei diesem Gedanken durch seine Adern, mächtig erhob er sein Herz. Mißglückte sein Plan, so wollte er sie wenigstens vernichten, denn es liegt in der Menschennatur, das zu zerstören, was man nicht besitzen kann, das zu leugnen, was man nicht versteht, das zu beleidigen, was man beneidet.
Noch ganz befangen von der Szene, deren Zeuge er in verflossener Nacht gewesen war, wollte Wilfrid den alten David näher darüber ausforschen, und begab sich deshalb unter dem Vorwande, sich nach Seraphitens Befinden zu erkundigen, nach dem Schlosse. Obgleich der Pastor Becker den armen alten Mann für ganz kindisch erklärte, traute Wilfrid seinem Scharfsinne doch so viel zu, um einige Körnchen Wahrheit aus dem hervorsprudelnden Strome der sonderbaren Reden des treuen Dieners herauslesen zu können.
David besaß ganz die kalte unbewegliche Physiognomie eines Achtzigers; unter seinen weißen Haaren wölbte sich eine von tiefen Runzeln durchfurchte Stirn, sein Gesicht war wie das ausgetrocknete Bett

eines Bergſtromes durchriſſen. Sein Leben ſchien ſich gänzlich in ſeine Augen, aus denen ein einziger Strahl hervorbrach, geflüchtet zu haben, doch war dieſer Schimmer durch ein Gewölk bedeckt und ließ ebenſo gut auf wirkliche Geiſtesverwirrung, als durch ſeinen einfältig ſtarren Blick auf Trunkenheit ſchließen. Seine schwerfällig langſamen Bewegungen verkündeten das Eis des hohen Alters, und teilten ſich denen mit, die es wagten, ihn lange anzuſchauen, denn er beſaß eine einſchläfernde, betäubende Macht in ſeinem Blicke. Sein eingeſchränkter Verſtand wurde nur durch die Stimme, den Anblick ſeiner Gebieterin, oder durch das Denken an ſie geweckt. Sah man David allein, ſo hätte man ihn für eine Leiche gehalten; zeigte ſich Seraphita, redete ſie, oder wurde ihrer nur erwähnt, ſo verließ der Tote ſein Grab und erlangte Sprache und Bewegung. Niemals gab es wohl ein treueres Bild von Wiederbelebung der vertrockneten Gebeine im Tale Joſaphat durch den Hauch des Herrn, als dieſer durch die Stimme ſeiner jugendlichen Herrin unaufhörlich aus dem Grab gerufene Lazarus vorſtellte. Sein beſtändiges, oft ganz unverſtändliches Reden in Bildern verhinderte die Bewohner der Umgegend, mit ihm zu ſprechen, ſie achteten aber in ihm jenen ganz vom gewöhnlichen Wege abgewichenen Geiſt, der vom Volke inſtinktmäßig bewundert wird.

Wilfrid fand ihn, dem Anſcheine nach ſchlafend, im erſten Gemache: Gleich einem Hunde, der die Freunde des Hauſes am Tritt erkennt, ſchlug der Greis die Augen auf, bemerkte den Fremden, und rührte ſich nicht.

»Nun! wo iſt ſie?« fragte Wilfrid den Greis und ſetzte ſich neben ihn.

David fuhr mit den Fingern durch die Luft, wie wenn er damit den Flug eines Vogels andeuten wollte.
»Leidet ſie nicht mehr?« fragte Wilfrid weiter.
»Dem Himmel geweihte Geſchöpfe vermögen allein zu leiden, ohne daß Leiden ihre Liebe vermindert,« antwortete ernſt der Greis, wie ein zufällig angeſchlagenes Inſtrument einen Ton von ſich gibt. »Das iſt das Zeichen des wahren Glaubens.«
»Von wem habt ihr dieſe Worte?«
»Vom Geiſte!«
»Was iſt ihr denn geſtern Nacht zugeſtoßen? Habt ihr endlich den Schildwache ſtehenden Vertumnus auf die Seite gebracht? oder ſeid ihr dem Mammon hinten herum geſchlüpft?«
»Ja!« erwiderte David wie aus einem Traume erwachend.
Der ſinnverwirrte Blick ſeiner Augen ſank nieder vor einem aus der Seele aufſteigendem Schimmer, der ſie nach und nach ſtrahlend erſcheinen ließ, gleich dem Auge des Adlers, voll Einſicht, gleich dem eines Dichters.
»Was habt ihr geſehen?« fragte Wilfrid hoch erſtaunt über dieſe plötzliche Veränderung.
»Ich habe geſehen Geſchlechter und Geſtalten, ich habe vernommen den Geiſt der Dinge, ich habe geſchaut den Aufruhr der Sünder, ich habe gehört das Wort der Gerechten! Es ſind gekommen ſieben Dämonen, es ſind herabgeſtiegen ſieben Erzengel; die Erzengel waren weit entfernt, verſchleiert ſchienen ſie in Betrachtungen verſunken; die böſen Geiſter aber waren nahe, voller Tätigkeit und Glanz. Mammon erſchien in ſeinen Perlenmuſcheln in der Geſtalt eines ſchönen nackten Weibes; der Schnee ſeines Körpers blendete, nie wird menſchliche Geſtalt ſo

vollkommen ſein, und er ſprach: ‚Ich bin die Luft, und du ſollſt mich beſitzen.‘ Luzifer, der Fürſt der Schlangen, erſchien in ſeiner ganzen Herrſcherpracht, der Menſch war in ihm ſchön wie ein Engel, und er ſprach: ‚Die ganze Menſchheit ſoll dir dienen!‘ Die Königin der Geizigen, die, die nichts Empfangenes zurück gibt, die See erſchien, gehüllt in ihren grünen Mantel; ſie öffnete ihren Buſen, ſie zeigte ihren Schrein voll Edelgeſteinen, ſie ſchüttete ihre Schätze aus und bot ſie dar. Smaragdene und ſaphyrne Wogen rollten einher und prieſen ihre Erzeugniſſe. Die ſchönſte der Perlen entfaltete ihre Schmetterlingsſchwingen, ſchimmerte in größter Pracht und ſprach unter den anmutigſten Tönen des Meeres: ‚Als Töchter des Leidens ſind wir Schweſtern; erwarteſt du mich? Wir gehen vereint, ich muß nur Weib noch erſt werden!‘ Das Getier, mit Adlersflügeln, Löwenklauen, Frauenhaupt und Roſſesleib, dies Getier iſt herniedergefahren, hat ihr die Füße geleckt und ihrer vielgeliebten Tochter ſiebenhundertjährigen Überfluß verheißen. Die furchtbarſte Erſcheinung, das Kind, iſt bis zu ihren Knien gelangt und flehete weinend: ‚Du willſt mich verlaſſen? Mich, ſchwach und leidend, o bleibe, Mutter!‘ Es ſpielte mit den andern, verbreitete Trägheit durch die ganze Luft, und ſelbſt der Himmel würde ſich ſeiner Klage erbarmt haben. Die Jungfrau des Geſangs ließ ihre die Seele abſpannenden Harmonien ertönen. Die Könige des Morgenlandes traten auf mit ihren Sklaven, Heeren und Frauen; die Verwundeten flehten um Hilfe, die Unglücklichen reckten bittend die Hände empor: ‚Verlaß uns nicht! Verlaß uns nicht!‘ Ich ſelbſt habe geſchrien: ‚Verlaß uns nicht! Wir wollen dich anbeten! Bleibe!‘ Die Blumen brachen hervor aus ihrer

Samenhülle, umdufteten ſie mit ihren Wohlgerüchen und ſprachen: ‚Bleibe!‘ Enakim, der Rieſe, ſtieg herab vom Jupiter in Begleitung des Goldes und ſeiner Freunde, und führte die ihm angeſchloſſenen Geiſter der Aſtralländer vor, alle riefen: ‚Siebenhundert Jahre lang wollen wir dir dienen!‘ Endlich ſtieg der Tod ſogar herab von ſeinem fahlen Pferde und ſprach: ‚Auch ich will dir gehorchen!‘ Alle beugten ſich vor ihren Füßen, und ihrer waren ſo viele, daß ſie die weite Ebene erfüllten, und alle ſchrien: ‚Wir haben dich gepflegt und genährt, du biſt unſer Kind, verlaß uns nicht.‘ Das Leben ſelbſt ſtieg hervor aus ſeinen roten Waſſern und ſprach: ‚Ich will dich nie verlaſſen!‘ Es glänzte gleich der Sonne und rief: ‚Denn ich bin das Licht!‘

‚Das Licht iſt dort!‘ rief aber ſie, und deutete auf das die Erzengel verhüllende Gewölk. Sie ward erſchöpft, das Verlangen hatte ihre Nerven erlähmt, ſie vermochte nur noch den Ruf hervorzubringen: ‚O mein Gott!‘ Aber Gott hatte ſie erhört, und ſiegreich ging ſie aus dem Kampfe hervor. Wie viele Engelgeiſter ſtrauchelten bei dem Aufklimmen und nahe am Gipfel an einem unbedeutenden Steine, der ſie zum Fallen brachte und wieder in die Abgründe verſenkte! Alle dieſe gefallenen Geiſter bewunderten ihre mutvolle Standhaftigkeit, alle waren verſammelt zu einem unbeweglichen Chore und alle riefen ihr weinend zu: ‚Mut! Mut!‘ Endlich beſiegte ſie die ihr in jeder Geſtalt und Gattung entgegengetretene Begierde. In Gebeten verſunken behauptete ſie das Kampffeld, und als ſie die Augen aufſchlug, ſah ſie die Füße der wieder zum Himmel aufſchwebenden Engel.«

»Sah ſie die Füße der Engel?« wiederholte Wilfrid.

»Ja!« entgegnete der Greis.

»Das war ein Traum, den ſie Euch erzählte?« meinte Wilfrid.

»Ja, ein Traum, ſo ernſt wie der Ihres Lebens«, verſetzte David. »Ich war zugegen!« Der Ernſt des alten Dieners machte, daß Wilfrid ihn nachdenklich verließ und unterwegs überlegte, ob dieſe Viſionen wohl ſeltſamer geweſen wären als die von Swedenborg beſchriebenen und am verfloſſenen Abende von ihm geleſenen.

»Wenn es wirklich Geiſter gibt, ſo müſſen ſie auch tätig handeln«, ſprach er zu ſich ſelbſt, als er in das Pfarrhaus eintrat und den alten Paſtor allein traf.

»Teuerſter Freund!« ſprach Wilfrid, »Seraphita gehört nur der Geſtalt nach zu uns, ihre Geſtalt aber iſt undurchdringlich. Halten Sie mich weder für einen Narren, noch für einen Verliebten! Überzeugung läßt keine Erörterung zu. Bekehren Sie meinen Glauben, und ſuchen wir uns Licht zu verſchaffen. Morgen abend wollen wir beide zu ihr gehen.«

»Wohl!« entgegnete der Pfarrherr.

»Wenn ihr Auge keinen Raum kennt,« fuhr Wilfrid fort, »wenn ihr Gedanke nur in der intelligenten Überſicht beſteht, die ihr verſtattet, die Dinge in ihrem Grundweſen zu umfaſſen, wenn ſie, mit einem Worte, alles weiß und alles ſieht, ſo wollen wir die Pythia auf ihren Dreifuß niederſetzen und dieſen unverſöhnlichen Adler zwingen, ſeine Schwingen zu entfalten.

»Helfen Sie mir! Ich atme ein mich verzehrendes Feuer und will es löſchen oder mich auch ganz verzehren laſſen. Kurz, ich habe eine Beute aufgejagt, und die muß ich beſitzen.«

»Das würde«, meinte der Pfarrherr, »eine peinlich ſchwer zu bewerkſtelligende Eroberung werden, denn das arme Kind iſt . . .«

»Iſt?« unterbrach ihn Wilfrid.

»Verrückt!« vollendete der Alte.

»Ich pflichte Ihrer Meinung bei, wenn Sie mir dagegen ihre Überlegenheit nicht in Abrede ſtellen. Oft ſchon hat ſie mich durch ihre Gelehrſamkeit in Verwirrung geſetzt. Hat ſie Reiſen gemacht?«

»Von ihrem Hauſe bis zu dem Fjord.«

»Wie! Sie iſt nicht von hier weggekommen!« rief Wilfrid. »Sie muß alſo viel geleſen haben?«

»Keine Seite, kein Jota! Ich ganz allein beſitze in Jarvis Bücher. Swedenborgs Werke, die einzigen im Schloſſe befindlichen Bücher, ſtehen hier! Nie hat ſie ein einziges auch nur berührt.«

»Haben Sie jemals verſucht, mit ihr ein Geſpräch anzuknüpfen?«

»Zu was hätte dies dienen ſollen?«

»Hat niemand unter ihrem Dache gewohnt?«

»Nie beſaß ſie andere Freunde als Sie und Minna, nie einen andern Diener als David.«

»Hörte ſie niemals von Wiſſenſchaften, von Künſten reden?«

»Wer hätte davon mit ihr reden ſollen?«

»Wenn ſie nun ganz treffend über ſolche Dinge ſich ausläßt, wie ſie es ſchon ſehr häufig gegen mich getan hat, was würden Sie glauben?«

»Daß dieſes Mädchen vielleicht durch mehrjähriges Schweigen die Eigenſchaften ſich erworben hat, die Apollonius von Tyana und viele andere vorgebliche von der Inquiſition verbrannte Hexenmeiſter beſaßen, wenn wir nicht vielleicht annehmen wollen, ſie ſei mit dem zweiten Geſicht begabt.«

»Wenn ſie arabiſch redete, was würden Sie dazu ſagen?«

»Die Geſchichte der mediziniſchen Wiſſenſchaften liefert mehrere Exempel von Mädchen, die in fremden, ihnen unbekannten Zungen geſprochen haben.«

»Was denken Sie aber davon, wenn ich Ihnen ſage, daß ſie Dinge aus meinem Leben kennt, deren Geheimnis ich allein beſitze?«

»Wir wollen abwarten,« entgegnete der Pfarrherr, »ob ſie auch mir Gedanken zu ſagen weiß, die ich niemand anvertraut habe.«

»Wie befindet ſich dein Dämon, liebe Minna?« fragte er die eben eintretende Tochter.

»Er leidet, lieber Vater!« antwortete ſie und begrüßte Wilfrid. »Alle Leidenſchaften der Menſchen haben ihn, behängt mit ihrem geſamten Flitterſtaate, während der Nacht umſtanden und unerhörte Pracht vor ſeinen Augen entfaltet. Ihnen gelten aber alle dieſe Dinge für Märchen ...«

»Ja, Märchen für den, der ſie im eignen Heim lieſt, ſo ſchön, wie für gewöhnliche Menſchen die Märchen von Tauſend und einer Nacht«, ſagte lächelnd der Pfarrherr.

»Hat nicht der Satan«, fuhr ſie fort, »unſern Herrn und Heiland auf die Zinne des Tempels geführt, und ihm alle Völker der Erde zu ſeinen Füßen liegend gezeigt?«

»Man findet in den Evangeliſten gar mancherlei Lesarten über dieſe Stelle«, meinte der Pfarrherr.

»Sie glauben alſo an die Wirklichkeit ihrer Viſionen?« fragte Wilfrid Minna.

»Wer kann daran zweifeln, wenn man ſie von ihm erzählen hört!«

»Ihm! Ihm! wer iſt Er«, fragte Wilfrid wiederholt.

»Der, der dort wohnt«, entgegnete Minna und deudete auf das Schwedenſchloß.
»Sie reden von Seraphita?« ſprach der Fremde verwundert.
Das Mädchen nickte bejahend, nicht aber ohne ihn vorher mit einem halb ſpöttiſchen Blicke zu betrachten.
»Und auch Sie, Minna,« ſetzte Wilfrid hinzu, »machen ſich ein Vergnügen daraus, meine Anſichten über ſie vollends in Verwirrung zu ſtürzen! Wer iſt ſie? Was denken Sie von ihr?«
»Das, was ich empfinde«, entgegnete Minna errötend, »kann nicht mit Worten ausgedrückt werden.«
»Ihr ſeid beide Toren!« rief der Pfarrherr.
»Morgen!« ſprach Wilfrid.

☆

DIE WOLKEN DES ALLERHEILIGSTEN

ES GIBT SCHAUSPIELE, BEI DENEN ALLE dem Menſchen zu Gebot ſtehende materielle Pracht mitwirken muß. Ganze aus Sklaven und Tauchern beſtehende Völkerſchaften mußten im Sande des Meeres, in den Eingeweiden der Felſen jene Perlen und Diamanten ſuchen, welche die Zuſchauer ſchmücken. Durch Erbſchaft von Hand in Hand gekommen, haben dieſe Juwelen auf allen gekrönten Stirnen geglänzt, und würden, wären ſie mit Sprache begabt, die treueſte der Menſchengeſchichten liefern. Kennen ſie nicht die Freuden und Leiden der Großen und Kleinen? Sie ſind überall geweſen; mit Stolz und Hochmut wurden ſie bei hohen Feſten, mit Verzweiflung im Herzen zum Wucherer getragen, mit Blut und Plünderung geraubt, in Meiſterwerke der

Kunſt endlich zum Aufbewahren verſetzt; mit Ausnahme jener Perle der Kleopatra iſt keines dieſer Prachtſtücke verloren gegangen. Da ſind die Großen, die Glücklichen verſammelt und ſehen einen König krönen, deſſen Schmuck das Produkt des Menſchenfleißes iſt, doch aber iſt er in ſeiner Glorie in einen weniger vollkommnen Purpur gekleidet als irgend eine einfache Blume des Feldes. Alle dieſe glanzſtrahlenden, durch Harmonie der Töne verſchönerten Feſte, in denen das Wort des Menſchen ſogar den Donner nachzuahmen ſucht, alle dieſe Triumphe ſeiner Hand werden durch einen Gedanken, durch ein Gefühl niedergeſchmettert und vernichtet. Der Geiſt vermag um den Menſchen und in dem Menſchen viel helleres Licht zu verbreiten, ihn weit melodienreichere Harmonien vernehmen zu laſſen und ihm jenſeits der Wolken die glänzendſten Konſtellationen zu zeigen, um ſie zu befragen. Das Herz vermag noch mehr! Der Menſch kann ganz allein, Geſicht gegen Geſicht, mit einem einzigen Geſchöpfe ſein, und doch in einem einzigen Worte, in einem einzigen Blick, eine ſo ſchwer zu tragende, eine ſo hellſtrahlende, eine ſo durchdringend tönende Laſt finden, daß er unterliegt und niederfällt. Die echteſte Pracht liegt nicht in den Dingen, ſie liegt in uns ſelbſt. Bildet ein Geheimnis der Wiſſenſchaft einem Gelehrten nicht eine ganze Welt voll Wunder? Begleiten die Poſaunen der Stärke, die Juwelen des Reichtums, die Muſik der Freude, begleitet eine unermeßliche Menſchenmenge ſein Feſt? O nein! er begibt ſich an irgend ein verſtecktes Ruheplätzchen, wo ihm vielleicht ein blaſſer, kranker Mann ein einzig Wörtchen ins Ohr flüſtert, und doch erleuchtet ihm dieſes kleine Wort, wie eine in einen Keller geworfene Fackel, die geſamte Wiſſenſchaft. So umgaben alle dem Menſchen mögliche, in die anziehendſten Formen gekleidete und nur irgend vom Myſterium erfundene Ideen einen armen am Rande des Weges im Schmutz ſitzenden Blinden. So entfalteten ſich alle drei Welten, die natürliche, die geiſtige und die göttliche, ſamt allen ihren Sphären vor einem armen florentiniſchen Verbannten; er wandelte durch Himmel und Hölle, durch Betende und Fluchende, durch Engel und Teufel. Als der von Gott Geſendete, dem jedes Wiſſen und jede Macht zu Gebote ſtand, drei ſeiner Jünger in der ärmlichſten Herberge beim gemeinſchaftlichen Abendmahle erſchien, da brach plötzlich das Licht durch, vernichtete die materiellen Formen, erleuchtete die geiſtigen Fähigkeiten, und ſie erblickten ihn in ſeiner Verklärung, und die Erde war ſchon nicht feſter an ihre Füße gekettet als eine Sandale, die eben abfallen will.

Als der alte Pfarrherr, Wilfrid und Minna auf dem Wege waren, um ſich zu dem ſeltſamen Weſen mit dem Vorſatze, es auszuforſchen, zu begeben, fühlten ſie ſich von mancher Furcht ergriffen. Jedem von ihnen erſchien das Schwedenſchloß wie eine große, rieſenmäßige Schaubühne, ähnlich ſolcher, deren Maſſen Dichter geſchickt zu verteilen und ihre Farben gut in Einklang zu ſetzen wiſſen und deren Perſonen für Menſchen nur in der Einbildung beſtehende Schauſpieler, aber für die in die geiſtige Welt einzudringen Beginnenden volle Wirklichkeit ſind. Auf die Stufen dieſes gewaltigen Koloſſeums lagerte der Paſtor Becker die grauen Legionen des Zweifels, ſeine finſtern Ideen, ſeine mangelhafte Disputierweiſe; er verſammelte hier die vielerlei unter ſich in Streit befangenen philoſophiſchen und religiöſen

Welten, die alle unter der Geſtalt eines fleiſchloſen Syſtems erſcheinen, gleich der vom Menſchen als Greis dargeſtellten Zeit, die mit einer Hand die Senſe ſchwingt und mit der andern das ſchmächtige Menſchenweltall hinwegreißt.

Wilfrid lud auf dieſe Schaubühne ſeine erſten Illuſionen und ſeine letzten Hoffnungen ein und ſetzte hier die menſchliche Beſtimmung und ihre Kämpfe, die Religion und ihre ſiegreiche Herrſchaft nieder. Minna erblickte auf ihr den Himmel, aber nur undeutlich, wie durch eine ſchmale Öffnung; die Liebe erhob einen mit geheimnisvollen Bildern geſtickten Vorhang, und harmoniſche, ihr Ohr treffende Töne verdoppelten ihre Neugierde. Für alle drei ſchien folglich dieſer Abend das werden zu wollen, was das Nachtmahl in Emmaus den drei Jüngern, was eine Viſion für Dante, was eine Inſpiration für Homer wurde, ſie hofften nämlich zu erblicken die Enthüllung der dreifachen Weltgeſtalt, aufgehobene Schleier, beſeitigte Ungewißheiten, aufgehellte Dunkelheiten. Die ganze Menſchheit mit allen ihren Anhängſeln aber begierig das Licht erwartend, konnte durch nichts beſſer vorgeſtellt werden als durch dieſe Jungfrau, durch dieſen Mann und durch dieſe beiden Greiſe, deren einer gerade ſo gelehrt war, um Zweifel aufwerfen zu können, der andere aber unwiſſend genug, um alles zu glauben. Selten war eine Szene dem erſten Anſcheine nach ſo einfach, in der Wirklichkeit aber ſo großartig.

Als ſie vom alten David geleitet eintraten, fanden ſie Seraphita hinter einem Tiſche, auf welchem allerlei zu einem Tee gehörenden Dinge bereit ſtanden, das heißt zu einer Kollation, die im Norden an die Stelle des den ſüdlichen Ländern vorbehaltenen Weins tritt, und nichts ſchien in ihr oder in ihm, denn dies Weſen beſaß die ſeltſame Macht, in zwei ſcharf getrennten Geſtalten aufzutreten, die vielen ihr zu Gebote ſtehenden mächtigen Kreiſe zu erraten. Auf ganz gewöhnliche Art nur an das Wohlbefinden ihrer drei Gäſte denkend, befahl Seraphita dem alten Diener, das Holz im Ofen nicht zu ſparen.

»Guten Abend, liebe Nachbarn,« begann ſie, »Sie haben ſehr wohl daran getan, mein beſter Paſtor, daß Sie auch mitgekommen ſind, denn vielleicht ſehen Sie mich heute zum letztenmale. Dieſer Winter hat mich getötet. – Setzen Sie ſich doch!« ſprach ſie zu Wilfrid. – »Und du, Minna, nimmſt hier Platz,« ſagte ſie zu dieſer und deutete auf einen nahe bei ihr ſtehenden Stuhl, »du haſt deine Handſtickerei mitgebracht? Kommſt du damit zurecht? Iſt die Zeichnung hübſch? Für wen beſtimmſt du ſie? Für deinen Vater oder für den Herrn dort,« ſetzte ſie hinzu gegen Wilfrid gewendet. »Wir dürfen ihn ohne ein Andenken an Norwegens Töchter nicht abreiſen laſſen.«

»Sie waren alſo geſtern doch ſehr leidend?« fragte Wilfrid.

»Es war eigentlich nichts!« entgegnete ſie. »Solches Leiden iſt mir lieb; es iſt notwendig, wenn man das Leben verlaſſen muß.«

»Beſitzt der Tod nichts Schreckliches für Sie,« fragte lächelnd der Pfarrherr, der ſie für nicht krank hielt.

»Nein, teurer Herr Paſtor! Es gibt zwei Arten des Sterbens; für einige iſt der Tod ein Sieg, für andere ein Untergang.«

»Sie glauben geſiegt zu haben?« meinte Minna.

»Ich weiß nicht,« erwiderte ſie, »vielleicht war es nur ein Schritt weiter.«

Der blendende Glanz ihrer Stirne trübte, ihre Augen

verſchleierten ſich unter den langſam herabſinkenden Augenlidern. Dieſe einfache Bewegung ergriff tief die drei Neugierigen und ließ ſie verſtummen. Der alte Pfarrherr war der Kühnſte. »Teures Kind,« begann er, »Sie ſind die Aufrichtigkeit ſelbſt, Sie beſitzen aber auch eine himmliſche Güte, und ſo wünſchte ich heute Abend andere Dinge von Ihnen zu empfangen als die Näſchereien Ihres Tees. Soll man der Verſicherung mancher Perſonen Glauben ſchenken, ſo müſſen Sie ganz außergewöhnliche Dinge wiſſen, und verhält es ſich wirklich ſo, wäre es denn nicht ſehr liebreich von Ihnen, wenn Sie einige unſerer Zweifel löſen wollten?«

»Aha!« entgegnete ſie lächelnd, »ich ſchreite auf Wolken einher, ich bin gut befreundet mit den Schlünden des Fjords, das Meer iſt ein durch meinen Zaum gebändigtes Roß, ich weiß, wo die ſingende Blume wächſt, wo das redende Licht ſtrahlt, wo die herrliche Wohlgerüche ausduftenden Farben glänzen und leben; ich beſitze Salomons Ring, ich bin eine Fee und gebe meine Befehle dem Winde, der ſie als demütiger Sklave ausführt; ich ſehe die unterirdiſchen Schätze, ich bin die Jungfrau, der alle Perlen zufliegen und . . . .«

»Und wir gehen ohne Gefahr auf den Falberg!« fiel Minna ihr ins Wort.

»Alſo auch du!« fuhr das ſonderbare Weſen fort, und warf dem Mädchen einen ſeiner Lichtblicke zu, der ſie ganz außer Faſſung brachte. »Beſäße ich nicht das Vermögen, auf eurer Stirn den Wunſch, der euch zu mir geführt hat, zu leſen, wäre ich dann wohl das, wofür ihr mich haltet!« ſprach ſie weiter, zu großer Genugtuung des ſich die Hände reibenden David, und alle drei mit einem hohen Blick umfaſſend. »Ihr ſeid alle von wahrer Kinderneugier geſtachelt zu mir gekommen. Sie, mein armer Paſtor, haben ſich gefragt, ob es möglich ſei, daß ein ſiebzehnjähriges Mädchen eines der tauſend von den Gelehrten mit der Naſe auf der Erde, ſtatt mit gen Himmel gerichteten Augen geſuchten Geheimniſſe wiſſe? Wollte ich Ihnen nun zum Beiſpiel erklären, wie und wodurch die Pflanze mit dem Tiere in Verbindung ſtände, ſo würden Sie anfangen, Ihre Zweifel ſelbſt zu bezweifeln. Sie haben ein Komplott gemacht, mich auszuforſchen; geſtehen Sie es nur!«

»Ja, teuerſte Seraphita,« antwortete Wilfrid, »iſt dies aber nicht ein den Menſchen ganz natürlicher Wunſch?«

»Aber dies Kind wird ſich dabei langweilen,« verſetzte ſie und legte liebkoſend ihre Hand auf Minnas Locken; das junge Mädchen ſchlug die Augen auf und ſchien ſich gänzlich in ſie verſenken zu wollen.

»Das Wort iſt die allen gemeinſchaftlich verliehene ſchöne Gabe!« fuhr ernſt das rätſelhafte Weſen fort. »Wehe dem, der in der Wüſte ſelbſt in dem Wahne Schweigen beobachten würde, daß doch niemand ihn höre, denn alles hienieden ſpricht und hört, das Wort bewegt die Welt. Ich wünſche ſehr, lieber Paſtor, nichts vergeblich zu reden! Genau kenne ich die Sie am meiſten in Anſpruch nehmenden Schwierigkeiten. Würde es nicht ein Wunder ſein, wenn ich Ihnen mit kurzen Worten die ganze Reihenfolge Ihrer Gedanken vorlegte? Geben Sie acht! das Wunder ſoll geſchehen. Hören Sie mir zu. Sie ſelbſt haben nie gewagt, Ihre Zweifel ſich in ihrer ganzen Ausdehnung zu geſtehen. Ich allein, ſtets unerſchütterlich in meinem Glauben, kann ſie Ihnen enthüllen und Sie vor ſich ſelbſt erbeben machen. Sie leben auf der allerdunkelſten Seite des Zweifels; Sie glauben nicht an Gott, alles Ding auf dieſer Welt wird aber Nebenſache für den, der das Grundprinzip der Dinge angreift.

»Halten wir uns nicht auf bei den fruchtloſen, von den unechten Philoſophien erhobenen Diskuſſionen: die ſpiritualiſtiſchen Generationen haben ebenſo vergeblich ihre Kräfte aufgeboten, um die Materie zu leugnen, als die materialiſtiſchen verſucht haben, den Geiſt in Abrede zu ſtellen. Warum aber dieſer Streit? Lieferte der Menſch nicht für beide Syſteme unumſtößliche Beweiſe? Finden ſich nicht in ihm ſo viel materielle als ſpirituale Dinge? Nur ein Narr kann ſich weigern, im Menſchenkörper ein Fragment der Materie zu erblicken; wenn man ihn zerlegt, ſo finden eure Naturwiſſenſchaften in ihm zwiſchen ſeinen und anderer Tiere Grundbeſtandteilen wenig Unterſchied. Ich ſpreche mich hierüber nicht weiter aus, denn es handelt ſich hier nicht von meinen Überzeugungen, ſondern von Ihren Zweifeln. Ihnen, wie den meiſten Denkern, ſcheinen die Ähnlichkeiten, die ſie zwiſchen Dingen, deren Realität Ihre Sinne Ihnen verbürgen, aufzufinden vermögen, nicht notwendig materieller Natur ſein zu müſſen. Das natürliche Univerſum endigt ſich folglich für den Menſchen durch das übernatürliche Univerſum der Gleichheiten oder Verſchiedenheiten, die er zwiſchen den unzählbaren Formen der Natur bemerkt, die ſo vielfache Verhältniſſe darbieten, daß ſie unendlich erſcheinen, denn niemand iſt bis jetzt imſtande geweſen nur die irdiſchen Schöpfungen allein zu zählen, welcher Menſch hätte nun ihre Korreſpondenzen vollends zählen können. Verhält ſich nicht das Ihnen davon bekannte Bruchteil zu der ganzen Summe, wie eine Zahl zum Unendlichen? Hier geraten Sie ſchon in den Begriff des Unendlichen, der Sie ganz gewiß in eine rein ſpirituale Welt leitet. Der Menſch liefert folglich einen hinreichenden Beweis von der in ihm vorhandenen Materie und dem in ihm befindlichen Geiſte. In ihm endigt ſich ein endliches ſichtbares Univerſum, in ihm beginnt ein anderes unendliches und unſichtbares, zwei Welten, die einander nicht kennen. Beſitzen die Kieſel des Fjords das Verſtändnis ihrer Zuſammenſetzungen, haben ſie Bewußtſein von den Farben, die ſie dem Menſchenauge darbieten, verſtehen ſie die Muſik der ſie umſpielenden Wellen? Überſpringen wir ohne weitere Unterſuchungen den Abgrund, den die Vereinigung dieſer beiden Welten, der materiellen und ſpirituellen, öffnen; beide einander ganz unähnlich, ſcharf getrennt und doch durch unwiderlegbare Korreſpondenzen verbunden oder in einem Weſen, das jeder zu gleichen Teilen gehört, vereint! Verſchmelzen wir dieſe beiden, von euern Philoſophien nicht zu vereinigenden, der Tatſache nach aber vereinbaren Welten in ein einziges Geſchöpf. Das Verhältnis, mag es der Menſch auch noch ſo abſtrakt ſich denken, welches zwei Dinge mit einander verbindet, wird immer einen gewiſſen Eindruck zulaſſen. Wo und wie wird aber dieſer Eindruck ſtattfinden? Wir wollen hier nicht unterſuchen, bis zu welchem Grade die Verfeinerung der Materie getrieben werden kann; wäre dies die Frage, ſo würde ich keinen Grund einſehen, warum derjenige, der durch in unendlichen Entfernungen befeſtigte Geſtirne ſich einen Schleier wob, nicht auch denkende Subſtanzen hätte ſchaffen können, oder warum ihr ihm die Fähigkeit verſagen wollt, dem Gedanken einen Körper zu verleihen!

»Wenn nun alſo eure unſichtbare moraliſche und eure ſichtbare phyſiſche Welt eine und dieſelbe Materie ausmachen, ſo wollen auch wir weder die Eigenſchaften und die Körper, noch die Verhältniſſe und die Gegenſtände von einander trennen. Alles, was exiſtiert, was uns drängt und uns über, unter, vor oder in uns beſchwerlich fällt, was unſere äußern und innern Augen bemerken, alle dieſe benannten und unbenannten Dinge, alles dies zuſammen wird, um das Problem der Schöpfung dem Maßſtabe eurer Logik anzupaſſen, eine Maſſe endlicher Materie bilden, denn, wäre ſie unendlich, ſo würde Gott nicht mehr Herr darüber ſein.

»Wollte man nun, Ihren Anſichten, mein lieber Paſtor, gemäß, auf irgend eine Weiſe einen unendlichen Gott mit dieſer Maſſe endlicher Materie in Verbindung bringen, ſo würde Gott, mit den ihm von den Menſchen beigelegten Attributen gar nicht beſtehen können, weil er ſowohl materiell wie ſpirituell gänzlich undenkbar und folglich unmöglich wird. Wollen wir den Schlüſſen der Vernunft bis in die äußerſten Folgerungen nachſpüren?

»Betrachten wir Gott mit Einſicht auf dieſes große All (Materie), ſo gibt es nur zwei mögliche Fälle; Gott und die Materie ſind gleichzeitig, oder Gott war früher als die Materie. Nehmen wir an, alle Vernunft, welche die Menſchengeſchlechter ſeit ihrer Entſtehung erleuchtete, ſei in einem einzigen Haupte geſammelt, ſo würde dieſer Rieſenkopf keine dritte Gattung von Daſein erfinden können, er müßte denn zuvor Gott und die Materie als gar nicht beſtehend betrachten. Mögen menſchliche Philoſophien auch noch ſo große Berge von Worten und Gedanken aufhäufen, die Religionen noch ſo viele

Bilder und Glaubensmeinungen, Offenbarungen und Myſterien zuſammenſchmelzen, immer wird man zuletzt auf dieſes furchtbare Dilemma zurückgeführt werden, und zwiſchen den beiden notwendigen Schlußfolgerungen wählen müſſen. Es bleibt euch aber nicht einmal die Wahl übrig, denn beide führen die menſchliche Vernunft zum Zweifel.

»Hat man die Frage endlich ſo geſtellt, was liegt dann am Geiſte und an der Materie? Was liegt daran, ob der Lauf der Welten ſo oder ſo geht, wenn das ſie in Bewegung ſetzende Weſen zur Albernheit gemacht worden iſt? Zu was dient die Unterſuchung, ob der Menſch ſich dem Himmel nähere oder ſich von ihm entferne, ob die Schöpfung zum Geiſt hinſtrebe oder zur Materie zurückſinke, wenn die befragten Welten keine Antwort geben? Was bedeuten alle Theogonien mit ihren unzähligen Heeren? Was wollen alle Theologien mit ihren Dogmen von dem Momente an, wo der Gott des Menſchen, welcher Seite er ſich auch zuwenden möge, gar nicht mehr exiſtiert.

»Laſſen Sie uns bei der erſten Seite desſelben noch einige Augenblicke verweilen, und nehmen wir an, Gott ſei gleichzeitig mit der Materie! Kann Gott gedacht werden unter dem Einfluſſe oder auch nur unter der Mitexiſtenz einer der ſeinen fremden Subſtanz? Erſcheint Gott in dieſem Syſteme nicht als Handlanger bei der Organiſation der Materie? Wer hat ihn dazu gezwungen? Wer war Schiedsrichter zwiſchen ihm und ſeiner maſſiven Gefährtin? Wer hat dem Großkünſtler den Lohn gezahlt für ſeine ſechs Schöpfungstage? Wäre man auf irgend eine Kraft geſtoßen, die, ohne Gott und Materie zu ſein, alles geregelt hätte, ſo würde es ebenſo lächerlich geklungen haben, Gott, als gezwungenen Weltmaſchinenbaumeiſter, wirklich Gott zu nennen, als einen die Mühle treibenden Sklaven römiſchen Bürger zu heißen. Übrigens bietet ſich hierbei noch eine Schwierigkeit dar, die jener angeblich höchſten Kraft ebenſo unlöslich bleibt als für jenen Gott. Verfolgen wir in dieſem Sinne unſer Problem noch weiter hinauf, ſo kommen wir ſoweit wie die Hindus, welche die Welt auf eine Schildkröte, die Schildkröte auf einen Elephanten ſtellen, dann aber nicht ſagen können, worauf die Füße ihres Elephanten ruhen. Kann nun dieſe höchſte, aus dem Streite Gottes mit der Materie entſprungene Macht, dieſer eigentliche Gott, eine Ewigkeit lang zugebracht haben, ohne zu wollen, was er von Anfang an gewollt hat, wenn wir nicht annehmen wollen, daß es eine doppelte Ewigkeit gibt. Mag nun aber Gott ſein, wo er will, muß aber ſeine Anſchauungsintelligenz nicht in Abrede gezogen werden, wenn er ſeinen ſpätern Gedanken nicht ſchon vorher gekannt hat? Wer hätte nun am Ende recht von dieſen beiden Ewigkeiten? Die unerſchaffene oder die erſchaffene Ewigkeit? Hat er von Anfang an die Welt ſo gewollt, wie ſie iſt, ſo zieht dieſe neue übrigens zu der Idee einer höchſten Intelligenz ganz paſſende Notwendigkeit, die Mit-Ewigkeit der Materie mit ins Spiel. Sei nun aber die Materie durch einen göttlichen, notwendiger Weiſe von jeher ſich ſelbſt gleichen Beſchluß gleich ewig, oder ſei dies durch eigene Kraft, ſo muß die abſolut gewordene Macht Gottes mit ſeinem freien Willen zugleich zugrunde gehen, denn es würde ſich in ihm ſelbſt ſtets eine auf ſeinen Entſchluß einwirkende Urſache vorgefunden haben: heißt es denn Gott ſein, wenn man ſich von ſeiner Schöpfung weder durch eine nachfolgende noch durch eine vorhergehende Ewigkeit trennen kann? Diese Seite unseres Problems ist folglich unlösbar in ihrer Grundursache, versuchen wir eine Lösung durch ihre Wirkungen.

»Wenn folglich Gott, gezwungen, die Welt von aller Ewigkeit erschaffen zu haben, unerklärbar erscheint, so ist dieses noch mehr der Fall, betrachtet man seinen ununterbrochenen Zusammenhang mit seinem Werke; wird er aber genötigt, ewig vereinigt mit seinem Werke zu bleiben, so ist er dadurch ebenso sehr herabgewürdigt, als durch die ihm oben beigelegte Handwerksarbeit. Können Sie sich einen Gott denken, dem es nicht frei steht, abhängig oder unabhängig von seiner Schöpfung zu sein? Vermag er sie zu zerstören, ohne sich selbst dadurch für unfähig zu erklären? Prüfen und dann wählen Sie! Vernichte er einst sein Werk, oder vernichte er es nicht, beides ist gleich gefährlich für die Attribute, ohne die er nicht gedacht werden kann. Ist aber die Welt nur ein Versuch, eine vergängliche Form, deren Zerstörung einst stattfinden wird, so erscheint Gott inkonsequent und unmächtig, inkonsequent, weil er das Resultat seines Versuchs schon im voraus erblicken muß, und warum zaudert er dann mit der Vernichtung dessen, was doch vernichtet werden muß? Unmächtig, weil er eine unvollkommene Welt erschuf. Widerstrebt nun aber eine unvollkommne Schöpfung den von Menschen Gott beigelegten Eigenschaften, so wollen wir die Frage umkehren und folglich eine vollkommne Schöpfung annehmen. Ein solcher Gedanke harmoniert ganz mit dem eines höchst intelligenten und sich in nichts täuschen könnenden Gottes, warum aber in diesem Falle Zerstörung? warum Wiedergeburt? Wenn daher die vollkommene Welt notwendig unzerstörbar ist, so folgt daraus, daß ſie weder vor- noch rückwärts ſchreitet und einen ewigen Kreislauf beſchreiben muß. Die Welt im unvollkommnen Zuſtande läßt Fortſchritte zu, vollkommen hingegen bleibt ſie ſtillſtehend. Kann ein Fortſchritt machender Gott nicht gedacht werden, weil er von Ewigkeit das Reſultat ſeiner Schöpfung kennen muß, ſo muß es folglich einen ſtillſtehenden Gott geben. Iſt dies aber nicht der Sieg der Materie? Iſt dieſes nicht die größte aller Negationen? In der erſten Hypotheſe wird Gott durch ſeine Schwäche, in der zweiten durch die Gewalt ſeiner Trägheit vernichtet.

»Für jeden vorurteilsfreien Geiſt heißt die Annahme, daß die Materie gleichzeitig mit Gott ſei, in Beziehung auf das Empfangen des Gedankens einer Weltſchöpfung ſowohl, wie auf die Ausführung desſelben nichts anderes, als die Exiſtenz Gottes geradezu ableugnen. Gezwungen, unter dieſen zwei Seiten des Problems zu wählen, haben ganze Geſchlechtsfolgen großer Denker, um die Völker beherrſchen zu können, für dieſe letztere Anſicht geſtimmt, und daher entſprang die Lehre von den zwei Grundweſen, die von Aſien nach Europa unter der Geſtalt des den ewigen Vater bekämpfenden Satans überging. Iſt aber dieſe religiöſe Formel nebſt allen von ihr abgeleiteten ſozialen Vergötterungen nicht ein Verbrechen an der beleidigten göttlichen Majeſtät? Denn mit welchem andern Namen ſoll man den Glauben belegen, der eine Perſonifikation des böſen Gott zum Nebenbuhler ſetzt, der ewig mit dem Spiele ſeiner allmächtigen Intelligenz gegen das Böſe ankämpft, ohne es beſiegen zu können? Eure Mechanik lehrt, daß zwei ſo geſtaltete Kräfte einander gegenſeitig aufheben.

»Nun wenden wir uns gegen die zweite Seite des

Problems! Gott war alſo einzig und allein von Ewigkeit an vorhanden!

»Wir wollen nicht nochmals die eben geführten Beweiſe wiederholen, die in ihrer ganzen Stärke auch auf die Teilung der Ewigkeit in eine unerſchaffene und geſchaffene anwendbar ſind; ebenſo wollen wir die Fragen über das Fortſchreiten oder das Stilleſtehen der Welten beſeitigen, und uns nur auf die dieſem zweiten Thema zugehörenden Schwierigkeiten beſchränken.

»Wenn Gott allein von Ewigkeit da war, ſo iſt die Welt von ihm ausgegangen und die Materie aus ſeinem Grundweſen entſtanden; daher fort mit der Materie! Alle Formen ſind nur Schleier, unter denen ſich der göttliche Geiſt verbirgt. Folglich iſt aber die Welt ewig, und abermals folglich iſt die Welt ſelbſt Gott! Paßt nun dieſer Schluß nicht noch weit weniger als der vorhergehende zu den vom menſchlichen Verſtande Gott beigelegten Eigenſchaften? Von Gott ſelbſt entſprungen, ſtets mit ihm verbunden, wie iſt da der jetzige Zuſtand der Materien erklärlich? Wie kann man glauben, daß der Allmächtige, in ſeinem Weſen und ſeinen Eigenſchaften Allgütige, Dinge erzeugt habe, die ihm unähnlich ſind, und daß er nicht überall ſich ſelbſt gleichen ſollte? Könnten ſich denn in ihm verwerfliche Teile befunden haben, deren er ſich einſt entledigt hätte? — eine weniger beleidigende und lächerliche als ſchreckliche Hypotheſe, denn ſie führt uns noch einmal auf jene zwei Grundweſen zurück, welche der vorhergehende Satz für unzuläſſig erklärt hat. Gott muß eins ſein, er darf ſich nicht teilen, wenn er nicht auf die wichtigſte ſeiner göttlichen Eigenſchaften verzichten will. Iſt es folglich möglich, einen Teil Gottes anzunehmen, der nicht ſelbſt Gott ſei? Dieſe Hypotheſe erſchien der römiſchen Kirche ſo verbrecheriſch, daß ſie die Allgegenwart Gottes in den kleinſten Teilen des Abendmahles als Glaubensartikel aufſtellte. Wie kann man aber eine alles könnende Weisheit vorausſetzen, die nicht zu ſiegen imſtande iſt? Wie vermag man ſie ohne unmittelbare Wirkungen mit einer Natur zu verbinden, welche forſcht, berechnet, ſtirbt und wiedergeboren wird, welche tätiger wirkt, wenn ſie erſchafft, als wenn ſchon alles im Gange iſt, welche leidet, ſeufzt, ausartet, Böſes tut, irrt, verſchwindet und von neuem beginnt? Wie vermag man das faſt allgemeine Mißkennen des göttlichen Grundweſens zu rechtfertigen? Warum der Tod? Warum wurde das Böſe, dieſer König der Erde, von einem in ſeinem Grundweſen und ſeinen Eigenſchaften allgütigen Gott erzeugt, der nichts als nur ihm ähnliches ſchaffen ſollte? Wenn wir aber von dieſen unbeugſamen Schlüſſen, die uns ſogleich in das Ungereimte führen, zu Einzelheiten übergehen, welches Ende können wir zum Beiſpiel der Welt verheißen? Wenn alles Gott iſt, ſo iſt alles gegenſeitig Urſache und Wirkung, oder es gibt vielmehr weder Urſache noch Wirkung, alles iſt Eins gleich Gott, und ihr bemerkt weder einen Ausgangs- noch Heimkehrpunkt. Sollte das wirkliche Ende in einer ſich endlich verflüchtigenden Rotation der Materie beſtehen? Mag das Ende aber einbrechen, auf welche Art es wolle, ſo wäre der Mechanismus dieſer von Gott ausgehenden und wieder zu ihm zurückkehrenden Materie nur ein wahres Kinderſpiel. Warum ſollte er ſich dabei ſo plump benehmen? Unter welcher Form iſt Gott am meiſten wirklich Gott? Wer kann Gott in dieſer ewigen Tätigkeit erkennen, durch welche er ſich

ſelbſt in zwei Naturen teilt, von denen die eine gar
nichts, die andere alles weiß? Begreifen Sie Gott,
wenn er in Menſchengeſtalt ſich an ſich ſelbſt belu-
ſtigend ſeiner eigenen Anſtrengungen lacht, am Frei-
tage ſtirbt, um am Sonntage wieder aufzuſtehen, und
von Jahrhundert zu Jahrhundert dieſen Scherz fort-
ſetzt, weil er ſchon von aller Ewigkeit her das Ende
weiß? Wenn er zu ſich als Geſchöpf nichts von dem,
was er als Schöpfer tut, ſagt? Der Gott der vorher-
gehenden Hypotheſe, dieſer vermöge der Kraft ſeiner
Trägheit ſo nichtige Gott, ſcheint doch eher möglich,
wenn man unter Unmöglichkeiten wählen muß, als
dieſer ſo kindiſch lächelnde Gott, der ſich ſelbſt tot-
ſchießt, wenn zwei Teile der Menſchheit mit Waffen
in der Hand gegeneinander ſtehen.
»So komiſch auch dieſer höchſte Ausdruck der zweiten
Seite unſeres Problems ſein mag, ſo wurde er dennoch
von der Hälfte des Menſchengeſchlechtes, und zwar
von den Völkern angenommen, die ſich fröhliche My-
thologien erſchufen. Dieſe liebeatmenden Nationen
handelten ganz folgerecht, bei ihnen war alles Gott,
ſelbſt Furcht und Feigheit, ſelbſt Laſter und Verbre-
chen. Wer weiß, auf welcher Seite ſich die Vernunft
findet, wenn der Pantheismus, die Religion mancher
großen Menſchengeiſter, angenommen würde! Fin-
det ſie ſich beim Wilden, der frei in der Wüſte, in ſeine
Nacktheit gekleidet, großherzig und ſtets gerecht in
allen ſeinen Taten, die Stimme der Donner verſteht
und mit dem Meere ſpricht? Findet ſie ſich beim
ziviliſierten Menſchen, der ſeine höchſten Genüſſe
nur Lügen verdankt, der, um eine Flinte auf die
Schulter zu nehmen, die Natur zwängt und verun-
ſtaltet, der ſeine Intelligenz abnutzt, um ſeine Sterbe-
ſtunde zu beſchleunigen und um ſich Krankheiten in

allen ſeinen Vergnügungen zu bereiten? Wenn die Sichel der Peſt oder das Schwert des Krieges, wenn der Genius der Verödung über einen Winkel des Erdballs alles vertilgend hinübergefahren iſt, wer hat dann Recht, der Wilde aus Nubien oder der Patrizier aus Theben? Eure Zweifel ſteigen von oben nach unten herab, ſie umfaſſen alles, das Ende wie die dazu dienenden Mittel. Wenn die phyſiſche Welt ſchon unerklärbar ſcheint, ſo zeugt die moraliſche Welt noch weit mehr gegen Gott. Wo iſt alſo ein Fortſchritt? Wenn alles einer Verbeſſerung entgegengeht, warum ſterben wir als Kinder? Warum leben wenigſtens Völker nicht ewig? Sollte die von Gott entſprungene, die in Gott enthaltene Welt wohl ſtillſtehend ſein? Leben wir nur einmal? Leben wir ewig? Wenn wir nur einmal leben, und zwar getrieben durch den unaufhaltſamen Gang des großen Alls, ſo wollen wir auch ganz nach unſerer Weiſe leben! Sind wir ewig, ſo wollen wir uns leiten laſſen! Iſt das Geſchöpf verantwortlich, wenn es im Momente des Überganges exiſtiert? Wenn es in der Stunde einer großen Umwandlung ſündigt, wird es erſt dann beſtraft, wenn die Umwandlung vollendet iſt? Was wird aus der göttlichen Güte, wenn ſie uns nicht unmittelbar in glücklichere Gefilde verſetzt, vorausgeſetzt, daß es deren gibt? Was wird aus Gottes Vorſehung, wenn er das Ergebnis der von ihm aufgelegten Prüfungen nicht kennt? Was iſt von der dem Menſchen in allen Religionen dargebotenen Doppelwahl zu halten, ob er entweder in einem Keſſel ewig ſieden, oder in weißem Gewande, einen Palmzweig in der Hand und einen Heiligenſchein um den Kopf, ſpazieren gehen will? Iſt es möglich, daß dieſe heidniſche Erfindung das letzte Wort eines Gottes ſein kann? Welch edeldenkendes Gemüt wird es übrigens nicht des Menſchen und Gottes unwürdig finden, daß der berechnenden Tugend, welche während einer kurzen Exiſtenz gewiſſe ſeltſame und oft unnatürliche Bedingungen erfüllt, vermöge der Satzungen aller Religionen, ein ewiges Freudenreich verheißen wird? Iſt es nicht lächerlich, den Menſchen mit ungeſtümen Forderungen der Sinne zu begaben und ihm deren Befriedigung zu unterſagen? Wozu dienen übrigens dieſe magern Einwürfe, wenn das Gute ebenſo wie das Böſe annulliert iſt? Exiſtiert das Böſe wirklich? Wenn die Subſtanz aller Dinge Gott iſt, ſo iſt das Böſe ſelbſt Gott. Wenn die Urteilskraft und das Empfindungsvermögen dem Menſchen zu ſeinem Gebrauche verliehen worden ſind, ſo iſt nichts verzeihlicher, als eine Bedeutung für menſchliche Schmerzen zu ſuchen, und die Zukunft darüber zu befragen; wenn nun aber dieſe ſcharfen und ſtrengen Unterſuchungen zu ſolchen Schlüſſen führen, welche Verwirrung entſteht alsdann! Nichts iſt feſtſtehend auf dieſer Welt, nichts ſchreitet vor, doch nichts bleibt auch ſtehen, alles verändert ſich, nichts wird aber vernichtet, nach jeder Trennung folgt gewiß wieder Vereinigung, denn, vermag euer Geiſt euch nicht auf das beſtimmteſte ein Ende zu beweiſen, ſo vermag er auch nicht die Vernichtung des kleinſten Stäubchens der Materie darzutun, es kann umgewandelt aber nicht zerſtört werden. Wenn die Annahme einer blind herrſchenden Gewalt dem Atheiſten gewonnen Spiel gibt, ſo iſt dagegen eine intelligente Gewalt unerklärbar, denn darf ſie, ausgegangen von Gott, auch nur dem kleinſten Widerſtand begegnen? Wo iſt Gott? Wenn ihn die Lebenden nicht ſehen, werden ihn die Toten finden?

Stürzet zusammen, Götzendienst und Religionen! Stürzet ein, zu schwache Schlußsteine der gesellschaftlichen Hallen, die ihr weder den Fall, noch den Tod, noch das Vergessenwerden ganzer Völker, so fest gegründet sie auch sein mochten, verhindern konntet! Weg mit allerlei Moral, mit aller Gerechtigkeitspflege! Alle unsere Verbrechen sind rein göttliche Wirkungen, deren Ursachen der Mensch nicht kennt! Alles ist Gott, und demnach sind auch wir Gott, oder es gibt keinen Gott!

»Schaue hier, o Greis! Du Kind eines Jahrhunderts, von dem jedes einzelne Jahr auf deiner Stirn das Eis seines Unglaubens gehäuft hat! Schaue hier den ganzen Inbegriff deiner Wissenschaften und deines langen Nachdenkens! Sie, mein teurer Herr Becker, haben Ihr Haupt auf das Kopfkissen des Zweifels gelegt, weil Sie auf ihm die leichteste Lösung fanden und dabei nur wie der größte Teil des Menschengeschlechts handelten, der zu sich selbst spricht: ‚Warum sollen wir uns länger den Kopf mit diesem Rätsel zermartern, wenn Gott uns nicht mit einem mathematischen Beweise zu dessen Lösung begnadigt hat, während er uns doch so viel Algebra verlieh, um sicher von der Erde zu den Sternen gelangen zu können?' Sind dieses nicht Ihre geheimsten Gedanken? Ich habe sie nicht zu verschönern, sondern in ihrer nackten Gestalt darzustellen gesucht. Die Lehren der beiden Hauptsätze, aus denen die auf Erden herrschenden Religionen entspringen, nämlich der Antagonismus, der Gott dadurch vernichtet, weil er ihm, obgleich allmächtig, doch die Lust beilegt, Streit zu beginnen, und der alberne Pantheismus, der, weil bei ihm alles Gott ist, Gott ebenso vernichtet, diese beiden Hauptprinzipien sind gleich verderblich! – Hier liegt nun zwiſchen uns die zweiſchneidige Axt, mit der Sie dem alten, von Ihnen auf einen gemalten Wolkenthron geſetzten Greiſe das Haupt abgeſchlagen haben! Jetzt reichen Sie mir dieſe Axt!«

Der Pfarrherr und Wilfrid betrachteten das Mädchen mit ſtummer, faſt furchtſamer Verwunderung.

»Glauben«, nahm Seraphita wieder das Wort, diesmal aber mit ihrer Frauenſtimme, denn bis jetzt hatte der Mann geſprochen, »glauben iſt eine Gabe des Himmels! Glauben heißt empfinden. Um an Gott zu glauben, muß man Gott fühlen. Dieſes Gefühl iſt eine nur nach und nach vom Gemüte ebenſo erworbene Eigenſchaft, wie diejenige Erſtaunen erregende Kraft, die ihr an großen Männern, Kriegshelden, Künſtlern und Gelehrten bewundert. Der Gedanke, als eine Maſſe von Verhältniſſen, die euch unter den Dingen auffallen, iſt eine intellektuelle Sprache, die gelernt werden kann, nicht wahr? Der Glaube, als eine Maſſe himmliſcher Wahrheiten, iſt gleichermaßen eine Sprache, aber eine ebenſo hoch über dem Gedanken ſtehende Sprache, wie der Gedanke erhaben ſteht über dem Inſtinkte. Auch dieſe Sprache kann erlernt werden. Der Gläubige antwortet durch einen einzigen Laut, durch eine einzige Gebärde; der Glaube reicht ihm ein feuriges Schwert, mit dem er alles durchhaut oder erleuchtet. Der Sehende ſteigt nicht vom Himmel wieder herunter, er betrachtet ihn und ſchweigt. Es gibt ein gläubiges und ſehendes, ein wiſſendes und könnendes, ein liebendes und betendes, ein ſtill wartendes Geſchöpf. Mit ruhiger Ergebung nach dem Reiche des Lichtes ſtrebend, beſitzt es weder das ſtolze Herabſehen des Glaubenden, noch das Schweigen des Sehenden; es hört und antwortet; der Zweifel der finſtern Jahrhunderte gibt ihm keine Mordwaffe in die Hand, ſondern einen leitenden Faden. Unter allen Formen nimmt es den Kampf auf und ſchmiegt ſeine Sprache allen andern an. Ein ſolches Weſen wird nicht heftig, es verdammt und tötet niemand, ſondern rettet und tröſtet viel lieber; es beſitzt nicht das Herbe des Angreifenden, wohl aber die ſanfte Geſchmeidigkeit des alles durchdringenden, erwärmenden und erleuchtenden Lichtes: Zweifel iſt in ſeinen Augen keine Gottloſigkeit, keine Gottesläſterung, kein Verbrechen, ſondern ein bloßer Übergang, durch welchen der Menſch entweder in die Finſternis zurückkehrt, oder zum Lichte vorſchreitet. Und nun, mein guter Paſtor, wollen wir unſere fernern Unterſuchungen beginnen.

»Sie glauben an keinen Gott! Warum? Ihren Anſichten nach iſt Gott unbegreiflich, unerklärbar. Zugegeben! und nicht einmal will ich Ihnen ſagen, daß Gott ganz begreifen ebenſo viel wäre, als Gott ſelbſt ſein, auch will ich Sie keineswegs beleidigen, wenn ich Sie darauf aufmerkſam mache, daß Sie dasjenige leugnen, was Ihnen unerklärlich ſcheint, denn dadurch geben Sie mir ein Recht, dasjenige auch für wahr zu halten, was mir glaublich vorkommt. Für Sie gibt es eine ſonnenklare Tatſache, die ſich in Ihnen ſelbſt vorfindet. In Ihnen geht die Materie in die Intelligenz über. Und Sie wollen glauben, die menſchliche Intelligenz mache den Übergang zu Finſternis, Zweifel, Vernichtung? Erſcheint Ihnen Gott auch gleich unbegreiflich und unerklärbar, ſo geſtehen Sie wenigſtens, daß Sie in jedem rein phyſiſchen Dinge einen ſehr folgerechten und großen Meiſter erkennen. Warum ſollte ſeine Kunſt beim Menſchen, ſeiner vollkommenſten Schöpfung, ein Ende machen? Wenn dieſe Frage nicht überzeugend iſt, ſo verlangt ſie doch einiges Nachdenken. Sie leugnen Gott und, ſehr erfreut, Ihre Zweifel darlegen zu können, führen Sie Tatſachen an, die aber mit ihrer doppelten Schneide ebenſo gut Ihre geſamten Schlußfolgerungen vernichten, wie eben dieſe Gott vernichten. Auch haben wir zugegeben, daß Materie und Geiſt zwei Schöpfungen ſeien, die einander nicht begriffen, daß die ſpirituelle Welt aus unendlich vielen Korreſpondenzen beſtände, die ſich auf die endliche materielle Welt bezögen, daß, wenn nichts auf Erden ſich durch die Kraft ſeines Geiſtes mit dem Ganzen der irdiſchen Schöpfung indentifizieren konnte, nichts auch ſich noch weit weniger zur Kenntnis der Korreſpondenzen zu erheben vermochte, die der Geiſt unter dieſen Schöpfungen bemerkt. Wir ſind folglich imſtande, alles mit einem Male zu endigen, wenn wir euch die Fähigkeit, Gott verſtehen zu können, ebenſo ableugnen, wie ihr den Kieſeln des Fjords die Fähigkeit, ſich zählen oder ſehen zu können, ableugnet. Wißt ihr denn, ob ſie, die Steine, den Menſchen nicht ſelbſt leugnen, wenngleich der Menſch ſie nimmt und ſein Haus mit ihnen baut? Eines gibt es, was euch niederſchmettert, das Unendliche! Fühlt ihr es in euch, warum gebt ihr dann nicht auch die daraus entſpringenden Folgerungen zu? Kann das Endliche eine vollkommene Kenntnis vom Unendlichen beſitzen? Wenn es euch nicht möglich iſt, die eurem eigenen Geſtändniſſe nach unendlichen Korreſpondenzen zu umfaſſen, wie wollt ihr dann das entfernte Ende, in welchem alle zuſammenlaufen, umfaſſen? Wenn die Ordnung, deren Offenbarung ihr fordert, unendlich iſt, wie will euer beſchränkter Verſtand ſie bezweifeln? Und fragt nicht, warum der Menſch das nicht begreife, was er doch aufzufaſſen imſtande ist! Wenn ich euch beweise, daß euer Geist ganz und gar nichts von dem verstehe, was in seinem Bereiche liegt, werdet ihr mir dann wohl zugeben, daß er unmöglich das begreifen kann, was darüber hinausgeht? Werde ich alsdann nicht mit Recht euch sagen können: Von den zwei Urteilssprüchen, die Gott vor dem Richterstuhle eurer Vernunft vernichten, mag der eine wahr sein, der andere aber ist falsch. Wenn die Schöpfung wirklich vorhanden ist, so fühlt ihr auch die Notwendigkeit eines Endes, und dieses Ende muß schön sein; wenn also die Materie sich im Menschen mit der Intelligenz endigt, warum begnügt ihr euch denn nicht mit dem Wissen, daß das Ende der menschlichen Intelligenz der Anfang des Lichts der höhern Sphären ist, denen das Anschauen Gottes, das euch ein unauflösliches Problem scheint, vorbehalten ist? Bevor der Mensch seine Kraft anwendet, Gottes Größe zu messen, sollte er dafür nicht lieber sich selbst besser kennen lernen? Ehe er die ihm leuchtenden Gestirne bedroht, ehe er erhabene Wahrheiten bekämpft, sollte er lieber die ihn betreffenden Wahrheiten festzustellen suchen.

»Den Negationen des Zweifels muß ich jetzt auch Negationen entgegenstellen. Ich frage Sie demnach, ob hienieden irgend ein Ding an und für sich selbst so sonnenklar ist, daß ich ihm Glauben schenken kann. Sogleich will ich Ihnen beweisen, daß Sie fest an Dinge glauben, die tätig wirken und doch keine Wesen, die Gedanken gebären und doch keine Geister, die gar nicht vorhanden sind und doch von Ihnen überall gefunden werden, die keinen möglichen Namen besitzen und doch von Ihnen benannt worden sind, die endlich ähnlich dem von Ihnen angenommenen Gotte unter dem Unerklärlichen, Unbegreiflichen und Albernen elendlich umkommen. Und nun frage ich Sie, wie es möglich iſt, daß Sie, ſolche Dinge annehmend, für Gott auch noch Zweifel übrig behalten können?

»Sie glauben an die Zahl? Die Grundlage der von euch ſo genannten exakten Wiſſenſchaften; denn ohne Zahl gäbe es keine Mathematik. Welches myſteriöſe, mit ewigem Leben begabte Weſen wäre nun wohl imſtande, und zwar in welcher Sprache, ſchnell genug die Zahl auszuſprechen, welche die unendlichen Zahlenreihen umfaßt, von deren Daſein euer Verſtand vollkommen überzeugt iſt? Verlangt ſie von dem größten menſchlichen Genie zu erfahren, und wenn er hundert Jahre, den Kopf in beiden Händen, an ſeinem Studiertiſche ſitzt, was wird er euch antworten? Ihr wißt weder, wo die Zahl beginnt, noch wann ſie endigen wird; einmal belegt ihr ſie mit dem Namen Zeit, ein andermal nennt ihr ſie Raum. Nichts exiſtiert, als nur durch die Zahl, ohne ſie gäbe es nur eine und dieſelbe Subſtanz, ſie allein macht Unterſcheidungen und Gattungen möglich. Die Zahl verhält ſich zu eurem Geiſte, wie dieſer zur Materie. Wollen Sie einen Gott daraus machen? Iſt ſie ein Weſen? Iſt ſie ein von Gott ausgegangener Hauch, um die Materie zu ordnen, in welcher nichts eine Geſtalt erhält außer vermöge der Teilbarkeit, die ein Ausfluß der Zahl iſt? Die kleinſten wie die unermeßlichſten Schöpfungen unterſcheiden ſich nur durch Qualität, Quantität, Dimenſionen und Kräfte, lauter von der Zahl erzeugte Eigenſchaften. Die Unendlichkeit der Zahlen iſt ein von eurem Geiſte bewieſenes Faktum, von dem aber die Materie ſich ſelbſt keinen Beweis liefern kann. Der Mathematiker wird Ihnen ſagen, daß die Zahl exiſtiert, aber nicht bewieſen werden kann. Gott, wird der Glaubende behaupten, iſt eine mit Bewegung begabte Zahl, die empfunden aber nicht bewieſen zu werden braucht. Als Einheit beginnt ſie die Zahlenreihe, mit der ſie nichts gemein hat, denn die Exiſtenz der Zahl hängt von der Einheit ab, die, ohne ſelbſt eine Zahl zu ſein, doch alle erzeugt. Gott, beſter Paſtor, iſt eine herrliche Einheit, die nichts mit ſeinen Schöpfungen gemein hat, ſie aber deſſen ungeachtet hervorbringt. Ihr auf Erden allein begreift die Zahl, dieſe erſte zum Tempel Gottes führende Stufe, und doch ſtrauchelt euer Verſtand ſchon bei dieſem erſten Verſuche. Wie? Ihr vermögt dieſe erſte euch von Gott überlaſſene geringe Aufgabe weder zu begreifen noch zu löſen, und doch wagt ihr euren Maßſtab an irgend ein mögliches Ende Gottes zu legen? Was würde geſchehen, wenn ich euch nun in die Tiefen der Bewegung blicken ließe, in jene Kluft, welche die Zahl ordnet? Wollte ich Ihnen nun ſagen: das ganze Weltall iſt nichts als Zahl und Bewegung, ſo würden Sie einſehen, daß wir ſchon eine ganz verſchiedene Sprache redeten. Ich verſtehe beide, dies iſt aber nicht bei Ihnen der Fall. Wie wäre es, wenn ich noch die Behauptung hinzufügte: Bewegung und Zahl ſind geboren durch das Wort! Und ihr Menſchen verſpottet dieſen Ausdruck, der den Sehern und Propheten, die einſt dieſen Hauch Gottes vernahmen, vor dem der Apoſtel Paulus niederſank, als höchſtes Bild des Geiſtes Gottes galt, ihr, deren ſämtliche ſichtbare Werke, Geſellſchaften, Denkmäler, Handlungen, Leidenſchaften doch nur von eurem ſchwachen Worte ausgehen, und die ihr ohne Sprache dem Geſchwiſterkinde des Negers, dem Orangutan, dem Waldmenſchen gleichen würdet! Sie glauben alſo feſt an

Zahl und Bewegung als an eine unerklärbare Kraft und unbegreifliches Resultat, auf deren Dasein ich das Dilemma anwenden könnte, durch welches ich Sie noch vor kurzem von dem Glauben an Gott befreite. Wollen Sie, als ein so mächtiger Forscher, mich nun nicht auch der Mühe entheben, Ihnen die Gleichheit und Einheit des Unendlichen auf überzeugende Weise auseinander zu setzen? Gott allein ist unendlich, folglich kann es wahrlich keine zweite Unendlichkeit geben. Wenn nun, um menschliche Ausdrücke zu brauchen, Ihnen ein hienieden gewiß bewiesenes Ding unendlich erscheint, so dürfen Sie sicher in ihm einen Teil von Gottes Antlitz erblickt zu haben glauben. Wollen wir weiter fortfahren? Sie haben sich ein Stückchen von diesem Unendlichen zugeeignet, Ihrer Größe anpassend zugerichtet, und daraus die Zahlenlehre geschaffen, vorausgesetzt, daß Sie irgend etwas zu schaffen imstande sind, die Basis, auf der alles, sogar ihre gesellschaftlichen Vereine und Verhältnisse beruhen. Wie nun die Zahl, das einzige Ding, an welches eure sogenannten Atheisten geglaubt haben, die physischen Schöpfungen ordnet, ebenso ordnet die Zahlenlehre, die Anwendung der Zahl, die moralische Welt. Dieses Zählen sollte nun eigentlich gleich allem, was in sich selbst wahr ist, absolut sein, allein es ist rein relativ, es existiert auf keine unbeschränkte Art, denn Sie vermögen keinen Beweis seiner Wirklichkeit zu liefern. Wenn nun auch diese Numeration zum Beziffern der organisierten Substanzen ganz anwendbar ist, so wird sie doch hinsichtlich auf organisierende Kräfte als vollkommen unkräftig erfunden, denn die ersten sind endlich, die andern unendlich. Der Mensch erfaßt wohl im Geiste das Unendliche, aber in seiner

Gesamtheit kann er es nicht handhaben; sonst wäre er Gott. Euer Zählen, auf die endlichen Dinge, nicht auf das Unendliche, angewandt, ist richtig, in den Einzelheiten, die ihr wahrnehmet, aber falsch in bezug auf das Gesamte, das ihr nicht wahrzunehmen vermögt. Wenn ferner die Natur in ihren organisierenden Kräften oder in ihren Prinzipien sich selbst gleicht, so ist dies doch niemals der Fall in Beziehung auf ihre Wirkungen, daher stoßen Sie nirgends in der Natur auf zwei ganz gleiche Objekte. In der natürlichen Ordnung können folglich zwei mal zwei niemals vier ausmachen, denn um dieses zu bewerkstelligen, müßte man notwendigerweise ganz gleiche Einheiten auftreiben, Sie selbst aber wissen, daß es ebenso unmöglich ist, an einem Baume zwei gleiche Blätter, als unter einer Gattung zwei gleiche Bäume zu finden. Dieses Axiom eures Zählens, unrichtig in der sichtbaren Natur, ist gleichermaßen falsch in der unsichtbaren Welt eurer Abstraktionen, wo gleiche Verschiedenheit in euren Ideen stattfindet, und schärfer als sonst irgendwo sind hier die Unterschiede getrennt, denn weil hier alles bezüglich ist auf das Temperament, auf die Kraft, auf die Sitten und Gewohnheiten der Individuen, so stellen auch die geringsten Gegenstände verschiedene Empfindungen vor. Wenn der Mensch Einheiten zu schaffen vermochte, so ist dies gerade so viel, als wenn er Stücken Goldes gleiches Gewicht und Benennung gegeben hätte. Werft den Dukaten des Armen zum Dukaten des Reichen, und der öffentliche Schatz wird keinen Unterschied unter ihnen finden, in den Augen des Denkenden aber ist der eine moralisch betrachtet gewiß von viel bedeutenderm Werte als der andere, denn einer repräsentiert einen langen Monat voll

Glück, während der andere nur eine augenblickliche Laune vorſtellt. Zwei mal zwei macht folglich nur ſelten und ausnahmsweiſe vier. Ebenſo wenig exiſtiert ein Bruchteil in der Natur. Sehr häufig geſchieht es, und Proben beſtätigen es, daß der hundertſte Teil einer Subſtanz weit ſtärker erfunden wird als dasjenige, was ihr das Ganze nennt. Gibt es aber keinen Bruch in der phyſiſchen Ordnung der Dinge, ſo iſt er noch weit weniger in der moraliſchen vorhanden, in welcher Gedanken und Gefühle ebenſo verſchieden wie die Gattungen im Pflanzenreiche ſind, ſtets aber ganz und vollkommen. Die Theorie der Brüche iſt folglich eine ausgezeichnete Gefälligkeit eures Geiſtes, und die Zahl iſt demnach eine Kraft, von der ihr nur, ohne ihr ganzes Gewicht zu kennen, einen ſehr geringen Teil zu handhaben verſteht. Ihr habt euch in dem unendlichen Reiche der Zahlen nur eine elende Hütte erbaut, ihr habt ſie ſehr gelehrt mit Hieroglyphen herausgeputzt und voller Vergnügen gerufen: Hier iſt alles!

»Wollen wir nun von der reinen einfachen Zahl zu der dargeſtellten übergehen?

»Eure Größenlehre ſtellt feſt, daß die gerade Linie der kürzeſte Weg von einem Punkt zum andern ſei, eure Sternenkunde beweiſt hingegen augenſcheinlich, daß Gott nur Kurven angewendet hat. Hier habt ihr alſo in einer und derſelben Wiſſenſchaft zwei gleich erwieſene Wahrheiten, die eine vermöge des Zeugniſſes der durch das Fernrohr vergrößerten Sinne, die andere durch das Zeugnis eurer Vernunft, die ſich aber beide widerſprechen; der dem Irrtume unterworfene Menſch beſtätigt die eine, und der noch nie über einem Fehler betroffene Werkmeiſter der Welt leugnet ſie ab. Wer wird nun Recht ſprechen zwiſchen der Theorie der graden Linie und der Kurve? Wenn der rätſelhafte Baumeiſter, der wunderbar ſchnell ſeine Zwecke erreicht, in ſeinem Werke keine gerade Linie anwendet, ſo darf der Menſch auch nie darauf rechnen. Die Kugel, die der Menſch in gerader Linie fortzuſchleudern gedenkt, beſchreibt eine krumme Linie, und wenn ihr ſicher einen entfernten Punkt im Raume erreichen wollt, ſo laßt ihr die Bombe ihre furchtbare Parabel beſchreiben. Keiner eurer Gelehrten hat den einfachen Schluß gezogen: die Kurve iſt das Geſetz der materiellen Welten, die gerade Linie regiert in den ſpiritualen, erſtere iſt die Theorie des Endlichen, die zweite die Theorie des Unendlichen. Weil der Menſch hienieden allein Kenntnis vom Unendlichen beſitzt, ſo kennt er auch allein nur die gerade Linie, er allein beſitzt das Gefühl der in einem ſpeziellen Organ befindlichen Vertikalität. Wäre die Vorliebe gewiſſer Menſchen für die Schöpfungen der krummen Linie nicht gewiſſermaßen das Anzeichen einer Unreinheit ihrer noch mit materiellen, uns erzeugenden Subſtanzen geſchwängerten Natur, und würde die beſondere Zuneigung großer Geiſter für die gerade Linie nicht auf eine ihnen innewohnende Ahnung des Himmels deuten? Zwiſchen dieſen beiden Linien liegt ein Abgrund, wie zwiſchen Endlichem und Unendlichem, Materie und Geiſt, Menſch und Idee, Bewegung und dem bewegten Objekte, Geſchöpf und Gott. Bittet die göttliche Liebe um ihre Schwingen, und ihr werdet den Schlund überſteigen! Jenſeits beginnt die Offenbarung des Worts.

»Die von euch materiell genannten Dinge ſind keineswegs ohne große Bedeutung. Linien ſind Begrenzungen des Stabilen, die eine von euren Lehrſätzen unterdrückte Macht des Handelns zulaſſen, wodurch ſie in Hinſicht auf die im Ganzen betrachteten Körper unrichtig werden; daher die fortwährende Vernichtung aller menſchlichen Monumente, die ihr ohne euer Wiſſen mit handelnden Eigenſchaften bewaffnet. Die Natur hat nur Körper, eure Wiſſenſchaft kombiniert nur deren Erſcheinung; daher ſtraft auch die Natur faſt auf jedem Schritte alle eure Geſetze Lügen. Sucht mir ein einziges auf, das nicht durch irgend eine Tatſache umgeſtoßen würde. Eure Geſetze der Statik werden durch manche ſehr unbedeutende phyſiſche Verhältniſſe über den Haufen geworfen, denn eine geringe in Dampf verwandelte Flüſſigkeit ſtürzt die mächtigſten Gebirgsmaſſen um und liefert euch den Beweis, daß die ſchwerſten Subſtanzen von der leichteſten, unwägbaren emporgehoben werden können. Eure Geſetze über Schall und Licht ſind durch die von euch in euch ſelbſt während des Schlafes vernommenen Worte und durch die Lichtſtröme des euch oft erſchlagenden elektriſchen Feuers für nichtig erklärt. Ihr wißt ebenſo wenig, wie ſich das Licht mit euch in Einverſtändnis ſetzt, als ihr den einfachen und natürlichen Prozeß verſteht, der dasſelbe an dem Halſe eines tropiſchen Vogels wie Rubinen, Smaragden, Saphire und Opale ſchimmern läßt, während es an demſelben, unter Europas Himmel lebenden Vogel grau und braun bleibt und weiß ſogar im Schoße der Polarnatur. Ihr vermögt nicht zu entſcheiden, ob die Farbe eine in dem Körper ſelbſt vorhandene Eigenſchaft, oder ob ſie eine Wirkung des ausſtrömenden Lichtes iſt. Ihr nehmt an, das Meerwaſſer ſei ſalzigbitter, ohne daß unterſucht worden wäre, ob es ſich bis auf den tiefſten Seegrund hinab ebenſo verhält. Ihr glaubt an Vorhandenſein mehrerer Subſtanzen in dem von euch ſogenannten leeren Raume, Subſtanzen, die unter keiner der von der Materie gebildeten Formen darſtellbar ſind, und die ſich aller Hinderniſſe ungeachtet doch mit ihr in Harmonie ſetzen. Unter dieſer Vorausſetzung glaubt ihr ferner an die von der Chemie erhaltenen Reſultate, die aber doch noch kein Mittel gefunden hat, die durch das Ab- und Zuſtrömen dieſer Subſtanzen hervorgebrachten Veränderungen zu ſchätzen, welche dieſe Subſtanzen, durch Wärme oder Licht auf unbekannten Wegen geleitet, in euren Kriſtallen und Maſchinen erzeugen. Ihr erhaltet nur tote Subſtanzen, aus denen ihr diejenige unbekannte Kraft verjagt habt, welche eine allgemeine Zerſetzung der Dinge auf Erden verhindert, und die ſich als Anziehungskraft, Schwingung, Kohäſion und Polarität zu erkennen gibt. Das Leben iſt der Gedanke der Körper, ſie ſind nur ein Mittel, ihn in ſeiner Bahn feſtzuhalten. Wären die Körper an und für ſich ſelbſt lebende Weſen, ſo würden ſie eine wirkende Urſache, folglich unſterblich ſein. Wenn ein Menſch die Reſultate der allgemeinen Bewegung, welche ſich allen Schöpfungen vermöge ihres Abſorptionsvermögens mitteilt, dartut, ſo preiſt ihr ihn als einen Gelehrten höchſten Ranges, als ob das Genie nicht vielmehr darin beſtände, einen Blick weit jenſeits der Wirkungen zu werfen, als dasjenige erſt zu beweiſen, was iſt!

»Alle eure Gelehrten würden lachen, ſprächet ihr zu ihnen: Es gibt ſo gewiſſe Verbindungen zwiſchen zwei Weſen, von denen das eine hier, das andere zum Beiſpiel in Java iſt, daß beide zu einer und derſelben Zeit dasſelbe Gefühl empfinden, ſich deſſen bewußt ſind und beide einander Fragen vorlegen und Antworten empfangen können! Und doch gibt es wirklich mineralische Substanzen, die gleiche weit entfernte Sympathien äußern. Sie glauben an die Kraft der dem Magnet innewohnenden Elektrizität, und doch verwerfen sie die die Seele entfesselnde! Ihren Ansichten nach übt der Mond, dessen Einfluß auf Ebbe und Flut von ihnen anerkannt wird, keinen Einfluß auf die Winde, den Pflanzenwuchs oder die Menschen; er setzt das Meer in Bewegung, er oxydiert Glas, allein auf Kranke soll er nicht einwirken; mit der Hälfte des Menschengeschlechts steht er in bestimmter Verbindung, die andere aber wird nicht von ihm berührt. Das sind einige Ihrer so großen Gewißheiten! Gehen wir weiter. Sie glauben an die Physik? Aber Ihre Physik beginnt, wie die katholische Religion, mit einem Glaubensakt. Sie erkennt doch eine von außen wirkende Kraft an, unterschieden von den Körpern, welchen sie die Bewegung mitteilt. Sie sehen die Wirkungen dieser Kraft. Aber was ist sie selbst? Wo ist sie? Was ist ihre Essenz, ihr Leben? Ist sie begrenzt? Und dann leugnen Sie Gott! . . .

»Die meisten Ihrer wissenschaftlichen Axiome, wahr in bezug auf den Menschen, sind folglich falsch in Rücksicht auf das Ganze. Alle Wissenschaft ist einfach, ihr aber habt sie geteilt. Wenn man den wahren Sinn der die Erscheinungen begründenden Gesetze erforschen will, muß man auch die wechselseitigen Beziehungen kennen, die zwischen den Erscheinungen und dem allgemeinen Gesetze bestehen: Jedes Ding hat immer den gewissen äußern Schein, der euern Sinnen auffällt, unter diesem äußern Schein bewegt sich eine Seele. Wo wird von euch das Studium der Verhältnisse gelehrt, welche die Dinge untereinander verbinden? Sie beſitzen alſo nichts Abſolutes. Ihre gewiſſeſten Lehrſätze beruhen auf der Analyſe materieller Formen, deren Geiſt Sie aber vernachläſſigen.

»Es gibt eine erhabene Wiſſenſchaft, die von einigen Männern, ohne daß ſie es geſtehen, zu ſpät und zu flüchtig erkannt wird. Solche Männer haben die Notwendigkeit eingeſehen, die Körper nicht bloß nach ihren mathematiſchen Eigenſchaften, ſondern in ihrem Geſamtweſen und mit ihren Wahlverwandtſchaften zu betrachten. Der Größte unter euch hat am Ende ſeiner Tage erkannt, daß alles aus Urſache und Wirkung beſteht, und daß die ſichtbaren Welten gegenſeitig einander gleich, den unſichtbaren Welten aber untergeordnet wären, und hat es ſchwer beſeufzt, nur umſtößliche Vorſchriften gegeben zu haben! Er hat ſeine Welten gezählt wie im Äther zerſtreute Körner und ihren Zuſammenhang aus den Geſetzen der planetaren und molekularen Anziehung erklärt. Ihr habt dieſen Mann verehrt. Ich aber ſage euch, er ſtarb in Verzweiflung! Vermutete er, daß die zentrifugalen und zentripetalen Kräfte, die er erfunden hatte, um ſich Rechenſchaft von der Welt zu geben, einander glichen, ſo mußte ihm die Welt ſtehen bleiben; und er ließ doch eine dritte Bewegung in unbeſtimmter Richtung zu; nahm er hingegen Ungleichheit dieſer Kräfte an, alsbald mußte ſich ihm die Welt verwirren. Seine Geſetze konnten alſo nicht abſolut ſein: es blieb ein höheres Problem als der Grundſatz, der ſeinen falſchen Ruhm bewirkte. Glaubt ihr, daß die Verbindung der Geſtirne unter ſich ſelbſt und die Zentripetalkraft ihrer innern Bewegung ihn gehindert habe, noch weiter zu ſehen? Der Unglückliche! Je mehr er die Weite vergrößerte, um so schwerer wurde seine Last. Er hat euch erklärt, wie das Gleichgewicht unter den Teilen bestände; wohin geht aber das Ganze? Er betrachtet den weiten, den Augen der Menschen unendlich scheinenden Raum, angefüllt mit Gruppen von Welten, deren kleinster Teil nur vom Fernrohr umfaßt wird, deren Unermeßlichkeit aber die Schnelle des Lichts verrät. Diese erhabene Betrachtung gab ihm einen bestimmten Begriff von den Welten, die in diesem Raume gleich auf einer Wiese wachsenden Blumen geboren werden wie Kinder, wachsen wie Menschen, sterben wie Greise, daselbst leben, indem sie sich die zu ihrer Nahrung dienlichen Substanzen einverleiben, die einen Mittelpunkt und ein Lebensprinzip besitzen, die sich gegenseitig in einem Lager schützen, die ähnlich den Pflanzen einsaugen und eingesaugt werden, die endlich ein mit Leben begabtes Ganzes bilden, weil sie einem vorherbestimmten Schicksale entgegen eilen. Bei diesem Anblicke zitterte jener Mann! Er wußte, Leben sei das Ergebnis der Verbindung eines Dinges mit seinem Prinzipe; Tod, Trägheit, oder Schwere sei das Ergebnis eines Bruches zwischen einem Objekte und der ihm innewohnenden Bewegung, und nun ahnete er das Krachen der einstürzenden Welten, wenn Gott ihnen sein Wort entzöge. Er machte den Versuch, in der Apokalypse die Spuren dieses Wortes zu suchen! Ihr hieltet ihn für wahnsinnig, während er nur Vergebung für sein Genie suchte.

»Sie, Wilfrid, sind zu mir gekommen, um mich um Auflösung von Gleichungen zu bitten, mich auf einer Regenwolke zu entführen, mich in den Fjord zu stürzen und als Schwan wieder erscheinen zu lassen. Wären solche Dinge der Menschheit Zweck, so hätte

Moses Ihnen die Differentialrechnung als Vermächtnis hinterlassen, Jesus Christus Ihnen die Dunkelheiten Ihrer Wissenschaften erklärt, seine Apostel Ihnen gesagt, woher jene unermeßlichen Schweife von Gas oder flüchtig gewordenem Metall an Kometenkerne befestigt kommen, die umherkreisen, um sich im Äther eine passende Stelle zu ihrer Verdichtung zu suchen, und die hin und wieder gewaltsam sich in ein System drängend, mit irgend einem Gestirn in Berührung kommen und es entweder durch ihren Anprall oder durch Mitteilung ihrer tötlichen Dünste vernichten; anstatt Ihnen Anleitung zu einem gottseligen Leben zu geben, hätte Ihnen Sankt Paulus erklärt, wie Nahrung das geheime Band aller Schöpfungen und das öffentliche des tierischen Lebens sei. Heutigen Tages wäre die Auflösung des Problems der Quadratur des Zirkels das größte Wunder, dessen Auffindung Ihnen ganz unmöglich erscheint, welches aber ohne Zweifel in der Bahn der Welten schon längst durch einige mathematische Linien gelöst sein dürfte, deren Verwicklung dem Auge der zu höhern Sphären gelangten Geister offen da liegt. Glauben Sie, die Wunder sind in, nicht außer uns. Auf solchem Wege sind die Taten natürlich vollbracht worden, welche die Völker für übernatürlichen Ursprungs hielten. Würde nicht Gott sich einer Ungerechtigkeit schuldig gemacht haben, wenn er einigen Generationen solche Beweise seiner Macht verliehen, andern aber versagt hätte! Der erzene Zauberstab gehört allen. Moses, Jakob, Zoroaster, Paulus, Pythagoras, Swedenborg, weder die niedrigsten Gesendeten noch die erhabensten Propheten, standen auf einer höhern Stufe, als auch euch zu erlangen möglich ist. Der einzige Unterschied besteht darin, daß für Völker gewiſſe Perioden eintreten, in denen ihr Glaube ſtärker iſt als ſonſt. Wäre materielle Wiſſenſchaft der menſchlichen Anſtrengungen Zweck, würden dann die Nationen, dieſe großen Sammelplätze der Menſchen, ſtets ſo ſonderbar verteilt ſein? Wäre Ziviliſation der Zweck des Menſchengeſchlechtes, würde dann die Intelligenz je abſterben, würde ſie rein perſönlich bleiben? Die Größe aller Völker, die je wirklich groß wurden, war auf Ausnahmen gegründet; mit Aufhören der Ausnahme war die Macht dahin. Würden Seher, Propheten und andere Geſendete nicht lieber Hand an die Wiſſenſchaft gelegt als ſie auf den Glauben geſtützt, würden ſie nicht lieber euren Verſtand als euer Herz anzuregen geſucht haben? Alle traten auf, um die Völker zu Gott hin zu lenken, alle verkündeten den Weg des Heils mit einfachen Worten, die zu den himmliſchen Reichen führen. Begeiſtert von Glauben und Liebe und von jenem Worte, welches über den Völkern ſchwebt, ſie belebt und zum Aufſchwunge antreibt, wendet kein einziger irdiſchen Intereſſen ſich zu. Eure großen Genies, eure Dichter, Könige, Gelehrte, alle ſind verſchlungen ſamt ihren Städten, die Wüſte hat ſie mit ihrem Sandmantel bekleidet, während die Namen jener noch heute geſegneten guten Hirten allen Unfällen entgangen ſind. Wir können uns in keinem Punkte verſtändigen; Abgründe trennen uns, Sie ſtehen auf der Seite der Finſternis, ich aber lebe im wahren Lichte. Iſt es dieſes Wort, das Sie zu hören begehrt haben? Mit Freuden ſpreche ich es aus, es kann eine Änderung in Ihnen bewirken. Vernehmen Sie es alſo: es gibt materielle und geiſtige Wiſſenſchaften! Da, wo Sie nur Körper erblicken, erſchaue ich Kräfte, die durch eine allgemeine Bewegung zu einander hinſtreben. Für mich ist der Charakter der Körper nur das Anzeichen ihres Grundwesens und die Bezeichnung ihrer Eigenschaften. Dieses Grundwesen erzeugt Verwandtschaften, die Ihnen unbemerkbar bleiben, und die sich in gewissen Mittelpunkten vereinigen. Die verschiedenen mit Leben begabten Gattungen sind ebenso viel unaufhörlich fließende Quellen, die untereinander in Verbindung stehen. Jede besitzt ihr eigentümliches Erzeugnis. Der Mensch ist Ursache und Wirkung, er wird ernährt, er selbst ernährt aber auch. Wenn Sie Gott Schöpfer nennen, so setzen Sie ihn herab; er hat nach Ihren Begriffen weder Pflanzen, Tiere noch Gestirne geschaffen. Kann er durch verschiedene Mittel wirken? Hat er vielmehr nicht bloß durch die Einheit geschaffen? Daher hat er auch nur Urstoffe gegeben, die sich nach seinem allgemeinen Gesetze nach dem Willen der Mittelpunkte, zu denen sie gehören, entwickeln sollen. Folglich nur eine einzige Substanz und Bewegung, eine einzige Pflanze, ein einziges Tier, aber fortlaufende Annäherungen. Alle Verwandtschaften sind auch wirklich durch annähernde Ähnlichkeiten verknüpft, und das Leben der Welten strebt durch ein gieriges Verlangen gegen die Zentren hin, ebenso wie euch der Hunger zum Nahrungsmitteleinnehmen zwingt. Um Ihnen ein Beispiel von den an Ähnlichkeiten geknüpften Verwandtschaften zu geben, ein nur auf zweiter Stufe stehendes Gesetz, auf welches aber alle Schöpfungen eurer Gedanken gegründet sind, so betrachten wir die Musik, die himmlische Kunst, die ein Ergebnis dieses Prinzips ist. Hat nicht die Zahl einen großen Einfluß auf die Harmonie der Töne? Ist der Ton nicht eine Modifikation der zusammengepreßten, ausgedehnten, zurückprallenden Luft? Sie kennen die Bestandteile der

Luft: Stickſtoff, Sauerſtoff, Kohlenſtoff. Wenn Sie nun im leeren Raume keinen Ton hervorzubringen imſtande ſind, ſo iſt klar, daß Muſik und Menſchenſtimme das Reſultat chemiſch organiſierter Subſtanzen ſind, die ſich in Einklang ſetzen mit den gleichen durch euere Gedanken in euch zubereiteten mittelſt des Lichts, des großen Ernährers eures Erdballs koordinierten Subſtanzen. Hattet ihr Gelegenheit, die Salpeterablagerungen des Schnees zu beobachten, die Spuren des Blitzes zu ſehen, die Pflanzen, die ihren Metallgehalt aus der Luft einatmen? Und mußtet ihr nicht daraus ſchließen, daß die Sonne jene zarteſte Eſſenz erzeugt und austeilt, dic alles Irdiſche ernährt? Swedenborg ſagt: Die Erde iſt ein Menſch. Eure jetzigen Wiſſenſchaften, die euch in euren eigenen Augen ſo groß machen, ſind Armſeligkeiten gegen die Strahlen, die den Sehenden ſo reichlich entgegen ſchimmern. Hören Sie auf, mich ferner zu befragen, unſere Sprachen ſind zu verſchieden. Ich habe mich einen Augenblick lang Ihrer Sprache bedient, um einen Glaubensblitz in Ihre Seele zu werfen, um Ihnen ein Stück meines Mantels zu reichen und Sie damit in die erhabenen Regionen des Gebets zu ziehen. Soll Gott ſich zu euch herablaſſen? Paßt es nicht beſſer für euch, zu ihm empor zu ſtreben? Wenn die menſchliche Vernunft ſo bald die Stufenleiter ihrer Kräfte auch erſchöpft hat, um ſich auf überzeugende Weiſe, aber doch vergeblich, Gottes Exiſtenz zu beweiſen, dann muß ſie notwendig, um ihn kennen zu lernen, einen andern Weg einſchlagen, und dieſer Weg findet ſich in uns ſelbſt. Da bemerken ſchärfere als die an Unterſuchung irdiſcher Gegenſtände gewöhnten Augen bald die anbrechende Morgenröte. Wißt ihr, was Wahrheit iſt? Eure ſtrengſten

Wiſſenſchaften, eure tiefſten Meditationen, eure hellſten Klarheiten ſchwinden zu Wolken zuſammen, jenſeits derſelben liegt das Heiligtum, aus dem das wahre Licht ausſtrahlt.«

Sie ſank zurück und ſchwieg, ohne daß ihre ernſt ruhigen Geſichtszüge die leiſeſte Bewegung angedeutet hätten, von der Redner auch bei den gelaſſenſten Improviſationen ergriffen zu werden pflegen.

Zum Ohre des Pfarrherrn gebeugt, fragte Wilfrid leiſe: »Wer hat ihr das geſagt?«

»Ich weiß es nicht!« ward ihm zur Antwort.

»Sanfter war er auf dem Falberg!« ſprach Minna für ſich hin.

Seraphita fuhr mit der Hand über die Augen und ſagte lächelnd: »Sie ſind heute abend recht nachdenkend, meine Herren. Sie behandeln Minna und mich wie Männer, mit denen man von Handel und Politik ſpricht, während wir doch nur arme junge Mädchen ſind, denen man beim Teetrinken Märchen erzählen ſollte, wie dies bei unſern norwegiſchen Abendgeſellſchaften Ton iſt. Kommen Sie, lieber Paſtor, und erzählen Sie mir eine der alten Sagas, die ich noch nicht gehört habe! Die Frithjofs-Saga, die Sie mir ſchon längſt verſprochen haben! Erzählen Sie uns die Geſchichte von dem Sohne des Landmanns, der ein redendes und mit einer Seele begabtes Schiff beſitzt. Die Fregatte Ellida kommt mir im Traume vor! Auf einer ſolchen mit Segeln ausgerüſteten Fee ſollen junge Mädchen zur See gehen.«

»Da wir nun wieder in Jarvis gelandet ſind,« ſprach Wilfrid, der Seraphita mit ſeinen Augen hütete wie ein Dieb die einen Schatz verbergende Stelle, »ſo ſagen Sie mir doch, warum Sie ſich nicht verheiraten?«

»Sie alle werden als Witwer oder Witwen geboren,« antwortete ſie, »meine Ehe war aber ſeit meiner Geburt beſchloſſen, und ich bin verlobt . . .«
»Mit wem?« fragten alle drei haſtig.
»Laſſen Sie mir mein Geheimnis«, verſetzte das ſeltſame Weſen. »Ich verſpreche Ihnen, wenn unſer Vater es erlaubt, Sie zu dieſer geheimnisvollen Vermählung einzuladen.«
»Wird dies bald ſein?«
»Ich warte darauf.«
Langes Schweigen folgte dieſen Worten.
»Der Frühling bricht an!« fing Seraphita endlich an. »Das Toſen der Gewäſſer und das Krachen des Eiſes beginnt; wollen Sie nicht den erſten Frühling eines neuen Jahrhunderts begrüßen?«
In Wilfrids Begleitung erhob ſie ſich und trat mit ihm an ein von David geöffnetes Fenſter. Nach dem langen Schweigen des Winters tobten die Waſſer unter dem Eiſe und hallten gleich einer Muſik vom Fjord herauf, denn es gibt Töne, welche die Entfernung reinigt und die gleich lichten und friſchen Wellen das Ohr erreichen.
»Hören Sie auf, Wilfrid, hören Sie auf, ſolche böſe Gedanken in die Welt zu ſetzen, deren Sieg Sie ſchwerlich ertragen würden. Wer würde Ihre Wünſche nicht in Ihren Augen leſen? Seien Sie gut, tun Sie einen Schritt zum Guten! Heißt es nicht die Liebe der Menſchen überſteigen, wenn man ſich gänzlich dem Glücke deſſen aufopfern will, den man liebt? Folgen Sie mir, dann führe ich Sie einen Weg, auf welchem Sie alle die von Ihnen geträumten Größen erreichen ſollen, und wo die Liebe wahrhaft unendlich ſein wird.«
Sie ließ Wilfrid nachdenkend zurück.
»Iſt dieſes ſanfte Geſchöpf wohl jene Prophetin, deren

Augen ſoeben erſt Blitze ſchleuderten, deren Wort
über die Wellen hindonnerte, deren Hand gegen un-
ſere Wiſſenſchaften die Axt des Zweifels ſchwang?
Wachen wir vielleicht erſt ſeit einigen Augenblik-
ken?« fragte er ſich ſelbſt.

»Minna,« ſprach Seraphitus, zu der Tochter des
Pfarrherrn tretend, »Geier fliegen dort, wo Leich-
name ſind, Tauben aber an hellen Quellen, unter
grünen, friedlichen Gebüſchen. Der Adler ſteigt gen
Himmel, die Taube ſteigt von dort herab. Höre auf,
dich in eine Region zu wagen, in der du weder Quel-
len noch Schatten finden dürfteſt. Wenn du unlängſt
nicht in den Abgrund ſchauen konnteſt, ohne zuſam-
menzuſinken, ſo bewahre deine Kräfte für den, der
dich einſt lieben wird. Geh, armes Kind; du weißt,
ich habe meine Braut.«

Minna erhob ſich und trat mit Seraphitus zu Wilfrid
ans Fenſter. Alle drei vernahmen das Brüllen der
durch die obern Tauwaſſer angeſchwollenen Sieg,
welche ſchon von den Eisſchollen zertrümmerte Bäu-
me herabwälzte. Der Fjord hatte ſeine Stimme wie-
der gefunden. Die Illuſionen waren verſchwunden,
alle bewunderten die ſich ihrer Feſſel entledigende
Natur, die durch einen erhabenen Akkord dem Gei-
ſte zu antworten ſchien, der ſie ſoeben wieder ins
Leben gerufen hatte.

Als die drei Gäſte dies rätſelhafte Weſen verließen,
waren ſie erfüllt von jenem unbeſtimmten Gefühle,
das weder Schlaf, noch Betäubung, noch ſtarre Ver-
wunderung iſt, das aber an alles dieſes grenzt, und wel-
ches weder Dämmerung noch Morgenröte genannt
werden kann, um ſo ſehnſüchtiger aber das Licht er-
warten läßt. Alle waren in Nachdenken verſunken.

»Ich fange an zu glauben, daß ſie ein in Menſchengeſtalt verborgener Geiſt iſt«, ſprach auf dem Heimwege der Pfarrherr.

Wilfrid kam ruhig und überzeugt zu Hauſe an und wußte nicht, wie er gegen ſolche göttlich majeſtätiſchen Kräfte ankämpfen ſollte.

Minna dachte: »Warum will er doch nicht, daß ich ihn liebe?«

☆

DER ABSCHIED

GEMÜTER, DIE SICH GERN MIT TIEFERM Nachdenken beſchäftigen, die zum Beiſpiel im Gange der menſchlichen Geſellſchaften einer gewiſſen Richtung nachzuforſchen und Geſetze für die fortſchreitende Bewegung der Intelligenz aufzufinden ſuchen, ſolchen Gemütern begegnet im Menſchen eine Erſcheinung, die ihnen unendlich viel zu ſchaffen macht. Wie ernſt auch eine Tat, und gäbe es Wunder, wie grandios auch immer ein Wunder ſein möchte, der Blitz dieſer Tat, der Donner dieſes Wunders werden alsbald von dem geiſtigen Ozean verſchlungen, deſſen leichtgekräuſelte Oberfläche nur durch ein leichtes Aufwallen das Hineinſtürzen fremder Dinge verrät.

Erſchallt die Stimme, um beſſer vernommen zu werden, aus dem Rachen des Tieres? Schreibt die Hand die fremden Zeichen an die Wand des Saales, in dem der Hof ſchlemmt? Erhellt das Auge den Schlaf des Königs? Tritt der Prophet auf, um den Traum auszulegen? Erhebt ſich der heraufbeſchworne Tod in die lichten Regionen, in denen kräftige Eigenſchaften wieder aufleben? Vernichtet der Geiſt die Materie am Fuße der myſtiſchen Stufenleiter zu den ſieben ſpiritualiſtiſchen, im ewigen Raume aufeinander getürmten Welten, die durch die glänzenden, kaskadenartig von den Stufen des himmliſchen Eingangs herabrollenden Wellen offenbart wird? Mag auch die innere Offenbarung noch ſo tief eingedrungen, mag die äußere Offenbarung noch ſo ſichtbar geweſen ſein, am andern Morgen zweifelt Bileam an ſeiner Eſelin und an ſich ſelbſt, Belſazar und Pharao laſſen durch zwei Seher, durch Daniel und Moſes, das Wort auslegen. Der Geiſt kommt, entrückt den Menſchen weit über die Erde, läßt ihn den Grund des Meeres erſchauen, zeigt ihm die verſchwundenen Geſchlechter, belebt ihm die vertrockneten Gebeine, deren Moder das große Tal ausfüllt, und der Apoſtel ſchreibt die Apokalypſe. Nach zwanzig verfloſſenen Jahrhunderten erkennt die Menſchenwiſſenſchaft die Größe des Apoſtels an und überſetzt ſeine Hieroglyphen in Axiome. Was nützt es übrigens? Die große Maſſe lebt fort, wie ſie geſtern, wie ſie bei der erſten Olympiade, wie ſie am zweiten Tage der Schöpfung, am Vorabende der Sündflut lebte. Alles bedeckt der Zweifel mit ſeinem ſchwankenden Unglauben. Gleiche Wellen peitſchen mit gleichem Wogenſchlage den Menſchengranit, der dem Ozean der Intelligenz zum Wogenbrecher dient. Hat der Menſch ſich ſelbſt die Frage vorgelegt, ob er das von ihm Geſehene auch wirklich erſchaut, ob er geſprochene Worte gut verſtanden habe, ob Tat wirklich Tat, Idee wirklich Idee ſei, dann nimmt er ſeine gewöhnliche Haltung wieder an, denkt an ſeine Geſchäfte, und gehorcht einem ſtets dem Tode nachfolgenden Knechte, dem Sinken in Vergeſſenheit, das mit ſeinem ſchwarzen Mantel eine alte Menſchheit bedeckt, von der der neuen keine Erinnerung blieb. Bis zu dem Tage, an dem ihn endlich ſelbſt die Todesaxt trifft, hört der Menſch nicht auf, tätig zu ſein und pflanzenartig emporzutreiben. Wenn dieſe Wogenkraft, wenn dieſer Hochdruck der bittern Gewäſſer auch jedem Fortſchritt hemmend entgegentritt, ſo verhindert er ohne Zweifel ebenſo das Abſterben. Nur die zum Glauben unter den höhern Weſen vorbereitenden Geiſter ſchauen allein Jakobs myſtiſche Leiter.

Als Wilfrid die Antwort vernommen, in welcher die ſo ernſt befragte Seraphita, ähnlich einer angeſchlagenen Orgel, die, mit ihren tiefen Bäſſen die Kirche erfüllend, eine muſikaliſche Welt offenbart und mit ihren gewaltigen Tönen die höchſten Gewölbe durchbebend gleich leichten Lichtblumen die Säulenkapitelle umſpielt, die ganze göttliche Größe enthüllt hatte, trat er in ſein Gemach, durchſchauert von dem Gedanken, die Welt in Trümmern und auf dieſen Trümmern unbekannte Klarheiten erblickt zu haben, die mit vollen Händen von dieſem furchtbaren Mädchen ausgeſtreut wurden. Noch am folgenden Morgen vermochte er nichts anderes zu denken, allein der Schrecken hatte ſich gelegt, er fühlte ſich weder vernichtet noch verändert; ſeine Leidenſchaften, ſeine Gedanken brachen friſch und kräftig hervor. Er begab ſich, um ſein Frühſtück einzunehmen, zum Pfarrherrn und traf ihn ganz vertieft in die »Abhandlung über Bezauberungen«, die er ſeit frühem Morgen durchblättert hatte, um ſeinen Gaſt beruhigen zu können. Mit kindlicher Treuherzigkeit eines Gelehrten hatte der Alte die Seiten eingeſchlagen, auf welchen Johannes Wier wahrhafte Geſchichten erzählte, welche die Möglichkeit der geſtern Abend ſtattgefundenen Ereigniſſe bewieſen, denn Gelehrten ſind Gedanken gleichbedeutend mit Ereigniſſen, während ihnen das größte Ereignis kaum einen Gedanken bedeutet. Bei der fünften von unſern beiden Philoſophen getrunkenen Taſſe Tee kam ihnen der rätſelhafte Abend ganz natürlich vor; himmliſche Wahrheiten wurden ihnen mehr oder minder wichtige und einer kritiſchen Unterſuchung zu unterwerfende Redensarten; Seraphita erſchien ihnen als ein mit größerer oder geringerer Beredſamkeit ausgeſtattetes Mädchen, der ein bezauberndes Organ, eine verführeriſche Schönheit zu Hilfe kam, und die alle dieſe ihr zu Gebote ſtehenden Künſte wie ein geſchickter Schauſpieler zu benutzen verſtand, der unter hochtönenden, dem Anſcheine nach höchſt tiefgedachten Phraſen eigentlich nur ganz gewöhnliche Dinge ſagt.

»Bah!« meinte endlich der gute Paſtor, machte dabei ein philoſophiſches Geſicht, während er ſein Brot mit geſalzener Butter beſtrich, »das letzte Wort zu allen dieſen hübſchen Rätſeln liegt ſechs Fuß tief unter dem Boden.«

»Demungeachtet,« entgegnete Wilfrid und warf Zukker in ſeinen Tee, »begreife ich nicht, wie ein junges ſechzehnjähriges Mädchen ſo vielerlei Dinge wiſſen kann, denn gleich einem Schraubſtocke preßte ihr Wort alles zuſammen.«

»Leſen Sie doch,« verſetzte der Pfarrherr, »die Geſchichte jener Italienerin, die in einem Alter von zwölf Jahren zweiundvierzig alte und neue Sprachen redete, und die Hiſtorie von jenem Mönche, der durch den Geruch Gedanken erriet! Im Johannes Wier und in einem Dutzend anderer Abhandlungen, die ich Ihnen mitteilen kann, kommen tauſend Beweiſe ſtatt eines . . .«

»Einverſtanden, beſter Paſtor, für mich bleibt aber Seraphita ein Weib, deſſen Beſitz göttlich ſein muß.«

»Sie iſt durch und durch lauter Intelligenz!« entgegnete der alte Becker zweifelhaft.
So verfloſſen einige Tage, während der Schnee der Täler nach und nach verſchmolz; das Grün der Wälder und Wieſen brach ſchimmernd durch, die norwegiſche Natur bereitete ihren Schmuck zu der kurzen Hochzeitfeier. In dieſen kurzen Momenten, wo die ſanfte Luft wohl Ausgänge verſtattet hätte, blieb Seraphita einſiedleriſch daheim, und Wilfrids Leidenſchaft mußte daher durch die Aufregung, welche die Nähe eines geliebten, aber nicht zugänglichen Weibes erzeugt, immer ſtärker werden. Minna erhielt endlich Erlaubnis, das ſeltſam göttliche Weſen zu beſuchen.
»Sie haben ſie geſehen?« fragte Wilfrid, der, ungeduldig das Schwedenſchloß umkreiſend, Minnas Rückkunft erwartete.
»Wir werden ihn verlieren!« antwortete Minna mit Tränen in den Augen, denn Seraphitas Züge ſchienen von einem Feuer angegriffen. Ihre Stimme war tiefklingend, ihre Farbe gelblich-weiß geworden, und hätten Dichter bis jetzt ihre Weiße mit Diamanten verglichen, ſo würden ſie jetzt den Topas zum Bilde gewählt haben.
»Fräulein,« ſchrie Wilfrid mit durch Wut erſtickter Stimme. »Treiben Sie keinen Scherz mit mir. Sie können Seraphita nur lieben, wie ein junges Mädchen ein anderes liebt, nicht aber mit der Liebe, die ſie mir einflößt. Sie kennen nicht die Gefahr, in der Sie ſchweben würden, wäre meine Eiferſucht gegründet. Warum darf ich nicht zu ihr? Sollten Sie mir Hinderniſſe in den Weg werfen?«
»Ich weiß nicht,« entgegnete Minna ruhig dem Äußern nach, innerlich aber eine Beute des tiefſten

Schreckens, »mit welchem Rechte Sie ſo mein Herz erforſchen wollen? Ja, ich liebe ihn,« fuhr ſie fort und fand die ganze Kühnheit ihrer Überzeugung wieder, um die Religion ihres Herzens zu bekennen, »aber meine der Liebe ſo natürliche Eiferſucht fürchtet hier niemand. Ich bin eiferſüchtig auf ein ihn verzehrendes verborgenes Gefühl; zwiſchen ihm und mir liegt ein Raum, den ich nicht zu überſchreiten vermag. Gern möchte ich wiſſen, wer ihn mehr liebt, ob die Geſtirne oder ich, wer von uns ſich ſchneller ſeinem Glücke aufopfern würde! Warum ſoll es mir nicht freiſtehen, offen meine Neigung zu ihm zu erklären? Im Angeſicht des Todes dürfen wir unſere Vorliebe geſtehen, und ... Seraphitus, mein Herr, wird bald ſterben.«

»Sie irren, Minna, die Sirene, die ich ſo oft mit heißem Verlangen umfaßt habe, die ſich ſo gefallſüchtig, auf ihren Divan anmutig hingegoſſen, ſchwach und hingebend zeigte, iſt kein junger Mann ...«

»Derjenige aber, mein Herr,« entgegnete Minna betroffen, »derjenige, deſſen Hand mich auf den Falberg leitete, auf jenen von der Eismütze dort geſchützten Söller,« fuhr ſie fort und deutete dabei auf den ſteilen Gipfel, »iſt eben ſowenig ein ſchwaches junges Mädchen. Ach! Hätten Sie doch ſeine weisſagenden Worte vernommen, ſeine Poeſie war die Muſik des Gedankens! Ein Mädchen hätte nicht in ſo ernſt tiefen, meine Seele erſchütternden Tönen geſprochen.«

»Welche Gewißheit beſitzen Sie aber ...« fragte Wilfrid.

»Keine andere als die des Herzens,« fiel Minna haſtig den Fremden unterbrechend ein.

»Wohlan, ich!« rief Wilfrid, auf Minna den furcht-

baren Blick der tötenden Luſt werfend, »ich, der auch weiß, wie mächtig ſeine Herrſchaft auf mich wirkt, ich werde Ihnen Ihren Irrtum beweiſen.«
In dieſem Augenblicke, wo die Worte ebenſo raſch Wilfrids Lippen entſtrömten, als ſeine Gedanken in ſeinem Kopfe ſich kreuzten, ſah er Seraphita in Davids Begleitung aus dem Schwedenſchloſſe treten, und dieſe Erſcheinung ſtillte plötzlich ſeine Aufregung.
»Sehen Sie,« ſprach er, »nur ein Weib kann ſolche weiche Anmut beſitzen.«
»Er leidet und macht ſeinen letzten Spaziergang,« entgegnete Minna.
Auf ein Zeichen ſeiner Herrin entſernte ſich David, und Wilfrid nebſt Minna gingen ihr entgegen.
»Laſſen Sie uns bis zu den Waſſerfällen der Sieg gehen,« ließ dies Weſen ſich vernehmen und drückte dadurch einen der Wünſche kranker Perſonen aus, denen man ſchnell gehorcht. Leichter weißer Nebel lag jetzt auf den Tälern und Bergen des Fjords, deren Gipfel funkelnd wie Sterne ihn überragten und ihm das Anſehen wandelnder Milchſtraßen verliehen. Die Sonne blickte gleich einer glühenden Kugel durch dieſen irdiſchen Dampf herab. Der letzten Launen des Winters ungeachtet umſäuſelten die Kranke und ihre Gefährten einige warme Lufthauche, beladen mit dem Dufte der eben aufbrechenden Birkenknoſpen und dem wollüſtigen, von den zarten ſeidenen Lärchenſchößlingen ausgeſtrömten Wohlgerüchen, und dieſe gelinden Luftſtrömungen verkündeten den ſchönen nordiſchen Frühling, die kurze Wonne der allertraurigſten Natur. Der Wind begann den Nebelſchleier zu lüpfen, der bis jetzt nur eine unvollkommene Ausſicht auf den Golf erlaubt hatte. Vögel ſangen, die Rinde der noch feuchten Bäume, an denen die Sonne

die herablaufenden Reifstreifen noch nicht zu trocknen imstande gewesen war, ergötzte den Blick durch ihre phantastischen Gestalten.
Schweigend schritten alle drei dem Gestade entlang. Wilfrid und Minna betrachteten allein dieses für sie so magische Schauspiel und verglichen es mit dem monotonen Bilde dieser Landschaft während des Winters. Ihre Gefährtin setzte nachdenkend ihren Weg fort, als lausche sie auf eine einzige Stimme in diesem vollen Konzerte.
So gelangten sie zum Rande der Felsen, zwischen denen die Sieg am Ende eines langen, mit alten Fichten eingefaßten und in den Wald schlangenförmig eingerissenen, von Wipfeln wie von Kathedralenpfeilern überwölbten Durchbruchs herabdonnerte. Von hier überblickte man den Fjord in seiner ganzen Ausdehnung, und weit am Horizonte glänzte das weite Meer gleich einer Stahlklinge. In diesem Momente schwand der Nebel und ließ den blauen Himmel frei herabschauen. Überall schwebten noch in den Tälern und in den Bäumen schimmernde Tropfen, Staub der vom frischen Windhauche weggewehten Diamanten, der Bergstrom rauschte unter ihnen. Hinunterstürzend entwickelten sich aus seinem Gewässer aufsteigende, in alle Abstufungen des Lichts durch die Sonne gefärbte Dünste, deren Strahlen sich brachen, siebenfarbige Bogen bildeten und in unendlicher Verschiedenheit erglänzten. Dieser wilde Uferrand war durch vielerlei Moose und Flechten geschmückt, und gleich einem prächtigen seidenen Teppich durch die herrschende Feuchtigkeit mit allen Abstufungen von Grün geziert. Blühendes Gesträuch bekränzte die Felsen mit ihren zierlichen Blumengehängen, freudig strebte das durch die Nähe des Wassers erfrischte

Laubwerk empor, Lärchen liebkoſten mit ihren feinen Zweigen die greiſen verdrießlichen Tannen. Dieſer reiche Schmuck hatte ſein Gegenſtück in dem Ernſte der alten Säulengänge, die von den an den Bergen ſtaffelweis übereinander hinziehenden und in der vor den Füßen der drei Zuſchauer weit ausgebreiteten Waſſerfläche des Fjords ſich abſpiegelnden Bergen gebildet wurden; in der Ferne endlich rahmte das Meer dieſes von dem größten Meiſter, dem Zufalle, verfertigte Bild ein, eine dem Anſcheine nach ſich ſelbſt überlaſſene Schöpfung. Jarvis verlor ſich gänzlich in dieſer unermeßlichen Ausſicht, welche die jäh erſcheinende Erhabenheit und Vollkommenheit des Vergänglichen zeigte. Beſtimmt doch ein Geſetz, das nur unſer Sinn furchtbar findet, für alle vollkommen erſcheinende Schöpfung, dies Labſal unſerer Augen und Herzen, einen einzigen Frühling auf Erden. Auf der Höhe dieſer Felſen konnten ſich die uns wohlbekannten drei Geſtalten leicht als allein auf der Welt ſtehend betrachten.

»Welche Wolluſt!« rief Wilfrid.

»Die Natur hat ihre Lobgeſänge!« begann endlich Seraphita. »Iſt dieſe Muſik nicht köſtlich? Geſtehen Sie, Wilfrid, keine der von Ihnen gekannten Frauen vermochte ſich einen ſo bezaubernden Sitz zu ſchaffen. Hier bemächtigt ſich meiner ein Gefühl, das man nur ſelten beim Anblick der Städte empfindet, und was den Wunſch in mir rege macht, mitten unter dieſer ſo raſch aufgeblühten Pflanzenwelt für immer zu ruhen. Hier, die Augen gen Himmel gerichtet, mit offenem Herzen am Buſen der Unermeßlichkeit geſchmiegt, würde ich mich ganz hingeben, den Seufzer der Blume, die, kaum aufgebrochen, forteilen möchte, und das Geſchrei des Eidervogels zu belauſchen, der gern mehr als Flügel haben möchte; ich würde mir alle Wünsche des nach allem strebenden Menschen zurückrufen! Dies aber, Wilfried, ist nur Frauenpoesie. Sie finden nur einen wollüstigen Gedanken in dieser dampfenden Aussicht, in diesem Schleiergewölk, mit dem die Natur gleich einer anmutigen Braut spielt, und in dieser von Wohlgerüchen zu ihrer Hochzeitfeier durchwürzten Atmosphäre. Sie möchten die Gestalt einer Najade aus jenen Dunstschleiern aufsteigen sehen, ich aber sollte, Ihrer Ansicht nach, der männlichen Stimme des Bergstromes lauschen.«

»Wohnt hier nicht Liebe gleich der Biene im Blumenkelche?« entgegnete Wilfrid, der, zum erstenmale die Spur eines irdischen Gefühls in ihr wahrnehmend, den Augenblick für günstig hielt, um seine feurige Zärtlichkeit laut werden zu lassen.

»Immer dasselbe Thema!« antwortete Seraphita, während Minna sie verlassen hatte, um von einem Felsen eine blaue Saxifraga zu pflücken.

»Immer dasselbe!« wiederholte Wilfrid. »Hören Sie mich,« fuhr er fort, sie mit einem Herrscherblicke ansehend, der aber wie von einem diamantenen Harnisch abprallte, »hören Sie mich! Sie wissen nicht, wer ich bin, was ich kann, was ich will! Verwerfen Sie nicht mein letztes Flehen! Werden Sie mein zum Glück der Welt, die Sie im Busen tragen, werden Sie mein, damit mein Gewissen rein werde, damit eine Stimme des Himmels mein Ohr treffe und mich bei dem großen, von mir beschlossenen und aus Haß gegen die Völker eingegebenen Vorhaben zum Guten begeistere, ein Vorhaben, das ich aber dann zu ihrem Glücke vollbringen dürfte, wenn Sie mich begleiten! Welch herrlichen Auftrag könnten Sie der Liebe verleihen? Welch ſchönere Rolle könnte ein Weib auch nur träumen? Ich betrat dieſe Gegenden, um einen mächtigen Plan auszuführen.«

»Und deſſen gewaltige Größe,« verſetzte ſie, »Sie einem einfältigen, von Ihnen geliebten Mädchen opfern wollen, die Sie auf eine ſehr ruhige Bahn leiten wird.«

»Was liegt daran?« fuhr er fort, »ich begehre nur Sie! Vernehmen Sie mein Geheimnis! Den ganzen Norden, jene mächtige Werkſtatt, in der die neuen Stämme geſchmiedet werden, die ſich gleich Menſchenſtrömen über die Erde ergießen, um die alten Ziviliſationen aufzufriſchen, dieſe Werkſtätte habe ich durchſtreift. Mein Wille war, auf einem dieſer Punkte zu beginnen, durch Stärke und Intelligenz Herrſchaft über irgend einen dieſer Stämme zu erringen, ihn zum Kampfe zu gewöhnen, Krieg anzufangen, gleich einer Feuersbrunſt verheerend Europa zu durchziehen, dieſen Freiheit zuzurufen, jenen Plünderung zu verheißen, Ruhm dem einen, Luſt dem andern zu verſprechen, während ich ſelbſt unverſöhnlich und grauſam, ein Bild des eiſernen Schickſals, wie ein Orkan alles mit mir fortreißend und mich mit Menſchen fütternd gleich einer raubgierigen Seuche, alles leitete. So hätte ich Europa erobert, denn es ſchwebt in einer Zeit, wo es einen neuen Meſſias erwartet, der die Welt verwüſten, die Geſellſchaften neugeſtalten ſoll. Nur an den wird Europa glauben, der es unter ſeinen Füßen zermalmt. Einſt würden Dichter, Geſchichtsſchreiber mein Leben gerechtfertigt, mich in den Himmel erhoben, mir Gedanken untergeſchoben haben, zum Lohne dafür, daß dieſe furchtbare, mit Blut geſchriebene Poſſe nichts als Rache von mir war. Meine Beobachtungen aber, teure Seraphita, haben mir den Norden

gänzlich zuwider gemacht, ſeine Kraft iſt zu blind. Ich dürſte nach Indien! Kampf zwiſchen mir und einer feigen, egoiſtiſchen, kaufmänniſchen Regierung reizt mich weit mehr. Die Phantaſie der am Fuße des Kaukaſus wohnenden Völker iſt viel reizbarer. Daher bin ich entſchloſſen, Rußlands Steppen zu durchwandern, und von Aſiens Grenzen aus ſiegend mit meiner Menſchenflut zum Ganges vorzudringen und Englands Macht niederzuwerfen. Schon ſieben Männern gelang es, dieſen Plan zu verwirklichen! Gleich den von Mohamed auf Europa losgelaſſenen Sarazenen werde ich Kunſt und Wiſſenſchaft erneuern! Ich werde keinem der geizigen Könige Europas gleichen, die heutigen Tages die Provinzen des römiſchen Reichs regieren und mit ihren Untertanen über elendes Zollweſen markten. Nein, nichts ſoll weder den Blitz meiner Blicke, noch den Donner meiner Worte hemmen! Gleich Dſchingis Khan ſollen meine Füße ein Drittel der Erde bedecken; meine Fauſt ſoll Aſien packen, wie Aureng-Zeb es einſt tat. Werden Sie meine Genoſſin! Setzen Sie ſich, ſchöne, holdſelige Geſtalt, auf einen Thron! Nie noch habe ich an gutem Erfolge gezweifelt, ſind Sie aber in meinem Herzen, ſo bin ich deſſen gewiß!«
»Ich habe ſchon regiert!« war Seraphitas Antwort. Gleich dem Axthiebe eines geſchickten Holzfällers, der einen jungen Baum auf einen Streich niederſtreckt, wirkten dieſe Worte. Nur Männer vermögen zu ermeſſen, welche Wut ein Weib in der Seele des Geliebten erregt, wenn die Eigenſinnige den Kopf ſchüttelt und zu ihm, der alle Kräfte aufbietet, um ſeiner Herrin ſeine Macht, ſeine Stärke, ſeinen Verſtand oder ſeine ſonſtigen Vorzüge zu beweiſen, ſpricht: »Das iſt nun grade nichts beſonderes!«

Wenn er höchlich ſich rühmt und ſie ſagt: »Das weiß ich ſchon längſt!« Kurz, wenn ſie ſeine Macht verächtlich behandelt!

»Wie,« rief Wilfrid außer ſich, »aller Reichtum der Künſte, alle Schätze der Welt, der Glanz eines Hofes ...«

Durch eine leiſe Bewegung ihrer Lippen tat ſie ſeinen Ausbrüchen Einhalt und ſprach: »Weit mächtigere Weſen als Sie haben mir weit mehr geboten.«

»Wohlan, dann beſitzeſt du keine Seele, wenn dich nicht der Gedanke verführen kann, die Tröſterin eines großen Mannes zu werden, der dir alles opfern will, nur um mit dir in kleiner Hütte am Ufer eines Sees zu leben!«

»Ich werde aber«, entgegnete ſie, »ſchon mit einer grenzenloſen Liebe geliebt.«

»Von wem?« ſchrie Wilfrid und ſtürzte gegen Seraphita mit wahnſinniger Haſt, um ſie in die ſchäumenden Fälle der Sieg zu ſchleudern.

Sie ſchaute ihn an, erhob ihren Arm und deutete auf Minna, die blühend wie die Blumen in ihrer Hand herbei eilte.

»Kind!« ſprach Seraphitus und ging ihr entgegen.

Unbeweglich wie eine Bildſäule blieb Wilfrid auf der Höhe des Felſens in ſeine Gedanken verloren und überlegte, ob er ſich nicht auch dem raſchen Falle der Sieg gleich einem der gewaltigen Bäume überlaſſen ſollte, die, vor ſeinen Augen hinabgeriſſen, im Fjord verſchwanden.

»Für Sie habe ich ſie gepflückt«, ſprach Minna und reichte dem angebeteten Weſen ihre Blumen. »Gleicht nicht dieſe da«, fuhr ſie fort und wählte eine aus den übrigen, »der von uns auf dem Falberg gefundenen?«

Wechſelweiſe blickte Seraphitus auf die Blume und auf Minna.

»Warum legſt du mir dieſe Frage vor? Zweifelſt du an mir?«

»Nein!« entgegnete das Mädchen, »mein Vertrauen auf Sie iſt unermeßlich. Ebenſo wie Sie mir weit ſchöner erſcheinen als dieſe herrliche Natur, ebenſo halte ich Sie für weit verſtändiger als das geſamte Menſchengeſchlecht. Als ich Sie ſah, glaubte ich zu Gott gebetet zu haben; ich wünſchte . . .«

»Was?« fragte Seraphitus, ſie mit einem Blicke betrachtend, der dem Mädchen den ganzen unermeßlichen, ſie trennenden Raum offenbarte.

»Ich wünſchte, für Sie zu leiden . . .«

»Das iſt das gefährlichſte Geſchöpf!« ſprach Seraphitus zu ſich ſelbſt und ſchlug die Arme übereinander, gleich einem Feldherrn, der im Gewühl der Schlacht einen Entſchluß faſſen ſoll; »ſollte der Gedanke ein Verbrechen ſein, ſie dir, o mein Gott, zuzuführen!«

»Erinnerſt du dich nicht mehr, was ich dir da oben ſagte?« fuhr er laut fort und deutete auf den Gipfel der Eismütze.

»Wie er wieder furchtbar geworden iſt!« dachte Minna.

Die Stimme der Sieg begleitete die Gedanken dieſer drei Weſen, die während einiger Momente auf einem von Abgründen umſtarrten Felſenvorſprung ſtanden.

»Nun, ſo lehren Sie mich, Seraphitus,« begann endlich Minna wieder, mit einer perlengleichen Stimme und ſanft wie die Bewegung der zarten Sinnpflanze, »ſo lehren Sie mich das Geheimnis, Sie nicht zu lieben! Wer würde Sie nicht bewundern? Liebe iſt aber nur unermüdende Bewunderung.«

»Armes Kind!« entgegnete Seraphitus blaß werdend, »ſo kann man nur ein einziges Weſen lieben!«

»Wen . . .?« fragte Minna.

»Du ſollſt es erfahren«, antwortete er mit der ſchwachen Stimme eines Menſchen, der ſich zum Sterben niederlegt.

»Hilfe! Er ſtirbt!« ſchrie Minna.

Wilfrid eilte herbei, und als er dies Weſen anmutig ruhend fand auf einem Stücke Gneis, das die Zeit mit ihrem Samtmantel von glänzenden Steinflechten und gelben, in der Sonne flimmernden Mooſen bekleidet hatte, ſprach er: »Wie ſchön iſt ſie.«

»Mein letzter Blick auf dieſe ſich entfaltende Natur!« hauchte ſie und erhob ſich mit Aufbietung aller ihrer Kräfte. Dann trat ſie vor an den Rand des Felſens, von wo aus ſie die ganze blühende und aufbrechende, vor kurzer Zeit noch in tiefes Schneegewand gehüllte Natur umfaſſen konnte.

»Lebewohl,« ſprach ſie, »du feuriger Herd der Liebe, wo alles vom Mittelpunkte gierig nach außen ſtrebt, und dann wieder ſich zuſammendrängt gleich dem reichen weiblichen Lockenſchmuck, um jenes unbekannte Geflecht zu bilden, wodurch du dich in dem unermeßlichen Äther, an dem göttlichen Gedanken, befeſtigſt!

»Erblickt ihr ihn, wie, er niedergedrückt von den Strömen ſeines Schweißes, ſich einen Augenblick aufrichtet, um den Himmel zu befragen? Erblickt ihr ſie, wie ſie die Kinder um ſich her verſammelt, um ſie mit ihrer Milch zu tränken? Sehet ihr ihn, wie er mitten im Sturm das Tauwerk befeſtigt? Sehet ihr ſie, wie ſie, in der Felſenhöhle kauernd, den Vater erwartet? Erſchaut ihr alle, wie ſie, nach einem von mühſeliger Arbeit aufgeriebenen Leben, die Hand demütig bieten? . . . Allen Friede und Mut! Allen ein Lebewohl!

»Vernehmt ihr den Todesſchrei des auf fremder Erde

ſterbenden Kriegers! Vernehmt ihr die Wehklage des in der Wüſte verirrten jammernden Menſchen? Allen Friede und Mut, allen ein Lebewohl! Ihr, die ihr für die Könige der Erde euch opfert, lebt wohl! Aber auch euch, ihr Völker ohne Vaterland, ihr Länder ohne Völker, die ihr gegenſeitig das euch Fehlende wünſcht, ein Lebewohl! Lebe wohl auch du vor allen, der du nicht weißt, wohin dein Haupt legen, erhabener Verbannter! Lebt wohl, liebe Unſchuldige, und weil ihr zu viel geliebt, Mißhandelte! An dem Sterbelager eurer Söhne ſitzende Mütter, lebt wohl! Heilige, tief verwundete Frauen, lebt wohl! Lebewohl euch Armen! Lebewohl euch Schwachen und Leidenden, deren Schmerzen ich ſo oft geteilt habe! Lebt wohl ihr alle, die ihr in der Sphäre des Naturtriebes herumirrt, und in ihr für andere leidet!

»Lebt wohl, kühne Schiffer, die ihr den Orient ſucht, mitten in den dichten Finſterniſſen eurer gewaltigen Abſtraktionen! Lebt wohl, Märtyrer der Wahrheit, und doch durch ſie zum wahren Lichte geleitet! Lebt wohl, emſige Kreiſe, aus denen mir die Klage des verkannten Genies, der Seufzer des zu ſpät erleuchteten Gelehrten entgegen tönt!

»Hört ihr die Harmonie der Engel, empfindet ihr den Hauch der Wohlgerüche, den Weihrauch des Herzens, ausgeatmet von denen, die, betend, tröſtend, göttliches Licht und himmliſchen Balſam in betrübte Seelen träufelnd, umhergehen! Mut, Mut, ihr Chöre der Liebe! Mut und Lebewohl euch, zu denen die Völker rufen: ‚Tröſtet uns! Schützet uns!‘

»Lebe wohl, Granit, denn du wirſt Blume! Lebe wohl, Blume, denn du wirſt als Taube entfliegen! Lebe wohl, Taube, denn du wirſt Weib! Lebe wohl, Weib, denn du wirſt Leiden! Lebe wohl, Mann, denn du wirſt Glaube! Lebet wohl, ihr alle, denn alle werdet ihr Liebe und Gebet!«

Erſchöpft von der Anſtrengung ſtützte ſich zum erſten Male dies unerklärbare Weſen auf Wilfrid und Minna, um ſeine Wohnung zu erreichen, und wunderſam ergriffen fühlten ſich beide durch dieſe Berührung.

Kaum hatten ſie wenige Schritte zurückgelegt, als David ihnen weinend entgegen trat: »Gott, ſie ſtirbt, warum haben Sie ſie ſo weit fortgeführt?« rief er ſchon von ferne.

Mit der ganzen wiedergefundenen Kraft ſeiner Jugend umfaßte ſie der Greis und eilte mit ihr, gleich dem Adler, der ein weißes Lamm ſeinem Horſte zuträgt, zu der Pforte des Schwedenſchloßes hinan.

☆

DER ZU GOTT FÜHRENDE WEG

AM TAGE, DER DEMJENIGEN FOLGTE, AN welchem Seraphita ihr Ende geahnet und Abſchied von der Erde genommen hatte, gleich einem Gefangenen, der ſeinen Kerker, bevor er ihn verläßt, noch einmal überblickt, wurde ſie von Schmerzen gezwungen, in der vollkommenen Unbeweglichkeit derer zu verharren, die ſehr heftiges Weh empfinden. Als Wilfrid und Minna ſie beſuchten, fanden ſie ſie ruhend auf ihrem mit Pelzwerk bedeckten Divan. Noch vom Fleiſche gefeſſelt, ſtrahlte ihre Seele hell durch dieſen Schleier hervor und bleichte ihn täglich mehr. Die Fortſchritte des Geiſtes, der die letzten der ihn von der Unendlichkeit trennenden Schranken zu untergraben ſuchte, wurden von ihnen Krankheit genannt; die Stunde des beginnenden Lebens hieß Tod!

David weinte, als er ſeine Herrin, ohne auf ſeine Tröſtungen zu achten, ſo leiden ſah; der Greis war unverſtändig geworden wie ein Kind. Auch der alte Pfarrherr bat Seraphita dringend aber vergebens um größere Schonung und beſſere Pflege.
Eines Tages verlangte ſie nach den beiden von ihr geliebten Weſen, um ihnen zu ſagen, daß dieſer Tag der letzte ihrer böſen Tage ſein werde. Von Furcht ergriffen, eilten Wilfrid und Minna herbei; nur zu gut wußten ſie, welcher Verluſt ihnen bevorſtand. Seraphita empfing ſie mit dem Lächeln, das man an jenen beobachtet, die in eine beſſere Welt hinübergehen; ſie neigte ihr Haupt gleich einer tauſchweren Blume, die zum letzten Male ihren Kelch enthüllt und den Lüften ihren letzten Wohlgeruch mitteilt. Mit Schwermut, deren Urſache aber ſie waren, wurden ſie von ihr angeblickt, denn nicht an ſich ſelbſt, nur an ſie dachte ſie in dieſem Augenblicke, und außerſtande fühlten ſie ſich dagegen, einen Schmerz auszudrücken, dem Dankbarkeit ſich beimiſchte. Schweigend und unbeweglich, in eine jener durch Dinge, deren Größe uns hienieden eine erhabene Unermeßlichkeit begreifen läßt, erregten Betrachtungen verſunken, blieb Wilfrid hochaufgerichtet ſtehen. Kühn geworden durch die jetzige Schwäche des ſonſt ſo mächtigen Weſens, oder vielleicht aus Furcht, es für immer zu verlieren, beugte ſich Minna über dasſelbe und bat: »Geſtatte mir, Seraphitus, dir zu folgen!«
»Kann ich dir dies verbieten?«
»Warum liebſt du mich doch nicht ſo ſehr, um lieber hienieden zu bleiben?«
»Ich darf hienieden nichts lieben.«
»Wen aber liebſt du?«
»Den Himmel!«

»Biſt du würdig des Himmels, wenn du ſo die Geſchöpfe Gottes verachteſt?«
»Können wir zwei Weſen zumal lieben, Minna? Wäre der Inniggeliebte, was er iſt, wenn er nicht das ganze Herz erfüllte? Muß er nicht der erſte, der letzte, der einzige ſein? Soll diejenige, die ganz Liebe iſt, nicht zum Beſten ihres Inniggeliebten die Welt verlaſſen? Vater und Mutter, Schweſter und Bruder treten zurück als ſchwache Erinnerungen, ſie beſitzt nur einen Blutsfreund, Ihn! Ihre Seele gehört nicht ihr, ſondern Ihm! Bewahrt ſie in ſich ſelbſt irgend etwas, was nicht Ihm gehört, ſo liebt ſie nicht! Heißt ſchwach lieben wirklich lieben? Das Wort des Inniggeliebten macht ſie ganz Freude und durchſtrömt ihre Adern mit viel herrlicherm Purpur, als Blut je ſein kann. Sein Blick iſt ſie durchdringendes Licht, ſie verſchmilzt in Ihm; nur da, wo Er weilt, iſt alles ſchön. Er erwärmt die Seele, Er erleuchtet alles. Wird es in Seiner Nähe je kalt oder Nacht? Er iſt nie abweſend, ſtets lebt Er in uns, wir denken in Ihm, zu Ihm, durch Ihn! So, Minna, liebe ich!«
»Wen?« fragte Minna, von tödlicher Eiferſucht ergriffen.
»Gott!« entgegnete Seraphitus, deſſen Stimme in den Seelen erglänzte gleich einem von Berg zu Berg entzündeten Freiheitsfeuer, »Gott, der uns niemals verrät! Gott, der uns nie verläßt, unaufhörlich unſere Wünſche erfüllt, der allein ſein Geſchöpf mit unendlicher und ungetrübter Freude zu erquicken vermag; Gott, der in uns herniederſteigt, um da Blüten zu treiben, der alle unſere Wünſche erhört, nicht mit uns ins Gericht geht, wenn wir ihm angehören, ſich aber uns ganz gibt, uns erquickt, uns erfüllt, uns vervielfacht in ſich, kurz, Gott! Gott! Gott! Ich liebe

dich, Minna, weil auch du ihm angehören kannſt! Ich liebe dich, weil du, wenn du zu ihm kommſt, auch bei mir ſein wirſt!«

»O, leite du alſo meine Schritte!« flehete ſie niederknieend. »Faſſe meine Hand, damit ich nie dich verlaſſe!«

»Leite uns, Seraphita!« rief Wilfrid, der ungeſtüm ſich neben Minna niederwarf. »Ja, du hast mir endlich Durſt erweckt nach dem Lichte, nach dem Worte! Meine Seele ſoll die deinige bewahren, ſprich aus deinen Willen, allem werde ich folgen, was du befiehlſt! Kann ich dich nicht beſitzen, ſo will ich wenigſtens alle Gefühle bewahren, die du mir mitteilen wirſt; vermag ich nur durch eigene Kraft mich mit dir zu vereinigen, ſo will ich feſter an dir hängen, als das Feuer an dem, was es verzehrt. Rede!«

»Engel!« rief das unbegreifliche Weſen und umfaßte beide mit einem Blicke gleich einem azurnen Mantel. »Engel! der Himmel wird dein Erbteil ſein!«

Langes, tiefes Schweigen herrſchte unter ihnen nach dieſem Ausrufe, der in Wilfrids und Minnas Seelen nachtönte, wie der erſte Akkord himmliſcher Muſik.

»Wollt ihr eure Füße an den zu Gott führenden Pfad gewöhnen, ſo wiſſet, daß ſein Anfang rauh iſt,« begann endlich dieſe ſchmerzleidende Seele. »Gott will um ſich ſelbſt geſucht ſein, und eiferſüchtig iſt er in dieſem Falle, denn er begehrt euch ganz; habt ihr euch aber ihm ergeben, ſo verläßt er euch nie mehr. Ich will euch die Schlüſſel laſſen zum Reiche, in dem ſein Licht glänzt, wo ihr überall liegen werdet am Buſen des Vaters, am Herzen des Gatten. Kein Wächter verwehrt den Eingang, von allen Seiten habt ihr Zutritt, ſein Palaſt, ſeine Schätze, ſein Szepter, nichts iſt bewacht, zu allen hat er geſprochen: nehmet alles!

Aber man muß den Willen haben, dahin zu gehen. Gleich wie beim Antritte einer Reiſe iſt es notwendig, ſeine Wohnung zu verlaſſen, ſeine Pläne aufzugeben, ſeinen Freunden, ſeinem Vater, ſeiner Mutter, ſeiner Schweſter und ſelbſt dem jüngſten bittenden Bruder Lebewohl zu ſagen, und zwar ewiges Lebewohl, denn ebenſo wenig wie die zum Holzſtoße wandelnden Märtyrer werdet auch ihr je eure Wohnung wieder betreten, kurz aller Gefühle und Dinge müßt ihr euch entäußern, an denen der Menſchen Herzen hängen, denn ſonſt ſeid ihr nicht ganz und völlig bei eurem Unternehmen. Tut für Gott, was ihr für eure ehrſüchtigen Abſichten, was ihr für irgendeine Kunſt tut, was ihr getan habt, als ihr ein Geſchöpf mehr als ihn liebtet, oder als ihr ein Geheimnis der Menſchenwiſſenſchaft verfolgtet. Iſt Gott nicht die Wiſſenſchaft, die Liebe, die Quelle aller Poeſie ſelbſt? Kann ſein Schatz keine Begierde erregen? Sein Reichtum iſt unerſchöpflich, ſeine Poeſie unendlich, ſeine Liebe unveränderlich, ſeine Wiſſenſchaft untrüglich und ohne Geheimnis! Laßt euch durch nichts feſſeln, denn er wird euch alles geben. Ja, in ſeinem Herzen werdet ihr unvergänglich höhere Güter finden als ſolche, die ihr auf Erden verloren. Das, was ich euch ſage, iſt wahr; ſeiner Macht werdet ihr teilhaftig werden, und ſie wird euch zu Gebote ſtehen wie alles, was euer Geliebter oder eure Gebieterin beſitzt! Ach! nur der zu große Teil der Menſchen liegt im Zweifel befangen und mangelt des Glaubens, des Willens, des Ausharrens! Beginnen auch einige den Weg, ſo blikken ſie bald zurück und kehren um; nur wenige Geſchöpfe wiſſen unter zwei Extremen zu wählen, bleiben oder gehen, Himmel oder Erde! Jeder zweifelt, Schwäche beginnt das Umherirren, Leidenſchaft reißt euch zum ſchlimmen Wege hinab, Laſter zieht euch immer tiefer hinein, und ihr macht keinen Schritt weiter zum beſſern Zuſtande. Alle Weſen durchleben ein erſtes Leben in dem Kreiſe des Inſtinkts, wo ſie emſig daran arbeiten, die Nichtigkeit irdiſcher Schätze zu erkennen, denen ſie doch ſo begierig nachjagten. Wie oft lebt man in dieſer erſten Welt, ohne ſie ſo vorbereitet zu verlaſſen, um andere Prüfungen in der Sphäre der Abſtraktionen zu beginnen, wo der Gedanke ſich übt in trügeriſchen Wiſſenſchaften, wo der Geiſt endlich des Menſchenwortes müde wird. Denn, wenn die Materie erſchöpft iſt, dann kommt der Geiſt an die Reihe. Wie viele Geſtalten hat das dem Himmel verheißene Weſen abgenützt, bevor es dahin gelangt, den Wert des Schweigens und der Einſamkeit zu begreifen, die die Vorhalle bilden zu den geiſtigen Welten! Hat man das öde, hohle Nichts verſucht, dann richten ſich die Augen auf den guten Weg. Hier gibt es andere Formen abzunützen, bevor man zum Pfade des Lichts gelangt; der Tod ſelbſt iſt nur eine Zwiſchenſtation dieſer Reiſe. Nun aber werden die Prüfungen im umgekehrten Sinne vorgenommen; oft reicht kaum ein ganzes Leben aus, um die Tugenden zu erwerben, die den Gegenſatz des Irrwahns bilden, in dem man ſonſt gelebt hat. Daher folgt jetzt das Leben der Leiden, deſſen qualvolle Bangigkeiten Sehnſucht nach der Liebe erwecken. Nun ſchließt ſich auf das Leben der Liebe, wo aufopfernde Liebe zu dem Geſchöpf zur Demut gegen den Schöpfer führen, wo die Tugenden der Liebe mit den Tauſenden ihrer Bekenner, im Gefolge engliſcher Zukunft, ſchmerzgemiſchter Freuden und geduldiger Ergebung, nach göttlichen Dingen nur noch begieriger machen. Jetzt folgt das

Leben, in welchem man ſchweigend den Spuren des Wortes nachforſcht, wo man demütig wird und mildtätig, dann das Leben des Verlangens und endlich das Leben des Gebetes! In ihm iſt die ewige Sonnenhöhe, in ihm ſind die Blüten, in ihm iſt die Ernte! Die erworbenen und langſam in uns ſich entwickelnden Eigenſchaften ſind die unſichtbaren Bande, wodurch unſere verſchiedenen Exiſtenzen miteinander verbunden werden, von denen aber nur die Seele einiges Bewußtſein hat, denn die Materie vermag ſich keiner geiſtigen Dinge zu erinnern; der Gedanke allein beſitzt Gedächtnis für das Vorhergegangene. In dieſem fortlaufenden Vermächtnis der Vergangenheit an die Gegenwart und der Gegenwart an die Zukunft liegt das Geheimnis genialer Menſchen, von denen einige die Gabe der Formen, andere die Gabe der Harmonien beſitzen, und dieſes ſind lauter Stufen aufwärts auf dem Wege zum Lichte. Ja, wer eine dieſer Gaben beſitzt, berührt ſchon an einem Punkte die Unendlichkeit. Das Wort – von dem ich euch hier einige Buchſtaben offenbare – hat die Erde an ſich geriſſen, es in Staub verwandelt, und allen ihren Werken, Lehren, Dichtungen beigemiſcht. Und wenn ein unſichtbares Körnchen dieſes Wortes in irgendeinem Werke widerſtrahlet, ſo ſprechet ihr: Wie groß iſt das, wie wahr und wie erhaben! und Schwingungen von dieſem kleinen Ding durchbeben euch und regen auf das Vorgefühl des Himmels. Denn alles iſt in euch Ahnung der göttlichen Welt, bei einem iſt es Krankheit, die ihn von der Welt trennt, bei jenem Einſamkeit, die ihn zu Gott leitet, und bei dem dritten Dichtung, kurz alles, was euch in euch ſelbſt zurückführt, euch trifft und auch vernichtet, euch hebt und auch erniedrigt, iſt alles hierzu dienlich. Eine einzige grade gezogene Furche ſichert die Richtung der andern. Ein einziger plötzlich entſtandener Gedanke, eine gehörte Stimme, ein bitteres Leid, ein einziger Ton, der das in euch verborgene Wort trifft, ändert eure Seele für alle Ewigkeit. Alles endigt zuletzt in Gott, es gibt daher viel Wege, ihn zu finden, wenn jeder ſtets in grader Richtung fortgeht.

»Wenn endlich nun der glückliche Tag anbricht, an dem der Fuß den rechten Pfad betritt und eure Pilgerfahrt beginnt, dann weiß die Erde gar nichts mehr von euch, und ihr und ſie verſtehet euch nicht mehr. Allein von den Männern, die zur Erkenntnis dieſer Dinge kommen und einige Silben fallen laſſen von dem wahren Worte, von dieſen finden viele keine Stelle, um ruhig ihren Kopf darauf zu legen, und andere ſind verfolgt gleich wilden Tieren und werden hingerichtet oft zur Freude der verſammelten Nationen, während die Engel ihnen des Himmels Pforten öffnen. Euer Weg wird folglich ſein ein Geheimnis zwiſchen Gott und euch, gleich wie die Liebe ein Geheimnis zweier Herzen iſt, und gleichen werdet ihr dem tief vergrabenen Schatze, über welchen goldgierige Menſchenfüße, ohne ſeine Nähe zu ahnen, vorübereilen. Und eure Exiſtenz wird nun fortwährend ununterbrochen tätig, und jede eurer Taten beſitzt nun einen Sinn, der ſich auf Gott bezieht, und eure Gedanken ſind erfüllt von Liebe für die Kreatur, allein die Liebe ſelbſt und ihre Freuden, die Liebe und die Luſt, beſchränkt durch eure Sinne, entwerfen nur ein unvollkommenes Bild von der unendlich großen Liebe, die euch des Himmels Bräutigam vermählt. Jedwede Erdenfreude wird von Schmerz begleitet und von Mißbehagen, und wenn die Liebe rein und klar und ohne Ekel mir erscheinen soll, so muß sie durch den Tod in der höchsten Glut der Flamme begrenzt werden, dann werdet ihr die Asche nur von ihr erkennen; Gott aber schafft hienieden unser Elend um in Wonne, und dann vervielfacht durch sich selbst sich seine Freude, und immer wachsend kennt sie keine Grenzen. Die flüchtige Erdenliebe endigt stets durch viele schwere Trübsale, wenn in dem geistigen Leben Trübsale eines Tages durch ewige Wonne schön vergolten werden. Aufjauchzet eure Seele dann für immer, die Nähe Gottes fühlt ihr dann in euch, und er verleiht dann jedem Dinge heilige Salbung, er strahlt in eurer Seele herrlich wieder, begnadigt euch mit seiner Güte, entfesselt von der Erde euch durch euch selbst, und stellt sich selbst an ihre Stelle. In seinem Namen tut ihr dann die Werke, zu denen er euch selbst begeistert, ihr trocknet Tränen, handelt ganz für ihn, besitzet nichts, was euch nur angehöre, und liebt gleich ihm mit unveränderlicher Liebe die Werke seiner Schöpfung, und wünscht alle auf dem Wege zu ihm zu sehen, gleich einer wahrhaftig innig Liebenden, die alle Völker dieser Welt dem einzig nur von ihr Geliebten gehorchen sehen möchte.

»Das letzte Leben endlich, in dem die andern alle sich vereinen, und alle Kräfte sich zusammenfinden, und wo als Lohn der Tugenden die heilige Pforte zu dem höchsten Wesen geöffnet wird, dies ist das Leben des Gebets. Wer aber ist imstande, des Gebetes Kraft und Größe und Majestät begreiflich euch zu machen? So mag denn meine Stimme in euren Herzen widerhallen und möge Kraft besitzen, sie zu ändern. O seid doch gleich, was nach den Prüfungen ihr werdet sein! Es gibt gewisse hochbegnadete Ge-

ſchöpfe, als Seher und Propheten, Geſendete und die Bekenner, die freudig für das Wort dem Tod entgegengingen und aller Welt es lehrten; die Seelen dieſer Männer bedurften nicht, den Kreis der Menſchenſphären zu durchlaufen, und hoben gleich empor ſich zum Gebete; und ebenſo auch, die von des Glaubens Feuer brannten! O werdet einem dieſer kühnen Weſen gleich! Denn Gott ſieht Kühnheit wohlgefällig, und liebt, wenn man ihm naht mit Haſt, und nie verwirft er den, der bis zu ihm vordringen kann. Und wiſſet, daß Verlangen, der Ausfluß eures Willens iſt ſo ſehr mächtig in dem Menſchen, daß ein recht herzenskräftiger Wunſch oft hinreicht, alles zu erlangen, und daß ein einziger echter Ruf des Glaubens ſchon genügt. So werdet eines jener Weſen, an Kraft, an Willen und an Liebe kräftig! und werdet Sieger auf der Erde! Laßt Durſt und Hunger nach dem Worte Gottes euch ergreifen! und eilt zu ihm, wie der erhitzte Hirſch eilt zu der Quelle; mit ſeinen Flügeln wird Verlangen euch bewaffnen, und Tränen, jene Blumen großer Reue, die werden euch als Himmelstaufe dienen, aus der gereinigt euer Weſen dann hervorgeht. Erhebt euch aus dem Schoße dieſer Wellen zum Gebete!
»Ernſte Betrachtung, tiefes Schweigen ſind wirkſame Mittel, um auf dieſem Wege zu verharren, denn immer offenbart ſich Gott dem einſamen und in ſich gekehrten Menſchen. Auf ſolche Weiſe wird vollbracht die Trennung der Materie, die euch ſo lang in ihrer finſtren Nacht feſthielt, und des Geiſtes, der in euch aufſproßt und euch hell erleuchtet, denn klar wirds nun in eurer Seele. Licht ſtrömet jetzt in euer ſchwer verletztes Herz, nicht mehr von Überzeugung ſprecht ihr dann, euch ward hellſtrahlende Gewißheit. Der

Dichter ſchildert, nachdenkt der Weiſe und der Gerechte handelt, doch der, der an dem Rand von Gottes höhern Welten ſteht, der betet, und ſein Gebet wird Wort, Gedanke und Handlung auch zu gleicher Zeit! Ja, ſein Gebet umfaſſet alles, und es vollendet die Natur in euch, indem es euch den Geiſt und deſſen Weg in ihr enthüllt. O du, Gebet! lichtvolle, keusche Tochter der Menſchentugenden, du Bundeslade zwiſchen Erde und Himmel, ſanfte Genoſſin, der Taube und dem Löwen ähnlich, wirſt ihnen du des Himmels Schlüſſel reichen? Wie Unſchuld rein und kühn und ſtark, wie alles Einzige und Einfache, ſtürzt dieſe unbeſiegte holde Königin ſich auf die materielle Welt, die ſie beherrſcht, denn gleich der Sonne wirkt ſie auf dieſe durch einen Kreis voll Licht. Das ganze Univerſum ſteht zu Gebote dem, der beten kann und will, allein dazu gehöret Wille, Wiſſen und Können, und Kraft, Weisheit und Glaube. So vieler Prüfungen Ergebnis, iſt das Gebet daher nun auch der Inbegriff jedweder Wahrheit, aller Macht und aller Gefühle der Natur! Als Frucht der tätigen, ununterbrochen fortſchreitenden Entwicklung der natürlichen, vom göttlichen Hauche des Wortes belebten Eigenſchaften iſt es die letzte, höchſte Art des Kultus, allein kein materieller bilderreicher Kultus, kein viel mit Formeln überhäufter geiſtiger Kultus, göttlicher Welten reiner Kultus iſt es nur! Mit Worten beten dann nicht länger wir; Gebet entſteht in uns und iſt eine Fähigkeit, die durch ſich ſelbſt ſich übt, und wird ſie durch innere Tätigkeit erhaben über alle Formen, dann feſſelt ſie die Seele an Gott, mit dem ſie euch vereinigt, wie der Bäume Wurzeln mit der Erde ſich verbinden, wie ihr ſelbſt entſproſſet vom Prinzip der Dinge und wie ihr lebt das Leben ſelbſt der Welten. Gebet gewähret äußere Überzeugung, weil es die materielle Welt von euch durchdringen läßt, vermöge des Zuſammenhanges eurer Eigenſchaften mit den Elementarſubſtanzen; Gebet verleihet innere Überzeugung, weil es entwickelt eures Weſens tiefſtes Weſen und es verbindet mit dem Grundweſen der geiſtigen Welten. Wer aber ſolche Kraft des Lebens will erproben, der muß ſich aller Fleiſchesluſt entſchlagen! Durch Läuterungsfeuer müſſet ihr des Diamanten Reinheit euch erwerben, denn jene innige Verbindung wird nur erlangt durch ungeſtörte Ruhe und durch die Unterdrückung aller Seelenſtürme. Ja, das Gebet, der wahre Atem der gänzlich von dem Leibe getrennten Seele, nimmt alle Kräfte ganz allein in Anſpruch, die es verwendet zur beharrlichen und unauflöslichen Verbindung des Unſichtbaren mit dem Sichtlichen. Wenn ihr die Eigenſchaft beſitzt, zu beten ohne Müdigkeit, mit Liebe, Überzeugung, Kraft und mit Intelligenz, ſo wird auch eurer vergeiſtigten Natur ſehr bald die Macht verliehen werden, die in einem heftigen Sturme einem Blitze gleich alles durchdringt und teil nimmt an der Allmacht Gottes. Euch wird Geſchwindigkeit des Geiſtes, in einem Augenblicke ſeid ihr in allen Regionen gegenwärtig, und gleich dem Worte flieget ihr von einem Ende unſerer Welt zum anderen. Teil nehmt ihr nun an jener hohen Harmonie und ſchaut das Licht, und die Akkorde jener holden Melodie ſind nun in euch! Jetzt fühlt ihr eure Intelligenz ſich erſt entwickeln und vergrößern, und ihre Ausſicht reicht in wunderbare Fernen, denn für den Geiſt gibt's weder Zeit noch Ort, weil Raum und Dauer zur Materie gehören und Geiſt nichts mit Materie gemein hat. Und obgleich dieſe Dinge vollendet werden mit ruhigem Schweigen und ohne äußere ſichtbare Bewegung, ſo iſt nichtsdeſtoweniger doch im Gebete alles Handlung und zwar ganz reine, von aller Subſtantialität entbundene Handlung, gleich wie der Welten Kreiſen iſt eine unſichtbare Kraft. Und überall ergießt es ſich wie Licht und flößet Leben ein den Seelen, die unter ſeinen Strahlen wohnen wie die Natur im Schein der Sonne; und überall erwecket es die Tugend, reinigt und heiligt alle Taten, bevölkert Wüſten und gibt Vorahnung himmliſcher Genüſſe. Habt ihr ein einzig Mal erprobt die Wonne der durch eure innere Anſtrengung erzeugten göttlichen Begeiſterung, vollbracht iſt alles! Habt ihr ein einzig Mal die Harfe in der Hand gehabt, mit der man Gott Loblieder ſingt, ſo legt ihr ſie nimmer weg. Und daher kommt die Einſamkeit, in der die Engelgeiſter wohnen, und ihr verächtliches Herniederblicken auf alle Menſchenfreuden. Ich aber ſage euch, geſchieden ſind ſie von der Anzahl derer, die ſterben müſſen, und wenn ſie dieſe Worte vernehmen, vermögen ſie nicht mehr einzugehen in ihre Gedanken und ſtaunen über das, was ihr hienieden Politik, Geſellſchaft und materielle Satzungen benennet; für ſie gibt's jetzt nur Wahrheiten und keine weiteren Geheimniſſe. Wer endlich an der Stelle angelangt, wo ſeinen Augen ſich die heilige Pforte zeigt, und wenn er ohne rückwärts einen Blick zu werfen und ohne Äußerung des leiſeſten Bedauerns die Welten betrachten kann in Hinſicht ihrer endlichen Beſtimmung, dann wird er ſchweigend harren und der letzten Kämpfe Schmerz erdulden. Der letzte Kampf iſt auch der ſchwerſte, die höchſte Tugend aber iſt Ergebung. Man iſt verbannt und darf ſich nicht beklagen, den irdiſchen Dingen ſoll man ganz entſagen und dabei lächeln, man ſoll nur Gott gehören und dabei unter Menſchen weilen!

Ihr höret wohl die Stimme, die euch zuruft: ‚Nur aufwärts! Aufwärts!' und oft erſcheinen euch in himmliſchen Viſionen herunterſteigend viele Engelſcharen, die euch erquicken mit erhabenen Liedern! Doch ohne Tränen, ohne Murren müßt ihr der Heimat zu ſie wieder fliegen ſehen, denn, euch beklagen wollen, würde herunterſinken heißen. Ergebung iſt die Frucht, die einzig an des Himmels Pforten zeitigt. Wie mächtig und wie ſchön iſt das ruhige Lächeln und die klare Stirn des gottergebenen Geſchöpfes! und ſtrahlend iſt der Schein, der ſeine Stirn umſpielt! Wer gleiche Luft einatmet mit ihm, der wird beſſer. Sein Blick durchdringt und rührt! Beredter durch ſein Schweigen, als der Prophet es iſt durch ſeine Worte, ſiegt ſolch Geſchöpf durch ſeine bloße Gegenwart. Es ſpitzt die Ohren wie der treue Hund, der ſeinen Herrn erwartet. Viel ſtärker noch als Liebe, lebendiger noch als Hoffnung und größer noch als Glaube wirkt es alsdann, als der hochgebenedeite Auserwählte, der, hingebeugt zur Erde, für einen Augenblick die ſchwer errungene Palme zeigt, und dann den Eindruck ſeiner lichten Füße hinterläßt, und wenn er nicht mehr iſt, dann eilt herbei der Menſchenmenge Haufen, und alle rufen: ‚Schaut!' Gott hält ihn aufrecht als ein Sinnbild, an deſſen Füße Formen und Arten der Tierheit ſich drängen, um den Weg zu erkennen. Zuweilen ſchüttelt er das Licht der Locken und man ſieht, er ſpricht und man verſteht und alles Volk ſchreit: ‚Wunder!' – Oft ſiegt er auch im Namen Gottes und die erſchrockenen Menſchen verleugnen ihn und führen ihn zum Tode, er aber legt ſein Schwert dann nieder, nachdem den Völkern er zum Retter war geworden. Wieviel gefallne Engel ſind nicht als Märtyrer zum Himmel aufgeſtiegen, und Sinai und Golgatha ſind weder hier noch dort, denn gekreuzigt ward der Engel aller Orten und in allen Sphären, und Seufzer ſteigen auf zu Gott von allen Seiten! Die Erde, wo wir ſind, iſt wie eine Ähre im vollen Felde, die Menſchheit iſt nur ein Geſchlecht der Pflanzen im weiten Acker, auf dem des Himmels Blumen wachſen, und überall iſt Gott ſich gleich und überall kommt betend man ſehr leicht zu ihm!«

Nach dieſen wie den Lippen einer zweiten Hagar in der Wüſte entfallenen Worten, die aber, in die Seele gelangt, ſie ergriffen gleich den durch Jeſaias feuriges Wort geſchleuderten Pfeilen, ſchwieg dieſes Weſen, um ſeine letzten Kräfte zu ſammeln. Weder Wilfrid noch Minna wagten zu ſprechen, doch plötzlich richtete es ſich auf.

»Seele aller Dinge, o du mein Gott, du, den ich liebe um deinetwillen ſelbſt! Du Richter wie auch Vater, ergründe einen Eifer, der nur in deiner unermeßlichen großen Güte ſein Ziel vermag zu finden! Verleihe mir dein Weſen und deine Eigenſchaften, damit noch beſſer ich ganz dir gehöre! O nimm mich gnädig auf, damit ich deſtoweniger ich ſelbſt noch ſei! und wenn ich noch nicht rein genug erfunden werde, ſo ſtürze mich zurück ins Läuterungsfeuer! Bin ich falſch geſchmiedet, ſo mache aus mir einen nährenden Pflug oder ein ſiegendes Schwert. Verſtatte mir ein glänzend Märtyrtum, damit dein Wort ich laut verkünden könne; doch wenn du mich verwirfſt, ſo wird doch auch von mir geprieſen werden deine Gerechtigkeit. Und wenn ein Überfluß von Liebe in einem Augenblick von dir empfängt, was harter und geduldiger Arbeit verweigert werden ſollte, ſo führe mich zu dir empor auf deinem Feuerwagen! Doch ſei geprieſen laut, du wolleſt mir nun Sieg verleihen oder neue Schmerzen! Iſt aber für dich leiden nicht auch ein hoher Sieg? Nimm mich und trage mich zu dir hinauf! Und wenn du mich verwirfſt, ſo mag auch dann geſchehen ganz dein Wille, du bleibſt ja doch der Hochgebenedeite, der Übles nie zu tun vermag!«

»Ah!« rief er aus nach einigem Schweigen, »jetzt löſen ſich die Feſſeln!«

»Reine Geiſter, geheiligte Schar! verlaßt eure Höhen und ſchwebt hernieder auf lichten Wellen! Geſchlagen hat die Stunde, kommt und verſammelt euch! Singt an den Pforten des Allerheiligſten, damit ſeine letzten Wolken verſchwinden. Laßt unſere Stimmen vereinigt ertönen, um würdig zu grüßen den Anbruch des ewigen Tages! So glänzt die Morgenröte des wahren Lichtes? O dürfte die Freunde ich doch mit mir führen! Leb wohl, arme Erde, leb wohl!«

DIE HIMMELFAHRT

DIESER LETZTE HYMNUS WURDE WEDER durch Blick, Wort, Gebärde, noch durch irgend eines jener Zeichen verſtändlich gemacht, durch welche Menſchen ihre Gedanken einander mitteilen, ſondern auf die Art, wie die Seele zu ſich ſelbſt ſpricht, denn von dem Augenblicke an, wo Seraphita ihre wahre Geſtalt offenbarte, waren ihre Gedanken nicht mehr Sklaven des Wortes. Die Inbrunſt ihres letzten Gebetes hatte die Bande gelöſt. Gleich einer weißen Taube überſchwebte ihre Seele noch einige Momente jenen Körper, deſſen erſchöpfte irdiſche Subſtanzen vernichtet werden ſollten. Die Sehnſucht der

Seele zu dem Himmel war ſo anſteckend, daß Wilfrid nebſt Minna nicht den Tod wahrnahmen und nur die ſtrahlenden Funken des Lebens ſahen. Niedergefallen waren ſie, als er gegen ſeinen Orient ſich aufgerichtet, und hatten ſeine Entzückung geteilt. Die Furcht des Herrn, die den Menſchen zum zweitenmale ſchafft und vom Erdenſchmutze ſäubert, war über ſie gekommen, ihren Augen entſchwanden die irdiſchen Dinge und öffneten ſich durch den Glauben den Herrlichkeiten des Himmels. Obgleich ergriffen von dem Zittern des Herrn, wie einige jener Seher, Propheten von den Menſchen genannt, ergriffen worden waren, verharrten ſie gleich jenen in demſelben und fanden dadurch ſich in den Kreis verſetzt, wo die Glorie des Geiſtes ſtrahlte. Der Schleier des Fleiſches, der dieſen Kreis bis jetzt ihnen verhüllt hatte, verſchwand allmählich und zeigte ihnen die göttliche Subſtanz. Sie waren in der Dämmerung der anbrechenden Morgenröte, deren ſchwacher Schimmer ſie vorbereitete zum Ertragen des wahren Lichtes und zum Vernehmen des lebendigen Wortes, ohne daran zu ſterben. Und jetzt in dieſem Zuſtande begannen beide den ganz unermeßlichen Unterſchied zu begreifen, der die irdiſchen Dinge von denen des Himmels trennt. Das Leben, an deſſen Grenze ſie, zwei ſchwachen Kindern gleich, die vor einer großen Feuersbrunſt in eine ſichere Zuflucht ſich verbergen, zitternd, doch hell erleuchtet ſtanden, dies Leben bot den Sinnen keine Blöße dar. Die von ihnen gebrauchten Gedanken, um ihre Viſion einander mitzuteilen, verhielten ſich zu den nur kaum von ihnen geſehenen Dingen wie die äußeren Sinne des Menſchen zu ſeiner Seele, eine ſinnliche Hülle des göttlichen Grundweſens. Der Geiſt ſchwebt über ihnen, melodifch ohne Hilfe der Töne, alles mit Wohlgerüchen erfüllend ohne Geruch, denn da, wo fie jetzt waren, da gab es weder Wände, Ecken noch Luft! und keine Frage wagten fie und keinen Blick, und fie befanden fich in feinem Schatten, wie man fich befindet unter den fengenden Strahlen der tropifchen Sonne, wo man nicht wagt, die Augen aufzufchlagen, aus Furcht, man werde das Geficht verlieren. Sie waren fich bewußt, in feiner Nähe jetzt zu fein, doch nicht imftande, fich zu erklären, durch welche Mittel fie fich hier gleich wie im Traume an den Grenzen des Sichtlichen und des Unfichtbaren jetzt befanden, und wie fie nicht vermochten, Sichtbares mehr zu fehen, wohl aber Unfichtbares unterfcheiden konnten; und zu fich fprachen fie: »Wenn er uns anrührt, müffen wir erfterben.« Allein der Geift war im Unendlichen, fie aber wußten nicht, daß keine Zeit, kein Raum in der Unendlichkeit befteht, und daß, obgleich dem Scheine nach fie ganz in feiner Nähe fich jetzt glaubten, gewaltige Tiefen fie von ihm noch fchieden. Weil aber ihre Seelen noch nicht geeignet waren, die ganze Kenntnis der Eigenfchaften diefes Lebens in fich aufzunehmen, fo hatten fie davon auch nur ihrer Schwäche angemeffene dunkle Eindrücke, fonft würde, wenn das lebendige Wort, von dem fie nur entfernte Töne halb verhallt vernahmen, deren Sinn in ihre Seelen fiel, gleich wie ein Leben fich den Körpern einigt, fich ihnen mehr genähert hätte, ein einziger naher Ton von diefem Worte fie aufgezehrt haben, wie leichtes Stroh vom Feuerwirbel verzehrt wird. Sie fahen folglich nichts, als was ihre durch die Kraft des Geiftes gehobene Natur zu fehen, und hörten nichts, als was fie zu verftehen vermochten, und diefer Milderungen

ungeachtet erbebten ſie, als die Stimme der leidenden Seele, der Geſang des Geiſtes nun ertönte, der des neuen Lebens inbrünſtig wartete, und es erflehete durch einen Schrei, der eiſig ihnen Mark und Bein durchſchnitt. Der Geiſt ſchlug an die heilige Pforte?
»Und was verlangſt du?« antwortete ein Chor, der weit durch die Welten ſchallte.
»Einziehen zu Gott!«
»Haſt du geſiegt?«
»Durch Faſten habe ich das Fleiſch getötet, ich habe meinen Groll beweint, durch Schweigen habe ich das falſche Wort, durch Demut habe ich die falſche Wiſſenſchaft, durch Milde habe ich den Stolz, durch Liebe habe ich die Erde überwunden, und habe meine Schuld gebüßt durch Leiden, und habe mich gereinigt durch des Glaubens Feuer, und habe heiß erfleht das Leben durch Gebet, anbetend und ergeben harre ich!«
— Keine Antwort. —
»Auch dann ſei hochgelobet, Gott!« antwortete der Geiſt, der ſich verworfen glaubte.
Und ſeine Tränen ſtrömten und fielen wie ein Tau auf die in Staub gebeugten Zeugen, die vor der Gerechtigkeit Gottes erbebten.
Plötzlich erſchallten die Poſaunen des vom Engel in dieſer letzten Prüfung errungenen Sieges, die tiefen Klänge gelangten verſtärkt durch Widerhall durch die Räume, erfüllten ſie und machten zittern das ganze Univerſum, das Wilfrid und Minna höchſt klein zu ihren Füßen erſchien. Ergriffen von der Furcht des nahenden Myſteriums erbebten beide. Und es geſchah auch wirklich eine gewaltige Bewegung, als würde von den himmliſchen Legionen ein ungeheurer Kreislauf jetzt begonnen, ſo wirbelten

die Welten durcheinander, als ob furchtbarer Sturm die Wolken peitſche. Doch ebenſo geſchwind durchriß der Schleier, und ſie ſahen, wie ein Geſtirn, unendlich glänzender als der lichtvollſte Stern des irdiſchen Firmaments, herunterfuhr; und Funken ſprüheten gleich einem Blitze, die aber unterwegs erbleichen ließen, was ſie bis jetzt für Licht gehalten hatten. Dies war der Bote mit der freudigen Nachricht, vor deſſen Helm die Lebensflamme winkte. Er führte mit ſich eine Palme und ein feurig Schwert; den Geiſt berührte er mit ſeiner Palme. Sogleich verwandelte ſich jetzt der Geiſt und breitete geräuſchlos aus die weißen Schwingen. Die Mitteilung des Lichts, die nun zum Seraph den Geiſt umwandelte, die Kleidung ſeiner Gloriengeſtalt und ſeine Himmelsrüſtung verbreitete jetzt ſolche Strahlenmaſſen, daß die zwei Schauenden gleich jenen drei Apoſteln, denen Jeſus Chriſtus einſt erſchien, getroffen wie vom Donner niederſanken. Wilfrid und Minna empfanden tief die Schwere ihrer irdiſchen Körper, die einer völligen und hemmungsloſen Vereinigung mit dem Lichte und mit dem wahren Worte hemmend entgegentrat. Jetzt begriffen ſie die Blöße ihrer Seelen und vermochten nun ihre geringe Klarheit zu ermeſſen durch die Vergleichung zwiſchen ihr und des Seraphs Strahlenkrone, in der ſie wie ein dunkler Flecken zu eigner großen Scham erſchienen, und beide wurden jetzt ergriffen von doppelt feurigem Verlangen, ſich wieder in der Erde Schmutz zu ſtürzen und ihre Prüfungen dort zu beginnen und ſiegend eines Tages auch der heiligen Pforte ſich zu nahen und die vom Seraph vernommenen Worte zu wiederholen. Vor dem Allerheiligſten, das er jetzt endlich von Angeſicht zu Angeſicht betrachten durfte, kniete nun dieſer

Engel und ſprach: »Geſtattet ihnen, mehr zu ſehen, denn lieben werden ſie den Herrn und ſein Wort verkünden.«

Ein Schleier ſank nach dieſem Gebete. Geſchah es nun, daß die auf die beiden Schauenden drückende unbekannte Kraft für einen Augenblick den irdiſchen Teil ihrer Körper verflüchtigte, oder war ihr Geiſt durch dieſe Kraft entrückt worden, mit einem Male empfanden ſie ein Gefühl, als ob das Reine vom Unreinen in ihnen ſich von einander ſcheide: des Seraphs Tränen erhoben ſich um ſie in der Geſtalt eines Gewölks, das ihnen die unteren Welten verbarg, ſie emporhob, Vergeſſenheit der irdiſchen Beziehungen ihnen mitteilte und ihnen Macht verlieh, den Sinn göttlicher Dinge zu begreifen. Das wahre Licht erſchien und beleuchtete die Schöpfungen, die ihnen öd und unfruchtbar vorkamen, als ſie die Quelle nun erblickten, aus der die irdiſchen, geiſtigen und göttlichen Welten die Bewegung ſchöpfen. Jede Welt bildete einen Mittelpunkt, zu dem alle Punkte ihres Kreiſes hinſtrebten, und dieſe Welten alle waren wieder Punkte, die zu dem Mittelpunkte ihrer Gattung hinverlangten, und jede Gattung hatte wiederum ihr Zentrum in den unendlichen himmliſchen Räumen, die mit dem unerſchöpflichen und flammenſtrahlenden Regierer aller Dinge, die da ſind, in Verbindung ſtanden. Und von der größten bis zur kleinſten Welt, und von der kleinſten Welt bis zu dem kleinſten Teile jener Weſen, aus denen ſie beſteht, war alles abgeſondert eigentümlich, und doch im Ganzen alles wiederum nur eins. Was mochte wohl die Abſicht dieſes in ſeinem Grundweſen und in ſeinen Eigenſchaften unveränderlichen Weſens ſein, das dieſe letztern übertrug, ohne ſie einzubüßen, das ſie an andern offen-

barte, ohne ſich von ihnen zu trennen, das alle ſeine Schöpfungen unveränderlich in ihrem Grundweſen und wandelbar in ihrer äußern Form machte? Die beiden zu dieſem großen Feſte geladenen Gäſte vermochten nur die Ordnung und Verteilung der Weſen zu ſchauen und deren unmittelbares Ende zu bewundern, denn nur die Engel ſtehen höher, ſie kennen die Mittel und begreifen das Ende. Dasjenige aber, was die zwei Erwählten betrachten konnten, von dem ſie auch ein Zeugnis mit ſich nahmen, das ihre Seelen für alle Ewigkeit erhellte, war die Gewißheit von der Tätigkeit der Welten und der Weſen und die Überzeugung von ihrem ununterbrochenen Streben, zu einem Reſultate zu gelangen. Sie vernahmen die vielen nur eine lebendige Melodie bildenden Chöre des Unendlichen; bei jedem Takte neigten ſich die durch gleiche Bewegung fortgeriſſenen Welten vor dem allmächtigen Weſen, das von ſeinem undurchdringlichen Mittelpunkte aus alles von ſich ausgehen und wiederum in ſich zurückkehren ließ. Dieſer unaufhörliche Wechſel von Geſang und Schweigen ſchien das Zeitmaß der heiligen Hymne zu ſein, die durch alle Zeiträume ſich widerhallend durchzog.
Wilfrid und Minna begriffen nun einige der rätſelhaften Worte deſſen, der auf Erden jedem von ihnen unter der ihm allein verſtändlichen Geſtalt erſchienen war, der einen als Seraphitus, dem andern als Seraphita, als ſie jetzt ſahen, daß alles hier gleichartig ſei. Licht erzeugte hier Melodie und Melodie auch wieder Licht, und Farben waren Licht und Melodie, und die Bewegung war eine mit dem Worte begabte Zahl, kurz, hier war alles wohlklingend und durchſichtig und belebt. Jetzt erſt verſtanden ſie, was er gemeint, als von dem kindiſchen Weſen der Menſchenwiſſen-

ſchaften er zu ihnen geredet hatte. Dies war für ſie gleich einer ungemeſſenen Ausſicht ohne Horizont, gleich einem Abgrund, in den zu ſtürzen, brennende Begier ſie antrieb; allein gefeſſelt an den ſchweren irdiſchen Körper blieb unerfüllt ihr feuriges Verlangen. Leicht entfaltete der Seraph jetzt ſeine Schwingen, um ſeinen Flug zu beginnen und wendete nicht mehr zu ihnen ſeinen Flug zurück, denn nichts mehr hatten ſie jetzt gemein: er ſtieg empor. Die ungeheure Weite ſeines ſchimmernden Flügelpaars hüllte die zwei Schauenden in einen wohltätigen Schatten, der ihnen die Augen aufzuſchlagen und zu ſehen erlaubte, wie er in ſeiner Glorie und im Geleite des freudigen Erzengels hinaufſchwebte. Er ſtieg empor gleich einer aus dem Meere ſich hebenden Strahlenſonne, doch majeſtätiſcher als das Geſtirn, und viel ſchönerer Beſtimmung raſch entgegeneilend, durfte er nicht wie die niederen Schöpfungen in ein kreisförmiges Leben gefeſſelt werden. Und grade aufwärts ſchwebte er in die Unendlichkeit, und ſtrebte ohne Abweichung gegen den einigen Mittelpunkt, um ſich dort in das ewige Leben zu verſenken, um dort zu ſeinen Eigenſchaften und in ſein Grundweſen die Macht nun zu erhalten, durch Liebe zu genießen und durch Weisheit begreifen zu lernen. Das Schauſpiel, welches ſich plötzlich vor den Augen der zwei Schauenden entſchleierte, vernichtete ſie durch ſeine Unermeßlichkeit, denn ſie erſchienen ſich wie Punkte, deren Kleinheit nicht verglichen werden kann mit dem unendlichen Kleinſten der Menſchenwiſſenſchaft. Welch niederdrückendes Gefühl und welche Größe in dieſen beiden Punkten, die der erſte Wunſch des Seraphs wie zwei Ringe, Kraft und Liebe, aufgeſtellt hatte, um die Unermeßlichkeit der höhern zu verbinden. Nun begriffen ſie die unſichtbaren Bande, durch welche die materiellen Welten den geiſtigen ſich anſchließen; und wenn ſie der erhabenen Bemühungen der vorzüglichſten Menſchentalente gedachten, ſo fanden ſie das Prinzip der Melodien in den Geſängen des Himmels, die Gefühle des ſchönſten Farbenſpiels, des göttlichſten Wohlgenuſſes, des höchſten Gedankens erweckten und all das zahllos Einzelne der Schöpfung wachriefen wie ein irdiſches Lied die verlorenſte Erinnerung der Liebe belebt. Durch unausſprechliches geſteigertes Entzücken aller ihrer Seelenkräfte waren ſie an eine Stelle ohne Namen in der Sprache angelangt, von wo ſie einen Augenblick hindurch frei ihre Augen durften ſchweifen laſſen durch die göttliche Welt; denn hier wurde das Feſt gefeiert! Myriaden Engel eilten gleichen Flugs in herrlichſter Ordnung herbei, alle gleich und doch verſchieden, alle einfach gleich der Roſe der Gefilde, und doch unendlich groß wie Welten. Wilfrid und Minna ſahen ſie weder ankommen noch wieder ſich entfernen, doch plötzlich war die Unendlichkeit erfüllt mit ihrer Gegenwart, gleich wie die Sterne glänzen am Firmament; das Funkeln ihrer Strahlendiademe erleuchtete die Räume, wie des Himmels Feuer mit anbrechendem Tage unſere Gebirge erleuchten. Aus ihren Locken ſtrömten lichte Wellen. Die beiden Seher bemerkten den Seraph ganz dunkel nur inmitten der unſterblichen Legionen, deren Schwingen dem unermeßlichen Blättergewölbe eines von leichtem Winde bewegten Waldes glichen. Doch plötzlich, als ob alle Pfeile eines Köchers zumal losſchnellten, ſo verſchwanden vor dem Hauche der Geiſter die Spuren ſeiner früheren Geſtalt, und wie der Seraph mehr empor ſich ſchwang, ſo ward er um ſo lichter und reiner, bald war er nur noch ein leichter Umriß des Bildes ſeiner Verwandlung: Feuerlinie ohne Schatten. In jedem neuen Kreiſe ward eine neue Gabe ihm verliehen, und endlich, da erſchien das Zeichen ſeiner Erwählung in der höchſten Sphäre, in die er ganz geläutert einging. Keine der Stimmen ſchwieg, fortwährend tönte der erhabene Lobgeſang.

»Heil dem, der lebend aufſteigt! Tritt näher, du Blume der Welt! Du Diamant, geläutert durch das Schmerzenfeuer! Du fleckenloſe Perle, du Verlangen ohne irdiſche Begier, du neues Band des Himmels mit der Erde, tritt ein und werde Licht! Siegender Geiſt, König der Welt, ſteig auf zu deiner Krone! Der Erde Sieger, ergreife dein Strahlendiadem! Jetzt biſt du der unſrigen einer!«

Die Tugenden des Engels erſchienen nun in ihrer ganzen Schönheit. Sein erſtes Verlangen nach dem Himmel war dargeſtellt als eine blühende Kindheit, und gleich Geſtirnen glänzten ſeine Taten; ſein Glaubenseifer leuchtete wie Himmels Hyazinth, Barmherzigkeit warf ihre Perlen, geſammelte Tränen, ihm zu, göttliche Liebe umſchlang mit Roſen ihn, und ſeine demütige Ergebung nahm durch ihr reines Weiß jedwede irdiſche Spur von ihm. In Wilfrids und in Minnas Augen erſchien er bald nur wie ein Flammenpunkt, der immer heller brannte, deſſen bewegungsloſes Aufſteigen vom Lobgeſang begleitet wurde, der ſeine Ankunft in den Himmeln feierte, und deren Klänge den zwei Verbannten wehmütige Tränen entlockten.

Plötzlich verbreitete ſich eine Totenſtille von der erſten bis zur letzten Sphäre und ſpannte Wilfrids

und Minnas äußerſte Erwartung. In dieſem Augenblick verlor der Seraph ſich im Innerſten des Allerheiligſten, wo ihm das ewige Leben ward verliehen. Und es geſchah jetzt eine allgemeine Bewegung der tiefſten Anbetung, die unſere beiden Seher in eine mit Furcht gemiſchte Entzückung verſetzte. Sie fühlten, daß anbetend alles niederfiel in den göttlichen, in den geiſtigen Sphären und auch in den Welten der Finſternis. Die Engel beugten das Knie, um die Glorie zu feiern, die Geiſter beugten das Knie, um ihre Ungeduld zu äußern, und in den finſtern Schlünden beugten ſie das Knie und bebten laut vor Schrecken. Und jäh wie der lang verhaltene Quell des Springbrunnens mit tauſend blühenden Strahlen aufſteigt, darin die ſpielende Sonne Perlen und Diamanten ſät, ſtieg nun ein ungeheurer Jubel empor, als der Seraph jetzt Flammen blitzend wieder erſchien und ausrief: »Ewig, Ewig, Ewig!«
Und alle Welten vernahmen und erkannten ihn, und er durchdrang ſie, wie Gott ſie durchdringt. Der Engel nahm Beſitz von der Unendlichkeit. Die ſieben göttlichen Welten erhoben ſich bei ſeiner Stimme und antworteten ihm. In dieſem Augenblicke hob ſich an eine gewaltige Bewegung, als wenn ganz geläuterte Geſtirne ſich zu blendenden, ewig dauernden Klarheiten erhöben. Hatte der Seraph vielleicht zu ſeiner erſten Sendung den Auftrag empfangen, die von dem Worte durchdrungenen Schöpfungen vor Gott zu rufen? – Schon aber tönte für Wilfrid und für Minna – das erhabene Halleluja, wie das letzte Wogen einer verhallenden Muſik, ſchon verlor ſich der Himmelsglanz wie die Tinten einer untergehenden Sonne ſich in ihr purpurgoldnes Lager ſenken! Das Unreine und der Tod

erfaßten ihre Beute. Zurückgefallen in die Bande des Fleiſches, deren ihr Geiſt vermöge eines wunderbaren Schlafes für kurze Zeit entledigt worden war, empfanden die zwei Sterblichen nun ein Gefühl, gleich jenem, das am Morgen nach einer von glänzenden Träumen erfüllten Nacht, deren Erinnerungen wohl vor der Seele ſchweben, von denen der Körper aber kein Bewußtſein und die Zunge keinen Ausdruck hat, uns ſchwermütig niederdrückt. Die tiefe Nacht, in der ſie jetzt herumtaumelten, das war die Sonne der ſichtbaren Welten.

»Laß uns hinunterſteigen!« ſprach Wilfrid zu Minna.

»Wir wollen tun, wie er geboten«, antwortete ſie. »Denn wir, die wir die Welten alle Gott entgegenziehen ſahen, wir kennen wohl die guten Pfade. Unſere Strahlenkränze ſind dort oben!«

Sie ſtiegen nun hinunter in die Tiefen, betraten abermals den Staub der untern Welten, und gleich einem unterirdiſchen Gewölbe lag plötzlich nun die Erde vor ihnen, erleuchtet durch das Licht, das ſie in ihrer Seele mit herunter brachten, und das ſie noch mit einem Gewölk umgab, in dem die Harmonien des Himmels ſich unter leiſen Klängen nach und nach verloren. Solch Schauſpiel hatte einſt den innern Augen der Propheten ſich dargeſtellt. Prieſter der verſchiedenen, alle für wahr gehaltenen Religionen, Könige, alle durch Gewalt oder Schrecken geſalbt, Krieger und andere Große teilten untereinander die Erde; Gelehrte und Reiche traten mit großem Geräuſch die lärmende und leidende Menge unter die Füße, alle wurden begleitet von ihren Dienern und ihren Weibern, alle waren bekleidet mit goldenen, ſilbernen, azurnen Gewändern, bedeckt mit meerentriſſenen

Perlen und Edelſteinen, den Eingeweiden der Erde entnommen, für welche die Menſchheit ſchon ſeit uralter Zeit fluchend und ſchweißvergießend gearbeitet hatte. Doch alle dieſer durch Blut errungene Reichtum und gewaltige Glanz erſchien nur wie Bettlerlumpen in den Augen unſerer zwei Verbannten.
»Was tut ihr hier in ſolcher Ordnung aufgeſtellt und unbeweglich?« rief Wilfrid ihnen zu. Doch ihm ward keine Antwort.
»Was tut ihr hier in ſolcher Ordnung aufgeſtellt und unbeweglich?«
Und wiederum empfing er keine Antwort.
Da ſtreckte Wilfrid ſeine Hände aus und rief zum dritten Male: »Was tut ihr hier in ſolcher Ordnung aufgeſtellt und unbeweglich!«
Da riſſen ſie plötzlich ihre Kleider auf und zeigten fleiſchloſe, von Würmern abgenagte und von furchtbar ſcheußlichen Krankheiten verunſtaltete Gerippe.
»Ihr habt die Völker in den Tod geführt«, ſprach Wilfrid jetzt zu ihnen! »Ihr habt die Erde entſtellt, das wahre Wort verfälſcht und die Gerechtigkeit verhöhnt. Die Weide habt ihr ganz ſelbſt verzehrt und nun wollt ihr die Lämmer töten? Und durch Aufdeckung eurer Wunden glaubt ihr euch nun zu reinigen? Die unter meinen Brüdern, die noch meine Stimme hören können, die will ich warnen, damit ſie baldigſt aus den Quellen ſchöpfen, die ihr verborgen haltet!«
»Laß unſre Kräfte uns zum Beten ſparen!« bat Minna, »denn dir ward weder eine Sendung des Propheten, noch des Verſöhners; noch die des Boten, wir ſtehen nur an den Grenzen nach der erſten Sphäre; verſuchen wir die Räume auf Schwingen des Gebetes zu durcheilen!«

»Und du ſollſt meine ganze innige Liebe ſein!«
»Und du ſollſt meine ganze Stärke bilden!«
»Uns ward vergönnt, den höchſten Myſterien beizuwohnen, und beide ſind hienieden wir die einzigen Weſen, die Schmerz und Wonne zu begreifen wiſſen. Komm! laß uns beten! Wir kennen ja den Weg!«
»Reich mir die Hand«, ſprach ſie, »wenn eng vereint wir gehen, ſo wird der Pfad uns minder rauh und minder lang bedünken!«
»Und ganz allein mit dir«, entgegnete der Mann, »könnte ich die große Öde wohl durchwandern, und keine einzige Klage würde mir entſchlüpfen.«
»So wollen denn vereint zu Gott wir wandeln!« verſetzte nun die Jungfrau.
Und düſtere Wolken ſenkten ſich auf ſie hernieder, und hüllten ſie in dunkeln Schleier ein, und plötztich fanden die zwei Liebenden ſich knieend vor einem Leichnam, den der alte David gegen die Neugier aller ſchützte und ganz allein begraben wollte.
In voller Pracht ſtrahlte jetzt der erſte Sommer des des neunzehnten Jahrhunderts. Die beiden Liebenden vermeinten eine Stimme in den Strahlen der Sonne zu vernehmen, ſie atmeten Himmelsgeiſt aus den friſchen Blumen, und wechſelweis die Hände ſich reichend, ſprachen ſie: »Das unermeßliche, da unten ſchimmernde Meer iſt ein Bild deſſen, was wir dort oben ſchauen durften.«
»Wo wollt ihr hin?“ fragte ſie der alte Pfarrherr Becker.
»Wir wollen zu Gott eingehen«, ſprachen beide, »begleiten Sie uns, lieber Vater!«

☆

ZU EINER ZIEMLICH UNBESTIMMTEN ZEIT der brabantiſchen Geſchichte wurde die Verbindung zwiſchen der Inſel Cadzant und der flandriſchen Küſte durch eine Barke aufrecht erhalten, die der Beförderung von Reiſenden diente. Die Hauptſtadt der Inſel, Middelburg, ſpäter ſo berühmt in den Annalen des Proteſtantismus, zählte kaum zwei- oder dreihundert Familien. Das reiche Oſtende war ein unbekannter Hafen, mit einem von ein paar Fiſchern, armen Handelsleuten und unbeſtraften Seeräubern ſpärlich bevölkerten Marktflecken. Dennoch erfreute ſich der Flecken Oſtende, der aus etwa zwanzig Häuſern und dreihundert aus Stroh oder Schiffstrümmern erbauten elenden Hütten beſtand, eines Gouverneurs, einer Miliz, eines Galgens, eines Kloſters, eines Bürgermeiſters, kurz aller Organe einer vorgeſchrittenen Ziviliſation. Wer herrſchte damals in Brabant, in Flandern, in Belgien? Über dieſen Punkt ſchweigt die Überlieferung, und unleugbar hat dieſe Geſchichte etwas von dem Unklaren, Ungewiſſen, Wunderbaren, in das die Lieblingsredner der flandriſchen Spinnſtuben ſo gern ihre Erzählungen hüllten, die ebenſo verſchiedenartig wie widerſpruchsvoll in ihren Einzelheiten waren. Dieſe Geſchichte, die von einem Zeitalter zum andern überliefert, von den Vorfahren, von den Sagenerzählern von Herd zu Herd weitergegeben wurde, hat von jedem Jahrhundert eine andere Färbung angenommen. Ähnlich den Bauwerken, denen die Laune der Architektur der einzelnen Epochen ihren Stempel aufdrückt und deren dunkle, verwitterte Maſſen dennoch die Wonne der Dichter ſind, könnte dieſe Chronik alle Kommentatoren, alle Wortklauber und Forſcher von Tatſachen und Daten zur Verzweiflung treiben. Der Erzähler glaubt daran, wie alle abergläubiſchen Geiſter Flanderns daran geglaubt haben, ohne daß man daraus auf ihre Gelehrtheit oder Dummheit irgendwelche Schlüſſe ziehen könnte. Da es unmöglich iſt, die verſchiedenen Verſionen in Harmonie zu bringen, ſoll hier nur die Tatſache gegeben werden, vielleicht ihrer romanhaften Naivität entkleidet, die unmöglich wiederzugeben iſt, dafür aber mit ihren von der Geſchichte geleugneten Kühnheiten, mit ihrer von der Religion gebilligten Moral, ihrer Phantaſtik, ihrer blühenden Einbildungskraft, ihrem verborgenen Sinn, den der Weiſe ſich zu nutze machen kann. Jeder findet, was er braucht, und hat nur das gute Korn vom Unkraut zu ſondern.

Die Barke, die der Beförderung der Reiſenden von der Inſel Cadzant nach Oſtende diente, war zur Abfahrt bereit. Bevor der Schiffsführer die eiſerne Kette löſte, mit der die Schaluppe an einem Stein des kleinen Hafendammes, wo man ſich einſchiffte, befeſtigt war, ſtieß er mehrmals ins Horn, um die Säumigen herbeizurufen, denn dieſe Fahrt war ſeine letzte. Die Nacht nahte und man konnte in dem matten Licht der untergehenden Sonne kaum noch die Küſten Flanderns ſehen und auf der Inſel die verſpäteten Paſſagiere erkennen, die an den Erdwällen, von denen die Felder umgeben waren, oder unter den hohen Sumpfbinſen dahergeirrt kamen. Der Kahn war voll, ein Ruf erhob ſich:

»Worauf warten wir? Abfahren!«

In diesem Augenblick tauchte wenige Schritte von dem Hafendamm entfernt ein Mann auf; der Schiffsführer, der ihn nicht hatte kommen hören, war sehr überrascht, ihn zu sehen, denn dieser Reisende schien plötzlich aus dem Boden hervorzukommen, wie ein Bauer, der sich in ein Feld gelegt, um die Stunde der Abfahrt abzuwarten, und den der Hornruf geweckt hatte. War es ein Dieb? War es einer vom Zoll oder von der Miliz? Als er den Hafendamm betrat, an dem der Kahn befestigt war, ließen sieben Personen, die hinten in der Schaluppe standen, sich eilig auf den Bänken nieder, um unter sich zu bleiben und dem Fremden keinen Platz zu lassen. Sie taten dies in einem ganz instinktiven, raschen Gedanken, einem dieser aristokratischen Gedanken, die dem Herzen der Reichen sich nahen. Vier von diesen Persönlichkeiten gehörten dem hohen Adel Flanderns an. Da war zunächst ein junger Kavalier, begleitet von zwei schönen Windhunden, der auf dem langen Haar ein mit Juwelen geschmücktes Barett trug, seine goldenen Sporen klirren ließ und von Zeit zu Zeit mit herausfordernder Miene sich den Schnurrbart strich, während er verachtungsvolle Blicke auf die übrigen Passagiere warf. Ein hochmütiges Fräulein hielt einen Falken auf der Hand und sprach nur mit ihrer Mutter oder einem hohen Geistlichen, der ein Verwandter zu sein schien. Diese Personen plauderten laut und ungezwungen, als wären sie allein auf dem Schiff. Und doch war außer ihnen noch ein in diesem Lande sehr bedeutsamer Mann anwesend, ein angesehener Bürger von Brügge, in einen weiten Mantel gehüllt. Sein bis an die Zähne bewaffneter Diener hatte zwei Säcke voll Gold neben sich stehen. Auch ein Mann der Wissenschaft war auf dem Schiff, ein Professor

der Univerſität Löwen, von ſeinem Schreiber begleitet. Dieſe Leute, die ſich gegenſeitig verachteten, waren von dem Vorderſchiff durch die Bank der Ruderer getrennt.
Als der ſäumige Paſſagier den Fuß an Bord ſetzte, warf er einen raſchen Blick nach dem Hinterſchiff, ſah dort keinen Platz mehr und begab ſich nach dem Vorderteil des Bootes, um ſich dort einen Platz zu erbitten. Dort waren arme Leute. Als ſie dieſen barhäuptigen Mann ſahen, deſſen Rock und Kniehoſe aus braunem Kamelott ebenſo wie der geſteifte Leinenkragen keinerlei Schmuck aufwieſen, der kein Barett, keinen Hut in der Hand trug, hielten alle ihn für einen Bürgermeiſter, der ſeiner Autorität ſicher iſt, für einen gutmütigen und ſanften Bürgermeiſter, ähnlich den alten Flamen, deren ſchlichtes Weſen und Charakter uns durch die Maler des Landes ſo gut überliefert iſt. Die armen Paſſagiere begrüßten demzufolge den Unbekannten mit einer Hochachtung, die unter den Leuten auf dem Hinterſchiff flüſternden Spott erregte. Ein alter Soldat, ein abgearbeiteter, erſchöpfter Mann, trat dem Fremden ſeinen Platz auf der Bank ab, ſetzte ſich auf den Rand der Barke und hielt ſich dort im Gleichgewicht, indem er die Füße gegen einen der hölzernen Querſtäbe ſtemmte, die ähnlich wie Fiſchgräten die Planken des Bootes zuſammenhielten. Eine junge Frau, die Mutter eines kleinen Kindes, die der Arbeiterklaſſe Oſtendes anzugehören ſchien, rückte beiſeite, damit der neue Paſſagier genügend Platz haben ſollte. Dieſe Bewegung drückte weder Unterwürfigkeit noch Verachtung aus, ſie war einfach ein Zeichen einer Höflichkeit, durch die die armen Leute, die den Wert einer Gefälligkeit und das Glück der Brüderlichkeit

zu ſchätzen wiſſen, den natürlichen Freimut ihrer Seelen offenbaren, die im Ausdruck ihrer guten Eigenſchaften und ihrer Fehler ſo urſprünglich naiv ſind. Der Fremde dankte ihnen denn auch durch eine Geſte voll Adel. Dann ſetzte er ſich zwiſchen die junge Mutter und den alten Soldaten. Hinter ihm befand ſich ein Bauer mit ſeinem etwa zehnjährigen Sohn. Eine arme, alte, runzlige, zerlumpte Frau, die einen faſt leeren Querſack hatte und wie die Verkörperung des Unglücks und der Gleichgültigkeit wirkte, lag auf dem Schnabel des Schiffes, auf einer großen Taurolle zuſammengekauert. Einer der Ruderer, ein alter Seemann, der ſie gekannt hatte, als ſie noch ſchön und reich war, hatte ſie »um Chriſti willen« mitfahren laſſen.

»Ich danke dir, Thomas«, hatte die Alte geſagt. »Ich werde heute abend zwei Vaterunſer und zwei Ave Maria für dich ſprechen.«

Der Schiffsführer ſtieß ein letztes Mal in das Horn, ließ den Blick über das ſchweigende Land gleiten, warf die Kette in ſein Boot, lief am Bordrand bis zum Steuerruder, ergriff die Stange und blieb ſtehen. Nachdem er den Himmel betrachtet hatte, ſagte er, als ſie auf offenem Meere waren, mit lauter Stimme zu ſeinen Ruderern:

»Rudert, rudert kräftig, wir müſſen uns eilen! Die See lächelt heimtückiſch, die Zauberin! Ich fühle die Dünung an der Bewegung des Steuers und das Unwetter in meinen Narben!«

Dieſe Worte, die in Seemannsausdrücken geſagt wurden, in einer Sprache, die nur den an das Toſen der Wellen gewöhnten Ohren verſtändlich war, bewirkten, daß die Ruder ſich raſcher, aber immer taktmäßig bewegten; es war eine einheitliche Bewegung, ſo verſchieden von der vorherigen Art des Ruderns, wie der Trab eines Pferdes ſich vom Galopp unterſcheidet. Die vornehme Welt im Hinterſchiff ſah mit Wohlgefallen die nervigen Arme, die braunen Geſichter mit den Feueraugen, die geſpannten Muskeln und die verſchiedenartigen menſchlichen Kräfte an, die ſich zuſammentaten, um ſie gegen ein mäßiges Fährgeld über die Meerenge hinüberzubringen. Statt dies Elend zu bedauern, machten die Leute im Hinterſchiff ſich auf die Ruderer aufmerkſam und lachten über die grotesken Verzerrungen der gequälten Geſichter. Im Vorderſchiff betrachteten der Soldat, der Bauer und die Alte die Seeleute mit jenem Mitleid, das den Menſchen natürlich iſt, die, da ſie von ihrer Hände Arbeit leben, die tödliche Anſtrengung und Erſchöpfung der Arbeit kennen. Da ſie an das Leben in der freien Luft gewöhnt waren, hatten ſie alle beim Anblick des Himmels die Gefahr erkannt, die ihnen drohte, und waren daher ſehr ernſt. Die junge Mutter wiegte ihr Kind, indem ſie ihm ein altes Kirchenlied vorſang, um es einzuſchläfern.

»Wenn wir glücklich landen«, ſagte der Soldat zu dem Bauern, »dann hat der liebe Gott es ſich in den Kopf geſetzt, uns am Leben zu laſſen.«

»Er iſt der Herr«, erwiderte die Alte, »aber ich glaube, es wird ihm Freude machen, uns zu ſich zu rufen. Seht nur das Licht dort hinten!«

Und mit einer Kopfbewegung deutete ſie nach Weſten, wo feurige Streifen über braune, rötlich ſchattierte Wolken hinzuckten, aus denen ein wilder Orkan hervorbrechen zu wollen ſchien. Das Meer ließ ein dumpfes Murren hören, wie ein innerliches Grollen, faſt wie ein Hund, der nur knurrt. Aber

Oſtende war ja nicht weit. In dieſem Augenblick boten Himmel und Meer ein Bild, dem weder die Malerei, noch die Dichtung längere Dauer verleihen kann als die Wirklichkeit. Die menſchlichen Schöpfungen verlangen machtvolle Gegenſätze. So kommt es, daß die Künſtler gewöhnlich in der Natur die ſtrahlendſten Phänomene ſuchen, denn ſie erkennen die Vergeblichkeit ihres Bemühens, die große herrliche Poeſie ihrer alltäglichen Erſcheinung wiederzugeben, obwohl die menſchliche Seele oft durch die Ruhe ebenſo tief erſchüttert wird wie durch die Bewegung, durch die Stille ebenſoſehr wie durch den Sturm. Es kam ein Augenblick, wo auf der Barke alle ſchwiegen und Meer und Himmel betrachteten, teils in banger Vorahnung, teils auch in dieſer frommen Schwermut, die uns faſt alle zur Stunde des Gebets, beim Sinken des Tages ergreift, in dem Augenblick, da die Natur ſchweigt und die Glocken ſprechen. Das Meer ſtrahlte ein bleiches, bleifarbenes Licht aus, das aber in den Farben des Stahls wechſelte und ſpielte. Der Himmel war im ganzen grau. Im Weſten zogen ſich lange Streifen wie Ströme von Blut hin, während im Oſten leuchtende Ränder, wie mit einem feinen Pinſel gezeichnet, durch Wolken getrennt wurden, die zuſammengeballt waren wie die Runzeln auf der Stirn eines Greiſes. So boten Meer und Himmel überall einen trüben, in Halbfarben gehaltenen Hintergrund, der die unheimliche Glut des Sonnenuntergangs zurückſtrahlte. Dies Ausſehen der Natur flößte ein Gefühl der Angſt ein. Wenn man die unverblümte Redeweiſe des Volkes in die geſchriebene Sprache hinübernehmen dürfte, ſo würde man wiederholen, was der Soldat ſagte: daß das Wetter völlig aus den Fugen ſei, oder, was der Bauer erwiderte: daß der Himmel ausſehe wie ein Henker. Auf einmal erhob ſich der Wind im Weſten, und der Schiffsführer, der unausgeſetzt das Meer beobachtete, rief, als er ihn am Horizont anſchwellen ſah:

»Ruder hoch!«

Auf dieſen Ruf hielten die Matroſen inne und ließen die Ruder treiben.

»Der Schiffsführer hat recht«, ſagte Thomas kaltblütig, als die Barke, von einer ungeheuren Woge in die Höhe gehoben, hinunterſchnellte wie in den Schlund des geöffneten Meeres hinein.

Bei dieſer ungewöhnlichen Bewegung, bei dieſer plötzlichen Wut des Ozeans erblaßten die Leute im Hinterſchiff und ſtießen einen furchtbaren Schrei aus: »Wir kommen um!«

»Oh, noch nicht«, erwiderte ihnen der Schiffsführer ruhig.

In dieſem Augenblick zerriſſen die Wolken unter der Gewalt des Windes, gerade über der Barke. Die grauen Maſſen drängten ſich mit unheimlicher Schnelligkeit nach Oſten und Weſten und das Licht der Dämmerung fiel ſenkrecht herab durch einen Spalt, den der Orkan aufriß, ſo daß man die Geſichter ſehen konnte. Die Paſſagiere, die Vornehmen und Reichen, die Seeleute und die Armen, waren einen Augenblick voll Verwunderung über den Anblick des zuletzt gekommenen. Sein goldenes Haar, das auf ſeiner ruhigen, heiteren Stirn geſcheitelt war, fiel in Locken über ſeine Schultern, und von der grauen Atmoſphäre hob ſich ſein Geſicht ab, erhaben in ſeiner Milde und von göttlicher Liebe ſtrahlend. Ihm war der Tod nicht verächtlich, doch er wußte, daß er nicht umkommen würde. Wenn aber auch die Leute im Hinterſchiff einen Augenblick den Sturm vergeſſen hatten, deſſen unverſöhnliche Wut ſie bedrohte, so kehrten ſie doch bald zu ihren ſelbſtſüchtigen Gefühlen und ihren Lebensgewohnheiten zurück.

»Wie glücklich iſt dieſer ſtupide Bürgermeiſter, daß er die Gefahr nicht bemerkt, in der wir alle ſchweben! Er ſitzt da wie ein Hund und wird ohne Todesangſt ſterben!« ſagte der Profeſſor.

Kaum hatte er dieſe klugen Worte ausgeſprochen, als der Sturm ſeine Legionen entfeſſelte. Die Winde toſten von allen Seiten heran, die Barke drehte ſich wie ein Kreiſel, und das Meer drang ein...

»O mein armes Kind! Mein armes Kind! — Wer wird mein Kind retten?« rief die Mutter mit herzzerreißender Stimme.

»Ihr ſelber,« erwiderte der Fremde.

Der Klang dieſer Stimme durchdrang das Herz des jungen Weibes und erfüllte es mit Hoffnung. Sie hörte dieſe ſanften Worte durch das Pfeifen des Orkans, durch das Schreien der Paſſagiere hindurch.

»Heilige wundertätige Jungfrau zu Antwerpen, ich gelobe dir tauſend Wachskerzen und eine Statue, wenn du mich erretteſt!« rief der Bürger, der auf ſeinen Goldſäcken auf den Knien lag.

»Die Jungfrau iſt in Antwerpen ebenſowenig wie hier,« erwiderte ihm der Profeſſor.

»Sie iſt im Himmel,« ſagte eine Stimme, die aus dem Meere hervorzukommen ſchien.

»Wer hat da geſprochen?«

»Das iſt der Teufel,« rief der Diener, »er macht ſich über die Jungfrau von Antwerpen luſtig!«

»Laßt doch jetzt eure heilige Jungfrau,« ſagte der Schiffsführer zu den Paſſagieren. »Nehmt die Schöpf-

eimer und ſchöpft das Waſſer aus der Barke. — Und ihr,« wandte er ſich zu den Matroſen, »rudert, rudert, was ihr könnt! Wir haben noch eine Möglichkeit, im Namen des Teufels, der euch in dieſer Welt laſſen möge, wir wollen ſelber unſere eigene Vorſehung ſein. ... Dieſer Kanal iſt höchſt gefahrvoll, das iſt bekannt, — und ich befahre ihn ſchon ſeit dreißig Jahren. Kämpfe ich denn heute zum erſten Mal mit dem Sturm?«
Und an ſeinem Steuerruder ſtehend beobachtete der Schiffsführer weiter bald die Barke, bald das Meer, bald den Himmel.
»Der Schiffsherr macht ſich über alles luſtig,« ſagte Thomas leiſe.
»Wird Gott uns mit dieſen elenden Menſchen ſterben laſſen?« fragte das hochmütige junge Mädchen den ſchönen Kavalier.
»Nein, nein, edles Fräulein ... hört mich an!«
Er umfaßte ſie und flüſterte ihr ins Ohr:
»Ich kann ſchwimmen, Ihr dürft aber nichts davon ſagen. Ich faſſe Euch bei Euren ſchönen Haaren und bringe Euch ſicher an das Ufer. Aber ich kann nur Euch retten!«
Das Fräulein ſah die alte Mutter an. Die Dame lag auf den Knien und bat den Geiſtlichen, der nicht auf ſie hörte, um Abſolution. Der Kavalier las in den Augen der jungen Schönen ein ſchwaches töchterliches Mitgefühl und ſagte mit dumpfer Stimme:
»Unterwerft Euch dem Willen Gottes! Wenn er Eure Mutter zu ſich rufen will, ſo wird das ohne Zweifel zu ihrem Glück ſein ... in der andern Welt,« fügte er mit noch leiſerer Stimme hinzu, »und zu unſerm in dieſer,« dachte er.
Die edle Frau von Rupelmonde beſaß ſieben Lehns-

güter außer der Graffchaft Gavres. Das Fräulein hörte die Stimme ihres Lebens, die Wünfche ihrer Liebe aus dem Munde des fchönen Abenteurers fprechen, eines jungen Ungläubigen, der viel in die Kirche ging, wo er eine Beute fuchte, ein Mädchen, das er heiraten konnte, mit reicher Barfchaft. Der Bifchof fprach feinen Segen über die Wogen und befahl ihnen, ruhig zu werden — er dachte an feine Konkubine, die ihn mit einem leckeren Feftmahl erwartete, die fich vielleicht in diefem Augenblick in das Bad begab, fich parfümierte, fich in Samt und Seide hüllte oder ihre Gefchmeide und Edelfteine anlegte. Weit entfernt, an die Macht der heiligen Kirche zu denken und die um ihn verfammelten Chriften zu tröften, indem er fie ermahnte, fich Gott anzuvertrauen, mifchte er weltliches Leid und Liebesgeflüfter in die heiligen Worte des Breviers. Das Licht, das die bleichen Gefichter beleuchtete, ließ ihren verfchiedenen Ausdruck erkennen, als die Barke, von einer Woge hoch emporgehoben, dann tief in den Abgrund hinuntergefchleudert, gefchüttelt wurde wie ein welkes Blatt, ein Spielzeug der Herbftbrife, in ihren Fugen krachte und nahe am Zerfchellen zu fein fchien. Da erhob fich ein Schrei des Entfetzens, dem ein angftvolles Schweigen folgte. Die Haltung der Perfonen im Vorderfchiff ftand in einem feltfamen Gegenfatz zu dem der reichen oder mächtigen Paffagiere. Die junge Mutter preßte ihr Kind an ihre Bruft, fo oft die Wellen das fchwanke Fahrzeug zu verfchlingen drohten; aber fie glaubte der Hoffnung, die ihr das Wort des Fremden in das Herz gegoffen; immer wieder heftete fie ihre Blicke auf diefen Mann und fchöpfte aus feinem Geficht neuen Glauben, den ftarken Glauben eines fchwachen

Weibes, den Glauben einer Mutter. Dies naive Geſchöpf lebte jetzt von dem göttlichen Wort, von dem Wort der Liebe, das dieſer Mann geſprochen hatte, wartete vertrauensvoll auf die Einlöſung dieſes Verſprechens und fürchtete faſt die Gefahr nicht mehr. An den Rand der Schaluppe geklammert, verwandte der Soldat kein Auge von dieſem ſeltſamen Manne, deſſen Kaltblütigkeit er nachzuahmen ſuchte, mit ſeinem rauhen, verwitterten Geſicht unter Aufbietung ſeiner Klugheit und ſeines Willens, deren mächtige Spannkraft im Laufe eines paſſiven und mechaniſchen Lebens wenig abgenutzt war; da er den Ehrgeiz hatte, ebenſo ruhig und unerſchütterlich zu erſcheinen wie dieſer überlegene Mut, ſo identifizierte er ſich ſchließlich, vielleicht ſich ſelber unbewußt, mit dem geheimen Prinzip dieſer inneren Macht. Nun wurde ſeine Bewunderung zu inſtinktivem Fanatismus, einer grenzenloſen Liebe, einem Glauben an dieſen Mann, ähnlich der Begeiſterung, die die Soldaten für ihren Anführer haben, wenn er ein Mann der Macht iſt, umgeben von dem Glanz des Siegs, umſtrahlt von dem Leuchten des Geiſtes. Die arme Alte ſagte leiſe:

»O ich elende Sünderin, habe ich genug gelitten, um die Freuden meiner Jugend zu ſühnen? O warum haſt du Unglückliche dies ſchöne Leben geführt? Warum haſt du die Güter Gottes mit Männern der Kirche, die Güter der Armen mit Steuereinnehmern und Wucherern verpraßt? ... O, ich habe große Sünde getan! ... O mein Gott, mein Gott, mache meiner Hölle auf dieſer Erde des Unglücks ein Ende.«

Dann wieder ſagte ſie:

»Heilige Jungfrau, Mutter Gottes, erbarme dich meiner!«

»Tröſtet Euch, Frau! Der liebe Gott iſt kein Wucherer. Obwohl ich, vielleicht zu Unrecht und am falſchen Orte, Gute und Böſe getötet habe, fürchte ich die Auferſtehung nicht.«
»O Herr Gefreiter, wie glücklich ſind die ſchönen Damen, daß ſie einen Biſchof bei ſich haben, einen heiligen Mann,« nahm die Alte wieder das Wort, »ihnen werden ihre Sünden vergeben! O könnte ich die Stimme eines Prieſters hören, die mir ſagte: ‚Deine Sünden ſind dir vergeben', dann würde ich es glauben.«
Der Fremde wendete ſich zu ihr und ſie erzitterte unter ſeinem mitleidsvollen Blick.
»Glaube,« ſagte er zu ihr, »und du wirſt gerettet ſein.«
»Gott lohne es Euch, mein guter Herr«, erwiderte ſie. »Wenn Ihr die Wahrheit ſprecht, werde ich für Euch und für mich barfüßig zu der Mutter Gottes von Loretto wallfahren.«
Die beiden Bauern, Vater und Sohn, ſchwiegen in ſtummer Unterwerfung unter den Willen Gottes, wie Menſchen, die es gewöhnt ſind, inſtinktiv wie Tiere den Schwingungen der Natur zu folgen.
So war alſo auf einer Seite Reichtum, Hochmut, Wiſſenſchaft, Ausſchweifung, Verbrechen vereint, die ganze menſchliche Geſellſchaft, ſo wie Künſte, Gedanken, Erziehung, die Welt und ihre Geſetze ſie formen, — aber auch nur auf dieſer Seite war Geſchrei und Angſt, waren tauſend verſchiedenartige Gefühle, die von ſchrecklichen Zweifeln bekämpft wurden; nur hier war die Todesqual der Furcht zu finden. Über dieſen Exiſtenzen ſtand ein mächtiger Mann, der Schiffsherr, der nichts fürchtete, der Führer, der fataliſtiſche König, der ſich ſeine eigene Vorſehung ſchuf, indem er rief: »Heiliger Schöpfeimer!«

und nicht »Heilige Jungfrau!« ... der dem Unwetter trotzte und Leib an Leib mit dem Meere rang. — Auf der andern Seite des Nachens die Schwachen! ... die Mutter, die auf ihrem Schoße ein kleines Kind wiegte, das dem Unwetter zulächelte; ein altes, einst fröhliches Mädchen, das jetzt entsetzlichen Gewissensbissen ausgeliefert war; ein mit Narben übersäter Soldat, der für unermüdliche Aufopferung keinen andern Lohn empfangen hatte als sein verkrüppeltes Leben: er hatte kaum ein Stück Brot, von Tränen befeuchtet; dennoch lachte er über alles und lebte sorglos und glücklich, wenn er seinen Ruhm in einem Glas Bier sich spiegeln sah oder Kindern, die ihn bewunderten, davon erzählte; er überließ Gott heiteren Herzens die Sorge für seine Zukunft; daneben die zwei Bauern, Menschen der Mühe und Anstrengung, der leibhaftigen Arbeit, der Arbeit, von der die Welt lebt. Diese einfachen Menschen kümmerten sich nicht um das Denken und seine Schätze, aber sie waren bereit, sich in eine tiefe Gläubigkeit zu versenken, da ihr Glaube um so stärker war, als sie ihn niemals zerlegt, niemals darüber gestritten hatten; jungfräuliche Naturen, deren Gewissen rein und deren Gefühl mächtig geblieben war; Gewissensbisse, Unglück, Liebe, Arbeit hatten ihren Willen ausgebildet, geläutert, konzentriert, verzehnfacht, ihren Willen, das einzige, was im Menschen dem ähnelt, was die Gelehrten eine Seele nennen.

Als die Barke, von der wunderbaren Geschicklichkeit des Führers gelenkt, schon Ostende in Sicht bekam und nur noch fünfzig Schritt vom Ufer entfernt war, wurde sie durch eine plötzliche Bö zurückgeworfen und schlug um. Da sagte der Fremde mit dem leuchtenden Gesicht zu dieser kleinen Welt des Unglücks:

»Wer den Glauben hat, wird gerettet werden! Er folge mir!«
Der Mann erhob ſich und ging mit feſten Schritten über die Wellen hin. Da nahm die junge Mutter ihr Kind auf den Arm und ging neben ihm über das Meer. Der Soldat richtete ſich auch auf und ſagte in ſeiner unverblümten Redeweiſe:
»Zum Donnerwetter, ich würde dir zum Teufel folgen!«
Damit ging auch er über das Meer hin, ohne ein Zeichen von Erſtaunen zu verraten. Die alte Sünderin, die an die Allmacht Gottes glaubte, folgte dem Manne und ging über das Meer. Die beiden Bauern ſagten ſich:
»Wenn die dort auf dem Waſſer gehen, warum ſollten wir es nicht auch tun?«
Sie ſtanden auf, eilten ihnen nach und gingen über das Meer. Thomas wollte es ihnen gleichtun, aber da ſein Glaube wankend war, ſank er mehrmals in das Meer ein, erhob ſich jedoch immer wieder und konnte nach drei Verſuchen über das Waſſer hingehen. Der kühne Schiffsführer hatte ſich an die Planken ſeiner Barke geklammert. Der Geizige hatte den Glauben gehabt und war aufgeſtanden; aber er wollte ſein Gold mitnehmen, und ſein Gold zog ihn auf den Grund des Meeres hinab. Der Gelehrte, der ſich über den Scharlatan und die Dummköpfe, die auf ihn hörten, luſtig machte, als der Unbekannte den Paſſagieren vorſchlug, über das Meer zu gehen, begann zu lachen und wurde vom Ozean verſchlungen. Das junge Mädchen wurde von ihrem Liebhaber in den Abgrund hinuntergezogen. Der Biſchof und die alte Dame verſanken, vielleicht von Verbrechen beſchwert, mehr aber noch belaſtet durch ihren

Unglauben, durch ihre Anbetung von Götzenbildern, ſchwer an falſcher Frömmigkeit, leicht an Almoſen und wahrer Religion.

Die Getreuen, die feſten und trockenen Fußes über die toſenden Waſſer ſchritten, hörten um ſich her das furchtbare Brüllen des Sturms. Ungeheure Wogen brachen ſich auf ihrem Wege. Eine unbeſiegliche Kraft überwand den Ozean. Durch den Nebel ſahen die Getreuen in der Ferne am Ufer einen ſchwachen Lichtſchein aus dem Fenſter einer Fiſcherhütte dringen. Jeder, der mutig auf dieſes Licht zuſchritt, glaubte ſeinen Nachbarn durch das Brüllen des Meeres rufen zu hören: »Mut!«

Und doch ſagte niemand ein Wort, da jeder ſich der Gefahr bewußt war. So langten ſie am Strande an. Als ſie alle bei dem Fiſcher um den Herd ſaßen, ſpähten ſie vergeblich nach ihrem leuchtenden Führer aus.

Dieſer ſaß hoch auf einem Felſen, an deſſen Fuß der Sturm den Schiffsführer warf, der noch immer ſeine Planke umklammert hielt, mit der Kraft, die die Seeleute entfalten, wenn ſie mit dem Tode ringen; der Mann ſtieg hinab, hob den faſt zerſchmetterten Schiffbrüchigen auf und ſagte, indem er ihm hilfreich die Hand auf den Kopf legte: »Für dieſes Mal mag es gut ſein, aber Ihr dürft das nicht wieder tun, es würde ein zu ſchlechtes Beiſpiel geben.«

Er hob den Seemann auf und trug ihn nach der Fiſcherhütte. Er klopfte für den Unglücklichen an, damit man ihm die Tür dieſes beſcheidenen Zufluchtsortes öffne, dann verſchwand der Heiland. An dieſem Orte wurde für die Seeleute das Kloſter der Gnade erbaut, wo man lange die Spuren ſah, die, wie man ſagte, Jeſu Chriſti Füße im Sande hinterlassen hatten. Im Jahre 1793, bei dem Einzug der Franzosen in Belgien, nahmen Mönche diese kostbare Reliquie mit, den Beweis des letzten Besuches, den Jesus auf Erden abgestattet hat.

An diesem Ort befand ich mich, meines Lebens müde, einige Zeit nach der Revolution von 1830. Hätte man mich nach dem Grunde meiner Verzweiflung gefragt, so wäre es mir fast unmöglich gewesen, ihn zu nennen, so schlaff und fließend war meine Seele geworden. Die Spannkraft meines Geistes ließ nach unter dem Hauch des Westwindes. Der Himmel verbreitete eine schwarze Kälte, und die dunklen Wolken, die über meinen Kopf hinzogen, gaben der Natur etwas Unheimliches; die Unermeßlichkeit des Meeres schien zu sagen: Heute sterben, morgen sterben, muß man nicht immer sterben? und da.... Ich irrte also umher, in meine Gedanken an eine ungewisse Zukunft, an meine gescheiterten Hoffnungen verloren. In diese finsteren Ideen versenkt, betrat ich mechanisch die Kirche des Klosters, deren graue Türme mir damals in dem Meernebel wie Gespenster erschienen. Ich betrachtete ohne Begeisterung diesen Wald von Säulen, deren blätterreiche Kapitelle leichte Arkaden, anmutige Labyrinthe trugen. Ich ging gleichgültig durch die Seitenschiffe, die sich wie gewundene Säulenhallen vor mir ausdehnten. In dem ungewissen Licht des Herbsttages konnte man oben am Gewölbe kaum die geschnitzten Schlußsteine sehen und die feinen Rippen, die die anmutigen Bogen umzogen. Die Orgel war stumm. Nur das Geräusch meiner Schritte weckte ein dumpfes Echo in den dunklen Kapellen. Ich setzte mich neben einen der vier Pfeiler, die die Kuppel trugen, in der Nähe des Chors.

Von dort konnte ich das Bauwerk als Ganzes in mich
aufnehmen, das ich betrachtete, ohne einen be-
ſtimmten Gedanken damit zu verknüpfen. Die me-
chaniſche Arbeit meiner Augen ließ mich nur dies
impoſante Labyrinth all der Säulen ſehen, all der
Roſetten, die wie Netze über den Seitentüren und
dem großen Portal angebracht waren, die ſchweben-
den Galerien, an denen winzige Säulen die Glas-
ſcheiben trennten, die in Bogen, Kleeblätter oder
Blumen eingefügt waren, ein ſchönes ſteinernes Fili-
gran. Im Hintergrunde des Chors funkelte eine Glas-
kuppel, als wäre ſie aus koſtbaren, kunſtvoll geſchlif-
fenen Steinen erbaut. Zur Rechten und zur Linken
zweigten ſich zwei tiefe Schiffe ab, in weiß und
farbig gehalten, in deren ſchwarzen Schatten die
unbeſtimmten Umriſſe von hundert grauen Säulen
ſich ſchwach abzeichneten. Bei der Betrachtung
dieſer wunderbaren Arkaden, dieſer Arabesken,
Feſtons und Spiralen, dieſer orientaliſchen Phanta-
ſien, die ſich ineinanderſchlangen, ſeltſam beleuch-
tet, verwirrten ſich meine Sinne. Ich ſchwebte wie
auf der Grenze zwiſchen Wahn und Wirklichkeit,
gefangen in den Fallen des Geſichts und faſt gelähmt
von der Mannigfaltigkeit der Eindrücke. Unver-
merkt verſchleierten ſich die Steine, ich ſah ſie nur
noch wie durch eine Wolke von Goldſtaub, wie er
ähnlich in dem leuchtenden Streifen tanzt, den ein
Sonnenſtrahl in das Zimmer wirft. In dieſer dun-
ſtigen Atmoſphäre, die alle Formen verwiſchte,
leuchtete plötzlich die Roſenkante auf. Jede Rippe,
jede geſchnitzte Linie, die kleinſte Einzelheit er-
glänzte ſilbern. Die Sonne zündete Feuer in den
Glasſcheiben an, deren reiche Farben leuchteten.
Die Säulen bewegten ſich, ihre Kapitelle ſchwankten

leiſe. Ein liebkoſendes Zittern durchlief den Bau, deſſen Frieſe ſich voll anmutiger Vorſicht bewegten. Die Bewegung von ein paar großen Pfeilern war ſo gravitätiſch wie der Tanz einer vornehmen Witwe, die am Ende eines Balles aus Gefälligkeit in einer Quadrille mittanzt. Einige kleine, ſchlanke Säulen begannen zu lachen und zu ſpringen im Schmuck ihrer Blätterkronen. Spitze Bogen taten ſich mit hohen, langen und ſchmalen Fenſtern zuſammen, den Damen des Mittelalters vergleichbar, auf deren Brokatroben die Wappen ihres Geſchlechts gemalt waren. Der Tanz dieſer Spitzbogen mit den prächtigen Fenſtern wirkte wie die Kämpfe eines Turniers. Bald zitterte jeder Stein in der Kirche, ohne jedoch ſeinen Platz zu verändern. Die Orgel erbrauſte und ließ mich eine göttliche Harmonie hören, in die ſich Engelſtimmen miſchten, eine unerhörte Muſik, begleitet von der dumpfen Baßſtimme der Glocken, deren Geläute verkündete, daß die beiden ungeheuren Türme auf ihrem Fundamente ſchwankten. Dieſer Hexenſabbath erſchien mir als die natürlichſte Sache von der Welt und ich wunderte mich nicht darüber, nachdem ich Karl X. auf Erden geſehen hatte. Ich ſelber fühlte mich ſanft geſchaukelt, was mir eine Art nervöſes Vergnügen bereitete, und es wäre mir unmöglich, eine Vorſtellung davon zu geben. Aber inmitten dieſes heißen Bacchanals erſchien mir der Chor der Kathedrale kalt, als herrſche dort der Winter. Ich ſah dort viele weißgekleidete, aber unbewegliche und ſchweigende Frauen. Einige Weihrauchkeſſel verbreiteten einen lieblichen Duft, der meine Seele durchdrang und ſie erquickte. Die Kerzen flammten. Die Kanzel, heiter wie ein Kantor, der des ſüßen Weines voll iſt, hüpfte wie ein Pagodenhut. Ich begriff, daß die Kathedrale ſich mit ſolcher Geſchwindigkeit um ſich ſelber drehte, daß jeder Gegenſtand an ſeinem Platz zu bleiben ſchien. Der koloſſale Chriſtus auf dem Altar lächelte mir mit einem boshaften Wohlwollen zu, das mich einſchüchterte – ich wendete den Blick von ihm ab, um in der Ferne einen bläulichen Dunſt zu bewundern, der zwiſchen den Pfeilern hindurchglitt und ihnen etwas unbeſchreiblich Anmutiges verlieh. Endlich bewegten ſich einige entzückende Frauengeſtalten in den Frieſen. Die Kinder, die die großen Säulen trugen, ſchlugen ſich ſelber mit den Flügeln. Ich fühlte mich emporgehoben von einer göttlichen Macht, die mich in eine unendliche Freude tauchte, in eine weiche, ſüße Ekſtase. Ich hätte, glaube ich, mein Leben hingegeben, um die Dauer dieſer Phantasmagorie zu verlängern, als plötzlich eine ſchrille Stimme zu mir ſagte:

»Wache auf, folge mir!«

Eine abgemagerte Frau faßte mich bei der Hand, ſo daß mich ein Froſtſchauer überlief. Man ſah ihre Knochen durch die zerfurchte Haut ihres fahlen, faſt grünlichen Geſichts. Dieſe kleine, kalte alte Frau trug ein ſchwarzes Gewand, das durch den Staub ſchleppte, und barg an ihrem Halſe etwas Weißes, das ich nicht genauer zu betrachten wagte. Ihre ſtarren, zum Himmel erhobenen Augen ließen nur das Weiße der Augäpfel ſehen. Sie zog mich durch die Kirche und ihre Schritte hinterließen eine Spur von Aſche, die von ihrem Kleide fiel. Beim Gehen klapperten ihre Knochen wie die Gebeine eines Skelettes. Während wir dahingingen, hörte ich hinter mir das Bimmeln eines Glöckchens,

dessen spröde Klänge in meinem Hirn widerhallten wie die Töne einer Harmonika.
»Man muß leiden! Man muß leiden!« sagte sie zu mir.
Wir verließen die Kirche und gingen durch die schmutzigsten Straßen der Stadt; dann führte sie mich in ein schwarzes Haus, wo sie mich an sich zog, indem sie mit einer Stimme, deren Ton brüchig klang wie eine zersprungene Glocke, rief: »Schütze mich! Schütze mich!«
Wir stiegen eine Wendeltreppe hinauf. Als sie an eine dunkle Tür klopfte, öffnete uns ein Mann, stumm wie die Diener der Inquisition. Wir befanden uns nun in einem Zimmer, das mit alten, durchlöcherten Wandteppichen bespannt und voll altem Linnen, verblaßten Seidenstoffen, vergoldetem Kupfer war.
»Das sind ewige Reichtümer,« sagte sie.
Ich zitterte vor Entsetzen, als ich nun, beim Schein einer langen Fackel und zwei Kerzen, deutlich sah, daß diese Frau soeben dem Grabe entstiegen sein mußte. Sie hatte kein Haar. Ich wollte fliehen; sie bewegte ihren Skelettarm und umschlang mich mit einem stacheligen Eisenring. Bei dieser Bewegung ertönte ganz nahe bei uns von Millionen Stimmen ein Schrei, das Hurrageschrei der Toten.
»Ich will dich auf ewig glücklich machen,« sagte sie, »du bist mein Sohn!«
Wir saßen vor einem Kamin, dessen Asche erkaltet war. Aber die Alte drückte meine Hand so fest, daß ich dort bleiben mußte.
Ich sah sie lange an und versuchte die Geschichte ihres Lebens zu erraten, indem ich die Dinge betrachtete, zwischen denen sie vermoderte. Aber existierte sie? Es war wirklich ein Geheimnis. Ich sah wohl, daß sie einstmals jung und schön gewesen

ſein mußte, geſchmückt mit allen Reizen der Unſchuld, eine griechiſche Statue mit jungfräulicher Stirn.

»Oh,« ſagte ich zu ihr, »jetzt erkenne ich dich! Du Unglückliche, warum haſt du dich den Männern ausgeliefert? Im Alter der Leidenſchaften, als du reich geworden warſt, haſt du deine reine, ſanfte Jugend, deine frommen Neigungen, deine unſchuldigen Sitten, deinen befruchtenden Glauben vergeſſen, deiner urſprünglichen Kraft haſt du entſagt, deiner völlig geiſtigen Überlegenheit über die Macht des Fleiſches. Deine linnenen Kleider haſt du abgelegt, haſt dein ſchlichtes Lager und deine von göttlichem Licht erleuchtete Wohnſtätte verlaſſen und haſt in Diamanten, Luxus und Wolluſt geprangt. Kühn und ſtolz haſt du alles begehrt, alles bekommen und alles beiſeite geſtoßen auf deinem Wege, wie eine Hure, die in Mode gekommen iſt und ihrem Vergnügen zueilt; grauſam biſt du geweſen wie eine Königin, deren Willen gelähmt iſt. Erinnerſt du dich nicht, daß du zeitweiſe dumm warſt und dann wieder von wunderbarer Intelligenz, ähnlich der Kunſt, die aus einer Orgie erblüht? Dichterin, Malerin, Sängerin, liebteſt du die glanzvollen Feſte und haſt vielleicht die Künſte nur aus Laune protegiert, nur um unter prächtigen Baldachinen zu ſchlafen. Phantaſtiſch und keck warſt du, die du keuſch und züchtig hätteſt ſein müſſen, und unterwarfeſt alles deinem Pantoffel und ſetzteſt deinen Fuß auf den Nacken der Herrſcher, die hienieden die Macht, das Geld und das Talent hatten! Du demütigteſt den Mann und hatteſt deine Freude daran, zu ſehen, wie weit die menſchliche Dummheit ging, du ließeſt deine Anbeter auf allen Vieren kriechen, ließeſt dir ihr Hab und Gut, ihre Schätze, ihre Frauen ſogar zu Füßen legen, wenn ſie etwas wert waren. Du haſt, ohne Grund, Millionen von Menſchen zugrunde gerichtet, — du haſt ſie wie Sandwolken von Weſten nach Oſten geworfen. Du biſt von den Höhen des Gedankens hinabgeſtiegen, um dich an die Seite der Könige zu ſetzen. Weib, ſtatt die Männer zu tröſten, haſt du ſie gequält, betrübt! Blut wollteſt du, und warſt dir gewiß, es zu bekommen. Und doch hätteſt du dich mit ein wenig Mehl begnügen können, da du dazu erzogen warſt, Brotfladen zu eſſen und Waſſer in deinen Wein zu miſchen. Originell in allem, verboteſt du deinen erſchöpften Anbetern, jemals wieder zu eſſen, und ſie aßen nicht. Warum ging deine Extravaganz ſo weit, das Unmögliche zu wollen. Warum haſt du gleich einer Kurtiſane, die durch ihre Anbeter verdorben wurde, dich in Nichtigkeiten vergafft und haſt die Menſchen nicht aus ihrem Wahn geriſſen, der alle deine Irrtümer erklärte oder rechtfertigte? Und dann haſt du deine letzten Leidenſchaften erlebt! Schrecklich wie die Liebe einer Frau von vierzig Jahren war dein Brunſtſchrei ... das ganze Weltall wollteſt du in einer letzten Umarmung umſchlingen, und die Welt, die dir gehörte, glitt dir aus den Händen. Nach den Jünglingen kamen nun Greiſe, Ohnmächtige zu dir, die dich haſſenswert machten. Einige Männer mit Adleraugen aber ſagten dir mit ihrem Blick: »Du wirſt ruhmlos umkommen, weil du das, was du als junges Mädchen verſprochen, nicht gehalten haſt. Statt ein Engel mit einer Friedensſtirn zu werden und Licht und Glück auf deinem Wege zu ſäen, biſt du eine Meſſalina geworden, die rauſchende Feſte und Ausſchweifungen liebte, und haſt deine Macht mißbraucht. Du kannſt nicht wieder Jungfrau werden, du müßteſt einen Meiſter haben. Deine Zeit kommt. Du fühlſt ſchon den Tod. Deine Erben halten dich für reich, ſie werden dich töten und nichts bekommen. Verſuche wenigſtens deine Kleider abzuwerfen, die nicht mehr modern ſind, werde wieder, was du einſt geweſen. Aber nein, du haſt dir ſelber das Leben genommen! Iſt dies nicht deine Geſchichte?« endigte ich, »alt, hinfällig, zahnlos, jetzt vergeſſen, gehſt du vorüber, ohne einen Blick zu erhaſchen. Warum lebſt du? Was ſoll dein Bettlergewand, das niemandes Begehren erregt? Wo iſt dein Vermögen? Warum haſt du es vergeudet? Wo ſind deine Schätze? Was haſt du Gutes getan?«

Bei dieſer Frage richtete ſich die Alte auf, warf ihre Lumpen ab, wuchs, leuchtete, lächelte, ſchlüpfte heraus aus der dunklen Verpuppung. Und wie ein neugeborener Schmetterling ſeiner Hülle entſchlüpft, ſtand ſie jung und weiß in einem Linnenkleide vor mir. Ihr goldenes Haar umfloß ihre Schultern, ihre Augen blitzten, eine leuchtende Wolke umgab ſie, ein Glorienſchein umſchwebte ihren Kopf; ſie ſtreckte den Arm aus und hielt ein Flammenſchwert in der Hand.

»Sieh und glaube!« ſagte ſie.

Auf einmal ſah ich in der Ferne Tauſende von Kathedralen, ähnlich der, die ich ſoeben verlaſſen hatte, aber mit Bildern und Fresken geſchmückt, und hörte betörende Muſik. Um dieſe Bauwerke drängten ſich Myriaden von Menſchen, wie Ameiſen in ihren Bauten: die einen waren voller Eifer, Bücher davonzutragen und Manuſkripte abzuſchreiben, die andern dienten den Armen. Aus dieſer unüberſehbaren

Masse erhoben sich riesenhafte Statuen, die von ihnen errichtet waren. In dem phantastischen Schein eines Lichtes, das so groß war wie die Sonne, las ich auf dem Sockel dieser Statuen: Wissenschaft, Geschichte, Literatur.

Das Licht erlosch, ich sah mich abermals vor dem jungen Mädchen, das allmählich wieder in seine kalte Hülle, in seine vergänglichen Lumpen zurückschlüpfte und alt wurde. Ihr Diener brachte ihr ein paar Kohlen, um das erloschene Feuer ihres Kohlenbeckens wieder anzufachen, denn es war kaltes Wetter; dann zündete er ihr, die Tausende von Kerzen in ihren Palästen gehabt, eine kleine Nachtlampe an, damit sie während der Nacht ihre Gebete lesen könne.

»Man glaubt nicht mehr,« sagte sie.

In solchem Zustand sah ich die schönste, größte, wahrste, fruchtbarste aller Mächte.

»Wachen Sie auf, Herr, die Türen sollen geschlossen werden!« sagte eine rauhe Stimme zu mir.

Ich drehte mich um und sah das beängstigende Gesicht des Sakristans; er hatte mich am Arm gerüttelt. Ich sah die Kathedrale in Dunkelheit gehüllt, wie einen Mann, der sich in seinen Mantel wickelt.

»Glauben,« dachte ich bei mir, »heißt leben.« Ich habe den Leichenzug einer Monarchie vorübergehen sehen. Man muß die Kirche verteidigen.

✩

LOUIS LAMBERT

☆

LOUIS LAMBERT WURDE 1797 IN MONTOIRE geboren, einem kleinen Städtchen in der Landſchaft Vendôme, wo ſein Vater eine kleine Gerberei betrieb. Er hatte den Sohn zu ſeinem Nachfolger beſtimmt, aber die Neigungen, die derſelbe ſchon frühzeitig für das Studium zeigte, änderten die Pläne des Vaters. Zudem liebten die Gerbersleute Louis so, wie man eben einen einzigen Sohn liebt, und legten ihm keinerlei Hinderniſſe in den Weg. Mit fünf Jahren war Louis das alte und neue Teſtament in die Hände gefallen, und dieſes Buch, das ſo viele Bücher umfaßt, hatte ſein Schickſal beſtimmt. Begriff der kindliche Verſtand ſchon die geheimnisvolle Tiefe der Heiligen Schrift, konnte er dem Heiligen Geiſt in ſeinem Fluge durch die Welt folgen; liebte er nur den romantiſchen Zauber, der in dieſen orientaliſchen Dichtungen enthalten war; oder ſympathiſierte dieſe Seele in ihrer erſten Unſchuld mit dem religiös Erhabenen, das göttliche Hände in dieſem Buche ausgeſtreut haben? Einigen Leſern wird unſere Erzählung dieſe Fragen beantworten. Eine Folge hatte dieſe erſte Lektüre der Bibel jedenfalls: Louis ging durch ganz Montoire und ſammelte Bücher, die er auch bekam, dank jener Unwiderſtehlichkeit, die allein das Geheimnis der Kinder iſt und der niemand etwas abſchlagen kann. Bei dieſer Art Studium, das von keinem Menſchen überwacht wurde, erreichte er ſein zehntes Lebensjahr. Damals waren Erſatzmänner für den militäriſchen Dienſt ſehr ſelten zu bekommen; viele reiche Familien ſicherten ſie ſich daher ſchon im voraus, um dann bei der Aushebung nicht in Verlegenheit zu kommen. Aber das geringe Vermögen der armen Gerbersleute geſtattete es ihnen nicht, für ihren Sohn auch einen Erſatzmann zu kaufen. So fanden ſie nur in dem geiſtlichen Stand das einzige ihnen vom Geſetz übriggelaſſene Mittel, ihren Sohn vor dem Militär zu bewahren. Sie ſchickten ihn daher im Jahre 1807 zu ſeinem Onkel mütterlicherſeits, dem Pfarrer von Mer, einer anderen kleinen Stadt, die an der Loire, in der Nähe von Blois, gelegen iſt. Dieſe Wahl befriedigte ſowohl die Leidenſchaft Louis' für die Wiſſenſchaft wie auch den Wunſch ſeiner Eltern, ihn nicht den Zufälligkeiten des Krieges ausgeſetzt zu ſehen. Seine Neigung für das Studium und ſein frühreifer Geiſt gaben zudem zu der Hoffnung Anlaß, daß er es in ſeiner kirchlichen Laufbahn noch einmal weit bringen werde. Nachdem Louis ungefähr drei Jahre bei ſeinem Onkel geblieben war, einem alten gelehrten Oratorianer, verließ er dieſen zu Anfang des Jahres 1811, um in das Inſtitut zu Vendôme einzutreten, wo er auf Madame de Staëls Veranlaſſung und Koſten untergebracht worden war.

Lambert verdankte die Protektion dieſer berühmten Frau dem Zufall oder beſſer der Vorſehung, die dem hilfloſen Genie ſtets die Wege zu ebnen weiß. Aber uns, deren Blicke an der Oberfläche der menſchlichen Dinge haften bleiben, erſcheinen dieſe Schickſalswendungen, für die das Leben der großen Männer uns ſo viele Beiſpiele gibt, nur als das Reſultat eines rein natürlichen Vorganges. Und für die meiſten Biographen erhebt ſich das Haupt eines Genies über die Maſſen wie eine ſchöne Pflanze, die auf den Feldern durch ihren Glanz die Augen des Botanikers auf ſich lenkt. Dieſer Vergleich ließe ſich auch auf das ſeltſame Ereignis in Louis Lamberts Leben anwenden: Gewöhnlich verbrachte er die Zeit, die ſein Onkel ihm als Ferien gönnte, im Elternhauſe. Aber anſtatt ſich nach Schülerart den Freuden des »dolce far niente« hinzugeben, ging er mit Brot und Büchern bewaffnet fort und las und grübelte in den Wäldern, um ſich den Ermahnungen ſeiner Mutter zu entziehen, der dieſes andauernde Studium gefährlich erſchien. Wunderbarer Mutterinſtinkt! Von dieſer Zeit an war die Lektüre bei Louis zu einer Art Heißhunger geworden, den nichts ſtillen konnte. Er verſchlang Bücher aller Art und labte ſich wahllos an religiöſen, geſchichtlichen, philoſophiſchen und phyſikaliſchen Werken. Er hat mir einmal geſagt, daß er, wenn ihm andere Bücher nicht zur Hand waren, einen unglaublichen Genuß bei der Lektüre von Wörterbüchern empfand, was ich ihm gern glaubte. Welcher Schüler hat nicht immer wieder Freude daran gehabt, den wahrſcheinlichen Sinn eines Subſtantivs zu ſuchen? Die Analyſe eines unbekannten Wortes, ſein Charakter, ſeine Geſchichte waren für Lambert Urſache langer Träumerei. Aber es war nicht jene unbewußte Träumerei, durch die ein Kind ſich an die Phänomene des Lebens gewöhnt, ſich an die geiſtigen wie körperlichen Erſcheinungen heranwagt; eine unbewußte geiſtige Bildung, die ſpäter ſowohl im Verſtändnis wie im Charakter ſeine Früchte trägt. Nein, Louis Lambert erfaßte die Tatſachen wirklich und erklärte ſie, nachdem er ſowohl Anfang wie Ende derſelben mit dem Spürſinn eines Wilden aufgefunden hatte. Auch konnte er, durch eines jener ſonderbaren Spiele, in denen ſich die

Natur zuweilen gefällt und die die Anomalie ſeines Weſens bewies, ſchon mit vierzehn Jahren mit Leichtigkeit Gedanken äußern, deren Tiefe mir erſt viel ſpäter aufgegangen iſt.

»Oft«, ſo ſagte er mir, wenn er von ſeiner Lektüre ſprach, »oft habe ich wunderbare Reiſen gemacht, indem ich mich auf einem Wort in die Abgründe der Vergangenheit einſchiffte, wie das Inſekt auf einem Grashalm einen Fluß hinuntertreibt. Von Griechenland aus ging ich nach Rom und durchquerte den weiten Raum des modernen Zeitalters. Was für ein ſchönes Buch könnte man da nicht zuſtande bringen, wenn man das Leben und die Abenteuer eines Wortes ſchriebe? Es hat von den Ereigniſſen, denen es gedient hat, ſicherlich die verſchiedenſten Eindrücke erhalten; je nach dem Orte hat es die verſchiedenſten Ideen erweckt; aber iſt es nicht noch größer, wenn man es unter dem dreifachen Geſichtspunkt von Seele, Körper und Bewegung betrachtet? Und wenn man von ſeinen Funktionen, ſeinen Wirkungen und Handlungen abſieht und es nur an ſich betrachtet, verſinkt man da nicht in ein Meer von Reflexionen? Tragen nicht die meiſten Worte die Färbung der Idee, die ſie äußerlich darſtellen? Welchem Genie verdanken wir ſie? Wenn ein großer Geiſt notwendig iſt, um ein Wort zu ſchaffen, welches Alter hat dann die menſchliche Sprache? Die Zuſammenſetzung der Buchſtaben, ihre Formen, das Ausſehen, das ſie einem Wort geben, zeichnen, je nach dem Charakter jedes Volkes, ein deutliches Bild von den unbekannten Weſen, deren Erinnerung in uns lebt. Wer erklärt uns philoſophiſch den Übergang von der Empfindung zum Gedanken, vom Gedanken zum Wort, vom Wort zu ſeinem hieroglyphiſchen Ausdruck, von der Hieroglyphe zum Alphabet, vom Alphabet zur geſchriebenen Sprache, deren Schönheit in einer Folge von Bildern beſteht, die der Redner anordnet und die wie Hieroglyphen des Gedankens sind? Hat nicht die alte Wiedergabe menſchlicher Gedanken, die in Tierformen dargeſtellt wurden, die erſten Zeichen beſtimmt, deren ſich der Orient bediente, um ſeine Sprache niederzuſchreiben? Und hat ſie nicht durch Traditionen ein paar Spuren in unſern modernen Sprachen zurückgelaſſen, die ſich dann in die Trümmer des erſten Wortes der Völker geteilt haben, des erhabenen und feierlichen Wortes, deſſen Erhabenheit und Feierlichkeit in dem Maße abnimmt, in dem die Geſellſchaft altert, deſſen Klang, der ſo volltönend in der hebräiſchen Bibel iſt und ſo ſchön noch in Griechenland im Fortgang unſerer nacheinander folgenden Ziviliſationen jedoch ſich abſchwächt? Verdanken wir dieſem alten Geiſt die Myſterien, die ſich in jedes menſchliche Wort geflüchtet haben? Lebt nicht in dem Wort »wahr« eine geradezu unwirkliche Lauterkeit? Iſt nicht in dem kurzen Ton, in dem es ausgeſprochen wird, ein unbeſtimmtes Bild der keuſchen Nacktheit, der Schlichtheit des Wahren in jedem Ding? Dieſe Silbe atmet eine unerklärliche Friſche. Ich habe als Beiſpiel die Formel für einen abſtrakten Begriff genommen, da ich das Problem nicht an einem Wort erläutern wollte, das es zu leicht verſtändlich machen würde, wie zum Beiſpiel das Wort »Flug«, in dem ſoviel zu den Sinnen ſpricht. Und iſt es nicht mit jedem Wort ſo? Alle ſind ſie Zeichen einer lebendigen Kraft, die ſie von der Seele empfangen und die ſie ihr wieder zurückerſtatten durch das Geheimnis wunderbarer Wirkung und

Gegenwirkung zwiſchen Wort und Gedanken. Könnte man ſie nicht mit einem Liebenden vergleichen, der von den Lippen ſeiner Geliebten ſo viel Liebe ſchlürft wie er ihr gibt? Durch ihr Ausſehen allein beleben die Worte in unſrem Hirn die Dinge, denen ſie als Gewand dienen. Wie alle Weſen haben ſie nur einen Platz, wo ihre Eigenart voll wirken und ſich voll entfalten kann. Aber dieſer Gegenſtand brauchte wohl eine ganze Wiſſenſchaft für sich.« Und Louis zuckte die Achſeln, wie um zu sagen: wir ſind zu groß und auch zu klein!

Louis' Leſewut hatte übrigens viel Nahrung gefunden. Der Pfarrer von Mer beſaß ungefähr zwei- bis dreitausend Bücher. Dieſer Reichtum rührte von Plünderungen her, die während der Revolution in den umliegenden Klöſtern und Schlöſſern gemacht worden waren. In ſeiner Eigenſchaft als Prieſter, der auf die Verfaſſung vereidigt war, hatte der gute Mann die beſten Werke aus den koſtbaren Sammlungen, die damals nach Gewicht verkauft wurden, auswählen dürfen. Innerhalb dreier Jahre hatte ſich Louis Lambert den Inhalt all der Bücher angeeignet, die in der Bibliothek ſeines Onkels wert waren, geleſen zu werden. Die Art, wie er bei der Lektüre die Gedanken aufnahm, war überaus merkwürdig. Seine Augen überblickten ſieben bis acht Reihen auf einmal, und ſein Geiſt erfaßte den Sinn derſelben ebenſo ſchnell. Oft genügte ihm ſogar ein einziges Wort in einem Satz, um den Kern desſelben zu erfaſſen. Sein Gedächtnis war wunderbar. Er erinnerte ſich mit gleicher Treue der Gedanken, die er durch die Lektüre erworben hatte, wie derjenigen, die ihm durch Nachdenken oder im Geſpräch gekommen waren. Kurz, er beſaß ein Gedächtnis für alles: für

Orte, Namen, Worte, Dinge und Geſichter. Er erinnerte ſich nicht nur auf Wunſch eines Gegenſtandes, er ſah ihn in ſeinem Innern ſogar an der Stelle, in der Beleuchtung und in der Farbe, wie er ihn zum erſten Mal geſehen hatte. Dieſe Kraft war auch bei Vorgängen wirkſam, die der Anſchauung unzugänglich waren. Er entſann ſich, wie er ſich ausdrückte, nicht nur der Anordnung der Gedanken in dem Buche, aus dem er ſie geſchöpft hatte, ſondern auch ſeiner eigenen Seelenzuſtände in weit zurückliegenden Zeiten. Dank einer unerhörten Begabung konnte ſein Gedächtnis ihm die Entwicklung und das ganze Leben ſeines Geiſtes wieder aufbauen, von ſeinem erſten Gedanken an bis zu dem jüngſt entfalteten, von dem verwirrteſten bis zum klarſten. Sein Gehirn, das ſchon in jungen Jahren an den ſchwierigen Mechanismus der Konzentration der menſchlichen Kräfte gewöhnt war, ſchöpfte aus dieſem reichen Vorrat eine Menge Bilder von wunderbarer Wirklichkeit und Friſche, von denen es ſich in den Zeiten klaren Nachdenkens nährte.

»Wenn ich will,« ſo ſagte er in ſeiner Sprache, der die Schätze der Erinnerung eine frühreife Originalität verliehen hatten, »wenn ich will, ziehe ich einen Schleier vor meine Augen. Plötzlich gehe ich in mich hinein und finde dort eine Dunkelkammer, in der die Vorgänge der Natur ſich in einer reineren Form darſtellen, als es diejenige iſt, in der ſie meinen äußeren Sinnen anfangs erſchienen ſind.«

Mit zwölf Jahren hatte ſich ſeine Phantaſie, angeregt durch die unabläſſige Übung ſeiner Fähigkeiten, ſo hoch entwickelt, daß er von den Dingen, die er nur durch die Lektüre aufnahm, eine genaue Kenntnis beſaß, daß das Bild, das in ſeiner Seele eingegraben war, nicht lebendiger hätte ſein können, hätte er die Dinge wirklich geſehen; ſei es nun, daß er ſie ſich durch Analogie zu eigen machte, ſei es, daß er mit einer Art zweitem Geſicht begabt war, mit dem er die Natur umfaßte.

»Während ich den Bericht der Schlacht von Auſterlitz las,« ſagte er mir eines Tages, »habe ich alle Einzelheiten wahrgenommen. Der Flug der Kugeln, der Schrei der Kämpfenden klang an meinem Ohr wider und wühlte mein Inneres auf. Ich roch das Pulver, hörte das Getrappel der Pferde und die Stimmen der Menſchen. Ich ſah die Ebene vor mir, in der die Völker aufeinander ſtießen, als hätte ich auf der Höhe von Santon geſtanden. Dieſes Schauſpiel ſchien mir furchtbar wie eine Seite aus der Apokalypſe.«

Wenn er ſo alle ſeine Kräfte beim Leſen anſpannte, verlor er gewiſſermaßen das Bewußtſein ſeines Körpers und lebte nur mehr durch das gewaltige Spiel ſeiner inneren Organe, deren Kräfte ſich über alles Maß entfaltet hatten: er ließ nach ſeinem eigenen Ausdruck »den Raum hinter ſich«. Aber ich will nicht alle geiſtigen Phaſen ſeines Lebens vorwegnehmen. Ich habe ſchon wider meinen Willen die Ordnung verkehrt, in der ich die Geſchichte dieſes Menſchen entrollen muß, der ſein ganzes Handeln in ſein Denken legte, wie andere ihr ganzes Leben in ihr Handeln legen.

Eine große Vorliebe zog ihn zu myſtiſchen Werken hin. – »Abyſſus abyſſum«, ſagte er zu mir. »Unſer Geiſt iſt ein Abgrund, der ſich gern in Abgründen aufhält. Wir alle, Kinder, Männer, Greiſe, hungern immer nach Myſterien, unter welcher Form ſie ſich auch darſtellen mögen.« Dieſe Vorliebe wurde verhängnisvoll für ihn, wenn man überhaupt ſein Leben nach den gewöhnlichen Geſetzen beurteilen und das Glück anderer mit dem Maß des eigenen oder nach geſellſchaftlichen Vorurteilen meſſen darf. Dieſe Freude an den Dingen des Himmels — ein anderer Ausdruck, den er oft gebrauchte — dieſe »mens divinior« war vielleicht auf den Einfluß zurückzuführen, den die erſten Bücher, die er bei ſeinem Onkel las, auf ſeinen Geiſt ausgeübt hatten. Die Heilige Thereſe und Madame Guyon ſchloſſen ſich an die Bibel an, waren die erſten Verſuche ſeines jungen Geiſtes und gewöhnten ihn an jene tiefen Erregungen der Seele, deren Mittel ſowohl wie Zweck die Ekſtaſe iſt. Dieſes Studium, dieſe Neigung erhoben ſein Herz, reinigten, veredelten es, gaben ihm ein Verlangen nach der göttlichen Natur und lehrten ihn eine faſt weibliche Zartheit, die großen Männern angeboren iſt: vielleicht iſt das Göttliche in ihnen nur ein Bedürfnis nach Hingabe, wie Frauen es beſitzen, nur daß es von ihnen in große Dinge hineinverlegt wird. Dank ſeiner erſten Eindrücke blieb Louis im Gymnaſium rein. Dieſe edle Jungfräulichkeit der Sinne mußte notwendigerweiſe dazu beitragen, die Wärme ſeines Blutes zu erhöhen und die Fähigkeiten ſeines Denkens zu ſteigern.

Die Baronin von Staël, die auf vierzig Meilen von Paris verbannt war, verbrachte mehrere Monate ihres Exils auf einem Gut in der Nähe von Vendôme. Eines Tages, auf einem Spaziergang, begegnete ſie am Saum des Parkes dem Kind des Gerbers, das in faſt zerlumpter Kleidung in ein Buch vertieft war. Dieſes Buch war eine Überſetzung des Werkes »Von Himmel und Hölle«. Zu dieſer Zeit waren Saint-Martin, de Gence und ein paar andere Schriftſteller – zur Hälfte Deutſche – faſt die einzigen Menſchen, die im französischen Kaiserreich den Namen Swedenborg kannten. Erstaunt ergriff Madame de Staël das Buch, mit jenem Ungestüm, das sie in ihre Fragen, ihre Blicke und ihre Bewegungen zu legen pflegte; dann sah sie Lambert an und sagte zu ihm: »Verstehst du denn das?«

»Beten Sie zu Gott?« fragte das Kind.

»Aber gewiß doch!«

»Und verstehen Sie ihn?«

Die Baronin blieb ein paar Augenblicke sprachlos; dann setzte sie sich neben Lambert hin und unterhielt sich mit ihm. Leider ist mein Gedächtnis, wenn auch sehr umfassend, so doch lange nicht so treu wie das meines Freundes, und ich habe dieses Gespräch bis auf jene ersten Worte ganz vergessen. Diese Begegnung war dazu angetan, Madame de Staël aufs lebhafteste zu interessieren. Bei ihrer Rückkehr ins Schloß sprach sie wenig davon, trotz ihres Mitteilungsbedürfnisses, das bei ihr in Geschwätzigkeit ausartete; sie schien nur sehr nachdenklich. Die einzige noch lebende Person, die die Erinnerung an diese Begegnung bewahrt hat und die ich befragt habe, um die wenigen Worte zusammen zu bringen, die Madame de Staël damals entschlüpft waren, fand in ihrem Gedächtnis nur mühsam den Satz, den die Baronin in bezug auf Lambert gesagt hat: »Das ist ein wahrer Seher!« Louis rechtfertigte in den Augen der Welt die schönen Hoffnungen nicht, die seine Beschützerin in ihn gesetzt hatte. Das flüchtige Interesse, das sie ihm entgegenbrachte, wurde daher als Weiberlaune angesehen, als eine jener besonderen Launen, wie sie Künstlernaturen eigen sind. Madame de Staël wollte Louis Lambert dem Kaiser und der Kirche entreißen, um ihn dem auserwählten Schicksal zurückzugeben, das, wie ſie ſagte, ſeiner harrte. Denn ſie machte ſchon einen neuen Moſes aus ihm, den ſie aus den Waſſern errettet hatte. Vor ihrer Abreiſe beauftragte ſie einen ihrer Freunde, den Herrn de Corbigny, der damals Präfekt in Blois war, ihren Moſes zur gegebenen Zeit aufs Gymnaſium von Vendôme zu ſchicken. Dann vergaß ſie ihn wahrſcheinlich.

Lambert war mit vierzehn Jahren, zu Beginn des Jahres 1811, in die Anſtalt eingetreten und ſollte ſie zu Ende 1814 nach beſtandenem Abiturientenexamen verlaſſen. Ich glaube nicht, daß er in dieſer Zeit jemals das geringſte Zeichen des Erinnerns von ſeiner Wohltäterin bekommen hat, wenn denn überhaupt als eine Wohltat gelten ſoll, daß man drei Jahre hindurch die Penſion für ein Kind bezahlt, ohne weiter an deſſen Zukunft zu denken, nachdem man es aus einer Laufbahn herausgeriſſen hat, in der es vielleicht ſein Glück gefunden hätte. Die Zeitverhältniſſe und auch der Charakter Louis Lamberts können Madame de Staël hinſichtlich ihrer Sorgloſigkeit wie auch ihrer Großmut in weitem Maße von aller Schuld freiſprechen. Die Perſönlichkeit, die in ihren Beziehungen zu dem Kinde als Mittelsperſon gedient hatte, verließ Blois in dem Augenblick, da der Knabe aus dem Gymnaſium herauskam. Die politiſchen Ereigniſſe, die dann folgten, rechtfertigen einigermaßen die Gleichgültigkeit dieſes Mannes für den Schützling der Baronin. Die Verfaſſerin von »Corinna« erfuhr von ihrem kleinen Moſes nichts mehr. Die Hundert Dukaten, die ſie Herrn von Corbigny gegeben hatte – der, wie ich glaube, 1812 ſtarb – waren keine ſo bedeutende Summe, um Madame de Staëls Erinnerung wach zu halten, deren überſpannte Seele

nun genügend Nahrung fand und deren ganzes Intereſſe durch die Ereigniſſe von 1814 und 1815 aufs lebhafteſte in Anſpruch genommen wurde.
Louis Lambert war zu jener Zeit zu arm und auch zu ſtolz, um ſeine Wohltäterin, die durch Europa reiſte, wieder aufzuſuchen. Trotzdem ging er zu Fuß von Blois nach Paris, in der Abſicht, ſie zu ſehen, und kam unglückſeligerweiſe gerade an dem Tage dort an, an dem die Baronin ſtarb. Zwei Briefe, die Lambert geſchrieben hatte, waren ohne Antwort geblieben. Das Andenken an die guten Abſichten der Madame de Staël für Louis iſt alſo nur in einigen jungen Köpfen lebendig geblieben, die, wie der meine, durch das Eigenartige dieſer Geſchichte ſtark beeindruckt wurden.—Man muß in unſerer Anſtalt geweſen ſein, um den Eindruck zu verſtehen, den die Ankündigung eines »Neuen« auf unſere Gemüter machte, und vor allem die Wirkung, die Lamberts Abenteuer auf uns hatte.
Hier werden einige Aufſchlüſſe über die Grundgeſetze unſeres Inſtitutes, das früher halb militäriſch, halb religiös gerichtet war, notwendig, um das neue Leben, das Lambert dort führte, anſchaulich zu machen. Vor der Revolution war der Orden der Oratorianer, wie der der Jeſuiten, der öffentlichen Erziehung gewidmet und beſaß in der Provinz mehrere Anſtalten, von denen diejenigen in Vendôme, Tournon, La Flèche, Pont le Voy, Sorrèze und Juilly die bedeutendſten waren. In Vendôme wurde, wie ich glaube, ebenſo wie in den anderen Inſtituten, eine gewiſſe Anzahl zu Kadetten beſtimmt. Die Abſchaffung des kirchlichen Lehrkörpers durch den Konvent hatte auf die Schule von Vendôme nur geringen Einfluß. Nachdem die

erste Krise vorüber war, nahm das Institut ihre Häuser wieder in Besitz. Ein paar in der Umgegend zerstreute Oratorianer kamen zurück, eröffneten die Anstalt wieder und behielten die alten Regeln, Gewohnheiten, Gebräuche und Sitten bei, die ihr ein Gesicht gaben, dem ich nichts vergleichen kann, auch in irgend einer der anderen Anstalten, in die ich dann nach meinem Austritt aus Vendôme kam. Das Institut, das mitten in der Stadt gelegen ist, an dem kleinen Loirflüßchen, dessen Wasser seine Gebäude umspült, bildet einen weiten, sorgsam abgeschlossenen Komplex, der die für eine Anstalt notwendigen Gebäude umfaßt: eine Kapelle, ein Theater, ein Krankenhaus, eine Bäckerei; außerdem Gärten und Wassergräben. Diese Schule, das berühmteste Erziehungszentrum der mittleren Provinzen, wird von diesen beschickt und von den Kolonien. Die Entfernung gestattet es den Eltern also nicht, ihre Kinder oft zu besuchen. Die Vorschrift verbietet zudem, die Ferien außerhalb der Anstalt zu verbringen. Sind die Schüler einmal eingetreten, so verlassen sie die Schule erst nach Beendigung ihrer Studien. Mit Ausnahme der Spaziergänge draußen unter Führung der Priester war alles dazu angetan, diesem Hause die Vorteile einer klösterlichen Disziplin zu geben. Zu meiner Zeit war der »Zuchtmeister« noch eine lebendige Erinnerung, und der klassische Kantschu spielte noch in allen Ehren seine fürchterliche Rolle. Die Strafen, wie sie vordem von den Jesuiten erdacht worden waren und die sowohl auf Seele wie Körper einen gefährlichen Einfluß hatten, waren unveränderlich in das Programm mit aufgenommen worden. Die Briefe, die an bestimmten Tagen an die Eltern geschrieben werden mußten, waren ebenſo obligatoriſch wie die Beichte. So waren unſere Vergehen wie unſere Gefühle in Regeln eingeordnet, alles trug das Gepräge klöſterlicher Einförmigkeit. Ich erinnere mich neben anderen Überbleibſeln ehemaliger Schulregeln noch an die Inſpektion, der wir alle Sonntage unterzogen wurden: wir trugen unſere Galauniform, ſtanden wie die Soldaten in Reih und Glied und erwarteten die beiden Direktoren, die, von den Lieferanten und Lehrern gefolgt, uns nach den drei Geſichtspunkten des Anzuges, der Geſundheit und der Moral unterſuchten.

Die zwei- bis dreihundert Schüler, die in dem Inſtitut wohnen mochten, waren nach altem Brauch in vier Sektionen eingeteilt: die »Kleinſten«, die »Kleinen«, die »Mittleren« und die »Großen«. Die Abteilung der »Kleinſten« umfaßte die ſogenannte achte und ſiebente Klaſſe, diejenige der »Kleinen« die ſechſte, fünfte und vierte Klaſſe, die der »Mittleren« die dritte und zweite Klaſſe und endlich die »Großen« die Klaſſen der Rhetorik, Philosophie, Mathematik, Physik und Chemie. Jede einzelne dieſer Abteilungen hatte ihr Gebäude, ihre Klaſſenzimmer und ihren Hof inmitten eines großen gemeinſamen Platzes, auf den ſich die Schulſäle öffneten und der an das Refektorium grenzte. Dieſes Refektorium, das eines alten religiöſen Ordens würdig war, faßte alle Schüler. Entgegen den Regeln der anderen Lehranſtalten durften wir beim Eſſen ſprechen, eine Freiheit, die uns geſtattete, nach unſerem Geſchmack die Speiſen auszutauſchen. Dieſer gaſtronomiſche Tauſchhandel iſt eine der größten Freuden unſeres Anſtaltslebens geblieben. Wenn irgend ein

»Mittlerer«, der am oberen Ende des Tiſches saß, lieber eine Portion gelbe Erbſen haben wollte anſtatt Nachtiſch (denn wir bekamen Nachtiſch!), dann ging das Wort von Mund zu Munde: »Ein Deſſert für Erbſen!« bis ein Leckermaul ſie nahm; darauf ſchickte dieſer ſeine Portion Erbſen, die von Hand zu Hand ging, bis zu dem Anbietenden, deſſen Nachtiſch den gleichen Weg machte. Nie kam ein Irrtum vor. Wenn mehrere gleiche Forderungen waren, ſo trug jede ihre Nummer, und man ſagte: »Erſte Erbſen für erſtes Deſſert«. Die Tiſche waren lang, unſer andauernder Handel hielt alle unabläſſig in Bewegung; und wir aßen, ſprachen und bewegten uns mit beiſpielloſer Schnelligkeit. Das Geſchwätz der dreihundert jungen Menſchen, das Hin und Her der Bedienſteten, die die Teller wechſelten, die Platten auftrugen und das Brot verteilten, die Aufſicht der Direktoren machte das Refektorium von Vendôme zu einem eigenartigen Schauſpiel, das alle Beſucher in Erſtaunen ſetzte.
Um uns unſer Leben, das jeder Verbindung mit der Außenwelt und aller Herzlichkeit der Familie entbehrte, angenehmer zu machen, geſtatteten uns die Prieſter noch, Tauben zu halten und Gärten anzulegen. Unſere zwei- bis dreihundert Taubenſchläge, unſere mehr als tauſend Tauben, die an den Umfaſſungsmauern niſteten, und unſere dreißig Gärten boten einen noch merkwürdigeren Anblick als unſere Mahlzeiten. Aber es würde zu langweilig werden, wollte ich alle Einzelheiten ſchildern, die das Inſtitut von Vendôme zu einer beſonderen Anſtalt machten und die in der Erinnerung all derer lebendig ſind, deren Kindheit ſich dort abgeſpielt hat. Wer von uns denkt bei all der Bitternis des

Lernens nicht noch mit Entzücken an dieſes klöſterliche Leben? Da wurden während des Spaziergangs heimlich Näſchereien gekauft, da durften wir in den Ferien Karten ſpielen und Theateraufführung veranſtalten: Streiche und Freiheiten, die unſere Abgeſchloſſenheit notwendig machte. Dann unſere Militärmuſik, noch eine letzte Spur aus der Kadettenzeit, unſere Akademie, unſer Kaplan, unſere geiſtlichen Lehrer; und dann unſere beſonderen, teils verbotenen, teils erlaubten Spiele: das Stelzenlaufen, die langen Schlitterbahnen im Winter, der Lärm unſerer derben Stiefel und vor allem der Handel, der durch den kleinen Laden eingeführt wurde, der im Innern unſerer Höſe eingerichtet war. Dieſer Laden wurde von einer Art Faktotum bedient, bei dem Groß und Klein laut Proſpekt Schachteln, Stelzen, Werkzeug, Tauben, Meßbücher (ein ſelten verkaufter Artikel), Meſſer, Papier, Federn, Bleiſtifte, Tinte in allen Farben, Bälle und Murmeln kaufen konnte; endlich alles, was ein Kinderherz auch ſonſt noch verlocken konnte und wozu ſowohl die Brühe der Tauben, die wir töten mußten, gehörte wie auch das Geſchirr, in dem wir den Reis vom Abendeſſen für das Frühſtück am nächſten Tag aufheben konnten. Wer von uns hat wohl das Herzklopfen vergeſſen beim Anblick dieſes während der Sonntagspauſen regelmäßig geöffneten Ladens, in den wir nacheinander hineingingen, um das Geld auszugeben, das wir ausgehändigt bekommen hatten; wo wir aber durch den geringen Betrag des von den Eltern für unſere kleinen Vergnügungen gegebenen Taſchengelds gezwungen waren, eine Wahl unter all den Gegenſtänden zu treffen, die eine ſo heftige Lockung für unſere Herzen bedeuteten.

Hat eine junge Gattin, die in den erſten Jahren ihrer Ehe von ihrem Gatten zwölfmal im Jahre eine Summe ausgehändigt bekommt, um damit ihre kleinen Wünſche zu befriedigen, je ſo viel verſchiedene Einkäufe erträumt, von denen jeder einzelne ſchon die ganze Summe beanſprucht hätte, wie wir am Vorabend jedes erſten Sonntags im Monat? Für ſechs Franken beſaßen wir eine ganze Nacht lang alle Schätze dieſes unerſchöpflichen Ladens. Und während der Meſſe ſangen wir nicht einen Antwortgeſang, der uns nicht in unſeren geheimen Berechnungen geſtört hätte. Wer von uns kann ſich entſinnen, noch am zweiten Sonntag auch nur einen Heller zum Ausgeben gehabt zu haben? Und wer hat nicht im voraus den ſozialen Geſetzen gehorcht und hat die Paria beklagt, hat ihnen geholfen oder hat ſie verachtet, die der väterliche Geiz oder die väterliche Armut ohne Geld ließ? Und wer sich die Abgeſchloſſenheit dieſes großen Inſtitutes vorſtellt mit ſeinen Kloſtergebäuden inmitten einer kleinen Stadt, und die vier Parke, in denen wir mönchiſch untergebracht waren, der hat gewiß auch eine Vorſtellung von dem Intereſſe, das uns die Ankunft eines »Neuen« einflößen mußte, der wie ein neuer Paſſagier auf einem Schiff war. Nie iſt eine bei Hofe vorgeſtellte junge Herzogin ſo lebhaft kritiſiert worden wie der neue Ankömmling es von allen Schülern ſeiner Abteilung wurde. Gewöhnlich ſprachen in der Abendpauſe, vor dem Gebet, die Schmeichler mit dem gerade dienſttuenden der beiden Geiſtlichen, die uns abwechſelnd jede Woche zu beaufſichtigen hatten, und hörten dann als erſte die authentiſchen Worte: »Morgen werdet ihr einen Neuen bekommen!« Und plötzlich erſcholl der Ruf:

»Ein Neuer, ein Neuer!« in den Höfen. Wir liefen alle herbei und ſtellten uns um den Auffeher herum, der aufs genaueſte ausgefragt wurde. — Wo kam er her? Wie hieß er? In welche Klaſſe ſollte er kommen? undſoweiter.
Die Ankunft Louis Lamberts war der Gegenſtand einer Erzählung, die in Tauſend und eine Nacht paßte. Ich war damals in der vierten Klaſſe bei den »Kleinen«. Wir hatten als Aufſeher zwei Männer, die wir aus Überlieferung »Pater« nannten, obgleich ſie Laien waren. Zu meiner Zeit waren in Vendôme nur noch drei wirkliche Oratorianer, denen dieſer Titel von rechtswegen zukam. Im Jahre 1814 verließen auch dieſe das Inſtitut, das unmerklich weltlich geworden war, um ſich zu den Altären irgend einer Landpfarre zu flüchten, nach dem Beiſpiel des Pfarrers von Mer.
Der »Pater« Haugoult, der Aufſeher der Woche, war ein recht gutmütiger Mann, aber ohne höhere Bildung; ihm fehlte der Takt, der ſo notwendig iſt, um die verſchiedenen Charaktere der Kinder zu unterſcheiden und ihnen die Strafen je nach ihren Kräften zuzumeſſen. Pater Haugoult begann alſo höchſt bereitwillig die eigenartigen Umſtände zu erzählen, denen wir am nächſten Tag den merkwürdigſten »Neuen« verdanken ſollten. Die Spiele hörten ſofort auf, alle »Kleinen« kamen ſchweigend herbei, um das Abenteuer dieſes Louis Lambert mit anzuhören, der wie ein Meteorſtein in einer Waldecke von Madame de Staël aufgefunden worden war. Pater Haugoult mußte uns über Madame de Staël aufklären; an jenem Abend ſchien ſie mir zehn Fuß groß zu ſein; zwar habe ich ſeitdem das Bild »Corinna« geſehen, auf dem Gérard ſie ſo groß und ſo ſchön dar-

geſtellt hat, aber leider wurde es von dem in meiner Phantaſie geträumten Frauenideal derart überragt, daß die wirkliche Madame de Staël immer in meinem Geiſte verlor, ſelbſt nachdem ich das ganz männliche Buch »Deutſchland« geleſen hatte. Aber ein ganz anderes Wundertier war Lambert ſelbſt: nachdem Herr Mareſchall, der Studiendirektor, ihn geprüft hatte, zögerte er, wie Pater Haugoult ſagte, ihn zu den »Großen« zu tun. Seine Lücken im Latein hatten ihn in die vierte Klaſſe zurückgebracht, aber ſicher würde er jedes Jahr eine Klaſſe überſpringen. Und dann ſollte er auch ausnahmsweiſe in die Akademie aufgenommen werden. Proh pudor! Welche Ehre! wir ſollten unter den »Kleinen« einen Mitſchüler haben, der ein rotes Band trug, wie die Akademiker von Vendôme! Die Akademiker genoſſen herrliche Vorrechte: ſie aßen oft am Tiſche des Direktors und hielten im Jahre zwei literariſche Sitzungen ab, an denen wir teilnahmen, um ihre Werke mit anzuhören. Ein Akademiker war ein kleines Genie. Wenn jeder Schüler aus Vendôme ehrlich ſein will, ſo wird er zugeben müſſen, daß die wirklichen Akademiker der wirklichen franzöſiſchen Akademie ihm ſpäter viel weniger Eindruck machten als dieſes bedeutende Kind, das das Kreuz und das geheimnisvolle rote Band ſchmückte, beides das Zeichen unſerer Akademie. Es war überaus ſchwer, dieſer glorreichen Gemeinſchaft anzugehören, ehe man in der zweiten Klaſſe war, denn die Akademiker mußten in den Ferien jeden Donnerstag eine öffentliche Sitzung abhalten und uns Geſchichten in Verſen oder in Proſa, Epiſteln, Abhandlungen, Tragödien und Komödien vorleſen: Arbeiten, für die die Begabung der niederen Klaſſen noch nicht ausreichte.

Ich habe lange Zeit die Erinnerung an eine ſolche Geſchichte bewahrt, die den Titel »Der grüne Eſel« trug und die, glaube ich, das hervorragendſte Werk dieſer unbekannten Akademie iſt. Einer aus der »Vierten« alſo ſollte in die Akademie kommen! Zu uns wurde dieſes Kind von vierzehn Jahren getan, das ſchon ein Dichter war und von Madame de Staël geliebt wurde, ein zukünftiges Genie, wie Pater Haugoult ſagte. Ein wahrer Hexenmeiſter, ein Junge, der einen Aufſatz oder eine Überſetzung machen konnte, während ſchon zur Stunde gerufen wurde, und der ſeine Aufgaben lernte, indem er ſie nur einmal durchlas. Louis Lambert brachte alle unſere Gedanken durcheinander. Und die Neugier von Pater Haugoult ſelbſt, die Ungeduld, mit der er den Neuen ſehen wollte, ſchürte noch unſere brennende Phantaſie. – »Wenn er Tauben hat, dann wird er kaum einen Verſchlag bekommen können, denn es iſt kein Platz mehr.« – »Umſo ſchlimmer für ihn!« ſagte einer von uns, der inzwiſchen ein großer Landwirt geworden iſt. »Zu wem wird man ihn tun?« fragte ein anderer. »Ich möchte gern ſein ‚Gefährte' ſein!« rief einer in Ekſtaſe aus. In unſerer Anſtaltsſprache hatte dieſer Ausdruck »Gefährte ſein« eine ſchwer zu erklärende Bedeutung. Es beſagte ein brüderliches Teilen aller Freuden und Leiden unſeres kindlichen Lebens, eine Intereſſengemeinſchaft, die reich war an Zerwürfniſſen und Verſöhnungen, ein offenſives wie defenſives Bündnis. Merkwürdig: nie habe ich zu meiner Zeit Brüder gekannt, die in dieſem Sinne Kameraden geweſen wären. Wenn der Menſch nur durch das Gefühl lebt, dann glaubt er vielleicht, ſein Leben ärmer zu machen, wenn er eine gewonnene Neigung mit einer natürlichen verbindet!

Die Wirkung, die die Erzählung des Pater Haugoult an jenem Abend auf mich machte, war eine der eindringlichſten meiner Kindheit und ich kann ſie nur mit der Lektüre von Robinſon Cruſoe vergleichen. Ich verdanke ſpäter der Erinnerung dieſes wunderſamen Eindrucks eine vielleicht neue Beobachtung über die verſchiedenen Wirkungen, die Worte auf den Intellekt des einzelnen haben. Das Wort hat nichts Abſolutes an ſich: wir wirken mehr auf das Wort, als es auf uns wirkt. Seine Kraft hängt von den Vorſtellungen ab, die wir beſitzen und die wir hineinlegen. – Doch die Ergründung dieſes Phänomens verlangt weitgehende Erörterungen, die außerhalb unſeres Gegenſtandes liegen. –
Da ich nicht ſchlafen konnte, unterhielt ich mich lange mit meinem Schlafſaalnachbar über das merkwürdige Weſen, das wir von morgen ab unter uns haben ſollten. Dieſer Nachbar, der dann erſt Offizier war und heute Schriftſteller iſt und einen weiten philoſophiſchen Blick hat, Barchou de Penhoën, hat weder ſeine Prädeſtination Lügen geſtraft, noch den Zufall, der die beiden einzigen Schüler von Vendôme, von denen dort noch heute geſprochen wird, in die gleiche Klaſſe, auf die gleiche Bank, unter das gleiche Dach gebracht hatte. Der heutige Überſetzer Fichtes, der Ausleger und Freund Ballanches', war damals ſchon, wie ich ſelbſt auch, mit metaphyſiſchen Fragen beſchäftigt, er faſelte oft mit mir über Gott, über uns ſelbſt und über die Natur. Damals gab er vor, ein Zweifler zu ſein. Eiferſüchtig darauf bedacht, ſeine Rolle auch durchzuführen, leugnete er Lamberts Gaben, während ich, der ich erſt kürzlich das Buch »Wunderkinder« geleſen hatte, ihn mit Beiſpielen überſchüttete und ihm den kleinen Montcalm nannte,

Pico de la Mirandola, Pascal, kurz, alle frühreifen Geister; die berühmten Anomalien aus der Geistesgeschichte des Menschen und alles Vorgänger Lamberts. Ich las damals mit Leidenschaft. Da mein Vater den Ehrgeiz hatte, mich ins Polytechnikum aufgenommen zu sehen, ließ er mir Privatstunden in Mathematik geben. Mein Lehrer war Bibliothekar des Instituts und ließ mich Bücher entleihen, ohne genau hinzusehen, was ich aus der Bibliothek heraustrug, aus diesem stillen Ort, in den er mich in meinen Freistunden kommen ließ, um mich zu unterrichten. Ich glaube, daß er entweder untüchtig war oder aber in eine schwere Arbeit vertieft, denn er erlaubte mir sehr gern, daß ich die Stunde über las, während er selbst ich weiß nicht was arbeitete. Nach einem stillschweigenden Übereinkommen zwischen uns beiden beklagte ich mich nie, daß ich zu wenig lernte, und er schwieg über mein Entleihen von Büchern. In diese Leidenschaft verstrickt, vernachlässigte ich meine Studien und machte Gedichte, die gewiß zu gar wenig Hoffnungen berechtigten, wenn ich nach dem allzu langen Vers urteile, der unter meinen Kameraden berühmt geworden ist und mit dem ein Epos über die Inkas begann:

»O Inka, o unheilbeladner und unglückseliger König.«

Ich wurde zum Spott für meine Versuche »der Dichter« genannt, aber aller Hohn konnte mich nicht heilen. Ich reimte weiter, trotz des weisen Rates unseres Direktors, Herrn Mareschall, der mich von einer schon allzu tief eingewurzelten Leidenschaft kurieren wollte, indem er mir gleichnisweise von dem Unglück einer Grasmücke erzählte, die aus dem Nest fiel, weil sie fliegen wollte, ehe ihr die Flügel gewachsen waren. Ich fuhr in meiner Lektüre fort, ich wurde der unbeteiligſte, faulſte und nachdenklichſte Schüler in der Abteilung der Kleinen und daher der am meiſten beſtrafte. Dieſe autobiographiſche Abſchweifung ſoll die Art der Grübelei begreiflich machen, in die ich bei der Ankunft Lamberts verfallen war. Ich empfand gleich zuerſt eine unbeſtimmte Sympathie für ein Kind, mit dem ich im Temperament einige Ähnlichkeit hatte. Ich ſollte alſo einen Gefährten für mein Träumen und Nachſinnen bekommen. Ohne noch zu wiſſen, was Ruhm iſt, empfand ich es als ruhmreich, der Freund eines Kindes zu ſein, deſſen Unſterblichkeit von Madame de Staël proklamiert worden war. Louis Lambert ſchien mir ein ganz Großer zu ſein.

Der ungeduldig erwartete nächſte Tag kam endlich. Kurz vor dem Frühſtück hörten wir in dem ſtillen Hof den doppelten Schritt von Herrn Mareſchall und dem »Neuen.« Alle Köpfe wandten ſich ſofort der Klaſſentür zu. Pater Haugoult, der die Qualen unſerer Neugier teilte, ließ diesmal das Pfeifen nicht hören, mit dem er ſonſt unſerm Schwatzen Ruhe gebot und uns auf unſere Arbeiten hinwies. Da ſahen wir denn den berühmten »Neuen,« den Herr Mareſchall an der Hand hielt. Der Lehrer ſtieg von ſeinem Katheder herunter, und der Direktor ſagte feierlich, der Sitte gemäß, zu ihm: »Hier bringe ich Ihnen Herrn Louis Lambert; Sie werden ihn mit den Schülern der vierten Klaſſe zuſammentun, morgen beginnt er den Unterricht.« Dann, nachdem er leiſe mit dem Lehrer geſprochen hatte, ſagte er laut: »Wo werden Sie ihn hinſetzen?« Es wäre ungerecht geweſen, einen von uns für den »Neuen« von ſeinem Platze zu vertreiben; und da nur noch ein einziges Pult frei war, ſetzte ſich Louis Lambert an dieſes, neben mich,

der zuletzt in die Klaſſe gekommen war. Obgleich wir noch eine Zeitlang hätten arbeiten müſſen, ſtanden wir doch auf, um Lambert aufmerkſam zu betrachten. Herr Mareſchall hörte unſer Tuſcheln, ſah unſere Unruhe und ſagte uns mit jener Güte, die ihn uns ſo beſonders lieb machte: »ſo ſeid wenigſtens brav und ſtört die anderen Klaſſen nicht.«
Dieſe Worte machten uns ſchon vor der Frühſtückspauſe frei, und wir ſtellten uns um Lambert herum, während Herr Mareſchall mit Pater Haugoult im Hof auf und ab ging. Wir waren ungefähr achtzig Bengel, keck wie Raubvögel. Obgleich wir alle auch einmal durch dieſe grauſame Probezeit hindurchgegangen waren, verſchonten wir doch nie einen »Neuen« mit unſerm ſpöttiſchen Lachen, unſern Fragen, unſern Unverſchämtheiten, die zur großen Verlegenheit des Neueingetretenen, deſſen Weſen, Kraft und Charakter wir auf dieſe Weiſe erprobten, auf dieſen einſtürmten. Lambert, der nur gelaſſen war oder verdutzt, antwortete auf keine unſerer Fragen. Einer von uns ſagte, er käme ſicher aus der Schule des Pythagoras. Ein allgemeines Gelächter erſcholl, und der »Neue« wurde während ſeiner ganzen Schulzeit Pythagoras genannt. Doch der durchdringende Blick Lamberts, die Verachtung, die ſich auf ſeinem Geſicht malte und die er für unſere Kindereien hatte, die nicht zu ſeiner Geiſtesart paßten, die ruhige Haltung, in der er verblieb, ſeine ſichtliche Kraft, die ſeinem Alter entſprach, flößten den Schlimmſten unter uns einen gewiſſen Reſpekt ein. Ich ſelbſt ſtand neben ihm und beobachtete ihn nur ſchweigend.
Louis war ein hageres und ſchwächliches Kind, vier und einen halben Fuß groß; ſein dunkler Teint, ſeine

von der Sonne gebräunten Hände täuſchten eine Muskelkraft vor, die er eigentlich nicht beſaß. Zwei Monate nach ſeinem Eintritt in die Anſtalt, als der Aufenthalt im Klaſſenzimmer ihm ſeine friſche Farbe genommen hatte, wurde er bleich und weiß wie eine Frau. Sein Kopf war von bemerkenswerter Größe. Sein Haar, dicht gelockt und von einem ſchönen Schwarz, gab ſeiner Stirn eine unausſprechliche Anmut. Die Größe dieſer Stirn hatte etwas Außergewöhnliches an ſich, ſelbſt für uns, die wir, wie ſich denken läßt, keine Ahnung von den Prognoſen der Phrenologie hatten, jener Wiſſenſchaft, die damals noch in der Wiege lag. Die Schönheit ſeiner prophetiſchen Stirn rührte vor allem von dem überaus reinen Schnitt der beiden Bogen her, unter denen ſeine ſchwarzen Augen glänzten und die wie in Alabaſter geſchnitten ſchienen; ihre Linien — eine ſeltene Schönheit — liefen vollkommen parallel und trafen ſich bei der Naſenwurzel. Aber man vergaß ſein im übrigen ſehr unregelmäßiges Geſicht, ſobald man ſeine Augen ſah, deren Blick eine wunderbare Mannigfaltigkeit des Ausdrucks beſaß und hinter dem gleich die Seele begann. Bald klar und erſtaunlich durchdringend, bald von himmliſcher Sanftmut, konnte dieſer Blick in Momenten, in denen er ſich ſeinen Betrachtungen hingab, düſter werden, ſozuſagen farblos. Sein Auge glich dann einer Fenſterſcheibe, aus der die Sonne plötzlich entſchwunden iſt, nachdem ſie ſie erleuchtet hat. Um ſeine Kraft und um ſeine Stimme war es ebenſo beſtellt wie um ſeinen Blick. Seine Stimme konnte ſanft klingen wie eine Frauenſtimme, die ein Geſtändnis ausſpricht; dann wieder war ſie hart, ſcharf, holperig, wenn man dieſe Worte gebrauchen darf, um ungewohnte

Wirkungen zu bezeichnen. Sein Körper war gewöhnlich den Anstrengungen der harmlosesten Spiele nicht gewachsen, schien schlaff, fast schwach. Aber als in den ersten Tagen nach seinem Eintritt einer unserer Raufbolde über diese kränkliche Zartheit spottete, die ihn für die in der Anstalt üblichen gewaltsamen Übungen ungeeignet machte, hob Lambert einen unserer Tische, der aus zwölf in zwei gebogenen Reihen aneinander gefügten Pulten bestand, mit beiden Händen an dem einen Ende in die Höhe und lehnte sich gegen das Katheder des Lehrers; dann hielt er den Tisch mit seinen Füßen fest, indem er diese auf die untere Querleiste setzte, und sagte: »Versucht mal eurer zehn, ihn zu bewegen!« Ich war zugegen und ich kann diesen merkwürdigen Beweis von Kraft bezeugen: es war unmöglich, ihm den Tisch zu entreißen. Lambert besaß die Gabe, in gewissen Augenblicken außergewöhnliche Kräfte herbeizurufen und diese Kräfte auf einen bestimmten Punkt zu konzentrieren, um sie wirken zu lassen. Aber die Kinder, die ebenso wie die Erwachsenen gewöhnt sind, nach ihrem ersten Eindruck zu urteilen, studierten Lambert nur in den ersten Tagen nach seiner Ankunft; er widerlegte völlig Madame de Staëls Vorhersagung und offenbarte keines der Wunder, die wir von ihm erwarteten. Nach einem Versuchsquartal galt Louis für einen ganz gewöhnlichen Schüler. Mir allein war es vergönnt, in diese erlesene Seele — warum sage ich nicht göttliche Seele? — zu schauen. Was ist Gott näher als das Genie im Herzen eines Kindes? Die Gleichheit unseres Geschmacks und unserer Gedanken machte uns zu Freunden und »Gefährten«. Unsere Brüderschaft wurde so eng, daß unsere Kameraden unsere beiden

Namen mit einander verbanden, ſodaß einer nicht ohne den andern ausgeſprochen wurde; und um uns zu rufen, ſchrien ſie: »Dichter-und-Pythagoras«. Andere Namen hatten Beiſpiel für ſolch eine »Ehe« gegeben. So blieb ich zwei Jahre hindurch der Schulfreund des armen Louis Lambert, und mein Leben war ſo eng mit dem ſeinen verbunden, daß ich heute in der Lage bin, die Geſchichte ſeines Geiſtes zu ſchreiben. Ich habe lange Zeit hindurch die Poeſie und den Reichtum, die in dem Herzen und hinter der Stirn meines Kameraden verborgen waren, nicht gekannt; ich mußte erſt dreißig Jahre alt werden, damit meine Beobachtungen reiften und ſich verdichteten, damit ein heller Lichtſtrahl ſie von neuem beleuchtete, um die ganze Bedeutung der wunderbaren Phänomene zu verſtehen, deren ahnungsloſer Zeuge ich geweſen war. Ich habe mich an ihnen gefreut, ohne mir ihre Größe zu erklären, noch auch ihren Mechanismus; ich habe einige ſogar vergeſſen und entſinne mich nur noch der augenfälligſten. Aber heute hat meine Erinnerung ſie eingeordnet und ich bin in das Geheimnis dieſes fruchtbaren Gehirns eingedrungen, indem ich mich in die köſtlichen Tage unſerer jungen Freundſchaft zurückverſetzte. Alſo, die Zeit allein ließ mich den Sinn der Ereigniſſe und Tatſachen erkennen, an denen dieſes unbegreifliche Leben ſo reich war, wie das vieler anderer Männer auch, die für die Wiſſenſchaft verloren gegangen ſind. – Dieſe Geſchichte iſt freilich im Ausdruck und in der Bewertung der Dinge voll von rein geiſtigen Anachronismen, die aber vielleicht dem Intereſſe nicht ſchaden werden.

In den erſten Monaten ſeines Aufenthaltes in Vendôme befiel Louis eine Krankheit, deren Symptome dem Auge der uns überwachenden Lehrer nicht ſichtbar wurden, die aber notgedrungen die Auswirkung ſeiner bedeutenden Gaben hemmten. An die friſche Luft gewöhnt und an die Freiheit einer dem Zufall überlaſſenen Erziehung, von der zärtlichen Fürſorge eines Greiſes gehegt, der ihn herzlich liebte, daran gewöhnt, unter der Sonne zu denken, wurde es ihm jetzt ſehr ſchwer, ſich den Regeln einer Anſtalt zu fügen, in einer Reihe zu gehen, zwiſchen den vier Wänden eines Saales zu leben, in dem achtzig junge Menſchen ſchweigend auf Holzbänken ſaßen, jeder vor ſeinem Pult. Seine Sinne waren von einer Vollkommenheit, die ihm eine übergroße Empfindlichkeit verlieh; und alles an ihm litt durch dieſes gemeinſame Leben. Die Ausdünſtungen, durch die die Luft immer ſchlecht war, zuſammen mit dem Geruch einer immer ſchmutzigen Klaſſe, die angefüllt war mit den Überreſten unſeres Frühſtücks und unſeres Veſpers, beleidigten ſeinen Geruchsſinn, dieſen Sinn, der mehr als die anderen in direkter Verbindung mit dem Gehirn ſteht und daher durch Störungen im Denkorgan unmerkliche Erſchütterungen hervorrufen muß. Außer dieſen Urſachen für die ſchlechte Luft gab es in unſeren Arbeitsſälen noch Verſchläge, in die jeder ſeine Beute hineintat: die für die Feiertage getöteten Tauben oder die im Speiſeſaal heimlich entwendeten Gerichte. Schließlich war in jedem unſerer Säle ein rieſiger Stein, auf dem ſtets zwei Eimer mit Waſſer ſtanden, eine Art Schwemme, an die wir jeden Morgen gingen, um uns nacheinander in Gegenwart des Lehrers Geſicht und Hände zu waſchen. Von da traten wir an einen Tiſch, wo uns Frauen kämmten und puderten. Der Raum, der einmal am Tage, vor unſerm Aufſtehen, gereinigt wurde, blieb immer unſauber. Trotz der vielen Fenſter wurde die Luft alſo dauernd verdorben durch die Ausdünſtungen der Waſcheinrichtung, durch das Kämmen, durch die Verſchläge, durch die tauſend Betätigungen der Schüler, ungerechnet unſere achtzig zuſammengepferchten Körper. Dieſe Art Anſtalts-»humus«, der ſich unabläſſig mit dem Schmutz vermiſchte, den wir von unſern Spaziergängen mitbrachten, bildete einen Miſthaufen von unerträglichem Geſtank. Das Fehlen der reinen und durchdufteten Luft der Felder, in der er bisher gelebt hatte, die Änderung ſeiner Gewohnheiten, die Disziplin, alles drückte Lambert nieder. Den Kopf immer auf ſeine linke Hand und den Arm auf ſein Pult geſtützt, ſo verbrachte er die Schulſtunden und ſah auf den Hof hinaus, auf das Laub der Bäume oder auf die Wolken am Himmel. Er ſchien ſeine Aufgaben zu machen; aber wenn der Lehrer ſah, daß ſeine Feder ſich nicht bewegte oder ſeine Seite weiß blieb, dann ſchrie er ihn an: »Lambert, Sie tun nichts!« – Dieſes »Sie tun nichts!« war ein Nadelſtich, der Louis ins Herz traf. Und dann kannte er auch die Muße der Freizeit nicht, hatte »Strafarbeiten« zu machen. Die »Strafarbeit«, eine Strafe, deren Weſen je nach den Sitten jeder einzelnen Anſtalt wechſelt, beſtand in Vendôme in einer beſtimmten Anzahl von Zeilen, die während der Freiſtunden abgeſchrieben werden mußten. Wir beide, Lambert und ich, waren ſo mit Strafarbeiten überhäuft, daß wir in den zwei Jahren unſerer Freundſchaft nicht ſechs freie Tage gehabt haben. Ohne die Bücher, die wir der Bibliothek entnahmen, und die das Leben in unſerm Gehirn wach hielten, hätte uns dieſes Syſtem zu einem vollſtändigen Stumpfſinn geführt. Das

Fehlen jeder körperlichen Übung iſt Kindern verhängnisvoll. — Die Gewohnheit ,zu repräſentieren, wie Perſonen aus königlichem Hauſe ſie von Jugend auf haben, verändert, heißt es, merklich ihre Konſtitution, wenn ſie dieſen Schaden nicht durch Übungen auf dem Schlachtfeld und durch Bewegung bei der Jagd wieder wett machen. Wenn die Geſetze der Etikette und des Hoflebens auf das Rückenmark einwirken, ſodaß die Könige weibiſch werden, ihre Gehirnfaſern verweichlichen und ſo die Raſſe entartet, was für tiefe, ſowohl körperliche wie ſeeliſche Schädigungen muß da erſt eine dauernde Entbehrung von Luft, Bewegung, Frohſinn bei Schülern verurſachen? Das ganze Strafſyſtem, das in den Anſtalten herrſcht, ſollte einmal die Aufmerkſamkeit der Autoritäten auf dem Gebiet der öffentlichen Erziehung auf ſich lenken, falls ſich unter ihnen Denker befinden, die nicht ausſchließlich an ſich ſelbſt denken.

Wir zogen uns die Strafarbeiten auf die verſchiedenſte Weiſe zu. Unſer Gedächtnis war ſo gut, daß wir nie unſere Aufgaben lernten. Es genügte, wenn wir unſere Mitſchüler die franzöſiſchen und lateiniſchen Stücke oder die Grammatik herſagen hörten, um ſie unſererſeits wiederholen zu können. Aber wenn es dem Lehrer einfiel, außer der Reihe zu gehen und uns als erſte zu fragen, dann wußten wir oft nicht einmal, um was für eine Aufgabe es ſich handelte; und die Strafarbeit kam, trotz unſerer geſchickteſten Ausreden. Außerdem warteten wir immer bis zum letzten Augenblick, um unſere Arbeiten zu machen. Wenn wir ein Buch zu Ende leſen wollten, wenn wir in eine Träumerei verſunken waren, dann war die Arbeit vergeſſen: neue Quelle für Strafarbeiten! Wie oft wurde nicht die Überſetzung erſt in der Zeit niedergeſchrieben, in der der Primus die Arbeiten zu Beginn der Stunde einſammelte, wobei er ſie von jedem einforderte! — Zu den ſeeliſchen Schwierigkeiten, die Lambert überwinden mußte, um ſich in die Anſtalt einzugewöhnen, geſellte ſich noch eine nicht weniger ſchwere Lehrzeit, durch die wir alle hindurchzugehen hatten: die körperlichen Schmerzen, die für uns unendlich verſchiedene waren. Bei Kindern verlangt die Zartheit der Haut überaus genaue Sorgfalt, beſonders im Winter, wo wir Schüler — aus tauſend Gründen — dauernd aus der eiſigen Kälte eines ſchmutzigen Hofes in die heiße Temperatur der Klaſſenzimmer kamen. Und ſo wurden wir aus Mangel an mütterlicher Sorgfalt, die den Kleinen und Kleinſten fehlte, von ſchmerzhaften Froſtbeulen und tiefen Riſſen in der Haut ſo heimgeſucht, daß dieſe Schmerzen ein beſonderes Verbinden während der Frühſtückszeit erforderten, was aber wegen der großen Zahl von wehen Händen, Füßen und Ferſen nur ſehr unvollkommen gemacht wurde. Viele Kinder waren zudem gezwungen, die Schmerzen dem Heilmittel vorzuziehen: hatten ſie nicht oft zwiſchen ihren Arbeiten, die noch fertig zu machen waren, zwiſchen den Freuden der Schlitterbahn und dem Abnehmen eines Verbandes zu wählen, der unachtſam angelegt und noch unachtſamer getragen wurde? Zudem war es in der Anſtalt Mode geworden, daß man die armen Geſchöpfe, die zum Verbinden gingen, auslachte und daß man ihnen um die Wette die Lappen abriß, die ihnen die Krankenſchweſter um die Hände gebunden hatte. So waren im Winter mehrere unter uns mit ihren halb abgeſtorbenen, von Schmerzen gequälten Händen und Füßen kaum imſtande zu arbeiten und wurden, weil ſie nicht arbei-

teten, bestraft. Der Pater, der oft auf unsere vorgeschwindelten Krankheiten hereingefallen war, legte auf die wirklichen Schmerzen kein Gewicht.
Für den Pensionspreis wurden die Kinder auf Kosten der Anstalt völlig unterhalten. Die Verwaltung pflegte eine bestimmte Summe für Schuhzeug und Kleidung auszusetzen. Dies war auch die Ursache für die sonntägliche Musterung, von der ich schon gesprochen habe. Diese Einrichtung, die für die Verwaltung sehr vorteilhaft war, hatte für die dieser Verwaltung Unterstellten traurige Folgen. Wehe dem Kleinen, der die schlechte Angewohnheit hatte, seine Stiefel zu zerreißen oder sie durch einen schlechten Gang schief zu laufen oder gar, sie in den Schulstunden, aus einem Bedürfnis nach Bewegung, wie es Kinder oft haben, abzuschubbern. Den ganzen Winter hindurch konnte er dann nicht ohne große Qualen auf den Spaziergängen mitgehen: erstens bereiteten ihm die Frostbeulen von neuem so fürchterliche Schmerzen, als hätte er die Gicht, dann gingen die Schnallen und die Senkel, mit denen die Schuhe zusammengehalten wurden, verloren oder der schiefgetretene Hacken hinderte das verflixte Schuhzeug daran, an den Füßen der Kinder fest anzusitzen: sie mußten es auf vereisten Wegen mühsam nachziehen oder es dem lehmigen Boden der Gegend abringen. Wasser und Schnee drangen oft durch eine unbemerkt aufgetrennte Naht, durch einen schlecht aufgesetzten Flekken und der Fuß schwoll an. Von sechzig Kindern waren nicht zehn, die ohne besondere Qual gingen; aber alle folgten sie dem großen Haufen, von der langen Reihe getrieben, wie die Menschen im Leben vom Leben vorwärtsgestoßen werden. Wie oft weinte nicht ein tapferes Kind vor Wut und fand doch

die Energie, trotz Schmerzen vorwärts zu gehen oder in den Stall zurückzukehren: so sehr fürchtet in diesem Alter die noch unerfahrene Seele Hohnlachen und Mitleid, zwei Arten des Spottes.—Schon in der Schule – wie später in der Gesellschaft auch—verachtet der Starke den Schwachen, ohne zu wissen, worin wirkliche Kraft besteht.—Aber das war noch nichts. Man hatte keine Handschuhe an den Händen. Wenn zufällig die Zartesten unter uns von den Eltern, der Krankenschwester oder dem Direktor welche bekamen, dann taten die besonders Pfiffigen oder die Großen aus der Klasse die Handschuhe auf den Ofen, machten sich ein Vergnügen daraus, sie auszutrocknen oder sie gar zu stibitzen; und entgingen die Handschuhe den Findigen, dann wurden sie naß und schrumpften zusammen, weil sie nicht richtig behandelt wurden. Handschuhe waren also nicht möglich. Handschuhtragen galt als eine Bevorzugung, und Kinder wollen unter einander gleich sein.
Diese verschiedenen Schmerzen hatte Louis Lambert zu ertragen. Wie Menschen, die viel nachdenken und die dabei in der Stille ihrer Träumereien die Gewohnheit irgend einer mechanischen Bewegung angenommen haben, so hatte er die Manier, mit seinen Stiefeln zu spielen und sie in kurzer Zeit zu zerreißen. Seine frauenhaft zarte Haut, seine Ohren, seine Lippen sprangen bei der geringsten Kälte auf, seine weichen, weißen Hände wurden rot und geschwollen. Er war dauernd erkältet. Louis war also so lange den Leiden ausgesetzt, bis er sein Leben den Sitten von Vendôme angepaßt hatte. Mit der Zeit durch die grausame Erfahrung der Schmerzen klüger geworden, fand er die Kraft, an sein »Zeug« zu denken, um mich eines Schulausdruckes zu bedienen.

Er mußte für ſeinen Verſchlag ſorgen, für ſein Pult,
für ſeinen Anzug, für ſeine Stiefel; durfte ſich we-
der Tinte ſtehlen laſſen noch Bücher, weder Hefte
noch Federn. Er mußte endlich an die tauſend klei-
nen Dinge unſeres Kinderdaſeins denken, mit denen
ſich die Egoiſten und mittelmäßigen Geiſter ſo pünkt-
lich befaſſen, denen dann auch unweigerlich der
Preis für Ordnung und gute Führung zugeſprochen
wird, die aber ein Kind vernachläſſigt, das eine Zu-
kunft hat, das unter dem Schickſal einer faſt gött-
lichen Phantaſie ſich leidenſchaftlich dem reißenden
Strom ſeiner Gedanken hingibt. Doch das war noch
nicht alles. Es beſtand ein unabläſſiger Kampf zwi-
ſchen Lehrer und Schüler, ein Kampf ohne Waffen-
ſtillſtand, dem nichts in der Geſellſchaft zu verglei-
chen iſt, wenn nicht der Kampf der Oppoſition ge-
gen das Miniſterium einer parlamentariſchen Re-
gierung. Aber die Journaliſten und Redner der Op-
poſition ſind vielleicht weniger ſchnell bei der Hand,
einen Vorteil zu nutzen, weniger hart, ein Unrecht
vorzuwerfen, weniger beißend in ihrem Spott als
Kinder gegen die Leute, die beauftragt ſind, ſie zu
regieren. In dieſem Beruf würde ſelbſt den Engeln die
Geduld reißen. Man darf einem armen, ſchlecht be-
zahlten und demgemäß wenig gewitzten Anſtaltsleh-
rer nicht allzu böſe ſein, wenn er zuweilen ungerecht
iſt oder wütend wird. Immer von einer Schar ſpöt-
tiſcher Blicke beobachtet, von Fallen umſtellt, rächt
er ſich zuweilen an den Kindern für die Fehler, die er
begangen hat und die ſie nur allzu ſchnell bemerken.

Außer für ganz große Streiche, für die es andere
Strafen gab, war in Vendôme der Kantſchu die ulti-
ma ratio Patrum. Für vergeſſene Arbeiten, ſchlecht
gekonnte Aufgaben, gewöhnliche Streiche genügte

die Strafarbeit; aber das verletzte Selbſtgefühl der Lehrer ſprach durch den Kantſchu. Er bereitete uns den heftigſten der körperlichen Schmerzen, denen wir ausgeſetzt waren. Es war ein Lederſchlägel, der ungefähr zwei Finger dick war und auf unſere ſchwachen Hände mit der ganzen Kraft und dem ganzen Zorn des Lehrers niederſchlug. Um dieſe klaſſiſche Strafe zu empfangen, mußte der Schuldige ſich mitten im Saal hinknien. Man mußte von ſeiner Bank aufſtehen, ſich neben das Katheder knien und die neugierigen, oft höhniſchen Blicke der Kameraden erleiden. Für zarte Seelen waren dieſe Vorbereitungen eine doppelte Qual, ähnlich wie früher der Weg des zum Tode Verurteilten zwiſchen Juſtizpalaſt und Schafott. Je nach den Charakteren ſchrien die einen und vergoſſen heiße Tränen, vor oder nach der Prügelſtrafe, die andern nahmen die Schmerzen mit ſtoiſcher Miene hin. Aber ſolange ſie auf die Züchtigung warteten, konnten ſelbſt die Stärkſten das Zucken ihres Geſichtes kaum unterdrücken. Louis Lambert wurde geradezu mit Schlägen überſchüttet, und er verdankte ſie einer Eigentümlichkeit, von deren Vorhandenſein er lange Zeit nichts ahnte. Wenn er nämlich durch das »Sie tun ja nichts!« des Lehrers gewaltſam aus ſeinem Nachſinnen herausgeriſſen wurde, kam es anfangs, ihm oft unbewußt, vor, daß er dieſem Manne einen Blick zuwarf, der voll grauſamer Verachtung war und mit Gedanken geladen, wie eine Leydener Flaſche mit Elektrizität. Dieſer Blick mußte den Lehrer in Erregung verſetzen, er fühlte ſich von dieſem ſtillſchweigenden Spott verletzt und wollte dem Schüler dieſen zündenden Blick austreiben. Das erſte Mal, als unſer Pater ſich über dieſen verächtlichen Blick ärgerte, der ihn wie ein Blitzſtrahl traf, ſagte er den Satz, an den ich mich noch genau erinnere: »Wenn Sie mich noch einmal ſo anſehen, Lambert, dann bekommen Sie eine Tracht Prügel!« Bei dieſen Worten hoben ſich alle Köpfe, alle Augen blickten abwechſelnd zum Lehrer und zu Louis hin. Der Verweis war ſo dumm, daß das Kind dem Lehrer einen durchdringenden Blick zuwarf. Seit jener Zeit herrſchte zwiſchen dem Lehrer und Lambert ein Kampf, der durch eine gewiſſe Menge von Schlägen ausgetragen wurde. Auf dieſe Weiſe wurde Louis die bezwingende Macht ſeines Blickes enthüllt. Dieſer arme Dichter, der von nervöſer Veranlagung war, oft wie eine Frau an hyſteriſchen Stimmungen litt, von dauernder Melancholie befallen war, ganz krank an ſeinem Genie wie ein junges Mädchen an der Liebe, nach der ſie ſich ſehnt und die ſie nicht kennt: dieſes ſtarke und doch ſo ſchwache Kind, das von Corinna aus ſeinen ſchönen Feldern verpflanzt worden war, um in die Gußform einer Anſtalt eingezwängt zu werden, wo jeder Geiſt, jeder Körper, trotz ſeiner Bedeutung, trotz ſeines Temperaments, ſich den Regeln und der Uniform anpaſſen muß, wie ſich das Gold unter den Schlägen des Prägſtocks zu Goldſtücken rundet; dieſes Kind litt überall da, wo der Schmerz an ſeine Seele oder an ſeinen Körper heranreichte. Wie ein Sträfling an die Bank ſeines Pultes feſtgeſchmiedet, mit der Rute geſchlagen, von Krankheiten heimgeſucht, an allen ſeinen Sinnen leidend, in einen Ring von Schmerzen eingeengt, alles zwang ihn, ſeine Haut den tauſend Tyranneien der Schule preiszugeben. Und wie die Märtyrer, die inmitten ihrer Folterqualen lächelten, flüchtete er ſich in den Himmel, den ſeine Gedanken ihm öffneten.

Vielleicht half ihm dieses ganz innerliche Leben die Geheimnisse zu erschauen, an die er so fest glaubte! Unser Unabhängigkeitsbedürfnis, unsere heimlichen Beschäftigungen, unser augenscheinliches Nichtstun, die Trägheit, in der wir verharrten, unsere dauernden Strafen, unser Abscheu vor Schulaufgaben und Strafarbeiten, alles dies brachte uns in den Ruf, faule und unverbesserliche Kinder zu sein. Unsere Lehrer verachteten uns, und ebenso fielen wir in den schlimmsten Mißkredit bei unsern Kameraden, denen wir, aus Furcht vor ihren Neckereien, unsere heimlichen Studien verbargen. Diese doppelte Verachtung war bei den Lehrern ungerecht, beruhte bei unsern Mitschülern jedoch auf einem ganz natürlichen Gefühl. Wir konnten weder Ball spielen, noch laufen, noch auf Stelzen gehen. An den Tagen des Straferlasses, oder wenn wir einmal zufällig einen freien Augenblick hatten, nahmen wir an keinem der in der Schule üblichen Vergnügen teil. Die Freuden unserer Kameraden waren uns fremd und so blieben wir allein und saßen schwermütig unter irgend einem Baum im Hof. »Der-Dichter-und-Pythagoras« bildeten also eine Ausnahme, führten ein Dasein außerhalb des Gemeinschaftslebens. Der sichere Instinkt und die empfindliche Eigenliebe der Schüler ließ sie in uns Geister wittern, die den ihrigen über- oder unterlegen waren. Daher bei den einen der Haß auf unsere stumme Aristokratie, bei den andern die Verachtung für unsere Unbrauchbarkeit. Diese Gefühle waren uns jedoch unbekannt, vielleicht habe ich sie erst heute erraten. Wir lebten also, geduckt wie zwei Ratten, in der Ecke des Saales, wo unsere Pulte standen, festgebannt während der Schulstunden wie auch in der Freizeit. Diese Ausnahmeſtellung mußte uns naturgemäß in Kriegszuſtand mit den Kindern unſerer Abteilung verſetzen. Beinahe ſtets von den andern vergeſſen, ſaßen wir dort ruhig, faſt glücklich, wie zwei Pflanzen, wie zwei Ornamente, die der Harmonie des Saales gefehlt hätten. Aber manchmal beſchimpften uns die händelſüchtigſten unſerer Kameraden, um ihre Kräfte auf unrechtmäßige Weiſe an uns zu meſſen, und wir antworteten mit einer Verachtung, die oft dem »Dichter-und-Pythagoras« eine tüchtige Tracht Prügel einbrachte.

Das Heimweh Lamberts dauerte mehrere Monate. Ich kann die Schwermut, der er zum Opfer fiel, mit nichts vergleichen. Louis hat mir den Genuß an manchem Meiſterwerk verdorben. Da wir beide die Rolle des Ausſätzigen von Aoſta ſpielten, hatten wir die Gefühle, die in dem Buche von de Maiſtre ausgedrückt ſind, ſchon empfunden, noch ehe wir ſie durch dieſe beredte Feder dargeſtellt laſen. Ein Werk kann wohl die Erinnerung der Kindheit wieder ins Gedächtnis zurückrufen, aber es wird nie erfolgreich gegen ſie ankämpfen. Durch die Klagen Lamberts lernte ich Hymnen der Traurigkeit kennen, die ergreifender waren, als es die ſchönſten Seiten im Werther ſind. Aber vielleicht laſſen ſich die Qualen, die eine von unſern Geſetzen mit Recht oder Unrecht verdammte Leidenſchaft verurſacht, nicht mit den Schmerzen eines armen Kindes vergleichen, das ſich nach dem Glanz der Sonne, nach dem Tau der Täler und nach Freiheit ſehnt. Werther iſt der Sklave einer Begierde, Louis Lambert war eine gefangene Seele. Bei gleichen Anlagen muß das ergreifendſte Gefühl oder dasjenige, das auf der wahrſten, weil reinſten Sehnſucht beruht, die Klagen des Genies übertönen. Wenn Louis lange Zeit das Laub einer Linde im Hof angeſchaut hatte, dann ſagte er nur ein Wort zu mir, aber dieſes Wort war der Ausdruck tiefſten Sinnens!

So rief er eines Tages aus: »Zum Glück gibt es auch noch gute Augenblicke, in denen mir iſt, als ſeien die Mauern des Klaſſenzimmers eingeſtürzt, und als ſei ich irgendwo in den Feldern! Welch eine Seligkeit, ſich dem Lauf der Gedanken zu überlaſſen, wie der Vogel ſich dem Flug überläßt!«

»Warum iſt die grüne Farbe in der Natur ſoviel vertreten?« fragte er mich. »Warum gibt es in ihr ſo wenig gerade Linien? Warum wendet der Menſch in ſeinen Werken ſo ſelten Kurven an? Warum hat er allein Gefühl für die gerade Linie?«

Solche Worte verrieten eine lange Wanderung durch den Weltenraum. Er hatte ganze Landſchaften geſehen oder den Duft der Wälder eingeatmet. Er war, eine lebendige und erhabene Elegie, immer ſchweigſam, reſigniert, immer leidend, ohne jedoch ſagen zu können: ich leide! Dieſer Adler, der die Welt brauchte für ſeine Nahrung, war eingekerkert in vier enge und ſchmutzige Wände. Daher wurde ſein Leben denn auch im weiteſten Sinne des Wortes ein Leben in Ideen. Voller Verachtung für die faſt nutzloſen Studien, zu denen wir verurteilt waren, machte Louis ſeinen Weg durch die Lüfte, völlig losgelöſt von den Dingen, die uns umgaben. Dem Nachahmungstrieb gehorchend, der die Kinder beherrſcht, verſuchte ich, mein Leben dem ſeinen nachzubilden. Louis konnte mich umſo eher für jenen ſchlafähnlichen Zuſtand, in den das tiefe Nachdenken den Körper verſetzt, leidenſchaftlich begeiſtern, als ich jünger war als er und daher eindrucksfähiger. Wir gewöhnten uns daran, wie zwei Liebende, gemeinſam zu denken und unſere Träume einander mitzuteilen. Sein intuitives Empfinden beſaß ſchon damals jene Schärfe, wie ſie den geiſtigen Wahrnehmungen der großen Dichter eigen ſein muß und die ſo oft zum Wahnſinn führt.

»Fühlſt du, wie ich,« fragte er mich eines Tages, »daß gegen deinen Willen ſeltſame Schmerzen in dir aufſteigen? Wenn ich zum Beiſpiel intenſiv an die Wirkung denke, die die Schneide meines Taſchenmeſſers verurſachen würde, wenn ich ſie in mein Fleiſch ſtieße, dann fühle ich plötzlich einen ſcharfen Schmerz, als hätte ich mich wirklich geſchnitten: es fehlt nur noch das Blut. Aber dieſe Empfindung überkommt und überraſcht mich wie ein plötzliches Geräuſch, das eine tiefe Stille unterbricht. Kann ein Gedanke phyſiſche Schmerzen verurſachen?... Nun, was ſagſt du dazu?«

Wenn er ſo ſubtile Reflexionen vorgebracht hatte, dann verſanken wir beide in kindliche Träumerei. Wir ſuchten dann in uns ſelbſt nach dieſen unerklärlichen Phänomen, die ſich auf die Entſtehung des Gedankens bezogen, und die Lambert in ihren kleinſten Phaſen zu erfaſſen ſuchte, um eines Tages dieſen unbekannten Vorgang beſchreiben zu können. Und nach Diskuſſionen, in denen viel kindiſches Zeug mit unterlief, ſprang plötzlich ein Blick aus Lamberts flammenden Augen, er drückte meine Hand und aus ſeiner Seele drang ein Wort, durch das er alles zuſammenzufaſſen ſuchte.

»Denken iſt ſehen!« ſagte er eines Tages zu mir, fortgeriſſen durch eine unſerer Auseinanderſetzungen über den Urſprung unſeres Weſens. »Alle menſchliſche Wiſſenſchaft beruht auf Deduktion, die ein langsames Schauen ist, von der Ursache hinunter zur Wirkung, von der Wirkung hinauf zur Ursache, oder mit einem bedeutsameren Ausdruck: alle Poesie entsteht, wie jedes Kunstwerk, aus einem schnellen Schauen der Dinge.«

Er war Spiritualist, ich aber wagte ihm zu widersprechen und zog seine eigenen Beobachtungen heran, um die Intelligenz als ein rein physisches Produkt gelten zu lassen. Wir hatten alle beide recht. Vielleicht drücken die Worte: Materialismus und Spiritualismus die beiden Seiten ein und derselben Tatsache aus. Sein Studium über die Substanz des Gedankens ließ ihn mit einem gewissen Stolz das entbehrungsreiche Leben auf sich nehmen, zu dem uns sowohl unsere Trägheit wie unsere Verachtung für unsere Schulaufgaben verurteilten. Er besaß ein gewisses Bewußtsein seines Wertes, das ihn in seinen geistigen Arbeiten aufrecht hielt. Mit welcher Wonne empfand ich nicht, wie seine Seele auf die meine wirkte! Wie oft waren wir nicht beide auf unserer Bank sitzen geblieben, beide in ein Buch vertieft, und hatten uns gegenseitig vergessen, ohne uns zu verlassen. Wir wußten uns beide da, in ein Meer von Gedanken getaucht, wie zwei Fische, die im gleichen Wasser schwimmen. Äußerlich schien unser Leben also nur ein Vegetieren zu sein, innerlich lebten wir dafür sowohl mit dem Herzen wie mit dem Hirn.

Die Gefühle und Gedanken waren die einzigen Ereignisse unseres Schülerdaseins.

Lambert hatte auf meine Phantasie einen Einfluß, den ich noch heute empfinde. Gierig lauschte ich seinen Erzählungen, die reich waren an Wundern, um deretwillen Kinder wie Erwachsene mit Entzücken den Geschichten lauschen, in denen das Wirkische gern die abſurdeſten Formen annimmt. Seine Leidenſchaft für alles Myſtiſche und die natürliche Gläubigkeit der Jugend veranlaßten uns oft, von »Himmel und Hölle« zu ſprechen. Louis verſuchte damals, indem er mir Swedenborg erklärte, mir ſeinen Glauben an die Engel mitzuteilen. Selbſt noch in ſeinen irrigſten Beweisführungen lagen erſtaunliche Beobachtungen über die Kraft des Menſchen, Beobachtungen, die ſeinen Worten jenen Schein von Wahrheit verliehen, ohne den in der Kunſt nichts möglich iſt. Das romantiſche Ende, das für ihn zu jedem menſchlichen Schickſal gehörte, war ganz dazu angetan, der Neigung zu ſchmeicheln, mit der die jugendliche Phantaſie ſich dem Glauben zuwendet. Erzeugen die Völker nicht auch in ihrer Jugend ihre Dogmen und ihre Götzen? Und ſind die übernatürlichen Weſen, vor denen ſie zittern, nicht Verkörperungen ihrer geſteigerten Gefühle und Bedürfniſſe? Was mir heute von den phantaſievollen Geſprächen im Gedächtnis geblieben iſt, die wir, Lambert und ich, über den ſchwediſchen Philoſophen führten, deſſen Werke ich ſeitdem aus Neugier geleſen habe, kann in folgender kurzer Darſtellung zuſammengefaßt werden.

In uns gibt es zwei voneinander verſchiedene Geſchöpfe; nach Swedenborg iſt der Engel das Individuum, bei dem das »Innere Weſen« über das »Äußere Weſen« triumphiert. Will ein Menſch, ſobald ihm vom Gedanken ſeine doppelte Exiſtenz gezeigt worden iſt, ſeiner Berufung als Engel gehorchen, ſo muß er bemüht ſein, die auserwählte Natur des Engels in ſich zu nähren. Wenn er, aus Mangel an tieferer Erkenntnis ſeines Schickſals, das körperliche Leben vorherrſchen läßt, anſtatt das geiſtige zu ſtärken, gehen alle ſeine Kräfte in das Spiel ſeiner äußeren Sinne über, und der Engel geht langſam durch dieſe Materialiſierung beider Naturen ein. Im entgegengeſetzten Falle, wenn er ſein Inneres mit den Subſtanzen, die ihm eigen ſind, nährt, dann ſiegt die Seele über die Materie und verſucht, ſich von ihr loszulöſen. Wenn ihre Trennung unter der Form geſchieht, die wir den Tod nennen, dann bleibt der Engel, der mächtig genug iſt, ſich von ſeiner Hülle zu befreien, beſtehen und beginnt ſein wahres Leben. Die unendlich vielen Beſonderheiten, die die Menſchen voneinander unterſcheiden, laſſen ſich nicht anders erklären, als durch dieſe Doppelexiſtenz: ſie machen ſie verſtändlich und beweiſen ſie. Tatſächlich ſollte uns der Unterſchied, der zwiſchen einem Menſchen beſteht, deſſen unlebendiger Geiſt ihn zu einer offenbaren geiſtigen Stumpfheit verdammt, und demjenigen, deſſen innere Sehergabe ihn mit irgend einer Kraft ausgeſtattet hat, annehmen laſſen, daß zwiſchen dem Geiſt und dem gewöhnlichen Sterblichen derſelbe Unterſchied beſtehe wie zwiſchen dem Blinden und dem Sehenden. Dieſer Gedanke, der die Schöpfung unendlich erweitert, gibt in gewiſſem Sinne den Schlüſſel zum Himmel. Die Geſchöpfe, die hier unten augenſcheinlich untereinander vermiſcht ſind, ſind dort oben nach der Vollkommenheit ihres »Inneren Weſens« in getrennte Sphären eingeteilt, deren Gebräuche und Sprachen einander fremd ſind. Wenn ein Bewohner der niederen Regionen in einen höheren Kreis kommt, ohne deſſen würdig zu ſein, ſo verſteht er in der unſichtbaren Welt (genau wie in der ſichtbaren) nicht nur deſſen Gewohnheiten und Reden nicht, ſondern ſeine Gegenwart lähmt dort die Stimmen und die Herzen. In ſeiner Göttlichen

Komödie mag Dante wohl eine leiſe Ahnung von dieſen Sphären gehabt haben, die in der Welt der Schmerzen beginnen und ſich durch eine kreisförmige Bewegung bis in die Himmel erheben. Die Lehre Swedenborgs wäre alſo das Werk eines hellſehenden Geiſtes, der die unzähligen Erſcheinungen aufgezeichnet hat, durch die die Engel ſich inmitten der Menſchen offenbaren.
Dieſe Lehre, die ich heute zuſammenzufaſſen ſuche, indem ich ihr einen logiſchen Sinn gebe, wurde mir von Lambert mit allem Verführeriſchen des Myſteriums dargebracht, eingehüllt in die Wendungen jener beſonderen Sprache, wie ſie den Myſtikern eigen iſt; dunkle Worte voller Abſtraktion, die ſo auf das Gehirn wirken wie gewiſſe Bücher von Jakob Böhme, Swedenborg oder Madame Guyon, deren Lektüre Phantaſiebilder heraufbeſchwört, ſo vielgeſtaltig wie Opiumträume. Lambert erzählte mir ſo merkwürdige myſtiſche Dinge, er wirkte daher ſo ſtark auf meine Phantaſie, daß mir ſchwindelte. Doch ich verſank gern in dieſe geheimnisvolle Welt, die den Sinnen unſichtbar iſt, in der aber jeder gern lebt, ſei es, daß er ſie ſich unter der unendlichen Form des zukünftigen Lebens vorſtellt, ſei es, daß er ſie in die unbeſtimmten Formen des Märchens hüllt. Dieſe heftigen Erregungen der Seele belehrten mich, unbewußt, über ihre Kraft und gewöhnten mich an die Arbeit des Denkens.
Lambert ſelbſt erklärte alles durch ſein Syſtem von den Engeln. Für ihn war die reine Liebe, die Liebe, wie man ſie in der Jugend träumt, eine Verbindung zweier engelhafter Naturen. Und nichts kam dem heißen Verlangen gleich, mit dem er ſich die Begegnung mit einem weiblichen Engel erſehnte. Ach.

wer ſollte mehr als er Liebe einflößen und empfinden? Wenn etwas an ihm die Vorſtellung von einer außergewöhnlichen Feinfühligkeit geben konnte, war es dann nicht das liebenswürdige und gütige Weſen, das in ſeinen Gefühlen, ſeinen Worten, ſeinen Handlungen und den geringſten ſeiner Bewegungen zum Ausdruck kam, in der ganzen Gemeinſchaft, die uns miteinander verband und die wir dadurch zum Ausdruck brachten, daß wir uns »Gefährten« nannten? Es gab keinen Unterſchied zwiſchen ſeinen und meinen Dingen. Wir ahmten gegenſeitig unſere Handſchriften nach, damit einer die Arbeiten für beide machen konnte. Mußte einer von uns erſt ein Buch zu Ende leſen, weil er es dem Mathematiklehrer zurückzugeben hatte, ſo konnte er es ohne Unterbrechung leſen, denn dann machte eben der eine die Aufgaben und Strafarbeiten des anderen. Wir entledigten uns unſerer Schularbeiten wie einer Steuer, die unſerer Ruhe auferlegt war. Wenn mich mein Gedächtnis nicht täuſcht, ſo waren die Arbeiten bedeutend beſſer, wenn Lambert ſie machte. Aber da wir beide für ausgemachte Dummköpfe galten, beurteilten die Lehrer unſere Arbeiten immer unter dem Einfluß eines verhängnisvollen Vorurteils und legten ſie ſogar beſonders, um unſere Schulkameraden damit zu amüſieren. Ich weiß noch, wie der Lehrer eines Nachmittags nach der Stunde, die von zwei bis vier Uhr geweſen war, eine Überſetzung von Lambert zur Hand nahm. Der Text begann: »Gaius Gracchus, vir nobilis«. Louis hatte die Worte überſetzt: »Gajus Gracchus hatte ein edles Herz.«

»Wo leſen Sie »Herz« in nobilis?« fragte der Lehrer ſtreng.

Und alle lachten, während Lambert den Lehrer ganz dumm anſah.

»Was würde die Frau Baronin von Staël ſagen, wenn ſie hörte, daß Sie das Wort, das »edles Geſchlecht, vornehme Herkunft« bedeutet, ganz verkehrt überſetzt haben?«

»Sie wird ſagen, daß Sie ein Dummkopf ſind!« entfuhr es mir leiſe.

»Herr Dichter, Sie werden acht Tage in den Karzer wandern!« erwiderte der Profeſſor, der mich unglückſeligerweiſe gehört hatte.

Lambert wiederholte leiſe, indem er mir einen Blick unausſprechlicher Zärtlichkeit zuwarf, »vir nobilis!« Madame de Staël war zum Teil die Urſache zu Lamberts Unglück. Bei jeder Gelegenheit warfen ihm Lehrer und Schüler dieſen Namen an den Kopf ſowohl als Spott wie als Vorwurf. – Louis verſäumte nichts, um ſich auch in den Karzer ſetzen zu laſſen, damit er mir Geſellſchaft leiſten konnte. Dort waren wir ungeſtörter als anderswo und konnten den ganzen Tag miteinander ſprechen, in der Stille des Schlafſaals, in dem jeder Schüler eine Niſche von ſechs Fuß im Geviert beſaß, deren Wände oben Eiſenſtangen hatten und deren durchſichtige Türen vor den Augen des Saalaufſehers, der unſer Aufſtehen und Zubettgehen zu überwachen hatte, jeden Abend geſchloſſen und jeden Morgen wieder geöffnet wurden. Das Knarren dieſer Tür, die mit eigentümlicher Behendigkeit von den Bedienſteten des Schlafſaals auf und zu gemacht wurde, gehörte mit zu den Merkwürdigkeiten unſerer Anſtalt. So waren die Gefängniſſe gebaut, in denen wir oft ganze Monate bleiben mußten. Die eingeſperrten Schüler unterſtanden dem ſtrengen Auge des Präfekten, einer

Art Inſpektor, der zu beſtimmten Stunden oder auch unvorbereitet leiſe hereinkam, um zu ſehen, ob wir ſchwatzten anſtatt unſere Strafarbeiten zu machen. Aber die auf den Treppen ausgeſtreuten Nußſchalen oder unſer feines Gehör ließen uns faſt immer ſein Kommen vorhermerken, ſodaß wir uns in aller Ruhe unſern Lieblingsſtudien hingeben konnten. Da uns jedoch die Lektüre unterſagt war, ſo waren die Stunden im Karzer gewöhnlich den metaphyſiſchen Geſprächen gewidmet oder dem Bericht irgend welcher Ereigniſſe, die auf die Phänomene des Denkens Bezug hatten.

Eines der merkwürdigſten Geſchehniſſe iſt ſicherlich dasjenige, das ich jetzt erzählen will, nicht allein, weil es Lambert betrifft, ſondern auch, weil es vielleicht ſein wiſſenſchaftliches Schickſal beſtimmt hat. – Nach den Satzungen des Inſtituts waren der Sonntag und der Donnerstag unſere freien Tage; aber der Gottesdienſt, dem wir ganz pünktlich beiwohnen mußten, nahm den Sonntag derart in Anſpruch, daß wir nur den Donnerstag als einzigen Feiertag anſahen. Nachdem wir die Meſſe gehört hatten, hatten wir Muße genug, lange durch die Felder in der Umgebung von Vendôme umherzuſtreifen. Die Burg von Rochambeau war das beliebteſte Ziel unſerer Ausflüge, vielleicht weil ſie ſo weit entfernt lag. Die Kleinen machten ſelten einen ſo ermüdenden Weg, trotzdem ſchlug ihnen der Lehrer ein- oder zweimal im Jahr den Ausflug nach Rochambeau als beſondere Belohnung vor. Im Jahre 1812, gegen Ende des Frühjahrs, ſollten wir zum erſten Mal dort hingehen. Der Wunſch, das berühmte Schloß zu ſehen, deſſen Beſitzer den Schülern zuweilen Milchſpeiſen gab, machte uns alle folgſam. Nichts lag alſo der Landpartie im Wege. Weder Lambert noch ich kannten das ſchöne Loirtal, in welchem die Beſitzung lag. So war denn ſeine Phantaſie wie die meine am Vorabend ſehr ſtark mit dieſem Spaziergang beſchäftigt, der in der Schule eine althergebrachte Freude verurſachte. Wir ſprachen den ganzen Abend davon, daß wir das Geld, welches wir – entgegen den Satzungen der Anſtalt – beſaßen, für Obſt oder Milch ausgeben wollten. Am nächſten Tag um eineinhalb Uhr, nach dem Eſſen, gingen wir fort, mit einem Stück Brot verſehen, das man uns im voraus als Veſper mitgegeben hatte. Munter, wie Schwalben, zogen wir gruppenweiſe dem berühmten Schloſſe zu, mit einem Eifer, der uns zu Anfang die Ermüdung nicht ſpüren ließ. Als wir auf dem Hügel angekommen waren, von dem aus wir ſowohl das Schloß ſehen konnten, das auf halber Höhe lag, wie auch das gewundene Tal, in dem ein Fluß glitzerte, der ſich durch anmutige Wieſen ſchlängelte – eine jener entzückenden Landſchaften, denen die Empfindungskraft der Jugend oder der Liebe einen ſo großen Zauber verleiht, daß man ſie ſpäter nie wiederſehen ſollte – da ſagte Louis Lambert zu mir: »das habe ich ja heute Nacht im Traum geſehen!« Er erkannte ſowohl die Baumgruppe wieder, unter der wir ſtanden, wie auch die Art der Blätter, die Farbe des Waſſers, die Türmchen des Schloſſes, die Bodenbeſchaffenheit, die Ausblicke, kurz, alle Einzelheiten der Gegend, die er zum erſten Male ſah. Wir waren alle beide Kinder; ich wenigſtens mit meinen dreizehn Jahren; denn Louis konnte mit ſeinen fünfzehn zuweilen ſchon die Tiefe eines genialen Mannes beſitzen. Doch beide waren wir damals nicht fähig, auch nur in den geringſten Einzelheiten unſerer

Freundſchaft zu lügen. Wenn übrigens Lambert durch die überragende Kraft ſeines Denkens auch die Bedeutung von Tatſachen empfand, ſo war er doch anfangs weit davon entfernt, ihre ganze Tragweite zu ahnen. So war er denn über dieſes Phänomen zuerſt auch erſtaunt. Ich fragte ihn, ob er nicht in ſeiner Kindheit nach Rochambeau gekommen wäre; meine Frage beſtürzte ihn, aber nachdem er ſein Gedächtnis geprüft hatte, antwortete er mir verneinend.

Dieſes Ereignis, das ſich im Schlaf vieler Menſchen ähnlich zutragen mag, macht die Hauptbegabung Lamberts verſtändlich. Er konnte in der Tat ein ganzes System davon ableiten, indem er, wie es Cuvier auf einem anderen Gebiet tat, aus einem Gedankenbruchſtück eine ganze Schöpfung rekonſtruierte. In jenem Augenblick ſetzten wir uns beide unter eine alte abgebrochene Eiche. Nach ein paar Augenblicken des Nachdenkens ſagte Lambert zu mir: »Wenn die Landſchaft nicht zu mir gekommen iſt, was abſurd zu denken wäre, dann bin ich eben zu ihr gegangen. War ich alſo hier, während ich in meinem Alkoven ſchlief, ſetzt dann dieſe Tatſache nicht eine völlige Trennung meines Körpers von meinem inneren Weſen voraus? Bezeugt sie nicht irgend eine Bewegungsfähigkeit des Geiſtes oder Wirkungen, die den Bewegungen des Körpers entſprechen? Vermag ſich alſo im Schlaf mein Geiſt von meinem Körper zu trennen, warum ſoll ich beide nicht ebenſo gut im Wachen voneinander ſcheiden können? Ich ſehe keine Zwiſchenglieder zwiſchen dieſen beiden Behauptungen. Aber gehen wir weiter, dringen wir in die Einzelheiten tiefer ein. Entweder haben ſich dieſe Dinge kraft einer

Fähigkeit vollzogen, die ein zweites Wesen in Tätigkeit setzt, dem mein Körper als Hülle dient — denn ich war in meinem Alkoven und sah die Landschaft, und das stößt viele Systeme um — oder diese Dinge haben sich entweder in irgend einem Nervenzentrum zugetragen, in dem sich die Gefühle bewegen, und dessen Namen wir noch erst erfahren müssen, oder aber in dem Gehirnzentrum, in dem sich die Gedanken bewegen. Diese letzte Hypothese hat die merkwürdigsten Fragen im Gefolge. Ich bin gegangen, ich habe gesehen, ich habe gehört. Die Bewegung vollzieht sich nicht ohne Raum; der Ton reagiert nur in Winkeln oder auf Oberflächen und die Farbe existiert nur durch das Licht. Wenn ich des Nachts mit geschlossenen Augen farbige Gegenstände gesehen habe, wenn ich in der absoluten Stille Geräusche gehört habe, und dies alles, ohne die notwendigen Vorbedingungen für die Entstehung des Tones, wenn ich in vollkommenster Unbeweglichkeit den Raum durchmessen habe, dann besitzen wir innere Kräfte, die unabhängig sind von den äußeren physikalischen Gesetzen. Der Geist muß also die materielle Natur durchdringen können. Wie haben die Menschen bis heute so wenig über die Vorgänge des Schlafes nachdenken können, die ein Doppelleben im Menschen andeuten? Liegt in diesem Phänomen nicht eine neue Wissenschaft?« fügte er hinzu und schlug sich heftig gegen die Stirn. »Und wenn es nicht der Anfang einer Wissenschaft ist, so verrät es doch gewaltige Kräfte im Menschen; es offenbart zum mindesten die häufige Trennung unserer beiden Naturen, eine Tatsache, über die ich seit langem nachgedacht habe. So habe ich endlich einen Beweis für die Überlegenheit unserer ver-

borgenen Sinne über unſere ſichtbaren Sinne gefunden. Homo duplex! — Aber« — fuhr er nach einer Pauſe fort und machte dabei eine Bewegung des Zweifels, »vielleicht leben gar nicht zwei Naturen in uns? Vielleicht ſind wir ganz einfach mit geheimen und vervollkommnungsfähigen Kräften begabt, deren Übung und Entwicklung noch bisher unbeobachtete Erſcheinungen der Bewegung, der Durchdringung, des Schauens hervorbringen. In unſerer Vorliebe zum Wunderbaren — einer Leidenſchaft, die von unſerm Stolz erzeugt wird — haben wir dieſe Wirkungen in Phantaſiegebilde verwandelt, weil wir ſie nicht verſtanden haben. Es iſt ſo bequem, dem Unbegreiflichen zu mißtrauen! Ich muß geſtehen, ich würde den Verluſt meiner Illuſionen beweinen. Mir iſt es ein Bedürfnis, an eine doppelte Natur und an die Engel von Swedenborg zu glauben! Dieſe neue Wiſſenſchaft wird ſie alſo töten? Ja, die Prüfung unſerer unbekannten Fähigkeiten ſchließt eine anſcheinend materialiſtiſche Wiſſenſchaft in ſich; denn ‚der Geiſt' gebraucht, zerteilt, belebt die Subſtanz, aber er zerſtört ſie nicht.«
Er blieb nachdenklich, faſt traurig. Vielleicht ſah er ſeine Jugendträume vor ſich wie Kinderſchuhe, die er bald ausziehen mußte.
»Geſicht und Gehör«, ſagte er und lächelte über ſeine Ausdrucksweiſe, »ſind zweifellos die Hüllen eines wunderbaren Werkzeugs.«
Immer, wenn er mir von Himmel und Hölle ſprach, pflegte er die Natur als Meiſterin anzuſehen; aber bei dieſen letzten Worten, die voller Wiſſen waren, ſchwebte er noch kühner als ſonſt über der Landſchaft und ſeine Stirn ſchien faſt zerſpringen zu

wollen unter der Macht des Genies: ſeine Kräfte, die man bis zu einer neuen Sprachordnung »geiſtige« Kräfte nennen muß, ſchienen aus den Organen herauszuquellen, die dazu beſtimmt waren, ſie hervorzubringen. Seine Augen ſchleuderten den Gedanken hervor, ſeine erhobenen Hände, ſeine ſtummen und zitternden Lippen waren beredt; ſein brennender Blick leuchtete; ſein Kopf endlich, zu ſchwer oder zu müde von allzu heftiger Erregung, fiel ihm auf die Bruſt. Dieſes Kind, dieſer Rieſe, beugte ſich herab, nahm meine Hand, preßte ſie in der ſeinen, die feucht war, ſo fieberte er in der Suche nach der Wahrheit. Dann ſagte er nach einer Pauſe: »ich werde berühmt werden. — Aber du auch«, fügte er lebhaft hinzu. »Wir werden beide die Chemiker des Willens ſein.«

Edles Herz! Ich erkannte ſeine Überlegenheit an, er aber hütete ſich, mich ſie je fühlen zu laſſen. Er teilte die Schätze ſeines Denkens mit mir, maß auch mir innerhalb ſeiner Entdeckungen eine Bedeutung bei und überließ mir meine unbedeutenden Gedanken. Er war, wie eine liebende Frau, ſtets freundlich und beſaß die ganze Zurückhaltung des Gefühls und die ganze Zartheit der Seele, die das Leben ſo ſchön und ſo angenehm machen.

Schon am nächſten Tage begann er ſeine Arbeit, die er »Abhandlung über den Willen« benannte; ſeine Überlegungen änderten zwar oft Plan und Methode; aber das Erlebnis jenes feierlichen Tages hatte doch den Keim dazu gelegt, wie der elektriſche Strom, den Meßmer ſtets bei der Annäherung eines ſeiner Diener empfand, der Urſprung für ſeine Entdekkungen auf dem Gebiete des Magnetismus wurde, einer Wiſſenſchaft, die einſtmals in den Tiefen der

Myſterien der Iſis, von Delphi, in der Höhle des Trophonius verborgen geweſen war und nun von dieſem genialen Menſchen in nächſter Nähe von Lavater, dem Vorgänger Galls, wieder aufgeſunden wurde. Lamberts Ideen nahmen, durch dieſes plötzliche Licht erleuchtet, größere Dimenſionen an; er erkannte in dieſen Errungenſchaften weit auseinanderliegende Wahrheiten, die er miteinander verband; dann ſchmolz er alles wie ein Gießer zuſammen. Nach ſechs Monaten andauernden Fleißes erregten die Arbeiten Lamberts die Neugier unſerer Mitſchüler und waren der Gegenſtand grauſamen Spottes, der einen unheilvollen Ausgang nehmen ſollte. Eines Tages nämlich wurde einer der Quälgeiſter durch einen unſerer Verfolger, der durchaus unſere Manuſkripte ſehen wollte, aufgewiegelt und bemächtigte ſich gewaltſam eines Kaſtens, in dem der Schatz lag, den Lambert und ich mit unerhörtem Mut verteidigten. Der Kaſten war verſchloſſen und es war unſern Angreifern unmöglich, ihn zu öffnen; da verſuchten ſie, ihn in dem Kampf zu zerbrechen, eine niedrige Gemeinheit, die uns lautes Schreien entlockte. Ein paar Kameraden, die von Gerechtigkeitsſinn erfüllt waren oder denen unſer heldenhafter Widerſtand imponierte, rieten, uns in Ruhe zu laſſen, und überſchütteten uns mit einem geradezu beleidigenden Mitleid. Plötzlich fuhr Pater Haugoult, durch den Lärm des Kampfes angelockt, dazwiſchen und fragte nach dem Grund unſeres Streites. — Unſere Gegner hatten uns von unſern Strafarbeiten abgehalten, der Aufſeher mußte ſeine Sklaven ſchützen. — Zu ihrer Entſchuldigung verrieten unſere Angreifer das Vorhandenſein der Manuſkripte. Der entſetzliche Haugoult befahl uns, ihm den Kaſten auszuhändigen: wenn wir uns dem widerſetzten, konnte er ihn aufbrechen laſſen. Lambert gab ihm den Schlüſſel, der Lehrer nahm die Papiere heraus, blätterte in ihnen und ſagte dann, ſie an ſich nehmend: »Das ſind alſo die Dummheiten, um deretwillen Sie Ihre Arbeiten vernachläſſigen!« Aus Lamberts Augen rannen dicke Tränen, die ihm ſowohl das Bewußtſein ſeiner geiſtigen Überlegenheit entlockt hatte wie auch die unverdiente Beleidigung und der Verrat, dem wir unterlegen waren. Wir warfen unſern Angebern einen vorwurfsvollen Blick zu: hatten ſie uns nicht dem gemeinſamen Feind verkauft? Wenn ſie uns ſchon nach Schülerart verhauen durften, hätten ſie nicht über unſer Vergehen Schweigen bewahren müſſen? Sie ſchämten ſich auch einen Augenblick lang über ihre Feigheit. — Pater Haugoult aber hat wahrſcheinlich ſpäter die »Abhandlung über den Willen« an einen Krämer in Vendôme verkauft, ohne die Bedeutung des wiſſenſchaftlichen Schatzes zu kennen, deſſen unausgetragene Keime von unwiſſenden Händen zerſtreut wurden. Sechs Monate ſpäter verließ ich die Anſtalt. Ich weiß nicht, ob Lambert, den unſere Trennung in eine tiefe Melancholie verſetzte, ſeine Arbeit wieder aufgenommen hat. In Erinnerung an das Schickſal, das Louis' Buch ereilte, habe ich in der Arbeit, mit der dieſe »Studien« beginnen, für ein fingiertes Werk den wahren von Lambert ſelbſt erfundenen Titel gewählt und habe den Namen einer Frau, die er liebte, einem aufopferungsvollen jungen Mädchen gegeben. Aber dies iſt nicht das einzige, was ich ihm entliehen habe: ſein Charakter, ſeine Arbeiten waren mir bei dieſem Werk, das ich der Erinnerung

an unſere gemeinſamen jugendlichen Betrachtungen verdanke, von größtem Wert. Dieſe Erzählung ſoll ein beſcheidener Gedenkſtein ſein, der von dem Leben deſſen Kunde gibt, der mir ſein ganzes Gut: ſeine Gedanken hinterlaſſen hat.
In dieſer Kinderarbeit legte Lambert Mannesideen nieder. Zehn Jahre ſpäter, als ich ernſten Gelehrten begegnete, welche ſich mit Phänomenen abgaben, wie ſie uns damals beſchäftigten, und wie ſie Lambert ſo wunderbar analyſierte, begriff ich erſt die ganze Bedeutung ſeiner Arbeiten, die ich ſchon wie Kinderſpiel vergeſſen hatte. Ich brauchte mehrere Monate, um mir die Hauptentdeckungen meines armen Freundes wieder ins Gedächtnis zurückzurufen. Jetzt, nachdem ich in meiner Erinnerung alles wieder zuſammengeſtellt habe, kann ich beſtätigen, daß er vom Jahre 1812 ab in ſeiner Abhandlung mehrere wichtige Fakta aufgeſtellt, erraten, erörtert hatte, die, wie er mir ſagte, früher oder ſpäter bewieſen werden würden. Seine philoſophiſchen Spekulationen hätten ihn gewiß in die Reihe der großen Denker geſtellt, wie ſie in verſchiedenen Zeiträumen unter den Menſchen erſcheinen, um ihnen die nackten Anfänge irgend einer zukünftigen Wiſſenſchaft zu enthüllen, deren Wurzeln langſam wachſen und eines Tages im Reiche des Geiſtes ſchöne Früchte tragen werden. So hatte einſt ein armer Handwerker, Bernard, der die Erde durchwühlte, um das Geheimnis der Metallfarben zu finden, im ſechzehnten Jahrhundert mit der unfehlbaren Autorität des Genies geologiſche Tatſachen behauptet, deren Darlegung heute den Ruhm eines Buffon und eines Cuvier ausmachen. Ich glaube eine Vorſtellung von Lamberts »Abhandlung« geben zu können, wenn

ich in der Hauptſache die Grundzüge derſelben darlege. Aber ich entkleide ſie dabei unwillkürlich der Gedanken, in die er ſie hüllte und die ihnen unentbehrlich ſind. Denn da ich einen anderen Weg ging als er, griff ich von ſeinen Forſchungen nur das auf, was zu meinem Syſtem am beſten paßte. Ich weiß daher nicht, ob ich, ſein Schüler, ſeine Gedanken treu wiedergeben kann, nachdem ich ſie mir in der Weiſe angeeignet habe, daß ich ihnen die Farbe der meinen gab.

Für neue Ideen braucht man entweder ganz neue Worte oder erweiterte, umfaſſendere, beſſer definierte Anwendungen der alten; Lambert nun hatte, um die Grundbegriffe ſeines Syſtems darzulegen, allgemein bekannte Worte gewählt, die ungefähr ſeinen Gedanken entſprachen. Das Wort »Willen« bedeutet das »Milieu«, in welchem ſich der »Gedanke« entwikkelt, oder, weniger abſtrakt ausgedrückt: die Summe von Kräften, durch die der Menſch die Handlungen, aus denen ſein äußeres Leben beſteht, außerhalb ſeiner hervorbringen kann. Das »Wollen,« ein Wort, das wir den Reflexionen Lockes verdanken, drückt den Akt aus, durch den der Menſch ſeinen »Willen« anwendet. Das Wort »Denken«, für ihn das weſentliche Reſultat des Willens, bezeichnet auch das Milieu, in dem die Ideen entſtehen, denen der Wille als Subſtanz dient. Die »Idee«, ein Name, der allen Schöpfungen des Gehirns gemeinſam iſt, begründet den Akt, durch den der Menſch ſein Denken anwendet. So waren der Wille und das Denken die beiden zeugenden Mittel; das Wollen und die Idee die beiden Erzeugniſſe. Das Wollen ſchien ihm die Idee zu ſein, die aus ihrem abſtrakten Zuſtand in den konkreten übergeht, von einem flüſſigen zu einem nahezu feſten, wenn diese Worte überhaupt so schwer zu verstehende Gedanken wiedergeben können. Nach seiner Auffassung sind das Denken und die Ideen Bewegungen und Auswirkungen unseres inneren Organismus, wie das Wollen und der Wille die des äußeren Lebens sind. Er hatte den Willen vor das Denken gesetzt. – »Um zu denken, muß man wollen«, sagte er. »Viele Wesen leben in einem Zustand des Willens, ohne jedoch in den des Denkens zu gelangen. Im Norden finden wir eine lange Lebensdauer, im Süden ein kurze; dagegen ist im Norden Stumpfheit, im Süden eine dauernde Angespanntheit des Willens; bis zu dem Punkt, wo durch allzu große Kälte oder allzu große Hitze die Organe fast vernichtet sind!« Sein Wort »Milieu« war ihm durch eine Beobachtung gekommen, die er in seiner Kindheit gemacht hatte, deren Bedeutung er damals wohl kaum ahnte, deren Merkwürdigkeit seiner so leicht beeindruckbaren Phantasie aber aufgefallen sein mußte. Seine Mutter, eine schmächtige und nervöse Frau, ganz zart und liebevoll, war eines von jenen Geschöpfen, die dazu bestimmt sind, die Frau in ihrer höchsten Vollendung darzustellen, die aber das Schicksal aus Irrtum auf eine tiefe soziale Stufe verpflanzt hat. Sie war ganz Liebe und daher ganz Leid und starb jung, nachdem sie all ihre Fähigkeiten in der Mutterliebe hatte aufgehen lassen. Lambert, der als Kind von sechs Jahren in einer großen Wiege neben dem Bett der Mutter gelegen hatte, aber nicht immer schlafen konnte, hatte gesehen, wie elektrische Funken aus dem Haar der Mutter sprangen, wenn diese sich kämmte. Mit fünfzehn Jahren benutzte er diese Tatsache, die dem Kind ein Spiel gewesen war, für die Wissenschaft, eine unwiderlegbare Tatsache, für die all die Frauen zahlloſe Beweiſe liefern, die durch eine Tücke des Schickſals verkannte Gefühle auf dieſe Weiſe leidenſchaftlich auswirken oder ſonſt einen Überſchuß an Kraft verlieren.

Um dieſe Erklärung zu ſtützen, warf Lambert noch mehrere Probleme auf, ſchöne Aufgaben, die er der Wiſſenſchaft ſtellte und deren Löſungen er zu ſuchen ſich vornahm, wobei er ſich ſelbſt fragte: »Sollte das grundlegende Prinzip der Elektrizität nicht die Baſis für das beſondere Fluidum ſein, von dem unſere Ideen und unſer Wollen ausgehen? Sollte das Haar, das ſich entfärbt, weiß wird und ausfällt, je nach den verſchiedenen Graden der Verminderung oder Kriſtalliſation der Gedanken, nicht ein Syſtem der Kapillarität bekunden, das – ſei es aufzehrend oder auswirkend – auf Elektrizität beruht? Sind die fluiden Phänomene unſeres Willens, eine in uns erzeugte und nach noch unbeobachteten Bedingungen ſpontan wirkende Subſtanz, etwas Ungewöhlicheres als jenes Phänomen des unſichtbaren, ungreifbaren Fluidums, das entſteht, wenn die Voltaſche Säule auf das Nervenſyſtem eines Verſtorbenen wirkt? Iſt die Bildung unſerer Ideen und ihre dauernde Auswirkung weniger unverſtändlich, als es die Ausdünſtungen unſichtbarer und in ihrer Wirkung doch ſo mächtiger Atome ſind, wie zum Beiſpiel bei einer Moſchuskugel, die dabei jedoch nicht an Gewicht verliert? Wenn wir dem Syſtem der Haut, die uns umgibt, eine ſchützende, aufſaugende, ausſcheidende und taſtende Aufgabe zuſchreiben, entſpricht dann die Blutzirkulation und ihr ganzer Organismus nicht der Transſubſtantiation unſeres Willens, wie die Zirkulation des Nervenfluidums derjenigen des Denkens entſpricht? Und geht endlich das mehr oder weniger lebendige Zuſtrömen dieſer beiden realen Subſtanzen nicht aus einer gewiſſen Vollkommenheit oder Unvollkommenheit der Organe hervor, deren Bedingungen nach allen Richtungen hin ſtudiert werden müßten?«

Nach dieſen einmal aufgeſtellten Grundſätzen wollte er die Phänomene des menſchlichen Lebens in zwei voneinander verſchiedene Wirkungsreihen einteilen und forderte für jede von ihnen mit der ganzen Eindringlichkeit des Überzeugten eine beſondere Analyſe. Nachdem er in der Tat bei faſt allem Geſchaffenen zwei getrennte Bewegungen beobachtet hatte, wandte er dieſe Beobachtung auf unſere Natur an und nannte dieſen Lebensantagonismus: Wirkung und Gegenwirkung. »Ein Wunſch«, ſo ſagte er, »iſt eine in unſerem Willen vollzogene Handlung, noch ehe ſie äußerlich vollzogen iſt.« So ſtellt auch die Geſamtheit unſeres Wollens und unſerer Ideen die Wirkung, die Geſamtheit unſerer äußeren Handlungen die Gegenwirkung dar. Als ich ſpäter die Beobachtungen las, die Bichat über den Dualismus unſerer äußeren Sinne machte, war ich wie betäubt, denn ich erkannte eine augenfällige Gleichheit zwiſchen den Ideen dieſes berühmten Phyſiologen und denen Lamberts. Beide, die vor der Zeit geſtorben waren, waren gleichen Schrittes ich weiß nicht welchen Wahrheiten entgegengegangen. Der Natur hat es gefallen, den verſchiedenen weſentlichen Organen ihrer Geſchöpfe eine doppelte Beſtimmung zu geben; und die doppelte Wirkung unſeres Organismus, die eine nicht mehr zu beſtreitende Tatſache iſt, ſtützt durch eine Anhäufung von Beweiſen, die täglich erbracht werden können, die Deduktionen Lamberts, die ſich auf Wirkung und Gegenwirkung beziehen. Das »wirkende« oder »innere Weſen« – eine Bezeichnung, die er der unbekannten »ſpecies« gab, dem geheimnisvollen Ganzen von Faſern, auf die die verſchiedenen noch unvollkommen beobachteten Kräfte des Denkens und des Willens zurückzuführen ſind – dieſes unbekannte Weſen alſo, das ſieht, handelt, zu Ende führt und vollbringt noch vor jeder körperlichen Darſtellung, darf, um ſich ſeiner Natur anzupaſſen, keiner der phyſiſchen Bedingungen unterworfen ſein, durch die der »gegenwirkende« oder »äußere«, der ſichtbare Menſch in ſeinen Äußerungen gehemmt wird. Von hier leiteten ſich eine Menge logiſcher Erklärungen über die äußerſt merkwürdigen Wirkungen unſerer doppelten Natur her, ſowie die Berichtigung verſchiedener Syſteme, die zugleich wahr und falſch ſind. Einige Männer, die ein paar Phänomene des natürlichen Spiels des »wirkenden Weſens« geſchaut haben, waren, wie Swedenborg, durch eine glühende Seele, die die Poeſie liebte und vom göttlichen Prinzip trunken war, über die wirkliche Welt hinausgehoben worden. Alle vergöttlichten alſo in ihrer Unkenntnis der Urſachen, in ihrer Bewunderung der Tatſachen, dieſen geheimen Apparat und errichteten eine myſtiſche Welt. Daher ſtammen die Engel, dieſe entzückenden Illuſionen, auf die Lambert nicht verzichten wollte, die er noch in dem Augenblick liebte, da das Meſſer ſeiner Analyſe ihnen die glänzenden Flügel beschnitt.

»Der Himmel«, ſagte er zu mir, »iſt nach alledem das ‚Überleben' unſerer vervollkommneten Fähigkeiten, die Hölle iſt das Nichts, in das die unvollkommenen Fähigkeiten zurückfallen.«

Wie konnte man ſich aber auch in Jahrhunderten, in denen der Verſtand die religiöſen und ſpiritualiſtiſchen Vorſtellungen beibehalten hatte, wie ſie in

der Zeit zwiſchen Chriſtus und Descartes, zwiſchen Glauben und Zweifel geherrſcht haben, dagegen wehren, die Geheimniſſe unſerer inneren Natur anders zu erklären als durch ein göttliches Dazwiſchentreten?
Von wem anders, als von Gott ſelbſt konnten die Gelehrten Rechenſchaft fordern über ein unſichtbares Weſen, das ſo ſpürbar in Wirkung und Gegenwirkung iſt und ausgeſtattet mit ſo weitgehenden, durch Übung ſo vervollkommnungsfähigen oder unter der Herrſchaft gewiſſer okkulter Vorbedingungen ſo mächtiger Eigenſchaften, und von dem ſie ſahen, wie es bald durch das Phänomen der Viſion oder der Ortsveränderungsfähigkeit den Raum in den beiden Modi von Zeit und Entfernung, deren eine der geiſtige, deren andere der phyſiſche Raum iſt, aufhob, wie es bald die Vergangenheit wieder aufrichtete, ſei es durch die Macht rückwärtigen Schauens, ſei es durch das Geheimnis der Wiedergeburt, die der Gabe gleicht, die ein Menſch beſitzt, der in den Linien, Umhüllungen und Umriſſen eines Samenkornes deſſen frühere Blüten in den unzähligen Verſchiedenheiten ihrer Farben, ihres Duftes und ihrer Formen wiedererkennt; und wie es ſchließlich die Zukunft ungefähr vorausahnt, ſei es durch die Wahrnehmung der primären Urſachen, ſei es durch das Phänomen phyſiſchen Vorgefühls.
Andere Männer, die weniger phantaſievoll religiös als vielmehr kalt und vernünftig ſind, Scharlatane, Enthuſiaſten, nicht des Herzens ſondern des Gehirns, und die einige dieſer aus dem Zuſammenhang gelöſten Phänomene anerkennen, hielten ſie für wahr, ohne dieſelben als Ausſtrahlungen eines gemeinſamen Mittelpunktes anzuſehen. Jeder von ihnen

wollte eine einfache Tatſache in eine Wiſſenſchaft verwandeln. Hieraus entſtanden die Dämonologie, die Aſtrologie, die Zauberei, mit einem Wort die ganzen Wahrſagereien, die im weſentlichen auf vergänglichen Zufällen beruhen; denn ſie wechſeln je nach den Temperamenten und den noch vollſtändig unbekannten Umſtänden. Aber aus dieſen Irrtümern der Wiſſenſchaft und aus den Kirchenprozeſſen, denen ſo viele Märtyrer ihrer eigenen Fähigkeiten unterliegen, gehen auch wieder ſchlagende Beweiſe hervor für die wunderbare Macht, über die das »wirkende Weſen« verfügt, das, nach Lambert, ſich völlig vom »gegenwirkenden Weſen« trennen kann, indem es die Hülle ſprengt und die Mauern vor dem allmächtigen Blick niederreißt. Ein Phänomen, das, nach Ausſagen der Miſſionare, die Hindus »Tokeiade» nannten. Dann beſitzt dieſes Weſen noch eine andere Fähigkeit, nämlich die: im Gehirn, trotz deſſen dickſten Umhüllungen, die Ideen, die ſich dort gebildet haben, oder ſich dort bilden, ſowie das ganze vergangene Bewußtſein zu erfaſſen.
»Wenn Erſcheinungen nicht unmöglich ſind«, ſagte Lambert, »dann müſſen ſie auf der Gabe beruhen, die Ideen zu ſchauen, die den Menſchen in ſeiner reinen Weſenheit darſtellen und deſſen vielleicht unvergängliches Leben unſern äußeren Sinnen entgeht, aber dem inneren Weſen vielleicht bemerkbar wird, wenn dieſes auf eine hohe Stufe der Ekſtaſe oder zu einer großen Vollkommenheit des Schauens gelangt.« Ich weiß, wenn auch heute nur ungenau, daß Lambert, nachdem er Schritt für Schritt den Wirkungen des Denkens und des Willens in all ihren Arten nachgegangen war und ihre Geſetze aufgeſtellt hatte, eine Menge von Phänomenen erklärte, die ihm bis dahin

mit vollem Recht als unverſtändlich erſchienen wa-
ren. Auf dieſe Weiſe waren Zauberer, Beſeſſene,
Menſchen mit der Gabe des zweiten Geſichts und
die Dämoniſchen aller Art – dieſe Opfer des Mittel-
alters – der Gegenſtand ſo natürlicher Erklärungen
geworden, daß oft ihre Einfachheit für mich der
Stempel der Wahrheit zu ſein ſchien. Die wunder-
baren Gaben, die die römiſch-katholiſche Kirche.
die auf alle Myſterien eiferſüchtig war, mit dem
Scheiterhaufen beſtrafte, waren nach Louis das
Reſultat gewiſſer Verwandtſchaften zwiſchen den
Grundelementen der Materie und denen des Ge-
dankens, die beide aus der gleichen Quelle ſtammen.
Der Menſch mit der Wünſchelrute in der Hand ge-
horcht, wenn er Quellen findet, irgend einer Sym-
pathie oder Antipathie, die ihm ſelbſt unbekannt iſt.
Dieſe Art Wirkungen mußten ſchon ſehr merkwür-
diger Natur ſein, ſollte ihnen eine hiſtoriſche Bedeu
tung gegeben werden. Sympathien ſind überhaupt
ſelten feſtgelegt worden. Leute, die ſo glücklich ſind,
dieſe Gabe zu beſitzen, ſprechen nicht gern öffent-
lich davon, nur im kleinen Kreiſe, wo dann alles
ſchnell vergeſſen wird. Aber die Antipathien, die
aus einer Nicht-Verwandtſchaft herrühren, ſind
zum Glück feſtgehalten worden, wenn ſie bei be-
rühmten Menſchen anzutreffen waren. So weiß
man, daß Bayle Krämpfe bekam, wenn er Waſſer
ſprudeln hörte, daß Skaliger blaß wurde, wenn er
Kreſſe ſah, und daß Erasmus Fieber bekam, wenn
er Fiſch roch. Dieſe drei Antipathien rühren von
den Subſtanzen des Waſſers her. Der Herzog von
Epernon wurde beim Anblick eines Haſen ohnmäch-
tig, Tycho de Brahe, wenn er einen Fuchs, Hein-
rich III., wenn er eine Katze, der Marſchall von Albert

wenn er ein Wildſchwein ſah: alles Antipathien, die durch die Ausdünſtungen von Tieren hervorgerufen und ſchon in großen Entſernungen geſpürt wurden. Dem Chevalier de Guiſe, Maria von Medici und mehreren anderen Perſonen wurde beim Anblick einer Roſe, ſogar einer gemalten, übel. Ob der Kanzler Bacon von einer Mondfinſternis vorher Kenntnis hatte oder nicht, er bekam einen Schwächeanfall, ſobald ſie eintrat. Und ſein Leben, das während der Dauer dieſes Phänomens wie auſgehört hatte, ſetzte ſofort nachher wieder ein, ohne das geringſte Gefühl von Unbehagen zurückzulaſſen. Dieſe Dokumente authentiſcher Antipathien, die aus all denen herausgegriffen wurden, die die Laune der Geſchichte berühmt gemacht hat, mögen genügen, um die Wirkungen der unbekannten Sympathie zu verſtehen. Dieſe Bruchſtücke der Forſchung, deren ich mich unter all den Beweisführungen Lamberts noch entſinne, geben einen Begriff von der Methode, nach der er in ſeinen Werken vorging. Ich glaube nicht noch auf den Zuſammenhang hinweiſen zu müſſen, der zwiſchen dieſer Theorie und den gleichartigen Wiſſenſchaften beſteht, die von Gall und Lavater begründet wurden. Sie waren ihre notwendigen Folgen und jeder einigermaßen wiſſenſchaftlich gebildete Geiſt wird die Stellen erkennen, wo ſich notwendigerweiſe die phrenologiſchen Beobachtungen des einen und die phyſiognomiſchen Dokumente des anderen abzweigen. Die wichtigen, aber bisher wenig geſchätzten Entdeckungen Meßmers ſind ſchon ganz und gar in einem einzigen Abſchnitt dieſer Abhandlung enthalten, obgleich Louis die im übrigen kurz gefaßten Werke des berühmten Schweizer Arztes nicht kannte. Eine logiſche und einfache Deduktion dieſer Grundſätze ließ ihn erkennen, daß der Wille ſich durch eine zuſammenziehende Bewegung des inneren Weſens konzentrieren, ſich dann durch eine andere Bewegung nach außen projizieren und ſogar auf materielle Objekte übertragen laſſen konnte. Danach mußte der Menſch die Fähigkeit haben, auf die anderen zu wirken und ſie mit einer ihnen fremden Eſſenz zu durchdringen, ſobald ſie ſich gegen dieſen Angriff nicht wehrten. Die Beweiſe dieſer Theoreme der Wiſſenſchaft vom Menſchen ſind naturgemäß zahlreich; aber nichts kann ſie authentiſch begründen. Es war ſchon das gewaltige Unglück eines Marius notwendig und ſeine Rede an einen der Cimbern, der beauftragt war, ihn zu töten, oder der gewaltige Befehl einer Mutter an den Löwen von Florenz, um durch die Geſchichte einige dieſer gewaltigen Äußerungen des Denkens kennen zu lernen. Für ihn waren alſo Willen und Denken lebendige Kräfte; und er ſprach ſo davon, daß man ſeinen Glauben teilen mußte. Für ihn war das Denken langſam oder ſchnell, ſchwer oder leicht, hell oder dunkel; er ſchrieb ihm alle Eigenſchaften handelnder Weſen zu, ließ es aufſpringen, ſich aufrichten, aufwachen, wachſen, alt werden, ſich zuſammenziehen, abſterben, ſich wieder beleben. Er belauſchte ſein Leben, benannte alle ſeine Äußerungen mit den bizarren Ausdrücken unſerer Sprache; er ſtellte ſeine Schnelligkeit und ſeine Kraft, kurz, alle Eigenſchaften mit einer Art Intuition feſt, mittelſt der er alle Phänomene dieſer Subſtanz erkennen konnte.

»Oft, inmitten von Ruhe und Stille«, ſo ſagte er zu mir, »wenn unſere inneren Kräfte ſchlafen, wenn wir uns dem Genuß der Ruhe hingeben und ſich eine Art Dunkel in uns ausbreitet und wir uns die äußeren Dinge anſchauen, dann ſteigt eine Idee auf, geht blitzſchnell durch den unendlichen Raum, den wir durch unſer inneres Geſicht wahrnehmen können. Dieſe leuchtende Idee taucht wie ein Irrlicht auf und verliſcht ohne Wiederkehr: vergängliches Daſein, jenen Kindern gleich, die den Eltern eine grenzenloſe Freude und einen grenzenloſen Schmerz bereiten; eine Art totgeborene Blüte in den Feldern des Denkens. Zuweilen aber beginnt die Idee, anſtatt gewaltſam emporzuſchießen und ohne Beſtand zu ſterben, langſam zu keimen, ſchwebt in den unbekannten Regionen der Organe, wo ſie empfangen wird. Sie braucht unſere Kräfte durch eine lange Schwangerſchaft auf, entfaltet ſich, wächſt, wird fruchtbar und wirkt nach außen durch die Anmut der Jugend und iſt mit allen Attributen eines langen Lebens ausgeſtattet. Neugierige Blicke richten ſich auf ſie, ſie zieht ſie an und ermüdet ſie nie: die Prüfung, zu der ſie herausfordert, hat eine Bewunderung zur Folge, wie ſie ausgearbeitete Werke hervorrufen. Bald entſtehen die Ideen in Schwärmen, eine zieht die andere nach ſich, ſie verketten ſich ineinander, ſind herausfordernd, überſprudelnd, wie toll! Bald erheben ſie ſich: blaß, verwirrt und vergehen, weil ihnen die Kraft oder die Nahrung, kurz, die zeugende Subſtanz fehlt. An beſtimmten Tagen ſtürzen ſie ſich in die Abgründe, um die unermeßlichen Tiefen zu erhellen; ſie erſchrecken uns und ermatten unſere Seele. Die Ideen ſind ein vollſtändiges Syſtem in uns, wie eines der Naturreiche, eine Art Blüte, die einſt ein Genie beſchreiben wird, das man dann vielleicht für verrückt hält. Ja, alles in uns und außer uns bezeugt das Leben dieſer bezaubernden Geſchöpfe, die ich mit Blumen vergleichen möchte.

wobei ich einer Offenbarung der Natur gehorche. Daß ihre Entſtehung der Zweck des Menſchen ſei, iſt übrigens nicht erſtaunlicher, als es Duft und Farbe der Pflanze ſind. Vielleicht ſind Düfte Ideen. Wenn man bedenkt, daß an der Stelle, wo unſer Fleiſch aufhört und der Nagel beginnt, das unerklärliche und unſichtbare Geheimnis der dauernden Umwandlung unſerer weichen Säfte in Horn liegt, dann muß man erkennen, daß nichts unmöglich iſt in den wunderbaren Verwandlungen der menſchlichen Subſtanz. Aber begegnet man denn nicht in der geiſtigen Natur der Phänomene auch Bewegung und Schwere, wie in der körperlichen? Die »Erwartung«, um ein Beiſpiel zu wählen, das jeder deutlich verſtehen kann, iſt nur ſo ſchmerzhaft durch die Wirkung des Geſetzes, nach welchem die Schwere eines Körpers durch ſeine Schnelligkeit vervielfacht wird. Wächſt die Schwere des Gefühls, die die Erwartung hervorbringt, nicht durch ein dauerndes Hinzuzählen der vergangenen Leiden zu dem gegenwärtigen Schmerz? Auf was ſonſt als auf eine elektriſche Subſtanz kann man ſchließlich die Kraft zurückführen, mittelſt der der Wille ſo gebieteriſch in die Blicke dringt, um die Hinderniſſe auf Befehl des Genies niederzureißen, in der Stimme zum Ausdruck kommt oder, trotz aller Heuchelei, durch die menſchliche Hülle hindurchdringt? Die Strömung dieſes erhabenen Fluidums, das unter dem hohen Druck des Gedankens oder des Gefühls ſich in Wogen verbreitet oder ſich verringert und ſchwindet und ſich dann aufſammelt, um in Blitzen vorzuſchießen, iſt das okkulte Werkzeug, dem ſowohl die verhängnisvollen wie die wohltuenden Wirkungen von Kunſt und Leidenſchaft zuzuſchreiben ſind, ebenſo der Ton der Stimme, die abwechſelnd rauh iſt oder ſanft, furchtbar, wollüſtig; ſchauerlich, verführeriſch und je nach unſerem Willen im Herzen, in den Eingeweiden oder im Gehirn vibriert; wie auch alle Zauber des Taſtſinns, aus denen die inneren Verwandlungen ſo vieler Künſtler herrühren, deren ſchöpferiſche Hände nach tauſend leidenſchaftlichen Studien die Natur heraufzubeſchwören imſtande ſind, und wie ſchließlich die unendlichen Abſtufungen des Auges, von ſeiner matten Lebensäußerung an bis zu dem Schleudern ſchrekkenerregender Blitze. Bei dieſem Syſtem verliert Gott nicht eines ſeiner Rechte. Der materielle Gedanke hat mir vielmehr erneut Großes von ihm enthüllt.«

Wenn ich ihn ſo ſprechen hörte und wenn ſein Blick wie ein Lichtſtrahl in meine Seele fiel, dann war es ſchwer, nicht von ſeinen Überzeugungen geblendet, von ſeinen Überlegungen hingeriſſen zu ſein. So erſchien auch mir der Gedanke als eine durchaus phyſiſche Macht, begleitet von ſeinen unermeßlich zahlreichen Produkten. Er war eine neue Menſchheit unter einer anderen Form. Dieſe einfache Darſtellung der Geſetze, die Lambert für die Formel unſeres Geiſtes hielt, muß genügen, um ſich die wunderbare Aktivität vorzuſtellen, mit der ſeine Seele ſich ſelbſt aufzehrte. Lambert hatte nach Beweiſen für ſeine Ideen in der Geſchichte großer Männer geſucht, deren Leben, wie ihre Biographen es darſtellen, merkwürdige Einzelheiten über die Wirkſamkeit ihres Verſtandes liefern. Sein Gedächtnis ſetzte ihn in den Stand, ſich all dieſer Tatſachen zu erinnern, ſodaß ſie dazu dienen konnten, ſeine Behauptungen zu illuſtrieren, und er hatte ſie jedem Kapitel, dem ſie als Beweis dienten, hinzugefügt, wodurch mehrere ſeiner Maximen eine faſt mathematiſche Gewißheit erhielten. Die Werke des Cardanus, eines Mannes, der eine eigenartige Sehergabe beſaß, lieferten ihm wertvolles Material. Er hatte weder Apollonius von Thyana vergeſſen, der in Aſien den Tod des Tyrannen vorausſagte, und deſſen Todesſtrafe in eben der Stunde ſchilderte, da dieſer ſie in Rom erlitt; noch Plotin, der, von Porphyrius getrennt, deſſen Abſicht ſich zu töten fühlte und zu ihm eilte, um ihn davon abzuhalten; noch auch eine Tatſache, die im letzten Jahrhundert, angeſichts der ſpöttiſchſten Ungläubigkeit, die es je gegeben hat, feſtgeſtellt wurde und die all die Menſchen in Erſtaunen ſetzte, die daran gewöhnt ſind, den Zweiſel als einzige Waffe zu führen, die jedoch für einige Gläubige ganz natürlich war: Alphonſe-Maria de Liguori, Biſchof von Sankt-Agathe, ſpendete dem Papſt Gangenelli Troſt, welcher ihn ſah, hörte und ihm antwortete; und zur gleichen Zeit wurde der Biſchof bei ſich zu Hauſe – weit von Rom entfernt – in ſeinem Seſſel, in dem er nach der Meſſe zu ſitzen pflegte, in Ekſtaſe geſehen. Als er wieder zu ſich kam, ſah er ſeine Diener vor ſich knien, die ihn für tot hielten – »Freunde», ſagte er zu ihnen, »der heilige Vater iſt ſoeben verſchieden.« Zwei Tage darauf beſtätigte ein Kurier dieſe Nachricht. Die Todesſtunde des Papſtes fiel mit derjenigen zuſammen, in der der Biſchof wieder zu ſich gekommen war. Lambert hatte auch das merkwürdige Abenteuer nicht vergeſſen, das noch kürzlich, erſt im vergangenen Jahrhundert, einer jungen Engländerin zugeſtoßen war, die einen Seemann leidenſchaftlich liebte, aus London abgereiſt war, um ihn aufzuſuchen, und ihn allein, ohne Führer, in der Wüſte Nordamerikas wiederfand, wohin ſie gerade

kam, um ihm das Leben zu retten. Außerdem hatte
Louis auch die Myſterien des Altertums herange-
zogen, die Märtyrertaten, die der ſchönſte Ruhm für
den menſchlichen Willen ſind, die Dämonologien des
Mittelalters, die Kriminalprozeſſe, die mediziniſchen
Unterſuchungen, indem er überall die wirkliche
Tatſache, das wahrſcheinliche Phänomen mit be-
wundernswertem Scharfblick erkannte. Dieſe reich-
haltige Sammlung von wiſſenſchaftlichen Anekdoten,
die aus ſo vielen Büchern geſammelt und zum größ-
ten Teil durchaus glaubwürdig ſind, wurde ſicher
zu Papiertüten verwendet; und die zum mindeſten
eigenartige Arbeit, die von dem außergewöhnlich-
ſten menſchlichen Gedächtnis geſchaffen wurde,
mußte verloren gehen. Unter allen Beweiſen, die
Lamberts Buch füllten, befand ſich auch eine Ge-
ſchichte, die in ſeiner Familie vorgekommen war
und die er mir erzählte, noch ehe er ſeine Abhand-
lung ſchrieb. Dieſes Ereignis, das ſich auf die »Nach-
exiſtenz« des inneren Weſens bezog (wenn ich ein
neues Wort prägen darf, um eine bisher unbenannte
Wirkung wiederzugeben), berührte mich ſo tief, daß
es mir im Gedächtnis geblieben iſt. Louis' Eltern
führten einen Prozeß, der ihre Redlichkeit, das
einzige Gut, das ſie auf der Welt beſaßen, beflek-
ken mußte, wenn ſie ihn verloren. Die Aufre-
gung war natürlich groß, als es ſich um die Frage
handelte: ſollte man den ungerechten Angriffen des
Klägers nachgeben oder ſollte man ſich gegen ihn
verteidigen? Die Beratung fand eines Herbſtabends
am Torffeuer ſtatt, in der Stube der Gerbersleute.
Zu dieſem Familienrat waren auch noch zwei oder
drei Verwandte gerufen worden und Louis' Urgroß-
vater mütterlicherſeits, ein alter gebrechlicher Bauer,

der aber ein ehrfurchtgebietendes und majeſtätiſches Geſicht hatte, klare Augen und einen mit der Zeit gelb gewordenen Schädel, auf dem noch ein paar ſpärliche Locken zu ſehen waren. Gleich dem »Obi« der Neger und dem »Sagamore« der Wilden war er eine Art Orakel, das man bei wichtigen Gelegenheiten befragte. Seine Felder wurden von ſeinen Enkeln bebaut, die ihn ernährten und für ihn ſorgten. Er prophezeite ihnen Regen und gutes Wetter und bezeichnete ihnen den Zeitpunkt, an dem ſie die Felder mähen oder die Ernte einbringen ſollten. Die Barometer-Genauigkeit ſeiner Worte war berühmt geworden und erhöhte das Vertrauen und die Verehrung, die man ihm entgegenbrachte. Er blieb ganze Tage unbeweglich in ſeinem Stuhl ſitzen. Dieſer Zuſtand von Ekſtaſe war ihm ſeit dem Tode ſeiner Frau, die er tief und treu geliebt hatte, eigentümlich. Jene Unterredung alſo fand in ſeinem Beiſein ſtatt, ohne daß er beſonders auf ſie aufzumerken ſchien. Als er gebeten wurde, ſeine Anſicht zu äußern, erwiderte er: »Kinder, dieſe Angelegenheit iſt zu ernſt, um ſie allein zu entſcheiden; ich muß meine Frau um Rat fragen.« Der gute Mann ſtand auf, nahm ſeinen Stock und ging zum Erſtaunen der Anweſenden, die ihn für kindiſch geworden hielten, hinaus. Bald kam er wieder herein und ſagte: »Ich brauchte nicht erſt auf den Friedhof zu gehen, eure Mutter iſt mir entgegengekommen; ich traf ſie am Bache. Sie hat mir geſagt, daß ihr bei einem Notar in Blois Quittungen finden werdet, durch die ihr euren Prozeß gewinnt.« Dieſe Worte wurden mit feſter Stimme geſprochen. Haltung und Ausſehen des Alten bewieſen, daß dieſe Erſcheinung nichts Außergewöhnliches für ihn war. Und tatſäch-

lich fanden ſich die beſagten Quittungen und der Prozeß unterblieb.
Dieſes Ereignis ſpielte ſich im väterlichen Hauſe vor Louis' Augen ab, als er neun Jahre alt war, und trug viel dazu bei, daß er an die wunderbaren Geſichte Swedenborgs glaubte, der zu ſeinen Lebzeiten mehrere Beweiſe von der Macht der Viſionen ſeines inneren Weſens gegeben hat. Je älter er wurde und je mehr ſich ſeine Intelligenz entfaltete, deſto mehr wurde Lambert dahin geführt, in den Geſetzen der menſchlichen Natur die Urſachen des Wunderbaren zu ſuchen, das ſeine Aufmerkſamkeit von Kindheit an beſchäftigt hatte. Wie ſoll man den Zufall benennen, der ihm die Tatſachen und Bücher in die Hand gab, die ſich auf dieſe Phänomene bezogen und die ihn ſelbſt zum Schauplatz und zum Darſteller der größten Wunder des Gedankens machten? Wenn Louis kein anderes Verdienſt hätte als dieſes: mit fünfzehn Jahren den pſychologiſchen Grundſatz aufgeſtellt zu haben: »Den Geſchehniſſen, die die Wirkungen der Menſchheit bezeugen und die das Produkt ihrer Intelligenz ſind, liegen Urſachen zugrunde, in denen ſie vorempfunden ſind, wie auch unſere Handlungen ſchon in unſern Gedanken vollzogen ſind, noch ehe ſie ſich nach außen hin auswirken; Ahnungen und Prophezeiungen ſind die Offenbarung jener Urſachen.« Schon allein dann müßte man, glaube ich, in ihm den Verluſt eines Genies beklagen, das einem Pascal, einem Lavoiſier, einem Laplace würdig an die Seite geſtellt werden kann. Möglich, daß ſeine Phantaſien über die Engel ſeine Arbeiten allzulange beherrſcht haben; aber haben die Gelehrten bei ihren Verſuchen, Gold zu machen, nicht unbewußt die Chemie geſchaffen? Wenn

jedoch Lambert ſpäter vergleichende Anatomie, Phyſik, Geometrie und die Wiſſenſchaften ſtudierte, die ſich auf ſeine Entdeckungen bezogen, ſo geſchah es gewiß in der Abſicht, Tatſachen zu ſammeln und analytiſch vorzugehen, denn die Analyſe iſt die einzige Fackel, die uns heute durch die Dunkelheiten der unbegreiflichſten aller Naturen führt. Er beſaß zu viel Verſtand, um in den Wolken von Theorien zu ſchweben, die ſich mit ein paar Worten darlegen laſſen. Iſt heute die einfachſte Beweisführung, die ſich auf Tatſachen ſtützt, nicht wertvoller als die ſchönſten Syſteme, die nur durch mehr oder minder kluge Schlußfolgerungen erklärt werden? Aber da ich ihn nicht in der Epoche ſeines Lebens gekannt habe, in der er am erfolgreichſten nachgedacht haben muß, ſo kann ich mir die Bedeutung ſeiner Werke nur nach der Bedeutung ſeiner erſten Darlegungen vorſtellen.

Es iſt leicht, das herauszugreifen, woran es in ſeiner »Abhandlung über den Willen« fehlt. Denn obgleich er mit den Fähigkeiten eines bedeutenden Mannes ausgeſtattet war, war er doch damals noch ein Kind. Obgleich er fruchtbar und geſchickt im abſtrakten Denken war, ſo barg ſein Gehirn doch noch eine entzückende Gläubigkeit, wie ſie jede Jugend umſchwebt. Die Ergebniſſe ſeines Denkens grenzten alſo an einigen Stellen an die reifen Früchte eines Genies, und an tauſend anderen waren ſie ſo winzig wie Keime. Dichteriſchen Gemütern wäre ſein größter Fehler gewiß als köſtlicher Vorzug erſchienen.

Sein Werk trug die Spuren des Kampfes, der ſich in dieſer ſchönen Seele zwiſchen den beiden großen Prinzipien: Spiritualismus und Materialismus abſpielte, um die ſich ſchon ſo viele große Geiſter bemüht haben, ohne daß ſie gewagt hätten, ſie in ein einziges Prinzip zu verſchmelzen. Louis, der zuerſt Spiritualiſt geweſen war, wurde unmerklich dahin geführt, die Materialität des Gedankens anzuerkennen. Die Ergebniſſe der Analyſe überzeugten ihn zu einer Zeit, da ſein Herz noch liebevoll zu den am Himmel Swedenborgs verſtreuten Wolken hinaufſah; doch beſaß er damals noch nicht die Kraft, ein einheitliches und feſtes Syſtem zu entwerfen, das wie aus einem Guß war. Daher auch einige Widerſprüche, wie ſie in dem Abriß, den ich von ſeinen erſten Verſuchen gegeben habe, zum Ausdruck kommen. So unvollkommen aber auch ſeine Arbeit ſein mag, iſt ſie nicht der Entwurf zu einer Wiſſenſchaft, deren Myſterien er ſpäter gewiß noch vertieft, deren Grundlagen er noch befeſtigt, deren Entwicklungen er geprüft, abgeleitet und mit einander verknüpft hätte?

Sechs Monate nach der Beſchlagnahme der »Abhandlung über den Willen« verließ ich die Anſtalt. Unſere Trennung war eine plötzliche. Meine Mutter, die ein Fieber beunruhigte, das ich ſeit einiger Zeit nicht loswerden konnte und dem meine körperliche Schlaffheit die Symptome der Schlafkrankheit verlieh, nahm mich innerhalb von vier bis fünf Stunden aus dem Inſtitut fort. Bei der Nachricht von meinem Abgang wurde Lambert von einer erſchrekkenden Traurigkeit befallen. Wir verſteckten uns, um zu weinen.

»Werde ich dich je wiederſehen?« ſagte er mit ſeiner ſanften Stimme zu mir und preßte mich in ſeine Arme. »Du wirſt leben,« fuhr er fort, »ich aber werde ſterben. Wenn ich kann, werde ich dir erſcheinen.«

Man muß jung ſein, um dergleichen Worte mit einem ſolchen Ton der Überzeugung auszuſprechen, und um ſie wie eine Prophezeiung aufzunehmen, wie ein Verſprechen, vor deſſen unheimlicher Erfüllung man ſich fürchtet. Lange Zeit habe ich an dieſe verſprochene Erſcheinung gedacht. Und noch heute gibt es Tage des Mißmuts, der Angſt, des Entſetzens, der Einſamkeit, in denen ich die Erinnerung an dieſen traurigen Abſchied verſcheuchen muß, der jedoch nicht der letzte ſein ſollte. Als ich über den Hof ſchritt, der zum Ausgang führte, ſtand Lambert an einem der vergitterten Fenſter des Refektoriums, um mich vorbeigehen zu ſehen. Auf meine Bitten erhielt meine Mutter die Erlaubnis, daß er mit uns im Gaſthof eſſen durfte. Am Abend begleitete ich ihn dann wiederum bis zu der verhängnisvollen Schwelle der Anſtalt. Wohl nie haben zwei Liebende bei der Trennung mehr Tränen vergoſſen, als wir es taten.

»Leb wohl! Ich werde alſo allein ſein in dieſer Wüſte,« ſagte er zu mir und wies auf die Höfe, in denen zweihundert Kinder ſpielten und tobten. »Wenn ich müde bin, halb tot von meinen langen Wanderungen durch die Felder der Gedanken, in weſſen Herz werde ich mich dann ausruhen? Ein Blick genügte mir, um dir alles zu ſagen. Wer wird mich jetzt verſtehen? Lebe wohl, ich wünſchte, ich wäre dir nie begegnet, ich wüßte dann nicht, was mir alles fehlen wird.«

»Und ich,« ſagte ich, »was wird aus mir? Iſt meine Lage nicht noch viel ſchrecklicher als die deine? Ich habe hier nichts, was mich tröſten kann,« fügte ich hinzu und ſchlug mich vor die Stirn.

Er ſchüttelte den Kopf mit einer anmutvollen Traurigkeit und wir trennten uns. Louis Lambert war damals fünf Fuß zwei Zoll groß; ſeitdem iſt er nicht mehr gewachſen. Sein Geſicht, das ſehr ausdrucksvoll geworden war, ſprach von der Güte ſeines Charakters. Eine himmlische Geduld, die durch schlechte Behandlung entwickelt worden war, eine dauernde Konzentration, die sein kontemplatives Leben verlangte, hatte seinem Blick jenen kühnen Stolz genommen, der gewissen Gesichtern so gut steht und mit dem er unsere Lehrer unsicher gemacht hatte. Auf seinem Gesicht lagen friedliche Gefühle, lag eine entzückende Heiterkeit, die weder durch Ironie, noch durch Hohn entstellt wurde, denn die ihm angeborene Güte milderte das Bewußtsein seiner Kraft und seiner Überlegenheit. Er hatte hübsche, gut gegliederte, fast immer feuchte Hände. Sein Körper war ein Wunderwerk, das eines Bildhauers würdig gewesen wäre. Aber unsere stahlgraue Uniform mit den goldenen Knöpfen, unsere kurzen Hosen gaben uns eine so ungeschickte Figur, daß die Vollkommenheit von Lamberts Gestalt und seine Zartheit nur beim Baden zur Geltung kam. Wenn wir in unserer Badeanstalt im Loir-Flüßchen schwammen, zeichnete sich Louis durch die Weiße seiner Haut aus, zum Unterschied von unsern Mitschülern, deren Haut durch die Kälte ganz fleckig oder durch das Wasser ganz blau war. Louis war von zarten Formen, schöner Hautfarbe, anmutig in den Bewegungen und fröstelte nie außerhalb des Wassers, wohl weil er den Schatten mied und immer in die Sonne lief; so glich er jenen Blumen, die ihre Kelche schließen, wenn der Wind kommt und die sich nur unter einem reinen Himmel voll entfalten. Er aß sehr wenig, trank nur Wasser und mied aus Instinkt oder aus Neigung jede Bewegung, die einen Kräfteaufwand verlangte. Seine Gesten waren sparsam und einfach, wie bei den Orientalen oder Wilden, bei denen Würde ein natürlicher Zustand zu sein scheint. Im allgemeinen liebte er nichts, was an ihm hätte geziert erſcheinen können. Gewöhnlich neigte er ſeinen Kopf nach links und ſtützte ſeinen Ellenbogen ſo viel auf, daß die Ärmel ſeiner neuen Anzüge jedesmal ſchnell durchgeſtoßen waren. – Dieſem flüchtigen äußeren Bild muß ich noch eine Skizze ſeines inneren Menſchen hinzufügen, denn ich glaube, ihn heute unparteiiſch beurteilen zu können.

Obgleich Louis von Natur fromm war, billigte er doch all die kleinlichen Andachtsübungen der römiſch-katholiſchen Kirche nicht. Seine Anſchauungen ſtimmten vor allem mit denen der heiligen Thereſe und Fénélon überein, ſowie mit denen verſchiedener Kirchenväter und Heiligen, die man in unſern Tagen als Ketzer und Atheiſten behandeln würde. Während des Gottesdienſtes war er teilnahmslos. Sein Gebet war ein Sich-Emporſchwingen, ein Sich-Erheben der Seele und war an keine beſtimmte Form gebunden. Er gab ganz ſeiner Natur nach und wollte zu keiner beſtimmten Stunde beten oder denken. Er konnte in der Kapelle ebenſogut an Gott denken, wie über eine philoſophiſche Idee grübeln. Jeſus Chriſtus war für ihn der ſchönſte Typus ſeines Syſtems. Das »et verbum caro factum eſt!« (Ev. Joh. I, 14. Und das Wort ward Fleiſch!) ſchien ihm ein göttliches Wort, das dazu beſtimmt war, die hergebrachte Formel für den ſichtbar gewordenen Willen, das ſichtbar gewordene Wort, die ſichtbar gewordene Tat auszudrücken. Denn Chriſtus, der ſeinen Tod nicht ſpürt, da er das innere Weſen durch göttliche Werke ſo ſehr vervollkommnet hat, daß die unſichtbare Form eines Tages ſeinen Jüngern erſcheinen konnte, die Myſterien des Evangeliums, die magnetiſchen Heilungen Chriſti und das Zungenreden beſtätigten ihm ſeine Lehre. Ich entſinne mich bei dieſer Gelegenheit von ihm gehört zu haben, daß die ſchönſte Arbeit heute die wäre, die Geſchichte der erſten Kirche zu ſchreiben. Nie erhob er ſich zu ſo dichteriſcher Höhe als in dem Augenblick, da er in einer abendlichen Unterhaltung von den Wundern ſprach, die durch die Macht des Willens in jener großen Epoche des Glaubens vollbracht worden waren. Er fand die ſtärkſten Beweiſe ſeiner Theorie bei faſt allen Martyrien, die in dem erſten Jahrhundert n. Chr. – der großen Ära des Gedankens, wie er es benannte – erduldet worden waren. »Beweiſen nicht die Phänomene, die bei den meiſten Qualen, die von den Chriſten für die Aufrechterhaltung ihres Glaubens ſo heldenhaft ausgehalten wurden, daß die materiellen Kräfte nie gegen die Kraft der Ideen oder gegen den Willen des Menſchen aufkommen können?« ſagte er. »Ein jeder kann aus dieſer Wirkung durch den Willen aller auf die Wirkung ſeines eigenen Willens ſchließen.«

An dieſer Stelle glaube ich nicht von ſeinen Ideen über die Poeſie und über die Geſchichte reden zu ſollen, noch über ſeine Urteile über die Hauptwerke unſerer Sprache. Es wäre nicht beſonders intereſſant, wollte ich hier Meinungen aufzeichnen, die heute faſt gang und gäbe geworden ſind, die aber damals und in dem Munde eines Kindes als etwas Außergewöhnliches erſcheinen mußten. Louis war eben allem gewachſen. Um in zwei Worten ſeine Fähigkeiten zu ſchildern: er hätte Zadig ebenſo geiſtvoll ſchreiben können wie Voltaire; er hätte den Dialog zwiſchen Sulla und Eukrates ebenſo tief durchdacht wie Montesquieu. Die ſtrenge Lauterkeit ſeiner Ideen verlangte von jedem Werk eine gewiſſe Nützlichkeit.

wie ſein feiner Geiſt vom Gedanken eine gewiſſe Neuheit der Form forderte. Alles, was dieſe Bedingungen nicht erfüllte, verurſachte ihm einen tiefen Abſcheu. Eine ſeiner bedeutſamſten literariſchen Äußerungen, die gleichzeitig den Sinn aller anderen und die Schärfe ſeines Urteils verſtehen läßt, iſt diejenige, die mir in der Erinnerung geblieben iſt: »Die Apokalypſe iſt eine geſchriebene Ekſtaſe.« Er ſah die Bibel als einen Teil der überlieferten Geſchichte der antediluvianiſchen Völker an, in die ſich die neue Menſchheit geteilt hatte. Nach ſeiner Auffaſſung hing die griechiſche Mythologie ſowohl mit der hebräiſchen Bibel zuſammen wie auch mit den heiligen Büchern Indiens, welche die von Anmut beſeelten Griechen auf ihre Weiſe überſetzt hatten.

»Es iſt unmöglich«, ſagte er, »die Priorität der aſiatiſchen Schriften in Zweifel zu ziehen. Wer dieſe hiſtoriſche Tatſache mit gutem Glauben erkennen kann, für den erweitert ſich die Welt auf wunderbare Weiſe. Haben ſich nicht auf die aſiatiſche Hochebene die wenigen Menſchen geflüchtet, die jene Kataſtrophe überleben konnten, die unſere Erde durchmachen mußte, wenn Menſchen vor dieſer Umwälzung überhaupt gelebt haben? Eine ernſte Frage, deren Löſung auf dem Grunde des Meeres geſchrieben ſteht. Die Entwicklungsgeſchichte des Menſchen, wie ſie in der Bibel ſteht, iſt alſo nur die Genealogie eines Schwarmes, der aus dem Menſchheits-Bienenſtock herauskam und ſich an die bergigen Abhänge Tibets hing zwiſchen die Gipfel des Himalaya und des Kaukaſus. Der Charakter jener Horde, das ſein Geſetzgeber das auserwählte Volk nannte, – zweifellos um ihm dadurch eine Einheit zu geben und vielleicht auch, um es zu veranlaſſen, ſeine eigenen Geſetze und ſein Regierungsſyſtem beizubehalten, denn die Bücher Moſe ſind religiöſe, politiſche, bürgerliche Geſetzbücher, — dieſer Charakter alſo trägt den Stempel des Schreckens. Die Zuckungen des Erdballs wurden von gewaltigen Geiſtern als eine Rache von oben ausgelegt. Da es keine jener Freuden kannte, die ein Volk genießt, das auf patriarchaliſchem Boden ſeßhaft iſt, hat das Ungemach dieſem wandernden Stamm nur düſtere, gewaltige und blutige Dichtungen diktiert. Den Hindus dagegen hat der Anblick des ſchnellen Wiederaufblühens der Erde, der wunderbaren Wirkungen der Sonne, deren erſte Zeugen ſie waren, die lachende Auffaſſung von glücklicher Liebe, den Kult des Feuers, die unendlichen Verkörperungen der Wiedergeburt eingegeben. Dieſe wundervollen Bilder fehlen dem Werk der Hebräer. Ein dauerndes Bedürfnis nach Erhaltung auf den gefahrvollen Wanderſchaften durch die Länder bis zu einem endlichen Ruhepunkt erzeugte das exkluſive Gefühl dieſes Volkes und ſeinen Haß gegen die andern Völker. Dieſe drei Schriften ſind die Archive der untergegangenen Welt. Dort liegt das Geheimnis der unerhörten Größe dieſer Sprachen und ihrer Mythen. Eine große Geſchichte der Menſchheit ruht unter dieſen Namen von Menſchen und Orten begraben, unter dieſen Dichtungen, die uns unwiderſtehlich anziehen, ohne daß wir wiſſen warum. Vielleicht atmen wir hier die Heimatluft unſerer neuen Menſchheit.«

Für Lambert enthielt alſo dieſe dreifache Literatur alle Gedanken des Menſchen. »Es iſt«, wie er ſagt, »kein Buch entſtanden, deſſen Gegenſtand nicht im Keim dort zu finden wäre.« Dieſe Anſicht zeigt, wie klug und tief ſeine erſten Studien über die Bibel

waren und bis wohin ſie führten. Da er immer über der Geſellſchaft ſchwebte, die er nur aus Büchern kannte, beurteilte er ſie kalt. »Die Geſetze«, ſagte er, »hemmen nie die Unternehmungen der Großen und Reichen, ſondern treffen immer nur die Kleinen, die doch viel eher des Schutzes bedürfen.« Seine Güte geſtattete ihm alſo nicht, mit den politiſchen Ideen zu ſympathiſieren. Sein Syſtem führte jedoch zum paſſiven Gehorſam, wofür ihm Jeſus Chriſtus das Beiſpiel gab. Während der letzten Zeit meines Aufenthaltes in Vendôme empfand Louis nicht mehr den Reiz des Ruhmes; er hatte den Ruhm gewiſſermaßen in der Idee genoſſen. Und nachdem er ihn zerlegt hatte, wie die alten Opferprieſter taten, die die Zukunft im Herzen der Menſchen ſuchten, hatte er nichts in den Eingeweiden dieſer Chimäre gefunden. Er verachtete daher ein rein perſönliches Gefühl. »Der Ruhm«, ſo ſagte er mir, »iſt der vergöttlichte Egoismus.«
Einige Tage vor unſerer Trennung ſagte mir Lambert: »Abgeſehen von den allgemeinen Geſetzen, deren Formulierung vielleicht dereinſt mein Ruhm ſein wird, und die die Geſetze unſeres Organismus ſein müſſen, beſteht das Leben des Menſchen aus Bewegung, die ſich, in jedem Weſen beſonders, nach mir noch unbekannten Einflüſſen des Gehirns, des Herzens oder der Nerven abwandelt. Aus dieſen drei durch jene abgegriffenen Worte dargeſtellten Konſtitutionen entſtammen die unendlich vielen Arten innerhalb der Menſchheit, die alle aus den Verhältniſſen herrühren, in denen dieſe drei zeugenden Prinzipien ſich mehr oder weniger gut mit den Subſtanzen verbunden finden, denen ſie ſich in dem Milieu, in dem ſie leben, angleichen.« Er hielt inne,

ſchlug ſich gegen die Stirn und ſagte zu mir: »Eine merkwürdige Tatſache! Allen großen Menſchen, deren Porträts meine Aufmerkſamkeit auf ſich lenkten, haben einen kurzen Hals. Vielleicht will die Natur, daß bei ihnen das Herz dem Gehirn näher iſt.« Dann fuhr er fort: »Daher ſtammt eine gewiſſe Geſamtheit von Handlungen, die die Geſellſchaft ausmacht. Dem Nervenmenſchen iſt die Tat oder die Kraft eigen, dem Gehirnmenſchen das Genie, dem Herzmenſchen der Glaube. Aber«, fügte er traurig hinzu, »zum Glauben gehören die Wolkenhüllen des Heiligtums, nur der Engel beſitzt die Klarheit.« Nach ſeiner eigenen Definition war Lambert ganz Herz und ganz Gehirn.

Für mich teilt ſich das Leben ſeines Geiſtes in drei Phaſen. Von Kindheit an war er einem Tätigkeitsdrang unterworfen, der zweifellos auf irgend einer Krankhaftigkeit oder aber auf einer Vollkommenheit ſeiner Organe beruhte. Von Kindheit an zehrten ſich ſeine Kräfte durch das Spiel ſeiner inneren Sinne oder durch eine übermäßige Produktion nervöſen Fluidums auf. Als Ideenmenſch mußte er dem Verlangen ſeines Gehirns nachgeben, das ſich alle Ideen zu eigen machen wollte. Daher ſeine Lektüre. Und aus ſeiner Lektüre ſtammten ſeine Reflexionen, die ihm die Gabe verliehen, die Dinge auf ihren einfachſten Ausdruck zu reduzieren, ſie in ſich ſelbſt aufzunehmen, um ſie in ihrer Weſensart zu ſtudieren. Der Ertrag dieſer wunderbaren Epoche, die bei andern Menſchen erſt nach langem Studium eintritt, entfiel bei Lambert in ſeine körperliche Kindheit. Glückliche Kindheit, die erfüllt war von der beſeligenden Arbeit des Dichters. Der Endpunkt, zu dem die meiſten Gehirne ſchließlich hingelangen,

war für das ſeine der Ausgangspunkt auf der Suche nach neuen geiſtigen Welten. Damit hatte er ſich, ohne es noch zu wiſſen, das anſpruchsvollſte und unerſättlichſte Leben geſchaffen. Mußte er nicht, um zu leben, unabläſſig Nahrung in den Schlund werfen, den er in ſich aufgeriſſen hatte? War er nicht in Gefahr, wie gewiſſe Weſen der Erdregionen, zu ſterben, nur weil ihm die Nahrung für ſeinen großen unbefriedigten Hunger fehlte? Hatte in ſeiner Seele nicht eine Ausſchweifung platzgegriffen, und mußte ſie nicht wie die Körper, die ſich mit Alkohol vollſaugen, einer augenblicklichen Verbrennung zum Opfer fallen? Dieſe erſte Phaſe des Gehirns habe ich nicht gekannt; erſt heute kann ich mir die wunderbaren Früchte und Wirkungen derſelben erklären. Damals war Lambert dreizehn Jahre alt.
Ich hatte dann das Glück, Zeuge der erſten Tage des zweiten Lebensabſchnittes zu ſein. Lambert verfiel damals – und das rettete ihn vielleicht – in alle Miſeren des Schullebens und verausgabte dort den Überfluß ſeiner Gedanken. Nachdem er von den Dingen zu ihrem reinen Ausdruck, von den Worten zu ihrem ideellen Sinn, von dieſem Sinn zu den Grundideen gekommen war, nachdem er alles abſtrahiert hatte, ſtrebte er, um zu leben, nach anderen geiſtigen Auswirkungen. Durch die unglückſeligen Verhältniſſe in der Anſtalt und durch die Kriſen ſeines phyſiſchen Lebens gebändigt, blieb er nachdenklich, erriet Gefühle, ahnte neue Wiſſenſchaften, wahre Ideenmaſſen! Da er in ſeinem Lauf aufgehalten und dazu noch zu ſchwach war, um die höheren Sphären erſchauen zu können, ſchaute er in ſein Inneres. Er offenbarte mir alſo den Kampf des Gedankens, der auf ſich ſelbſt zurückwirkt und

der die Geheimnisse seiner eigenen Natur zu ergründen sucht, gleich einem Arzt, der den Fortgang seiner eigenen Krankheit studiert. In diesem Zustand von Kraft und Schwäche, von kindlicher Anmut und übermenschlicher Macht war Louis Lambert das Wesen, das mir die poetischste und wahrste Vorstellung von jenen Geschöpfen gab, die wir »Engel« nennen – mit Ausnahme einer Frau jedoch, deren Züge, Person und Leben ich vor der Welt verheimlichen möchte, um allein das Geheimnis ihres Daseins zu besitzen und um es im Grunde meines Herzens zu verbergen.
Die dritte Phase sollte mir freilich entgehen. Sie begann damals, als ich von Louis getrennt wurde, der erst mit achtzehn Jahren, gegen Mitte 1815, die Schule verließ. Seine Eltern hatte Louis ungefähr ein halbes Jahr vorher verloren. Da er in der Familie niemanden traf, mit dem seine immer mitteilungsbedürftige, aber seit unserer Trennung immer auf sich selbst angewiesene Seele sympathisieren konnte, flüchtete er zu seinem Onkel, der zu seinem Vormund ernannt und als ein auf die Verfassung vereidigter Geistlicher von seiner Pfarre verjagt worden war und in Blois lebte. Louis blieb einige Zeit bei ihm. Aber bald war er von dem Wunsche erfüllt, seine Studien, die er für unvollkommen ansehen mußte, zu vollenden, und ging nach Paris, um Madame de Staël wiederzusehen und um die Wissenschaft an ihren Quellen zu schöpfen. Der alte Priester, der eine große Liebe für seinen Neffen hegte, hinderte Louis nicht daran, seine Erbschaft während seines dreijährigen Aufenthaltes in Paris, wo er freilich im größten Elend lebte, aufzubrauchen. Diese Erbschaft bestand in einigen tausend Franken. Louis

kam zu Anfang des Jahres 1820 nach Blois zurück, aus Paris durch die Miſeren vertrieben, denen Leute ohne Vermögen dort ausgeſetzt ſind. So lange er dort war, mußte er oft das Opfer geheimer Stürme geworden ſein, jener fürchterlichen Kämpfe der Gedanken, von denen Künſtler ſtets aufgewühlt werden, wenn man nach der einzigen Begebenheit urteilen darf, an die ſein Onkel ſich erinnerte, und nach dem einzigen Brief, den der gute Mann von all denen aufbewahrt hat, die Louis Lambert ihm zu jener Zeit geſchrieben hatte, und den er vielleicht auch nur aufgehoben hat, weil er der letzte und zugleich der längſte von allen geweſen war.

Hier zunächſt die Begebenheit ſelbſt. Louis war eines Tages im Théatre Français und hatte einen Platz auf einer Bank im zweiten Rang neben einem der Pfeiler, zwiſchen denen ſich die Logen des dritten Ranges befinden. Als er in der erſten Pauſe aufſtand, ſah er eine junge Dame, die ſoeben die Nachbarloge betreten hatte. Der Anblick dieſes Weſens, das jung und ſchön war, gut gekleidet, vielleicht ſogar tief dekolletiert und von einem Verehrer begleitet, für den ihr Geſicht ſich mit allen Reizen der Liebe belebte, übte auf Lamberts Seele und Sinne eine ſo grauſame Wirkung aus, daß er den Raum verlaſſen mußte. Wenn er nicht noch einem letzten Strahl von Vernunft, der im erſten Augenblick dieſer brennenden Leidenſchaft noch nicht ganz verlöſcht war, nachgegeben hätte, dann wäre er vielleicht dem faſt unbezwinglichen Verlangen verfallen und hätte den jungen Mann getötet, auf den ſich der Blick dieſer Frau richtete. War das nicht inmitten unſerer Pariſer Geſellſchaft wie das Aufblitzen der Liebe eines Wilden, der ſich auf das Weib wirft wie auf ſeine Beute,

die Wirkung eines tieriſchen Inſtinktes, vereint mit dem jähen Aufſtrahlen einer von Gedanken erdrückten Seele? War dies nicht endlich der eingebildete Meſſerſtich, den das Kind einſt geſpürt hatte und der beim Manne blitzartig zum gewaltigſten Begehren wurde, zur Liebe?
Und hier nun der Brief, in welchem er den Zuſtand ſeiner von dem Schauſpiel der Pariſer Ziviliſation ergriffenen Seele ſchildert. Sein Herz, das in dieſem Schlund von Egoismus gewiß dauernd gequält wurde, mußte immer leiden; er traf wohl weder Freunde, die ihn tröſten, noch Feinde, an denen er ſich reiben konnte. Da er gezwungen war, unabläſſig nur in ſich ſelbſt zu leben, und er mit niemanden ſeine edlen Freuden teilen konnte, wollte er vielleicht das Werk ſeines Schickſals durch die Ekſtaſe vollenden und unter einer faſt pflanzenhaften Form leben, wie ein Anachoret der erſten Zeit der Kirche, indem er auf dieſe Weiſe der Herrſchaft des Geiſtes entſagte. Der Brief ſcheint dieſen Plan anzudeuten, wie ihn große Seelen zu allen Zeiten geſellſchaftlicher Erneuerung gefaßt haben. Aber iſt ſolch ein Entſchluß nicht wie eine Berufung? Suchen ſie nicht ihre Kräfte in einer langen Stille zu konzentrieren, um dann danach fähig ſein zu können, die Welt zu regieren, ſei es durch das Wort, ſei es durch die Tat? Gewiß, Louis hat wohl viel Bitterkeit unter den Menſchen erfahren, hat wohl die Geſellſchaft – welch furchtbare Ironie! – ausgepreßt, ohne je etwas aus ihr herausbekommen zu haben, daß er einen ſo gewaltigen Aufſchrei hören ließ, daß in ihm, arm wie er war, eine Begierde aufſteigen konnte, die nur gewiſſe Herrſcher, welche der Macht und aller Dinge müde ſind,

befriedigen können. Vielleicht hatte er auch in ſeiner Einſamkeit irgend ein großes Werk vollendet, das noch formlos in ſeinem Hirn kreiſte? Wer möchte das nicht gern glauben, wenn er dieſes Fragment ſeiner Gedanken lieſt, in dem ſich die Kämpfe ſeiner Seele verraten zu einer Zeit, da die Jugend bei ihm aufhörte und die fruchtbare Fähigkeit zu ſchaffen in ihm aufzugehen begann, der man dann ſpäter die Werke des Mannes verdankt hätte? Dieſer Brief ſteht in Beziehung zu dem Erlebnis im Theater. Die tatſächlichen Vorgänge und das Schriftſtück erhellen ſich gegenſeitig, Seele und Körper waren auf den gleichen Ton abgeſtimmt. Dieſer Sturm von Zweifel und Gewißheit, von Wolken und Helle, der ſich oft in Blitzen entlädt und der mit einer leidenſchaftlichen Sehnſucht zum himmliſchen Licht endete, wirft auf die dritte Epoche ſeiner geiſtigen Entwicklung genug Helligkeit, um ſie als Ganzes zu verſtehen. Wenn man dieſe Seiten lieſt, die nur ſo hingeworfen wurden und ganz den Launen des Pariſer Lebens entſprungen waren, dann denkt man unwillkürlich an eine Eiche zu der Zeit ihres inneren Wachstums: die ſchöne grüne Rinde platzt, bedeckt ſich mit Riſſen und Spalten und bereitet ihre majeſtätiſche Form vor, wenn der Blitzſtrahl des Himmels oder die Axt des Menſchen ſie verſchont.

Mit dieſem Brief endigt alſo für den Denker und Dichter die gewaltige Kindheit und unverſtandene Jugend. Hier endigt der Umriß dieſes geiſtigen Keimes! Philoſophen werden es bedauern, daß die Blüten noch in der Knoſpe vom Froſt getroffen wurden, aber einſt werden ſie die entfalteten Blumen in jenen Regionen wiederſehen, die höher liegen als die höchſten Orte der Erde.

LIEBER ONKEL, ICH WERDE DIESES LAND, IN dem ich nicht leben kann, bald verlassen. Hier ist kein Mensch, der das liebt, was ich liebe, der sich mit dem beschäftigt, was mich beschäftigt, der sich über das verwundert, was mich in Erstaunen setzt. Da ich mich ganz in mich zurückziehen muß, bin ich wie ausgehöhlt und leide. Das lange und beharrliche Studium, dem ich die hiesige Gesellschaft unterzogen habe, hat zu traurigen Schlüssen geführt, in denen der Zweifel vorherrscht. Hier ist das Geld Ausgangspunkt für alles. Man braucht Geld, sogar um Geld entbehren zu können. Aber wenn dieses Metall auch für denjenigen notwendig ist, der ruhig denken will, so habe ich doch nicht den Mut, es zu der einzigen treibenden Kraft meiner Gedanken zu machen. Um ein Vermögen anzuhäufen, muß man einen Stand wählen, muß man, mit andern Worten, durch irgend ein Vorrecht von Stellung oder Kundschaft, durch ein gesetzliches oder geschickt erworbenes Privileg das Recht kaufen, jeden Tag aus dem Geldbeutel des andern eine kleine Summe zu entnehmen, die in einigen Jahren zu einem kleinen Kapital anwächst, das in zwanzig Jahren kaum vier- bis fünftausend Franken Rente abwirft, wenn ein Mensch ehrlich dabei verfährt. In fünfzehn bis sechzehn Jahren nach angespannter Arbeitszeit haben Rechtsanwälte, Notare, Kaufleute, kurz, alle Berufsmenschen, sich für ihre alten Tage ihr Brot verdient. Ich fühle mich zu all diesem nicht geschaffen. Ich ziehe das Denken dem Tun vor, eine Idee einem Geschäft, die Betrachtung der Bewegung. Mir fehlt vor allem die unablässige und notwendige Aufmerksamkeit dessen, der sich ein Vermögen schaffen will.

Jedes kaufmänniſche Unternehmen, jede Notwendigkeit, dem andern Geld abzufordern, würde bei mir ſchlecht ablaufen, und ich wäre bald ruiniert. Wenn ich auch nichts beſitze, ſo ſchulde ich in dieſem Augenblick auch nichts. Derjenige, der lebt, um im Reiche des Geiſtes Großes zu vollbringen, braucht materiell wenig; aber wenn mir auch zwanzig Sous pro Tag genügen würden, ſo beſitze ich nicht einmal die Rente für dieſe arbeitsreiche Muße. Wenn ich nachdenken will, ſo jagt mich die Not aus dem Heiligtum heraus, in welchem ſich mein Gedanke regt. Was ſoll aus mir werden? Das Elend erſchreckt mich nicht. Wenn man die Bettler nicht einſperrte, beſchimpfte und verachtete, ich würde betteln, um in Ruhe die Probleme löſen zu können, die mich beſchäftigen. Aber dieſer erhabene Verzicht, durch den ich meinen Gedanken befreien könnte, indem ich ihn von meinem Körper löſte, würde nichts helfen: man braucht Geld, um gewiſſe Experimente zu machen. Sonſt würde ich gern die äußere Armut des Denkers, dem Erde und Himmel gehört, auf mich nehmen. Um groß im Elend zu ſein, genügt es, ſich niemals zu erniedrigen. Der Menſch, der kämpft und leidet, während er auf ein großes Ziel losgeht, bietet ſicher ein ſchönes Schauſpiel; aber wer hat hier Kraft, um zu kämpfen? Man erklimmt Felſen, denn man kann nicht immer im Schmutz waten. Hier aber wird jeder Geiſt, der der Zukunft zuſtrebt, in ſeinem graden Flug zu ihr entmutigt. In einer Höhle der Wüſte würde ich mich nicht ſo fürchten, wie ich mich hier fürchte; in der Wüſte wäre ich allein mit mir, ohne Ablenkung; hier empfindet der Menſch eine Menge Bedürfniſſe, die ihn erniedrigen. Wer hier ausgeht, in Träume und Gedanken vertieft, den ruft die Stimme des Armen, der um einen Almoſen bittet, wieder mitten in dieſe Welt des Hungers und des Durſtes zurück. Man braucht ſchon Geld, um ſpazieren zu gehen. Der Organismus, unabläſſig durch Nichtigkeiten ermüdet, ruht ſich nie aus. Die nervöſe Konſtitution des Dichters wird hier unabläſſig erſchüttert, und was ſein Ruhm ſein ſollte, wird ſeine Qual: ſeine Phantaſie iſt ſeine ärgſte Feindin. Der verunglückte Arbeiter, die arme Wöchnerin, die krankgewordene Dirne, das verlaſſene Kind, der kranke Greis, das Laſter, ja ſelbſt das Verbrechen finden hier ein Aſyl und Pflege; aber für den Erfinder, für den Menſchen, der nachdenkt, iſt die Welt mitleidslos. Hier muß alles einen ſofortigen, greifbaren Erfolg haben; über anfangs unfruchtbare Verſuche, die aber zu den größten Entdeckungen führen können, macht man ſich luſtig und man achtet das anhaltende und eingehende Studium nicht, das eine lange Konzentration der Kräfte verlangt. Der Staat ſollte das Talent beſolden, wie er den Soldaten bezahlt, aber er fürchtet, von dem intelligenten Menſchen übervorteilt zu werden, als ob das Genie lange zu unterdrücken wäre! Ach, lieber Onkel, wenn man ſchon die klöſterliche Einſamkeit am Fuße der Berge, unter grünen und ſtillen Schatten, zerſtört hat, ſollte man da nicht Hoſpize für leidende Seelen errichten, die mit einem einzigen Gedanken ganze Völker befruchten oder den Fortſchritt einer Wiſſenſchaft verbreiten?

20. September

Das Studium hat mich, wie du weißt, hierher geführt. Ich habe hier Menſchen gefunden, die in der Mehrzahl wirklich und erſtaunlich gebildet ſind. Aber das Fehlen jeder Einheitlichkeit in den wiſſenſchaftlichen Arbeiten macht faſt alle Verſuche zunichte. Weder Unterricht noch Wiſſenſchaft haben Führer. Im Muſeum beweiſt einem ein Profeſſor, daß der andere in der Rue Saint-Jacques einem die abſurdeſten Dinge geſagt habe. Der Lehrer an der École de Médecine gibt demjenigen vom Collège de France eine Ohrfeige. Als ich hier ankam, hörte ich einen alten Akademiker, der fünfhundert jungen Leuten beibrachte, daß Corneille ein gewaltiges und erhabenes Genie ſei, Racine elegiſch und zart, Molière unnachahmlich, Voltaire eminent geiſtvoll, Boſſuet und Pascal unerhört groß. Ein Philoſophieprofeſſor wird dadurch berühmt, daß er erklärt, wie Platon Platon ſei. Ein anderer trägt die Entwicklung des Wortes vor, ohne dabei an die Idee zu denken. Dieſer erklärt Äſchylus, jener beweiſt erfolgreich, daß die Kommunen nichts anderes ſind als eben Kommunen. In dieſen neuen und geiſtvollen Bemerkungen, die einem ein paar Stunden lang vorgetragen werden, beſteht der hohe Unterricht, der das Wiſſen der Menſchen mit Rieſenſchritten vorwärtsbringen ſoll. Wenn die Regierung eines Gedankens fähig wäre, ich hätte ſie im Verdacht, daß ſie Angſt hat vor den wirklich Überlegenen, die, einmal erwacht, die Geſellſchaft unter das Joch einer Geiſtesmacht ſtellen würden. Die Völker würden zu bald zu weit vorwärts kommen; daher ſind die Profeſſoren beauftragt, Dummköpfe zu erziehen. Wie könnte man ſonſt einen Lehrerſtand erklären, der weder Methode noch eine Idee von der Zukunft hat? Das Inſtitut könnte über die geiſtige und ethiſche Welt herrſchen; aber erſt kürzlich nahm man ihm alle Macht, indem man es durch Statuten in einzelne Akademien zerſpaltete. Die menſchliche Wiſſenſchaft ist also ohne Führer und ohne System und hängt in der Luft ohne vorgeschriebenen Weg. Dieses Gehenlassen, diese Unsicherheit besteht sowohl in der Politik wie in der Wissenschaft. In der natürlichen Ordnung der Dinge sind die Mittel einfach, ist das Ziel groß und wunderbar; hier in der Wissenschaft wie bei der Regierung sind die Mittel unermeßlich groß, das Ziel dagegen winzig. Diese Kraft, die in der Natur mit gleichmäßigem Schritt vorwärts geht und deren Summe sich dauernd selbst erhöht, dieses A plus A, das alles hervorbringt, wirkt in der Gesellschaft zerstörend. Die gegenwärtige Politik stellt die menschlichen Kräfte einander gegenüber, um sie zu neutralisieren anstatt sie für ein Ziel zu verbinden, damit sie zusammen arbeiten. Wenn ich nur Europa betrachte, so erkenne ich von Cäsar bis Konstantin, vom kleinen Konstantin bis zum großen Attila, von den Hunnen bis zu Karl dem Großen, von Karl dem Großen bis Leo X., von Leo X. bis Philipp II., von Philipp II. bis Ludwig XIV., von Venedig bis England, von England bis Napoleon, von Napoleon wieder bis England keine Beständigkeit in der Politik, und ihre dauernde Beweglichkeit hat keine Fortschritte gezeitigt. Die Nationen bezeugen ihre Größe durch Monumente und ihr Glück durch persönliches Wohlbefinden. Sind nun die modernen Denkmäler den alten ebenbürtig? Ich bezweifle es. Die Künste, die unmittelbar am einzelnen Menschen teilhaben, die Erzeugnisse seines Geistes und seiner Hände haben wenig Fortschritte gemacht. Die Genüsse des Lucullus sind ebenso viel wert wie die eines Samuel Bernard, eines Beaujon oder des Königs von Bayern. Die lange Lebensdauer des Menschen hat abgenommen. Wollen wir also ehrlich sein, so hat sich nichts geändert, der Menſch iſt immer der gleiche: die Kraft iſt immer ſein einziges Geſetz, der Erfolg ſeine einzige Weisheit. Jeſus Chriſtus, Mohammed und Luther haben nichts anderes getan, als den Kreis, in dem die jungen Völker ſich entwickelt haben, verſchieden zu färben. Keine Politik hat die Ziviliſation mit all ihren Reichtümern, ihren Sitten, ihrem Vertrag zwiſchen den Starken gegen die Schwachen, ihren Ideen und Begierden daran gehindert, von Memphis nach Tyrus, von Tyrus nach Baalbeck, von Tadmor nach Karthago, von Karthago nach Rom, von Rom nach Konſtantinopel, von Konſtantinopel nach Venedig, von Venedig nach Spanien, von Spanien nach England zu gehen, ohne daß heute von Memphis, Tyrus, Karthago, Rom, Venedig oder Madrid auch nur eine Spur übrig geblieben wäre. Der Geiſt dieſer großen Körper iſt entflohen. Keines konnte ſich vor dem Untergang ſchützen und keines hat das Wort verſtanden: »Wenn die hervorgebrachte Wirkung keine Beziehung mehr zu ihrer Urſache hat, dann entſteht Auflöſung.« Das ſcharfſinnigſte Genie kann keine Verbindung zwiſchen dieſen großen ſozialen Ereigniſſen entdecken. Keine politiſche Theorie war wirklich jemals lebendig. Die Regierungen vergehen wie die Menſchen, ohne ſich gegenſeitig zu belehren; und kein Syſtem hat je ein vollkommeneres erzeugt. Was kann man von der Politik ſagen, wenn auch die auf Gott geſtützte Regierungsform in Indien und Ägypten untergegangen iſt, wenn die Regierung von Säbel und Prieſterbinde vorüberging, wenn die Regierung eines Einzelnen nicht Beſtand hatte, wenn die Regierung Aller nie lebensfähig war; wenn keine Form geiſtiger Kräfte, auf die materiellen Intereſſen angewendet, dauern konnte, ſodaß alles heute wieder neu zu ſchaffen iſt wie in all den Epochen, in denen der Menſch ſchrie: »ich leide!« — Der »Code«, den man als das größte Werk Napoleons anſieht, iſt das drakoniſchſte Werk, das ich kenne. Die Teilbarkeit des Grundbeſitzes muß, wenn ſie bis ins Unendliche getrieben wird, und die gleichmäßige Verteilung der Güter zum Prinzip hat, die Zerrüttung der Völker und den Tod der Künſte und Wiſſenſchaften zum Gefolge haben. Der Grund und Boden, der zu viel aufgeteilt wird, trägt nur Getreide und Gemüſe; Wälder und Waſſerläufe verſchwinden; es wird weder Ochſe noch Pferd aufgezogen. Es fehlen die Mittel zum Angriff wie zur Verteidigung. Kommt ein Überfall, dann wird das Volk vernichtet, es hat ſeine großen Hilfsquellen, ſeine Anführer verloren. Dann beginnt die Geſchichte der Wüſten. Die Politik iſt alſo eine Wiſſenſchaft ohne feſte Grundſätze, ohne mögliche Beſtändigkeit. Sie iſt die Eingebung des Augenblicks, die dauernde Anwendung der Kraft, je nach der Forderung des Tages. Der Mann, der zwei Jahrhunderte weit ſchauen würde, würde auf dem Marktplatz unter den Verwünſchungen des Volkes ſterben oder würde — was mir noch ſchlimmer ſcheint — von den tauſend Ruten der Lächerlichkeit geſchlagen werden. Die Völker ſind Individuen, die weder klüger noch ſtärker ſind als der einzelne Menſch, und ihre Geſchicke ſind die gleichen. Wenn man über den einzelnen Menſchen nachdenkt, heißt das nicht, ſich mit den Völkern beſchäftigen? Angeſichts dieſer Geſellſchaft, die unabläſſig in ihren Grundlagen wie in ihren Auswirkungen, in ihren Beweggründen wie in ihren Handlungen erſchüttert wird, für die die Philantropie ein wunderbarer Irrtum und der Fortſchritt ein

Unſinn iſt, bin ich zu der Überzeugung gekommen, daß das Leben in uns iſt und nicht außerhalb unſer, daß ſich über die Menſchen erheben, um ſie zu befehligen, die gewaltige Rolle eines großen Regenten iſt, und daß die Menſchen, die ſtark genug ſind, um bis zu dem Punkte zu gehen, von wo aus ſie die Welt überſchauen können, nicht nach unten ſehen dürfen.

5. November

Ich bin mit ernſten Gedanken beſchäftigt, ich gehe beſtimmten Entdeckungen entgegen, eine unbezwingliche Kraft zieht mich zu einem Licht hin, das ſchon frühzeitig in der Dunkelheit meines geiſtigen Lebens gebrannt hat; aber was für einen Namen ſoll ich der Macht geben, die mir die Hände bindet, den Mund verſchließt und mich in eine meiner Neigung entgegengeſetzte Richtung zerrt? Ich muß Paris verlaſſen, den Büchern, den Bibliotheken Lebewohl ſagen, dieſen hellen ſchönen Stätten, den liebenswürdigen, entgegenkommenden Gelehrten, den jungen Geiſtern, die mir lieb geworden ſind. Was treibt mich? Iſt es der Zufall, iſt es die Vorſehung? Die beiden Ideen, die dieſe Worte darſtellen, ſind nicht zu vereinen. Wenn es keinen Zufall gibt, dann muß man den Fatalismus annehmen oder die gewaltſame Koordination der Dinge, die einem allgemeinen Plan unterſtellt ſind. Warum ſträuben wir uns alſo? Wenn der Menſch nicht mehr frei iſt, was wird dann aus dem Gerüſt ſeines Geiſtes? Und wenn er ſich ſein Schickſal ſelbſt bereiten kann, wenn er aus freiem Willen die Ausführung eines allgemeinen Planes hindern kann, was wird dann aus Gott? Warum bin ich auf die Welt gekommen? Wenn ich mich prüfe, ſo weiß ich es: in mir finde ich Gedanken, die zu entwickeln wären. Aber warum besitze ich so große Fähigkeiten, wenn ich sie nicht nutzen kann? Wenn meine Qualen noch jemandem als Beispiel dienen könnten, würde ich sie begreifen; aber ich leide im Verborgenen. Diese Tatsache ist ebenso sehr Vorsehung wie das Schicksal einer unbekannten Blume, die im Grunde eines unbetretenen Waldes verblüht, ohne daß jemand ihren Duft eingeatmet oder ihre Pracht bewundert hätte. Wie sie nutzlos ihren Duft in die Einsamkeit ausströmen läßt, so bringe ich hier in einer Dachkammer Ideen zur Welt, die niemand aufgreift: gestern Abend aß ich zusammen mit einem jungen Mediziner namens Meyraux Brot und Weintrauben an meinem Fenster. Wir sprachen miteinander wie Leute, die durch das Unglück Brüder geworden sind, und ich sagte zu ihm: »Ich gehe jetzt fort, Sie bleiben hier, nehmen Sie meine Gedanken und entwickeln Sie sie.« — »Das kann ich nicht,« antwortete er mir mit bitterer Traurigkeit, »meine allzu schwache Gesundheit würde meinen Arbeiten nicht standhalten; ich muß im Kampf mit der Not jung sterben.« — Wir sahen zum Himmel auf und drückten einander die Hände. Wir hatten uns im Kolleg über vergleichende Anatomie und in den Museen getroffen, beide durch das gleiche Studium der geologischen Zusammenhänge dort hingeführt. Ihn zog das Vorgefühl des Genies, das ausgesandt war, um in den Brachfeldern des Geistes einen neuen Weg zu erschließen; mich die Folgerichtigkeit eines allgemeinen Systems. Mein Gedanke ist, die wirklichen Beziehungen, die zwischen dem Menschen und Gott bestehen können, zu bestimmen. Ist das nicht ein Bedürfnis unserer Zeit? Ohne feste Gewißheit kann man unmöglich die Gesellschaft bändigen, die der

Geiſt des Forſchens entfeſſelt hat und die heute ſchreit: »Führt uns auf einen Weg, auf dem wir gehen können, ohne auf Abgründe zu ſtoßen!« Du wirſt mich fragen, was die vergleichende Anatomie mit einer für die Zukunft der Geſellſchaft ſo ernſten Frage zu tun hat. Muß man nicht davon überzeugt ſein, daß der Menſch der Zweck aller irdiſchen Mittel iſt, um ſich dann zu fragen, ob er denn für gar keinen Zweck das Mittel iſt? Wenn der Menſch mit allem verbunden iſt, gibt es denn nichts über ihm, an das er ſich ſeinerſeits bindet? Wenn er das Ende der unerklärlichen Verwandlungen iſt, die bis zu ihm hinaufreichen, muß er da nicht das Band zwiſchen der ſichtbaren und der unſichtbaren Natur ſein? Das Wirken der Welt iſt nicht ſinnlos, es hat ein Ziel, und dieſes Ziel darf keine Geſellſchaft ſein, wie die unſere es iſt. Zwiſchen uns und dem Himmel iſt eine furchtbare Lücke. In dem gegenwärtigen Zuſtand können wir nicht immer genießen, nicht immer leiden; braucht es da nicht einer gewaltigen Wandlung, um ins Paradies und in die Hölle zu kommen, zwei Begriffe, ohne die Gott in den Augen der Menge nicht exiſtiert? Ich weiß, daß man ſich aus der Verlegenheit geholfen hat, indem man die Seele erfand; aber ich ſträube mich dagegen, Gott mit der menſchlichen Niedertracht, mit unſern Enttäuſchungen, unſern Widerwärtigkeiten, unſerm Untergang zu identifizieren. Und wie kann man ein göttliches Prinzip in uns annehmen, wenn ein paar Gläſer Alkohol es beſiegen können? Wie kann man ſich immaterielle Fähigkeiten vorſtellen, die die Materie verwandeln, wenn ihre Wirkung durch einen Tropfen Opium aufgehoben werden kann? Wie ſoll man ſich vorſtellen, daß wir noch empfinden, wenn wir der Vorbedingungen für unſer Empfindungsvermögen beraubt ſind? Warum ſollte Gott vergehen, weil die Subſtanz denkend iſt? Sind die Beſeelung der Subſtanz und ihre unzähligen Verſchiedenheiten – die Wirkungen ihrer Inſtinkte – weniger unerklärlich als die Wirkungen des Gedankens? Genügt die Bewegung der Welten nicht, um Gott zu beweiſen, ohne ſich dabei in die von unſerem Hochmut erzeugten Unſinnigkeiten zu verſtricken? Wenn wir aus einer vergänglichen Form nach mancherlei Prüfungen in eine beſſere Welt eingehen, genügt das nicht für eine Kreatur, die ſich nur durch einen vollkommeneren Inſtinkt von allen andern unterſcheidet? Wenn es in der Moral kein Prinzip gibt, das nicht ad abſurdum führt oder durch den Augenſchein nicht widerlegt wird, iſt es da nicht an der Zeit, nach Geſetzen zu ſuchen, die in der Natur der Dinge ſelbſt begründet ſind? Sollte man die Philoſophie nicht umkehren? Wir beſchäftigen uns ſehr wenig mit dem ſogenannten Nichts, das uns voranging, wir durchſuchen vielmehr nur das ſogenannte Nichts, das uns erwartet. Wir machen Gott für die Zukunft verantwortlich und fordern keine Rechenſchaft von ihm für das Vergangene. Aber wir müſſen ebenſo gut wiſſen, ob wir nicht im Vergangenen wurzeln, wie wir wiſſen müſſen, ob wir dem Zukünftigen feſt verbunden ſind. Wir waren nur einſeitige Deiſten oder Atheiſten. Iſt die Welt ewig? Iſt die Welt geſchaffen? Wir erkennen kein Mittleres zwiſchen dieſen beiden Behauptungen an: die eine iſt falſch, die andere iſt richtig; wählt! Was ihr auch wählen möget, Gott muß, ſo wie unſere Vernunft ihn ſich vorſtellt, abnehmen, was der Verneinung ſeiner Exiſtenz gleichkommt. Wenn die Welt ewig iſt, ſo iſt die Frage nicht zweifelhaft: Gott iſt ihr unterworfen. Wurde die Welt jedoch geſchaffen, dann iſt Gott nicht mehr möglich. Wie hätte er eine ganze Ewigkeit lang nicht wiſſen ſollen, daß er einſt den Gedanken haben würde, die Welt zu ſchaffen? Wie hätte er nicht im voraus die Reſultate wiſſen müſſen? Wo hat er die Subſtanz hergenommen? Aus ſich ſelbſt notwendigerweiſe. Wenn aber die Welt aus Gott kommt, wie kann man das Böſe zugeben? Wenn das Böſe aus dem Guten komnt, dann iſt alles Unſinn. Wenn es kein Böſes gibt, was wird aus der Geſellſchaft und ihren Geſetzen? Überall Abgründe für die Vernunft! Es muß alſo die ganze ſoziale Wiſſenſchaft von Grund auf neu geſtaltet werden! Denn, lieber Onkel, ſolange ein erhabener Geiſt keine Rechenſchaft gegeben hat von der offenkundigen Ungleichheit der Intelligenzen, ſolange wird der allgemeine Sinn der Menſchheit, wird das Wort »Gott« unabläſſig umſtritten werden, ſolange iſt die Geſellſchaft auf Sand gebaut. Das Geheimnis der verſchiedenen geiſtigen Zonen, durch die der Menſch hindurchgeht, wird ſich durch die Analyſe des Animaliſchen finden laſſen. Das Animaliſche wurde bisher nur auf ſeine Verſchiedenheiten, nie auf ſeine Gleichheiten hin betrachtet; nur in ſeinem äußeren Organismus, nie in ſeinen inneren Fähigkeiten. Die animaliſchen Fähigkeiten vervollkommnen ſich mehr und mehr, nach Geſetzen, die noch zu ſuchen ſind. Dieſe Fähigkeiten hängen mit den Kräften zuſammen, die ſie ausdrükken, und dieſe Kräfte ſind im weſentlichen materiell und teilbar. Materielle Fähigkeiten! Man denke an dieſe beiden Worte! Stellen ſie nicht eine ebenſo unlösbare Frage dar, wie es diejenige der Übertragung der Bewegung auf die Materie iſt, ein noch unerforſchtes Gebiet, deſſen Schwierigkeiten durch das

Syſtem Newtons mehr verſchoben als gelöſt wurden? Schließlich verlangt die dauernde Verbindung des Lichts mit allem, was auf der Erde lebt, eine neue Prüfung des Erdballs. Das gleiche Tier ſieht in den Tropen anders aus als in Indien oder im Norden. Zwiſchen den ſenkrechten und den ſchrägen Sonnenſtrahlen entwickelt ſich eine ungleiche und doch gleichartige Natur, die in ihren Prinzipien ähnlich, in ihren Reſultaten jedoch verſchieden iſt. Das Phänomen, das uns in der Welt der Zoologie in die Augen fällt, wenn wir die Schmetterlinge von Bengalen mit denen Europas vergleichen, iſt in der Welt des Geiſtes noch viel bedeutſamer. Es iſt ein beſtimmter Geſichtswinkel notwendig, eine gewiſſe Menge Gehirnfalten, um einen Kolumbus, einen Raffael, einen Napoleon, einen Laplace oder einen Beethoven zu ſchaffen. In einem Tal ohne Sonne werden Kretins geboren; ziehe deine Schlüſſe daraus. Warum dieſe Verſchiedenheiten, die der mehr oder minder glücklichen Verteilung des Lichtes im Menſchen zuzuſchreiben iſt? Dieſe großen leidenden Menſchenmaſſen, die mehr oder minder tätig, mehr oder minder ernährt, mehr oder minder aufgeklärt ſind, ſtellen Schwierigkeiten dar, die gelöſt werden wollen und die Gott anklagen. Warum wollen wir immer in der höchſten Freude die Erde verlaſſen, warum möchte ſich derjenige emporſchwingen, der die ganze Schöpfung erfaßt hat, erfaſſen wird? Die Bewegung iſt eine große Seele, deren Verbindung mit der Materie ebenſo ſchwer zu erklären iſt wie die Erzeugung des Gedankens im Menſchen. Heute iſt die Wiſſenſchaft eine Einheit; es iſt unmöglich, die Politik zu berühren, ohne ſich mit Moral zu befaſſen; und wiederum die Moral ſpielt in alle wiſſenſchaftlichen

Fragen mit hinein. Mir scheint, als wären wir am Vorabend einer großen Menschheitsschlacht; die Streitkräfte sind da, ich sehe nur den Anführer noch nicht.

25. November

Glaube mir, lieber Onkel, es ist schwer, ohne Schmerz auf ein Leben zu verzichten, das uns gemäß ist; ich kehre mit einer heftigen Erregung des Herzens nach Blois zurück. Ich werde dort sterben und nützliche Wahrheiten mit mir ins Grab nehmen. Keine persönlichen Interessen entwürdigen mein Bedauern. Bedeutet der Ruhm demjenigen etwas, der in eine höhere Sphäre gelangen zu können glaubt? Ich empfinde keinerlei Liebe für die beiden Silben »Lam« und »bert«; ob sie nun mit Verehrung oder Gleichgültigkeit über meinem Grabe ausgesprochen werden, sie ändern an meinem weiteren Schicksal nichts. Ich fühle mich stark, voller Energie und könnte eine Macht werden; ich fühle ein so strahlendes Leben in mir, daß ich damit eine Welt beleben könnte und bin doch eingeschlossen in eine Art von Mineral wie es vielleicht in der Tat die Farben sind, die wir am Halse der Vögel auf der indischen Halbinsel bewundern. Man müßte die ganze Welt umarmen, sie zusammenpressen, um sie neu zu machen. Aber waren nicht diejenigen, die sie so zusammenpreßten, anfangs nur ein Räderwerk der Maschine? Ich aber werde zermalmt werden. Mohammed gehört der Säbel, Jesus das Kreuz, mir der dunkle Tod; morgen in Blois und ein paar Tage später in einem Sarge.

Weißt du, warum ich wieder bei Swedenborg gelandet bin, nachdem ich unendlich viel über die Religionen studiert habe und mir durch die Lektüre der Arbeiten, die das fleißige Deutschland, die England und Frankreich ſeit ſechzig Jahren veröffentlicht haben, die tiefe Wahrheit meiner Jugendbemerkungen über die Bibel klar gemacht habe? Swedenborg faßt in der Tat alle Religionen zuſammen oder vielmehr, die einzige Religion der Menſchheit. Wenn ihre Gottesdienſte auch unzählige Formen angenommen haben, ihr Sinn und ihre metaphyſiſche Geſtaltung haben ſich nie gewandelt. Der Menſch hat alſo ſtets nur eine Religion gehabt. Der Schivaismus, der Viſchnuismus und der Brahmaismus, die drei erſten menſchlichen Kulte, die in Tibet, im Tale des Indus und auf den weiten Ebenen des Ganges entſtanden ſind, haben ein paar tauſend Jahre vor Chriſtus den Krieg untereinander beendet, indem ſie die hinduiſtiſche Lehre von der Trimurti angenommen haben. Aus dieſem Dogma ging in Perſien die Religion der Magier hervor, in Ägypten die afrikaniſchen Religionen und der Moſaismus und endlich der Kabirismus und der griechiſch-römiſche Polytheismus. Während dieſe Ausſtrahlungen der Lehre von der Trimurti die Mythen Aſiens den Phantaſien jedes Landes anpaſſen, in das ſie durch die Weiſen eingeführt wurde, die die Menſchen dann in Halbgötter wie Mithra, Bacchus, Hermes, Herkules verwandeln, erhebt ſich Buddha, der berühmte Reformator der drei erſten Religionen in Indien und gründet dort ſeine Kirche, die noch heute zweihundert Millionen Anhänger mehr zählt als das Chriſtentum, und aus der die gewaltigen Gedanken eines Chriſtus und eines Konfuzius Kraft geſchöpft haben. Das Chriſtentum erhebt ſein Banner; ſpäter ſchweißt Mohammed Judentum und Chriſtentum, Bibel und Evangelium in einem Buche dem Koran, zuſammen, und paßte alles dem Geiſte der Araber an. Swedenborg nun nimmt aus der Lehre der Magier, aus dem Brahmaismus, dem Buddhismus und dem christlichen Mystizismus, was diese vier großen Religionen Gemeinsames, Wirkliches, Göttliches haben, und gibt ihren Lehren eine sozusagen mathematische Grundlage. Wer sich in diese religiösen Strömungen stürzt, deren Gründer nicht alle bekannt sind, der erkennt, daß Zarathustra, Moses, Buddha, Konfuzius, Jesus Christus, Swedenborg die gleichen Prinzipien haben und daß sie dem gleichen Ziele zustreben. Aber der letzte von allen, Swedenborg, wird vielleicht der Buddha des Nordens werden. So dunkel und weitschweifig seine Bücher auch sein mögen, es sind Stellen von einer geradezu gewaltigen Auffassung darin. Sein Gottesreich ist erhaben und seine Religion die einzige, die einem höheren Geiste Raum läßt. Er allein läßt uns an Gott heranreichen, er flößt uns das Verlangen nach ihm ein, er hat die Majestät Gottes aus den Banden befreit, in die die anderen Kulte ihn eingeschnürt haben. Er hat ihn dort gelassen, wo er ist, und läßt um ihn her seine zahllosen Schöpfungen und Geschöpfe durch dauernde Wandlungen kreisen, die eine viel unmittelbarere, viel natürlichere Zukunft bedeuten, als die Ewigkeitslehre des Katholizismus. Er hat Gott von dem Vorwurf befreit, den zarte Seelen ihm wegen der lang andauernden Rache machen, mit der er die Fehler eines Augenblicks bestraft; ein System ohne Gerechtigkeit und Güte. Jeder Mensch vermag zu wissen, ob es ihm bestimmt ist, in ein anderes Leben überzugehen, und ob jene Welt einen Sinn hat. Diesen Versuch will ich jetzt machen. Dieser Versuch kann die Welt ebensogut retten, wie das Kreuz von Jerusalem und der Säbel von Mekka getan haben. Beide ſind ſie Kinder der Wüſte. Von den dreiunddreißig Jahren, die Jeſus alt wurde, ſind nur neun bekannt. Sein unbekanntes Leben hatte ſein ruhmreiches vorbereitet. Auch ich brauche die Wüſte!

Trotz der Schwierigkeit des Unterfangens habe ich doch geglaubt verſuchen zu ſollen, die Jugend Lamberts zu ſchildern, dieſes verborgene Leben, dem ich die einzigen guten Stunden und die einzigen ſchönen Erinnerungen meiner Kindheit verdanke. Außer dieſen zwei Jahren kannte ich nur Unruhe und Kummer. Wenn ſpäter das Glück gekommen iſt, ſo war es immer ein unvollkommenes. Ich bin ſicher ſehr weitſchweifig geweſen; aber wenn man nicht in das Herz und das Hirn Lamberts eindringt, zwei Worte, die nur unvollkommen die unendlich vielen Spielarten ſeines »inneren Lebens« wiedergeben, wäre es faſt unmöglich, die zweite Hälfte ſeiner Geiſtesgeſchichte zu verſtehen, die der Welt und mir gleichermaßen unbekannt iſt, deſſen geheime Entwicklung ſich jedoch während weniger Stunden vor mir enthüllt hat. Wem dieſes Buch noch nicht aus den Händen geglitten iſt, der wird, hoffe ich, die Ereigniſſe verſtehen, die noch zu berichten ſind und die gewiſſermaßen eine zweite Exiſtenz dieſes Geſchöpfes darſtellen; warum ſage ich nicht »dieſer Schöpfung«, in der alles außergewöhnlich ſein mußte, auch das Ende?
Als Louis wieder in Blois war, bemühte ſich ſein Onkel, ihm Zerſtreuungen zu verſchaffen. Aber der arme Geiſtliche war in dieſer frommen Stadt wie ein wirklicher Ausſätziger. Keiner wollte einen Revolutionär, einen auf die Verfaſſung Vereidigten bei ſich aufnehmen. Doch die Geſellſchaft beſtand auch noch

aus einigen Perſonen von ſogenannter liberaler, patriotiſcher oder konſtitutioneller Anſchauung, zu denen er ging, um ſeine Partie Whiſt oder Boſton zu ſpielen. In dem erſten Hauſe, in das ihn ſein Onkel einführte, begegnete Louis ein junges Mädchen, das durch ihre geſellſchaftliche Stellung gezwungen war, in dieſen Kreiſen, die von den Leuten der großen Welt gemieden wurden, zu bleiben, obgleich ihr Vermögen groß genug war, daß man hätte annehmen können, ſie würde ſpäter eine Verbindung in der hohen Ariſtokratie des Landes eingehen. Fräulein Pauline von Villenoix war die einzige Erbin eines Vermögens, das ihr Großvater, ein Jude namens Salomon, erworben hatte, der – entgegen den Gebräuchen ſeines Volkes – in hohem Alter eine Frau katholiſcher Konfeſſion geheiratet hatte. Er hatte einen Sohn, der im Glauben der Mutter erzogen wurde. Beim Tode des Vaters kaufte der junge Salomon ein Gut, das Adelsvorrechte verlieh, ließ den Grund und Boden von Villenoix zum Lehn erheben und nahm den Namen ſeiner Beſitzung an. Er war unverheiratet geſtorben, hinterließ aber eine natürliche Tochter, der er den größten Teil ſeines Vermögens vererbte, vor allem ſeine Beſitzung Villenoix. Einer ſeiner Onkel, Joſeph Salomon, wurde von Herrn von Villenoix zum Vormund der Waiſe beſtimmt. Dieſer alte Jude liebte ſein Mündel derart, daß er große Opfer zu bringen gewillt ſchien, um ſie günſtig zu verheiraten. Aber die Herkunft von Fräulein von Villenoix und die Vorurteile, die man in der Provinz gegen Juden hatte, geſtatteten es ihr nicht, trotz ihres Vermögens und desjenigen ihres Vormunds, in jene ganz exkluſive Geſellſchaft hineinzukommen, die ſich mit Recht oder Unrecht adelig nennt. Doch

Herr Joseph Salomon wollte, da er keinen Provinzedelmann fand, daß sein Mündel nach Paris ginge, um unter den liberalen oder monarchisch gesinnten Pairs einen Gatten zu wählen. Ihr Glück glaubte ihr der gute Vormund durch die Abmachungen eines Ehekontraktes garantieren zu können. Fräulein von Villenoix war damals zwanzig Jahre alt. Ihre große Schönheit, die Anmut ihres Geistes waren für ihr Glück bessere Garantien als diejenigen, die ihr ihr Vermögen verschaffen konnte. Ihre Züge zeigten den reinen Typ der schönen Jüdin, jene ovalen, reinen und kühngeschwungenen Linien, die etwas Ideales an sich haben und die die Wunder des Orients ausströmen, die immer gleich bleibende Bläue seines Himmels, den Glanz seiner Erde und die fabelhaften Reichtümer seines Lebens. Sie hatte schöne Augen mit langen Augenlidern, an denen starke und geschwungene Wimpern hingen. Eine biblische Unschuld lag auf ihrer Stirn. Ihr Teint hatte die mattweiße Farbe der Priestergewänder. Gewöhnlich war sie still und zurückhaltend; aber ihre Gesten, ihre Bewegungen bezeugten eine verborgene Anmut, wie auch ihre Worte den sanften und liebevollen Geist der Frau bekundeten. Aber sie besaß nicht die rosige Frische, jene roten Farben, die die Wangen der Frau in ihren sorglosen Jahren schmücken. Bräunliche Farbtöne, von einigen rötlichen Äderchen durchzogen, ersetzten auf ihrem Gesicht die eigentliche Farbe und verrieten einen energischen Charakter, eine nervöse Reizbarkeit, die viele Männer nicht gern bei einer Frau sehen, die aber für andere wieder ein Zeichen für zarte Keuschheit und stolze Leidenschaft sind. Sobald Lambert Fräulein von Villenoix sah, ahnte er den Engel in dieser Gestalt. Die reichen

Gaben ſeiner Seele, ſeine Neigung zur Ekſtaſe, alles in ihm löſte ſich in eine grenzenloſe Liebe auf, in die erſte Liebe des jungen Mannes, eine Leidenſchaft, die ſchon bei anderen gewaltig iſt, die aber bei der lebhaften Glut ſeiner Sinne, der Natur ſeiner Ideen und ſeines Lebens wohl zu unberechenbarer Gewalt führen mußte. Dieſe Leidenſchaft war ein Abgrund, in den der Unglückliche alles hineinwarf, ein Abgrund, in den ſein Denken hinunterzuſteigen ſich fürchtete, da es ſich, biegſam und ſtark, wie es war, darin verlor. Hier wird jetzt alles Myſterium, denn was geſchah, geſchah in der geiſtigen Welt, die den meiſten Menſchen verſchloſſen iſt und deren Geſetze ihm vielleicht zu ſeinem Unglück offenbar wurden. Als der Zufall mich mit ſeinem Onkel in Verbindung brachte, führte mich der alte Mann in das Zimmer, das Lambert zu jener Epoche bewohnt hatte. Ich wollte einigen Spuren ſeiner Werke, wenn er welche hinterlaſſen hatte, nachgehen. Zwiſchen den Papieren, deren Unordnung der Greis mit dem edlen Gefühl des Schmerzes reſpektiert hatte, wie es alten Leuten eigen iſt, fand ich einige Briefe, die zu unleſerlich waren, als daß ſie an Fräulein von Villenoix hätten abgeſchickt worden ſein können. Da ich Lamberts Schrift kannte, konnte ich mit der Zeit die Hieroglyphen dieſer Kurzſchrift entziffern, die Ungeduld und unſinnige Leidenſchaft erfunden hatten. Von ſeinen Gefühlen hingeriſſen, ſchrieb er, ohne zu merken, wie unleſerlich ſeine Schrift wurde, die für ſein Denken viel zu langſam ging. Er hatte ſeine formlos hingeworfenen Verſuche, bei denen die Reihen oft ineinander gingen, gewiß abſchreiben müſſen. Aber vielleicht hatte er auch Furcht, ſeine Gedanken nicht klar genug ausgedrückt zu haben, ſo daß er anfangs ſeine Liebesbriefe zweimal ſchrieb. Wie dem auch ſei, es brauchte meinen ganzen Eifer, den ich für den Kult zu Ehren ſeines Gedächtniſſes aufbrachte, und eine Art Fanatismus, den ſolch ein Unterfangen mit ſich bringt, um den Sinn der folgenden fünf Briefe zu erraten und zu ergänzen. Dieſe Papiere, die ich mit einer Art Pietät aufbewahre, ſind das einzige greifbare Zeugnis ſeiner glühenden Leidenſchaft. Fräulein von Villenoix hat die an ſie abgeſandten Briefe wohl vernichtet, dieſen beredten Ausdruck eines Rauſches, den ſie in ihm entfacht hatte. Der erſte Brief, der augenſcheinlich ein Entwurf war, zeugt in ſeiner Form und ſeiner Weitſchweifigkeit von dem Zögern, der Verwirrung des Herzens, den unzähligen Befürchtungen, die der Wunſch, zu gefallen, in ihm erweckte, jenen Wechſel im Ausdruck und die Unſicherheit im Gedanken, die einen jungen Mann überfällt, der zum erſten Mal Liebesbriefe ſchreibt: Briefe, die man nie mehr vergißt, bei denen jeder Satz die Frucht eines Traumes iſt, bei denen jedes Wort zu langem Nachdenken anregt, in denen das ungebändigſte aller Gefühle die Notwendigkeit der beſcheidenſten Redewendung einſieht und ſich wie ein Rieſe, der ſich bückt, um in eine Hütte einzutreten, demütig und klein macht, um die Seele eines jungen Mädchens nicht zu erſchrecken. Nie hat ein Altertumsforſcher ſeine Pergamente mit mehr Ehrfurcht gehandhabt als ich dieſe Dokumente, die ich ſtudierte und zuſammenſetzte, und die ein tiefes Leid und eine heilige Freude offenbaren, die beide für alle diejenigen geheiligt ſind, die die gleiche Glückſeligkeit gekannt haben.

I.

GNÄDIGES FRÄULEIN, WENN SIE DIESEN Brief geleſen haben – wenn Sie ihn überhaupt leſen – liegt mein Leben in Ihren Händen, denn ich liebe Sie, und für mich iſt die Hoffnung, geliebt zu werden, gleichbedeutend mit leben. Ich weiß nicht, ob andere, wenn ſie mit Ihnen von ſich ſprachen, ſich ſchon der Worte bedient haben, die ich gebrauche, um Ihnen von dem Zuſtand meiner Seele zu ſprechen; glauben Sie jedoch an die Wahrheit meiner Äußerungen, ſie ſind ſchwach, aber aufrichtig. Vielleicht iſt es Unrecht, auf dieſe Weiſe meine Liebe einzugeſtehen. Ja, die Stimme meines Herzens riet mir, ſtill zu warten, bis meine Leidenſchaft Sie gerührt hätte, um ſie dann zu vernichten, wenn ihr ſtummer Ausdruck Ihnen mißfiel, oder aber, bis ich Gnade vor Ihren Augen gefunden hätte. Aber nachdem ich lange auf die Klugheit gehört habe, vor der ein junges Herz ſich ſcheut, habe ich, indem ich Ihnen ſchreibe, dem Inſtinkt gehorcht, der noch dem Sterbenden nutzloſe Schreie entreißt. Ich brauche meine ganze Kraft, um dem Stolz des Unglücks Schweigen zu gebieten und um die Hinderniſſe zu überſchreiten, die das Vorurteil zwiſchen Sie und mich aufgerichtet hat. Ich mußte viele Bedenken unterdrücken, um Sie trotz Ihres Vermögens zu lieben! Mußte ich nicht, um Ihnen zu ſchreiben, der Verachtung die Stirn bieten, die die Frauen oft der Liebe gegenüber haben, deren Geſtändnis nur wie eine Schmeichelei mehr aufgenommen wird? Man muß ſich mit allen Kräften dem Glück entgegenwerfen, muß zur Liebe hingezogen werden wie eine Pflanze zum Licht, muß ſehr unglücklich geweſen ſein, um die Qualen und Ängſte dieſer geheimen

Erwägungen zu besiegen, in denen die Vernunft uns tausendfach die Unfruchtbarkeit der im Grunde des Herzens verborgenen Wünsche zeigt, wo jedoch die Hoffnung uns allem Trotz bieten läßt. Ich war so glücklich, während ich Sie im stillen bewunderte, ich war so ganz versunken in die Betrachtung Ihrer schönen Seele, daß, während ich Sie ansah, ich mir fast nichts Höheres mehr vorstellen konnte. Nein, ich hätte noch nicht gewagt, zu Ihnen zu sprechen, wenn ich nicht von Ihrer Abreise gehört hätte. Welchen Qualen hat dieses eine Wort mich ausgesetzt! Mein Kummer hat mich die ganze Größe meiner Zuneigung zu Ihnen erkennen lassen, sie ist grenzenlos. Gnädiges Fräulein, kaum werden Sie – ich wünschte es wenigstens – den Schmerz empfinden, der durch die Furcht hervorgerufen wird, das einzige Glück verlieren zu müssen, das für uns auf dieser Erde sich erschloß, das einzige, das ein wenig Licht in die Dunkelheit des Elends geworfen hat. Gestern fühlte ich, daß mein Leben nicht mehr in mir ist, sondern in Ihnen. Es gibt nur mehr eine Frau für mich auf der Welt, wie es nur noch einen Gedanken in meiner Seele gibt. Ich wage nicht, es Ihnen zu sagen, vor welche Alternative mich die Liebe zu Ihnen gestellt hat. Da ich Sie nur Ihnen selbst verdanken möchte, muß ich es vermeiden, mich Ihnen mit allem Nimbus des Unglücks zu zeigen. Ist dieser Nimbus auf edle Seelen nicht wirksamer als der des Glücks? Ich werde Ihnen also viel verschweigen. Ja, ich habe einen zu schönen Begriff von der Liebe, als daß ich sie mit Gedanken, die ihrer Natur fremd sind, entweihen möchte. Wenn meine Seele der Ihren würdig ist, wenn mein Leben rein ist, dann wird Ihr edles Herz es schon empfinden und Sie werden mich verſtehen! Es liegt in der Beſtimmung des Mannes, ſich derjenigen anzutragen, die ihn an das Glück glauben läßt; aber Ihr Recht iſt es, auch das wahrſte Gefühl zurückzuweiſen, wenn es nicht mit den wirren Stimmen Ihres Herzens ſich vereinbaren läßt; das weiß ich. Wenn das Schickſal, das Sie mir bereiten, meiner Hoffnung entgegen iſt, ſo rufe ich, gnädiges Fräulein, die Zartheit Ihrer jungfräulichen Seele an und das wundertätige Mitleid der Frau. Auf den Knien flehe ich Sie an: verbrennen Sie meinen Brief, vergeſſen Sie alles. Spielen Sie nicht mit einem ehrfürchtigen Gefühl, das ſich zu tief in die Seele eingegraben hat, als daß es je wieder darin verwiſcht werden könnte. Brechen Sie mein Herz, aber zerreißen Sie es nicht. Möge die Äußerung meiner erſten Liebe, einer jungen und reinen Liebe, nur in einem jungen und reinen Herzen widerklingen! Mag ſie darin ſterben, wie ein Gebet ſich in dem Buſen Gottes verliert! Ich bin Ihnen Dankbarkeit ſchuldig: ich habe köſtliche Stunden damit zugebracht, Sie anzuſchauen und mich dabei den ſüßeſten Träumen meines Lebens hinzugeben; krönen Sie dieſes lange und vergängliche Glück nicht mit ein paar Mädchenſpötteleien. Begnügen Sie ſich lieber damit, mir nicht zu antworten. Ich werde mir Ihr Stillſchweigen auszulegen wiſſen und Sie werden mich nicht mehr wiederſehen. Wenn ich dazu verdammt ſein ſoll, das Glück für immer zu begreifen und es für immer zu verlieren; wenn ich wie der vertriebene Engel bin, der das Gefühl der himmliſchen Freuden bewahrt hat, aber für immer an eine Welt des Schmerzes gebunden iſt, dann werde ich das Geheimnis meiner Liebe bewahren wie das meines Elends. Und ſomit

Gott befohlen! – Ja, ich vertraue Sie dem an, zu dem ich für Sie beten will, Ihnen ein ſchönes Leben zu bereiten. Denn wenn ich auch aus Ihrem Herzen vertrieben bin, in das ich ohne Ihr Wiſſen heimlich eingedrungen war, will ich Sie doch nie mehr verlaſſen. Was für einen Wert hätten ſonſt die heiligen Worte dieſes Briefes, meines erſten und vielleicht letzten Gebetes? Wenn ich eines Tages aufhörte, an Sie zu denken, Sie glücklich oder unglücklich zu lieben, verdiente ich da nicht meine Ängſte?

II.

Sie reiſen nicht? So bin ich alſo geliebt, ich armes, unſcheinbares Geſchöpf? Meine liebe Pauline, Sie kennen die Macht des Blickes nicht, an den ich glaube und den Sie mir zugeworfen haben, um mir zu ſagen, daß Sie mich erwählt haben, Sie, die Sie jung und ſchön ſind und die Welt zu Ihren Füßen ſehen. Damit Sie mein Glück verſtehen, müßte ich Ihnen mein Leben erzählen. Hätten Sie mich zurückgeſtoßen, es wäre alles für mich zu Ende geweſen. Ich habe zu viel gelitten! Ja, Geliebte, dieſe wohltuende und köſtliche Liebe war ein letzter Verſuch zu einem glücklichen Leben, nach dem meine Seele ſich ſehnte, meine Seele, die ſchon zerbrochen war durch nutzloſe Arbeit, aufgezehrt durch Ängſte, die mich für mich fürchten ließen, zernagt von Verzweiflung, die mich oft dazu überreden wollte, zu ſterben. Nein, kein Menſch auf der Welt kennt das Entſetzen, das mir meine verhängnisvolle Phantaſie ſchafft. Oft erhebt ſie mich in alle Himmel, aber plötzlich läßt ſie mich von ſchwindelnder Höhe auf die Erde herabſtürzen. Ein kleiner Kraftaufſchwung, der ſeltene und geheime Zeuge

einer ganz beſonderen Hellſichtigkeit, ſagt mir zu-
weilen, daß ich viel vermag. Ich hülle dann die
Welt in meine Gedanken ein, ich ſchaffe, ich bilde
ſie, ich verſtehe ſie oder glaube doch, ſie zu ver-
ſtehen; aber plötzlich erwache ich dann, allein, und
bin in einer tiefen Nacht, ein jämmerliches Ge-
ſchöpf! Ich vergeſſe die Helle, die ich noch eben er-
blickte, ich ſehe keine Hilfe und vor allem kein
Herz, zu dem ich flüchten kann. Dieſes Elend meines
ſeeliſchen Lebens wirkt auch auf mein phyſiſches.
Die Natur meines Geiſtes liefert mich ſchutzlos den
Freuden des Glückes aus, ſo wie der furchtbaren
Klarheit der Reflexion, die ſie zerſtört, indem ſie ſie
analyſiert. Da ich die traurige Fähigkeit mitbe-
kommen habe, mit dem gleichen Scharfblick die
Hinderniſſe wie auch die Erfolge zu ſehen, ſo bin
ich glücklich und unglücklich zugleich! Als ich
Ihnen begegnete, da hatte ich das Gefühl von einer
engelhaften Natur; ich atmete die Luft, die meiner
brennenden Bruſt wohltat, ich hörte jene Stimme
in mir, die nie täuſcht und die mir ein glückliches
Leben verhieß. Aber ich ſah auch all die Schranken,
die uns trennten, ahnte zum erſten Mal die Vor-
urteile der Welt, verſtand ſie in dem ganzen Umfang
ihrer Niedrigkeit; und die Hinderniſſe erſchreckten
mich mehr, als der Anblick des Glückes mich be-
ſeligte: ich empfand ſogleich die ſchreckliche Reak-
tion, durch die meine ausſtrömende Seele auf ſich
ſelbſt zurückgeworfen wurde; das Lächeln, das Sie
auf meinen Lippen hervorgerufen hatten, verwan-
delte ſich plötzlich in bittere Verzerrung, und ich
verſuchte, kalt zu bleiben, während mein Blut kochte,
aufgewühlt durch tauſend widerſprechende Gefühle.
Ich hatte wieder die ſchmerzende Empfindung, an

die ich mich durch dreiundzwanzig Jahre unterdrückter Seufzer und verratener Mitteilsamkeit noch immer nicht habe gewöhnen können. Ach, Pauline, der Blick, mit dem Sie mir das Glück verkündet haben, hat mein Leben wieder erwärmt, hat mein Elend in Glückseligkeit verwandelt: jetzt hätte ich gern noch mehr gelitten. Meine Liebe ist plötzlich ganz groß geworden. Meine Seele war ein weites Land, dem die Wohltaten der Sonne fehlten: Ihr Blick hat auf einmal Licht darauf geworfen. Liebe Vorsehung! Sie werden alles für mich arme Waise sein, der ich keine anderen Verwandten habe als meinen Onkel. Sie werden meine ganze Familie bedeuten, wie Sie schon jetzt mein einziger Reichtum sind und die ganze Welt für mich darstellen. Haben Sie nicht alle Schätze der Menschheit durch Ihren keuschen, wundervollen und scheuen Blick auf mich geschüttet? Ja, Sie haben mir ein unglaubliches Vertrauen, einen unglaublichen Mut gegeben. Jetzt kann ich alles wagen. Ich war mutlos nach Blois zurückgekehrt. Fünf Jahre Studium in Paris hatten mir die Welt als Gefängnis gezeigt. Ich trug Komplexe des Wissens in mir und wagte nicht, davon zu sprechen. Der Ruhm schien mir ein Blendwerk, dem sich eine wirklich große Seele nicht hingeben dürfe. Meine Ideen hätten sich nur unter dem Schutze eines Mannes ausbreiten können, der kühn genug dazu war, auf die Bretter der Presse zu steigen und mit lauter Stimme zu den Dummköpfen zu sprechen, die er verachtet. Diese Unerschrockenheit fehlte mir. Ich ging also fort, durch die Widerstände dieser Menge zerbrochen, und ich verzweifelte daran, je von ihr gehört zu werden. Ich stand zu hoch und zu tief! Ich schluckte meine Gedanken herunter wie andere ihre Demütigungen. Ich war dahin gekommen, die Wiſſenſchaft zu verachten und ihr vorzuwerfen, daß ſie nichts zum wirklichen Glück beitrage. Aber ſeit geſtern iſt alles in mir verwandelt. Um Ihretwillen erſtrebe ich die Palmen des Ruhmes und alle Triumphe des Talentes. Ich will mein Haupt auf Ihre Knie legen, damit die Augen der Welt auf Ihnen ruhen, wie ich alle Idee und alle Kräfte in meine Liebe legen will. Der größte Ruhm iſt ein Gut, das von keiner anderen Macht geſchaffen werden kann als von der des Genies! So kann ich Ihnen alſo, wenn ich will, ein Lager von Lorbeer bereiten. Aber wenn die friedlichen Huldigungen der Wiſſenſchaften nicht genug ſind, ſo habe ich noch das Schwert und das Wort in mir, ich werde eine Laufbahn der Ehre und des Ehrgeizes durchraſen, auf der andere ſich nur hinſchleppen. Sagen Sie es mir nur, Pauline, ich werde alles ſein, was Sie wollen, daß ich ſei. Mein eiſerner Wille kann alles. Ich werde geliebt! Sollte ein Mann mit dieſem Bewußtſein nicht alles bezwingen können? Der kann alles, der alles will! Seien Sie der Preis des Erfolges, und morgen ſchon begebe ich mich in die Arena; für einen Blick wie der, den Sie mir zuwarfen, überſchreite ich die tiefſten Abgründe. Sie haben mich die ſagenhaften Taten der Ritter und die wunderſamen Erzählungen aus ‚Tauſend und eine Nacht' begreifen gelehrt. Jetzt glaube ich an die fantaſtiſchen Forderungen der Liebe und an das Gelingen alles deſſen, was Gefangene unternehmen, um ihre Freiheit zurückzuerlangen. Sie haben tauſend Tugenden, die in mir ſchlummerten, geweckt: Geduld und Reſignation, alle Kräfte des Herzens und der Seele. Ich lebe durch Sie und — köſtlicher Gedanke — für

Sie. Jetzt hat alles einen Sinn für mich in diesem Leben. Ich begreife alles, selbst die Nichtigkeiten des Reichtums. Ich ertappe mich dabei, Ihnen alle Perlen Indiens zu Füßen legen zu wollen; ich stelle mir vor, wie Sie unter den schönsten Blumen liegen oder auf dem weichesten Linnen, und aller Glanz der Erde scheint mir kaum Ihrer würdig, für die ich über die Akkorde und Strahlen verfügen möchte, die von den Harfen der Seraphine ertönen und von den Sternen des Himmels herniederleuchten. Armer Dichter! Meine Worte bieten Ihnen Schätze an, die ich nicht besitze, ich kann Ihnen nur mein Herz geben, in dem Sie immer herrschen werden. Dort liegt all mein Besitz! Aber liegen nicht schon Schätze in einer ewigen Dankbarkeit, in einem Lächeln, dessen Ausdruck unablässig durch ein unwandelbares Glück wechselt, in dem dauernden Bemühen meiner Liebe, die Wünsche Ihres liebenden Herzens zu erraten? Hat uns ein himmlischer Blick nicht gesagt, daß wir uns immer verstehen können? So kann ich jetzt allabendlich zu Gott beten, ein Gebet, das erfüllt ist von Ihnen: ‚Mach, daß meine Pauline glücklich sei!' Aber werden Sie denn nicht meine Tage erfüllen, wie Sie schon mein Herz erfüllen? Mit Gott! ich kann Sie nur noch Gott anvertrauen.

III.

Pauline, sage mir, ob ich Dir gestern in irgend etwas mißfallen habe! Laß diesen Stolz des Herzens fallen, der all die Qualen verursacht, die ein liebendes Wesen im geheimen erleidet. Zürne mir! Seit gestern liegt, ich weiß nicht was für eine unbestimmte Angst, Dir weh getan zu haben, auf meinem Herzen, das durch Dich so sanft und reich geworden war. Oft wird der leiſeſte Schleier, der ſich zwiſchen zwei Seelen legt, eine erzene Mauer. In der Liebe gibt es keine leichten Vergehen. Wer das Weſen dieſes ſchönen Gefühls begriffen hat, der muß auch alle ſeine Qualen empfinden, und wir müſſen unabläſſig darüber wachen, daß wir uns nicht durch ein unbedachtes Wort verletzen. Sicher habe ich Schuld, mein teures Gut, wenn von Schuld die Rede ſein muß. Ich bilde mir nicht ein, ein Frauenherz in dem ganzen Ausmaß ſeiner Zärtlichkeit, in der ganzen Anmut ſeiner Hingabe zu kennen, aber ich will immer verſuchen, den Wert deſſen zu erraten, was Du mir von den Geheimniſſen des Daſeins offenbaren willſt. Sprich, antworte mir ſofort! Die Traurigkeit, in die uns das Gefühl eines Unrechtes verſenkt, iſt furchtbar, ſie umhüllt das ganze Leben und läßt an allem zweifeln. Ich habe heute Morgen am Rande des Hohlwegs geſeſſen, habe die Türme von Villenoix geſehen und wagte nicht, bis zu unſerer Hecke zu gehen. Wenn Du wüßteſt, was ich alles in meiner Seele ſah! Welch traurige Geſpenſter an mir vorüberzogen unter dieſem grauen Himmel, deſſen kalter Anblick meine düſtere Stimmung noch verſtärkte. Ich hatte dunkle Vorahnungen. Ich hatte Furcht, daß ich Dich nicht glücklich mache. Ich muß Dir alles ſagen, meine liebe Pauline. Es gibt Augenblicke, in denen der Geiſt, der mich belebt, ſich von mir zu entfernen ſcheint. Ich bin wie von meiner Kraft verlaſſen. Alles laſtet dann auf mir, jede Fiber meines Körpers ſtirbt ab, alle Sinne verſagen, mein Blick wird verſchwommen, meine Zunge erſtarrt, die Phantaſie erliſcht, die Wünſche ſterben und nur meine menſchlichen Kräfte allein beſtehen noch. Du könnteſt dann in dem ganzen Glanze Deiner Schönheit vor mir ſtehen, könnteſt

Dein holdeſtes Lächeln und Deine zarteſten Worte an mich verſchwenden, es würde eine böſe Macht aufſtehen und mich blind machen und mir die entzückendſten Melodien in ſchrille Töne verwandeln. In ſolchen Augenblicken ſteigt, glaube ich, irgend ein Widerſpruchsgeiſt in mir auf, der mich auf dem Grund des ſicheren Beſitzes das Nichts ſchauen läßt. Dieſer mitleidsloſe Dämon mäht alle Blumen ab, ſpottet über die zarteſten Gefühle und fragt mich: »Nun, und nachher?« Er macht das ſchönſte Werk zunichte, indem er es mir in ſeinen Beſtandteilen zeigt und mir den Mechanismus der Dinge enthüllt, wobei er mir deren harmoniſche Ergebniſſe verbirgt. In jenen ſchrecklichen Augenblicken, in denen ſich der böſe Engel meines Seins bemächtigt, in denen ſich das göttliche Licht in meiner Seele verdunkelt, ohne daß ich wüßte warum, bin ich traurig und leide, möchte ich taub und ſtumm ſein, wünſche ich den Tod herbei, da ich in ihm allein Ruhe erblicke. Dieſe Stunden des Zweifels und der Unraſt ſind vielleicht notwendig; ſie lehren mich wenigſtens, nach dem Aufſchwung, der mich bis in den Himmel erhoben hat, wo ich mit vollen Händen nach den Ideen greife, nicht ſtolz zu werden. Denn immer, wenn ich lange die weiten Felder des Geiſtes durchwandert und wenn ich mich in lichten Gedanken bewegt habe, dann ſtürze ich, müde und erſchöpft, in dieſe Hölle zurück. In ſolchen Augenblicken, mein Engel, müßte eine Frau an meiner Liebe zweifeln, ſie könnte es wenigſtens. Oft, wenn ſie verſtimmt wäre, elend oder traurig, würde ſie die Wohltat einer erfinderiſchen Zärtlichkeit verlangen, und ich hätte nicht einmal einen Blick, um ſie zu tröſten. Ich ſchäme mich, Pauline, es einzugeſtehen, daß ich dann wohl mit Dir weinen könnte, aber nichts würde mir ein Lächeln entreißen. Eine Frau findet freilich in ihrer Liebe die Kraft, ihre Schmerzen zu ſtillen! Für ihr Kind, für den Geliebten kann ſie leidend lächeln. Kann ich denn für Dich, Pauline, es der Frau nicht gleich tun in ihrer himmliſchen Zartheit? Seit geſtern zweifle ich an mir ſelbſt. Wenn ich Dir einmal habe mißfallen können, ſo muß ich fürchten, öfter durch meinen verhängnisvollen Dämon aus unſerer ſchönen Sphäre entführt zu werden. Wenn ich viele ſolcher ſchrecklichen Augenblicke hätte, wenn meine grenzenloſe Liebe die ſchlechten Stunden meines Lebens nicht wettmachen kann, wenn es mein Schickſal iſt, ſo zu bleiben, wie ich bin?... Verhängnisvolle Frage! Die Macht iſt ein unheilvolles Geſchenk, wenn das, was ich in mir fühle, Macht iſt. Pauline, gehe fort von mir, verlaſſe mich! Ich möchte lieber alle Qualen des Lebens ertragen als den Schmerz, Dich durch mich unglücklich zu ſehen. Aber vielleicht hat der Dämon nur ſo viel Macht über meine Seele bekommen, weil keine ſanften und weißen Hände bei mir waren, um ihn zu verjagen. Noch nie hat mir eine Frau den Balſam des Troſtes gereicht, und ich weiß nicht, ob, wenn in ſolchen Augenblicken der Mattigkeit ihre Flügel über mir rauſchten, ſich nicht neue Kräfte in meinem Herzen entfalten würden. Vielleicht iſt dieſe grauſame Melancholie nur eine Frucht meiner Einſamkeit, einer der Schmerzen der verlaſſenen Seele, die klagt und ihre Schätze mit ungekannten Schmerzen bezahlt. Den leichten Freuden die leichten Leiden, dem unermeßlichen Glück die unerhörte Qual! Was für ein Urteilsſpruch! Wenn er wahr wäre, ſollten wir nicht für uns zittern, die wir ſo übermenſchlich glücklich ſind? Wenn uns die Natur die Dinge nach ihrem Wert verkauft, in welchen Abgrund müssen wir fallen? Ach, die Liebenden sind am besten daran, die mitten aus Jugend und Liebe heraus zusammen sterben! Welch eine Traurigkeit! Ahnt meine Seele eine böse Zukunft voraus? Ich prüfe und frage mich, ob etwas in mir ist, was Dir den leisesten Kummer bereiten könnte. Ich liebe Dich vielleicht als Egoist. Ich lege auf Dein liebes Haupt vielleicht eine Last, die schwerer ist, als meine Liebe Deinem Herzen wohltun kann. Wenn in mir eine unerbittliche Macht ist, der ich gehorche, wenn ich fluchen muß, wo Du die Hände zum Gebet faltest, wenn traurige Gedanken mich beherrschen, wo ich doch lieber zu Deinen Füßen säße, um mit Dir zu spielen, wie ein Kind, wirst Du dann nicht eifersüchtig sein auf diesen fordernden und unheimlichen Dämon? Verstehst Du denn auch, Du mein Herz, daß ich fürchte, Dir nicht ganz zu gehören, und daß ich gern auf alle Macht, auf allen Ruhm der Welt verzichten möchte, um Dich zu meinem ewigen Gedanken zu machen, um in unserer wundervollen Liebe ein schönes Leben und eine schöne Dichtung zu sehen; um meine ganze Seele in sie hineinzulegen, meine Kräfte in sie zu vergraben, und von jeder Stunde die Freuden zu fordern, die sie uns schuldig ist? Aber sieh, in dem Maße, wie die Erinnerung an unsere Liebe mir zurückkommt, verteilen sich die Wolken meiner Traurigkeit. Leb wohl! Ich verlasse Dich, um Dir noch mehr anzugehören. Mein geliebtes Herz, ich erwarte ein Wort, ein Zeichen, das mir den Frieden des Herzens zurückgibt. Wenn ich nur wüßte, ob ich meine Pauline wirklich traurig gemacht habe, oder ob nur ein unbestimmter Ausdruck Deines Gesichtes mich irre geführt hat. Ich möchte mir nicht vorzuwerfen haben, nach einem glücklichen Leben zu Dir gekommen zu ſein, ohne ein Lächeln voller Liebe, ohne ein gutes Wort. Die Frau, die man liebt, betrüben, iſt – für mich – ein Verbrechen, Pauline. Sage mir die Wahrheit, ſage mir keine großmütige Lüge, aber nimm Deiner Verzeihung alle Grauſamkeit.

FRAGMENT

Iſt eine ſo tiefe Zuneigung ein Glück? Ja, denn Jahre des Leids wiegen nicht eine Stunde der Liebe auf. Geſtern huſchte Deine Traurigkeit wie ein Schatten über meine Seele. Warſt Du traurig oder haſt Du gelitten? Ich habe gelitten. Woher kam dieſer Schmerz? Schreibe mir ſchnell. Warum habe ich es nicht erraten? So ſind wir alſo noch nicht vollkommen durch den Gedanken vereinigt? Ich ſollte in einer Entfernung von zwei Meilen oder von tauſend Meilen Deinen Kummer und Deine Schmerzen fühlen. Ich werde ſo lange nicht glauben, Dich zu lieben, ſolange mein Leben nicht ſo eng mit dem Deinen verbunden iſt, daß wir ein und dasſelbe Leben, ein und dasſelbe Herz, ein und denſelben Gedanken haben. Ich muß da ſein, wo Du biſt, ſehen, was Du ſiehſt, fühlen, was Du fühlſt, und Dir in Gedanken folgen. Habe ich nicht als erſter gewußt, daß Dein Wagen umgefallen, daß Du verletzt warſt? Aber auch an jenem Tage hatte ich Dich nicht verlaſſen, ich ſah Dich. Als mein Onkel mich fragte, warum ich ſo blaß geworden ſei, ſagte ich zu ihm: »Fräulein von Villenoix iſt ſoeben geſtürzt.« Warum habe ich da geſtern nicht in Deiner Seele leſen können? Wollteſt Du mir die Urſache Deines Kummers verbergen? Ich glaube erraten zu haben, daß Du bei dem gefürchteten Salomon, bei dem es mir eiskalt über den Rücken läuft, vergebliche Anſtrengungen zu meinen Gunſten gemacht haſt. Dieſer Mann ſtammt nicht aus unſerm Himmel. Warum willſt Du, daß unſer Glück, das in nichts dem Glück der anderen gleicht, ſich den Geſetzen der Welt anpaßt? Aber ich liebe Deine tauſend Bedenken, Deine Religion, Deine Gewiſſenhaftigkeit zu ſehr, als daß ich nicht dem geringſten Deiner Einfälle gehorchen ſollte. Was Du tun mußt, muß gut ſein; es gibt nichts Reineres als Deine Gedanken, wie es nichts Schöneres gibt als Dein Antlitz, in dem ſich Deine edle Seele widerſpiegelt. Ich werde Deinen Brief abwarten, ehe ich mich auf den Weg mache, dem holden Augenblick entgegen, den Du mir gönnſt. – Ach, wenn Du wüßteſt, wie ich beim Anblick der Türme zittere, wenn ich ſie endlich im Lichte des Mondes ſehe, unſeres Freundes, unſeres einzigen Vertrauten.

IV.

Leb wohl, Ruhm, Zukunft, Leben, das ich mir erträumte. Jetzt, innig Geliebte, iſt mein Ruhm, Dein zu ſein, Deiner würdig, meine Zukunft iſt einzig die Hoffnung, Dich zu ſehen. Und mein Leben? Beſteht es nicht darin, zu Deinen Füßen zu ſitzen, mich unter Deinen Blicken auszuruhen, in dem Himmel, den Du mir geſchaffen haſt, aufzuatmen? Alle meine Kräfte, alle meine Gedanken ſollen Dir gehören. Dir, die mir jene berauſchenden Worte geſagt hat: »Ich fordere Deine Schmerzen.« Hieße es nicht, der Liebe die Freude, dem Glücke ſeine Augenblicke, Deiner himmliſchen Seele Gefühle rauben, wenn ich dem Studium Stunden opferte, der Welt Ideen, den Dichtern Dichtungen? Nein, geliebtes Leben, alles will ich für Dich aufbewahren, ich will Dir alle Blumen meiner Seele bringen. Gibt es etwas, ſchön, koſtbar genug unter den Schätzen der Erde und des Geiſtes, um ein Herz zu ehren, das ſo reich und ſo rein iſt wie das Deine, dem ich das meine zu verbinden wage? Ja, zuweilen glaube ich, in meinem Dünkel, daß ich ebenſo zu lieben verſtünde wie Du. Aber nein, Du biſt ein Engel in Frauengeſtalt: in dem Ausdruck Deiner Gefühle wird immer mehr Reiz, in Deiner Stimme mehr Wohllaut, in Deinem Lächeln mehr Anmut liegen als in dem meinen. Ja, laß mich glauben, daß Du ein Geſchöpf aus einer höheren Sphäre biſt als der, in der ich lebe; Du haſt das ſtolze Bewußtſein, aus ihr herabgeſtiegen zu ſein, und ich das, Dich verdient zu haben; und vielleicht wirſt Du nicht enttäuſcht ſein, daß Du zu mir Armem und Unglücklichem gekommen biſt. Ja, wenn die ſchönſte Wohnung einer Frau ein Herz iſt, das ihr ganz gehört, dann wirſt Du immer in dem meinen herrſchen. Kein Gedanke, keine Tat wird je dieſes Herz, dieſes koſtbare Heiligtum verdunkeln, ſolange Du darin wohnen willſt, aber wohnſt Du denn nicht immer darin? Haſt Du mir nicht dieſes köſtliche Wort geſagt: »Jetzt und immer«? »Et nunc et ſemper!« Ich habe dieſes fromme Wort unter Dein Bild eingegraben, es iſt Deiner würdig, wie es Gottes würdig iſt. Er iſt »Jetzt und immer«, wie es meine Liebe ſein wird. Nein, nein, nie wird das erſchöpft ſein, was unermeßlich, unendlich, grenzenlos iſt! Und ſo iſt das Gefühl, das ich in mir für Dich empfinde; ich habe deſſen unermeßliche Weite geahnt, wie wir den Raum nach dem Maß eines ſeiner Teile ahnen. Ich habe unausſprechliche Freuden gehabt, ganze Stunden ſeliger Andacht, wenn ich mich an eine Deiner Bewegungen erinnerte oder an den Ton eines Satzes. Es werden alſo Erinnerungen aufsteigen, unter deren Wucht ich zusammenbrechen werde, wenn schon das Erinnern einer holden und vertrauten Stunde mich vor Freude weinen läßt, mich ergreift, mir durchs Herz dringt und eine nicht zu stillende Quelle des Glücks wird. Lieben, das ist das Leben der Engel! Ich glaube, nie wird die Freude für mich aufhören, die ich empfinde, wenn ich Dich sehe. Durch diese Freude, die die bescheidenste von allen ist, zu der es aber immer an Zeit fehlt, lernte ich die ewigen Verzückungen kennen, in der die Seraphim und die Geister vor Gott stehen: nichts ist natürlicher, als wenn aus seinem Wesen ein Licht aufsteigt, das ebenso fruchtbar ist an neuen Gefühlen, wie es das Licht Deiner Augen ist, Deiner hohen Stirn, Deines schönen Antlitzes, das das himmlische Abbild Deiner Seele ist. Die Seele, dieses andere Ich, gibt die reine Form, denn sie vergeht nie und macht unsere Liebe unsterblich. Ich wünschte, es gäbe eine andere Sprache als die, deren ich mich bediene, um Dir die wieder auflebende Wonne meiner Liebe auszudrücken. Aber wenn es eine solche gibt, die wir selbst geschaffen haben, wenn unsere Blicke lebendige Worte sind, müssen wir uns da nicht sehen, um durch die Augen das Fragen und Antworten des Herzens zu vernehmen, das so stark und so durchdringend ist, daß Du mir eines Abends, als ich garnicht sprach, sagtest: »Schweig!« Weißt Du das noch, geliebtes Leben? Wenn ich fern von Dir bin, wenn ich in dem Dunkel der Trennung lebe, muß ich dann nicht menschliche Worte gebrauchen, die zu schwach sind, um göttliche Gefühle wiederzugeben? Die Worte deuten wenigstens die Furchen an, die diese Gefühle in meine Seele graben, wie das Wort »Gott« unvollkommen die Idee zuſammenfaßt, die wir von dieſem geheimnisvollen Urquell aller Dinge haben. Trotz der Gelehrſamkeit und Unendlichkeit der Sprache habe ich nie in ihren Ausdrücken etwas gefunden, was Dir die ſüße Umſchlingung ſchildern könnte, durch die ich mich mit Dir verbunden fühle, wenn ich an Dich denke. Und mit welchem Wort ſollte ich ſchließen, wenn ich aufhöre Dir zu ſchreiben, ohne Dich doch zu verlaſſen? Was bedeutet »Lebewohl«, wenn nicht ſterben? Aber iſt der Tod denn ein Lebewohl? Verbindet ſich meine Seele nicht noch enger mit der Deinen? O, Du mein ewiger Gedanke! Sonſt bot ich Dir auf den Knien mein Herz und mein Leben an; was für eine neue Blüte des Gefühls werde ich jetzt in meiner Seele finden, um ſie Dir zu geben? Hieße das nicht, Dir einen Teil von dem geben, was Du ſchon ganz beſitzeſt? Biſt Du nicht meine Zukunft? Wie iſt mirs um die Vergangenheit leid! Dieſe Jahre, die nicht mehr uns gehören, möchte ich Dir alle geben, damit Du in ihnen herrſcheſt, wie Du über mein jetziges Leben herrſchſt. Aber was war mein Leben zu der Zeit, da ich Dich nicht kannte? Ein Nichts, wäre ich nicht ſo unglücklich geweſen.

FRAGMENT

Geliebter Engel, welch ein ſchöner Abend war der geſtrige! Wieviel Schätze beſitzt Dein teures Herz! Deine Liebe iſt wohl unerſchöpflich wie die meine? Jedes Wort brachte mir neue Freuden, und jeder Blick macht ſie nur noch tiefer. Der ruhige Ausdruck Deines Antlitzes gibt unſern Gedanken einen unbegrenzten Horizont. Ja, alles war unendlich wie der Himmel und lieblich wie ſeine azurne Bläue. Die Zartheit Deiner angebeteten Züge ſtrahlte durch ein unerklärliches Wunder in Deinen anmutigen Bewegungen, Deinen ruhigen Gesten wider. Ich wußte wohl, daß Du ganz Anmut und ganz Liebe warst, aber ich ahnte nicht, wie verschiedenartig Deine Anmut sein konnte. Alles vereinigte sich, um eine süße Wollust in mir zu erwecken, um Dich inständig um die erste Gunst zu bitten, die eine Frau immer verweigert, gewiß, um sie sich rauben zu lassen. Aber nein, Du, Seele meines Lebens, Du weißt wohl nie im voraus, was Du meiner Liebe gewähren kannst, und Du wirst Dich hingeben, ohne daß Du es vielleicht willst. Du bist wahr und gehorchst nur Deinem Herzen. Wie der holde Ton Deiner Stimme sich mit den zarten Harmonien der reinen Luft und des stillen Himmels verbindet! Nicht ein Vogelschrei, nicht ein Lufthauch. Die Einsamkeit und wir! Das unbewegliche Laub zitterte nicht einmal in diesen wunderbaren Farben des Sonnenunterganges, die Licht und Schatten zugleich sind. Du hast diese himmlische Poesie gespürt, Du, die so viel verschiedene Gefühle verbindet und die Augen so oft zum Himmel emporhob, nur, um mir nicht zu antworten! Du, die so stolz und so heiter ist, so demütig und so gebieterisch, Du gibst Dich ganz mit der Seele, mit dem Gedanken hin und entziehst Dich den zaghaftesten Liebkosungen? Geliebte Koketterie des Herzens! Sie klingen noch immer in meinem Ohr, die süßen Worte, die halb gestammelt waren wie Kinderworte, und die weder ein Versprechen waren noch ein Geständnis, die aber der Liebe ihre schönen Hoffnungen ließen ohne Furcht und ohne Qual! Welch eine keusche Erinnerung für immer! Wie erschlossen sich alle Blumen, die im Grunde der Seele aufsprießen und die ein Nichts vernichten kann, die

gestern aber sich belebten und befruchteten. So wird es immer sein, nicht wahr, Geliebte? Während ich mich des Morgens all der frischen, lebendigen Wonne erinnere, die in jenem Augenblick aufquoll, empfinde ich ein Glück in der Seele, das mich die wahre Liebe wie einen Ozean von ewigen und immer neuen Freuden spüren läßt, in den man sich mit wachsender Seligkeit stürzt. Jeder Tag, jedes Wort, jede Liebkosung, jeder Blick muß den Tribut seiner vergangenen Freuden noch hinzufügen. Ja, die Herzen, die groß genug sind, um nichts zu vergessen, müssen bei jedem Herzschlag von ihren vergangenen Glückseligkeiten leben wie von all denen, die die Zukunft verheißt. Das träumte ich früher, und heute ist es kein Traum mehr. Bin ich nicht auf dieser Erde einem Engel begegnet, der mich alle Freuden kosten läßt, vielleicht, um mich dafür zu entschädigen, daß ich alle Schmerzen ertragen habe? Engel des Himmels, ich grüße dich mit einem Kuß.
Ich schicke Dir diese Hymne, die meinem Herzen entströmt, denn Dir verdanke ich sie. Aber sie wird Dir nur schwer eine Vorstellung von meiner Dankbarkeit geben können und von den Morgengebeten, die mein Herz täglich der Frau schickt, die mir das ganze Evangelium des Herzens in dem einen göttlichen Wort gesagt hat: »Glaube!«

V.

Wie, geliebtes Herz, kein Hindernis mehr? Wir werden einander angehören dürfen, jeden Tag, jede Stunde, jeden Augenblick, immer! Wir werden alle Tage unseres Lebens glücklich sein können, wie wir es nur flüchtig in seltenen Augenblicken waren! Wie, unsere reinen, tiefen Gefühle werden sich in tausend holde Zärtlichkeiten kleiden, wie ich ſie erträumt habe! Dein kleiner Fuß wird ſich für mich entblößen; Du wirſt ganz mein ſein! Dieſes Glück tötet mich, erdrückt mich. Mein Kopf iſt zu ſchwach, er zerſpringt bei der Heftigkeit meiner Gedanken. Ich weine und lache, ich faſele! Jede Freude iſt wie ein glühender Pfeil, der mich durchſticht und verſengt. In meiner Phantaſie ſehe ich Dich vor meinen entzückten, geblendeten Augen in den unzähligen und mutwilligen Formen, in die die Wolluſt ſich kleidet. Unſer ganzes Leben liegt vor mir, mit all ſeinen Wirbeln, ſeiner Ruhe, ſeinen Freuden. Es wallt auf, breitet ſich aus, ſchläft ein, und erwacht dann wieder jung und friſch. Ich ſehe uns beide vereint, wie wir in gleichem Schritt gehen, von dem gleichen Gedanken leben, immer einer im Herzen des anderen, einander verſtehend, einander hörend, wie das Echo, das die Töne über den Raum hinweg empfängt und zurückgibt; kann man lange leben, wenn man auf dieſe Weiſe ſein Leben ſtündlich aufzehrt? werden wir nicht in der erſten Umarmung ſterben? Und was wird erſt geſchehen, wenn ſchon der ſüße Kuß an jenem Abend, da ſich unſere Seelen verbanden, uns unſere Kräfte raubte? dieſer Kuß ohne Dauer, Auflöſung aller meiner Wünſche, ohnmächtiger Dolmetſch all der Gebete, die meiner Seele in den Stunden, da wir getrennt waren, entſtrömten und die wie Gewiſſensbiſſe auf dem Grunde meines Herzens verborgen waren? Ich, der ich mich wieder in die Hecke lagern mußte, um das Geräuſch Deiner Schritte zu hören, wenn Du ins Schloß gingeſt, ich werde Dich alſo bewundern dürfen, ſo lange ich will, werde ſehen, wie Du Dich bewegſt, wie Du lachſt, ſpielſt, ſprichſt, gehſt! Freuden ohne Ende! Du weißt nicht, was ich für Glückſeligkeiten empfinde, wenn ich Dich kommen und gehen ſehe: man muß ein Mann ſein, um dieſe tiefen Erregungen fühlen zu können. Jede Deiner Bewegungen verurſacht mir mehr Glückſeligkeit als einer Mutter der Anblick ihres ſpielenden oder ſchlafenden Kindes. Ich liebe Dich mit allen Arten der Liebe. Der Zauber der geringſten Deiner Bewegungen iſt immer wieder neu für mich. Ich glaube, ich werde die Nächte damit zubringen, Deinen Atem einzuatmen, ich möchte in allen Deinen Lebensäußerungen ſein, möchte die Subſtanz Deines Gedankens, möchte Du ſelbſt ſein. Mit einem Wort: ich verlaſſe Dich nie mehr! Kein menſchliches Gefühl wird mehr unſere Liebe ſtören, die unendlich iſt in ihren Wandlungen und rein wie alles, was eines iſt; unſere Liebe iſt weit wie das Meer, weit wie der Himmel. Du biſt mein, ganz mein! Ich darf alſo tief in Deine Augen blicken, um dort Deine geliebte Seele zu ahnen, die ſich abwechſelnd verbirgt und enthüllt, und um Deine Wünſche zu erſpähen. Geliebte, höre an, was ich Dir noch nicht zu ſagen wagte, was ich Dir aber heute geſtehen kann. Ich empfand eine Scheu in meiner Seele, die ſich dagegen ſträubte, meine Gefühle ganz auszudrücken, und ich verſuchte, ſie in die Form der Gedanken einzukleiden. Jetzt aber möchte ich mein Herz ganz nackt hinſtellen, möchte Dir die ganze Glut meiner Träume ſagen, Dir das heiße Begehren meiner Sinne enthüllen, die durch die Einſamkeit, in der ich lebte, aufgeſpeichert waren und aufgeweckt wurden durch Dich! Durch Dich, die Du ſo lieblich in der Erſcheinung und ſo anziehend im Weſen biſt. Aber kann ich Dir zum Ausdruck bringen, wie ich durch dieſe ungekannte Glückſeligkeit, ein geliebtes Weib zu beſitzen, aufgewühlt bin, durch dieſe Glückſeligkeit welcher zwei durch die Liebe eng verbundene Seelen die Kraft unerhörter Verſchmelzung geben müſſen? Wiſſe, Pauline, ſtundenlang war ich in einer wahren Betäubung, die durch die Heftigkeit meiner leidenſchaftlichen Wünſche verurſacht war, und war verſunken in dem Gefühl einer Zärtlichkeit, wie in einem bodenloſen Abgrund. In ſolchen Augenblicken verdichtete ſich und verſchmolz mein ganzes Leben, meine Gedanken und meine Kräfte zu dem, was man Begierde nennt; es gibt kein anderes Wort für dieſe namenloſe Trunkenheit! Und jetzt kann ich Dir geſtehen, daß ich an dem Tage, da ich die Hand zurückwies, die Du mir mit ſo ſchöner Geſte reichteſt – was Dich an meiner Liebe zweifeln ließ – ich mich in einem Zuſtand des Wahnſinns befand, in dem man einen Mord erſinnt, um eine Frau zu beſitzen. Ja, hätte ich Deinen Händedruck, den Du mir boteſt, ebenſo tief gefühlt, wie Deine Stimme in meinem Herzen widerhallte, ich weiß nicht, wohin mich die Leidenſchaftlichkeit meines Verlangens geführt hätte. Aber ich kann ſchweigend viel erdulden. Warum ſoll ich von meinen Schmerzen ſprechen, da meine Sehnſucht Wirklichkeit geworden iſt? Jetzt darf ich aus unſerm ganzen Leben eine einzige Liebkoſung machen! Liebe Geliebte, es liegt ein ſolcher Glanz auf Deinen ſchwarzen Haaren, daß ich mit Tränen in den Augen viele Stunden damit hätte zubringen können, Deine geliebte Geſtalt anzuſchauen, wenn Du mir nicht, Dich wegwendend, geſagt hätteſt: »Genug, Du machſt mich ſchamrot!« Morgen wird alſo unſere Liebe bekannt! Ach, Pauline, die Blicke der andern, die allgemeine Neugier ſchnürt mir das Herz zuſammen. Wir wollen nach

Villenoix gehen und dort, fern von allen, bleiben. Ich wünſchte, kein Geſchöpf mit menſchlichem Antlitz beträte das Heiligtum, in dem Du mein ſein wirſt; ich wünſchte ſogar, daß es nach uns nicht mehr beſtünde, daß es zerſtört würde. Ja, ich möchte vor der ganzen Natur ein Glück verbergen, das wir allein verſtehen, das wir allein empfinden können und das ſo groß iſt, daß ich mich hineinwerfen könnte, um zu ſterben: es iſt ein Abgrund. Erſchrick nicht über die Tränen, die dieſen Brief genetzt haben, es ſind Freudentränen. Mein einziges Glück, wir werden uns alſo nie mehr verlaſſen!«

IM JAHRE 1823 FUHR ICH MIT DER POST VON Paris in die Touraine. In Mer nahm der Schaffner einen Fahrgaſt nach Blois auf. Er ließ ihn in den Teil des Wagens einſteigen, in dem ich mich befand, und ſagte ſcherzend zu ihm: »Hier wird Sie niemand ſtören, Herr Lefebvre!« Und in der Tat, ich war der einzige Fahrgaſt. Als ich den Namen hörte und einen Greis mit weißen Haaren erblickte, der mindeſtens achtzig Jahre alt zu ſein ſchien, mußte ich natürlich an Lamberts Onkel denken. Nach einigen einleitenden Fragen erfuhr ich denn auch, daß ich mich nicht geirrt hatte. Der Alte war zur Weinernte nach Mer gefahren und kehrte nun nach Blois zurück. Sofort fragte ich ihn nach meinem ehemaligen »Gefährten«. Beim erſten Wort wurde das Geſicht des alten Oratorianers, das ſchon an ſich ernſt und ſtreng war wie das eines alten Soldaten, der viel gelitten hat, traurig und düſter; die Falten auf ſeiner Stirn zogen ſich leicht zuſammen; er preßte die Lippen aufeinander, ſah mich mit einem fragenden Blick an und ſagte dann zu mir: »So haben Sie ihn denn ſeit der Schule nicht wiedergeſehen?«

»Nein«, antwortete ich ihm. »Aber wir ſind alle beide Schuld daran, daß wir uns vergeſſen haben. Sie wiſſen, junge Leute führen ein ſo abenteuerliches und unruhiges Leben, wenn ſie von der Schulbank kommen, daß man ſich erſt wiederfinden muß, um zu wiſſen, wie ſehr man ſich noch liebt. Doch manchmal kommen einem die Jugenderinnerungen zurück, man kann einander nicht ganz vergeſſen, beſonders, wenn man ſo eng miteinander befreundet war wie Lambert und ich. Man nannte uns ‚Der Dichter-und-Pythagoras'.«

Ich nannte ihm meinen Namen, und als er ihn hörte, verdüſterte ſich ſein Geſicht noch mehr.

»So kennen Sie alſo ſeine Geſchichte nicht?« begann er wieder. »Mein armer Neffe wollte die reichſte Erbin von Blois heiraten, aber am Vorabend ſeiner Hochzeit wurde er irrſinnig!«

»Lambert irrſinnig!« ſchrie ich vor Entſetzen auf. »Und wodurch? Er beſaß den reichſten Geiſt, den geſcheiteſten Kopf, das ſchärfſte Urteil, das mir je begegnete. Ein ſchöner Genius, der vielleicht nur einen zu großen Hang zur Myſtik hatte; aber das beſte Herz von der Welt! So iſt ihm denn etwas ganz Außergewöhnliches zugeſtoßen?«

»Ich ſehe, daß Sie ihn gut gekannt haben,« ſagte der Greis.

Und ſo ſprachen wir denn von Mer bis Blois von meinem armen Kameraden und machten lange Abſchweifungen, durch die ich die Einzelheiten erfuhr, die ich zu dieſer Erzählung geordnet habe. Ich berichtete ſeinem Onkel von unſern geheimen Studien, von der Art der Beſchäftigung ſeines Neffen, und der Greis erzählte mir die Ereigniſſe in Lamberts Leben, ſeitdem ich ihn verlaſſen hatte. Nach Herrn Lefebvre hatte Lambert ſchon vor ſeiner Heirat Anzeichen von Wahnſinn gehabt; aber da er dieſe Symptome mit allen jenen teilte, die leidenſchaftlich lieben, ſo erſchienen ſie mir weniger charakteriſtiſch, als ich von der Heftigkeit ſeiner Liebe erfuhr und Fräulein von Villenoix kennen lernte. In der Provinz, wo Ideen etwas ſo ſeltenes ſind, mußte ein Menſch, der wie Louis von neuen Gedanken und von einem Syſtem erfüllt war, zum mindeſten für einen Sonderling gelten. Seine Art zu ſprechen mußte Erſtaunen erregen, umſo mehr, da er überhaupt wenig ſprach. Louis ſagte zum Beiſpiel: »Dieſer Menſch iſt nicht aus meinem Himmel«, wo andere ſagen würden: »Wir werden keinen Scheffel Salz zuſammen eſſen.« Jeder Menſch von Talent hat ſeine beſonderen Eigenheiten. Je größer das Genie iſt, deſto auffallender ſind die Eigentümlichkeiten, die die verſchiedenen Grade von Originalität ausmachen. In der Provinz gilt ein Original für halb verrückt. Die erſten Worte von Herrn Lefebvre ließen mich alſo an dem Irrſinn meines Schulfreundes zweifeln. Während ich dem Greis zuhörte, kritiſierte ich im Innern ſeine Erzählung. Der ernſteſte Vorfall hatte ſich ein paar Tage vor der Hochzeit der beiden Liebenden ereignet. Louis hatte ein paar charakteriſtiſche Anfälle von Starrſucht gehabt. Neunundfünfzig Stunden war er unbeweglich geblieben mit ſtarren Augen, ohne zu ſprechen und zu eſſen; ein rein nervöſer Zuſtand übrigens, in den beſtimmte Menſchen zu Zeiten heftiger Leidenſchaft verfallen können; ein ſeltenes Phänomen jedoch, deſſen äußere Anzeichen den Ärzten aber durchaus bekannt ſind. Das Merkwürdige war nur, daß Louis nicht ſchon früher Anfälle dieſer Krankheit gehabt hatte, da ſein Hang zur Ekſtaſe und die Art ſeines Denkens ihn dafür wie geſchaffen ſein ließen. Aber ſeine äußere wie innere Konſtitution war ſo ſtark, daß ſie bis dahin dem übergroßen Kräfteverbrauch wohl ſtandgehalten hatte. Die gewaltige Erregung, die ihm die Erwartung der höchſten phyſiſchen Luſt verurſachen mußte, die bei ihm noch durch die Keuſchheit des Körpers und die Stärke der Seele geſteigert war, hatte dieſe Kriſis herbeigeführt, deren Wirkungen ebenſo wenig bekannt ſind wie ihre Urſachen. Die Briefe, die der Zufall aufbewahrt hat, beweiſen übrigens deutlich den Übergang von dem reinen Idealismus, in dem er lebte, zur heftigſten Sinnlichkeit. Früher waren uns dieſe Art Phänomene bewundernswert erſchienen, denn Lambert hatte in ihnen die gelegentliche Scheidung unſerer beiden Naturen erblickt und die Symptome eines völligen Fehlens jenes »inneren Weſens«, das ſonſt ſeine unbekannten Fähigkeiten unter der Herrſchaft einer unerforſchten Urſache entfaltet. Dieſe Krankheit nun, die ein ebenſo tiefer Abgrund war wie der Schlaf, hing mit den Beweisführungen zuſammen, die Lambert in ſeiner »Abhandlung über den Willen« gebracht hatte. Als mir Herr Lefebvre von dem erſten Anfall Louis' ſprach, entſann ich mich plötzlich einer Unterhaltung, die wir nach der Lektüre eines mediziniſchen Buches über den gleichen Gegenſtand gehabt hatten.

»Ein tiefes Nachdenken, eine ſchöne Ekſtaſe ſind vielleicht«, ſo hatte er damals abſchließend geſagt, »der Anfang von Starrſucht.«

An dem Tage, da er dieſen Gedanken ſo kurz ausdrückte, hatte er verſucht, die Phänomene des

Geiſtes durch eine Kette von Wirkungen miteinander zu verbinden, wobei er Schritt für Schritt alle Auswirkungen der Intelligenz verfolgte und bei den einfachen Bewegungen des rein tieriſchen Inſtinktes begann, der ſo vielen Weſen genügt, vor allem gewiſſen Menſchen, deren Kräfte in einer rein mechaniſchen Arbeit aufgehen. Dann ging er zur Verbindung der Gedanken über und kam ſo zum Vergleich, zur Reflexion, zur Meditation und ſchließlich zur Ekſtaſe und zur Starrſucht. Lambert glaubte mit dem kindlichen Selbſtbewußtſein der Jugend, den Plan zu einem ſchönen Buche entworfen zu haben, wenn er auf dieſe Weiſe die verſchiedenen Stufen der inneren Kräfte des Menſchen ſtaffelförmig aufſtellte. Ich beſinne mich, daß wir durch einen jener Zufälle, die an Prädeſtination glauben laſſen, das große Martyrologium in die Hände bekamen, in dem die merkwürdigſten Tatſachen über die völlige Abtötung des Körpers ſtehen, zu der der Menſch in den Paroxysmen ſeiner inneren Fähigkeiten gelangen kann. Während Lambert über die Wirkungen des Fanatismus nachdachte, kam er zu der Überzeugung, daß die Geſamtheit der Ideen, denen wir den Namen Gefühle geben, ſehr gut die materielle Auswirkung irgend eines Fluidums ſein könnte, das die Menſchen mehr oder minder reichlich hervorbringen, nach Art ihrer Organe, die die zeugenden Subſtanzen aus dem Milieu nehmen, in dem ſie leben. Wir waren leidenſchaftlich intereſſiert, und mit dem Eifer, mit dem Kinder ihre Unternehmungen betreiben, verſuchten wir, den Schmerz zu ertragen, »indem wir an etwas anderes dachten«. Wir bemühten uns ſehr, um Erfahrungen zu machen, die denen der Verzückten aus dem letzten Jahrhundert glichen, und deren religiöſer

Fanatismus der menschlichen Wissenschaft einmal von Nutzen sein wird. Ich stellte mich zu Beispiel auf Lamberts Magen und blieb dort mehrere Minuten lang stehen, ohne ihm den geringsten Schmerz zu verursachen. Aber trotz dieser tollen Versuche bekamen wir doch keinen Anfall von Starrsucht. – Diese Abschweifung schien mir notwendig, um meine ersten Zweifel zu erklären, die Herr Lefebvre jedoch völlig verscheuchte.

»Als sein Anfall vorüber war,« sagte er, »fiel mein Neffe in einen Zustand tiefen Entsetzens, in eine Melancholie, die nichts verscheuchen konnte. Er hielt sich für impotent. Ich überwachte ihn mit der Aufmerksamkeit einer Mutter und überraschte ihn glücklicherweise in dem Augenblick, da er an sich die Operation vornehmen wollte, der Origines sein Talent zu verdanken glaubte. Ich brachte ihn sofort nach Paris, um ihn der Pflege des Herrn Esquirol anzuvertrauen. Während der Reise blieb Louis in einem fast dauernden Schlafzustand und erkannte mich nicht. In Paris hielten ihn die Ärzte für unheilbar und rieten einstimmig, ihn in der tiefsten Einsamkeit zu belassen, die Ruhe nicht zu stören, die für seine, zwar unwahrscheinliche Heilung notwendig war, und ihn in ein luftiges Zimmer zu bringen, in dem immer gedämpftes Licht war.« – »Fräulein von Villenoix, der ich Louis' Zustand verheimlicht hatte«, begann er wieder, wobei er die Augen halb schloß, »deren Heirat aber nun für unmöglich galt, kam nach Paris und hörte dort das Urteil der Ärzte. Sogleich wünschte sie meinen Neffen zu sehen, der sie kaum wiedererkannte. Dann wollte sie, nach Art schöner Seelen, alles Notwendige für seine Heilung selbst tun. ‚Ich wäre ja dazu verpflichtet gewesen',

ſagte ſie, ‚wenn er mein Gatte geworden wäre; ſollte ich für meinen Geliebten weniger tun?‘ So brachte ſie Louis nach Villenoix, wo beide ſeit zwei Jahren wohnen.«
Anſtatt meine Reiſe fortzuſetzen, machte ich in Blois halt, in der Abſicht, Louis zu ſehen. Der gute Lefebvre gab nicht zu, daß ich anderswo als in ſeinem Hauſe abſtiege, wo er mir das Zimmer ſeines Neffen zeigte, deſſen Bücher und alles, was ihm gehört hatte. Bei jedem Gegenſtand entfuhr dem Greis ein ſchmerzlicher Ausruf, der die Hoffnungen verriet, die Lamberts frühreifes Genie in ihm hatte aufkeimen laſſen, und die tiefe Trauer, in die ihn dieſer unwiderbringliche Verluſt verſetzt hatte.
»Dieſer junge Menſch wußte alles«, ſagte er und legte den Band auf den Tiſch, der die Werke Spinozas enthielt. »Wie konnte ein ſo gut ausgeſtatteter Kopf ſo zerſtört werden?«
»Aber«, antwortete ich ihm, »iſt es denn nicht vielmehr eine Wirkung ſeines gewaltigen Organismus? Wenn er wirklich dieſer in all ihren Erſcheinungen noch unbeobachteten Kriſis zum Opfer gefallen iſt, die wir Wahnſinn nennen, ſo möchte ich dafür in ſeiner Leidenſchaftlichkeit die Urſache ſehen. Seine Studien, ſeine Lebensführung hatten ſeine Kräfte und Fähigkeiten derart geſteigert, daß darüber hinaus bei der geringſten Übererregung die Natur verſagen mußte; die Liebe hat ihn alſo zerbrochen oder hat ihn zu einer neuen Ausdrucksform erhoben, die wir vielleicht verleumden, wenn wir ſie benennen, ohne ſie zu kennen. Vielleicht ſah er in dem Glück ſeiner Ehe ein Hindernis für die Vervollkommnung ſeiner inneren Sinne und für ſeinen Flug durch die geiſtigen Welten?«

»Mein lieber Herr«, entgegnete der Greis, nachdem er mir aufmerksam zugehört hatte, »Ihre Schlußfolgerungen sind sicher sehr logisch; aber selbst wenn ich sie verstände, würde mich dieses traurige Wissen über den Verlust meines Neffen trösten?«
Der Onkel Lamberts war einer von den Menschen, die nur durch das Gefühl leben.
Am nächsten Tag brach ich nach Villenoix auf. Der gute Alte begleitete mich bis an das Tor von Blois. Als wir auf dem Wege waren, der nach Villenoix führt, blieb er stehen und sagte:
»Sie werden begreifen, daß ich nicht dorthin gehe. Aber vergessen Sie nicht, was ich Ihnen gesagt habe. In Gegenwart von Fräulein von Villenoix tun Sie so, als merkten Sie nicht, daß Louis wahnsinnig ist!«
Er blieb unbeweglich an der Stelle stehen, an welcher ich ihn verlassen hatte und von wo er mir nachsah, bis er mich aus den Augen verlor. Ich ging nicht ohne große Erregung auf das Schloß von Villenoix zu. Meine Gedanken wuchsen mit jedem Schritt auf diesem Wege, den Louis so oft zurückgelegt hatte, das Herz voller Hoffnung, die Seele aufgewühlt durch die Erregung der Liebe. Die Bäume und Sträucher, die Abwechselungen dieses gewundenen Weges, der zu beiden Seiten durch kleine Schluchten unterbrochen war, bekamen ein eigenes Interesse für mich. Ich wollte in ihnen die Eindrücke und Gedanken meines armen Freundes wiederfinden. Zweifellos hatten die abendlichen Gespräche am Rande dieser Hecke, bis zu der ihm seine Geliebte entgegenkam, Fräulein von Villenoix in die Geheimnisse dieser edlen und weiten Seele eingeweiht, wie es Jahre vorher auch mir geschehen war.
Aber was mich am meisten beschäftigte und meiner

Pilgerfahrt neben den faſt religiöſen Gefühlen, die mich leiteten, beinahe einen Anſtrich von Neugier gab, war dieſer wunderbare Glaube von Fräulein von Villenoix, von dem der Greis mir erzählt hatte: war ſie mit der Zeit von dem Irrſinn ihres Geliebten angeſteckt worden, oder war ſie ſo tief in ſeine Seele eingedrungen, daß ſie alle Gedanken verſtand, ſelbſt die verwirrteſten? Ich verlor mich in dieſem wunderbaren Gefühlsproblem, das die ſchönſten Eingebungen und die ſchönſte Aufopferung der Liebe noch übertraf. Denn daß einer für den andern ſtarb, war ein faſt gewöhnliches Opfer. Aber für eine einzige Liebe treu leben, iſt ein Heroismus, der einſt Fräulein Dupuis unſterblich gemacht hat. Wenn der große Napoleon und Lord Byron dort Nachfolger hatten, wo ſie geliebt hatten, dann darf man die Witwe Bolingbrokes bewundern; aber während Fräulein Dupuis von der Erinnerung an mehrere Jahre des Glückes zehren konnte, hatte Fräulein von Villenoix nur die Liebe in ihren erſten Erregungen gekannt und war für mich daher der Typ von einer Aufopferung im weiteſten Sinne des Wortes. War ſie ſelbſt faſt irrſinnig geworden, ſo war ſie erhaben; aber verſtand, erklärte ſie den Irrſinn, dann geſellte ſie zu der Schönheit eines großen Herzens das Wunder einer Leidenſchaft, die wert war, ergründet zu werden.

Als ich die hohen Türme des Schloſſes ſah, deren Anblick den armen Lambert ſo oft erregt haben mochte, klopfte mein Herz heftig. Ich hatte mich in ſein Leben und in ſeine Lage hineinverſetzt, indem ich mir alle Ereigniſſe unſerer Jugend zurückrief. Endlich kam ich in einen großen ſtillen Hof und ging bis in die Vorhalle des Schloſſes, ohne jemandem zu begegnen. Auf das Geräuſch meiner Schritte kam eine alte Frau herbei, der ich den Brief übergab, den Herr Lefebvre an Fräulein von Villenoix geſchrieben hatte. Bald kam dieſelbe Frau zurück und führte mich in einen niedrigen Raum, der mit ſchwarzen und weißen Marmorflieſen ausgelegt war und deſſen Fenſterläden geſchloſſen waren; ganz im Hintergrund desſelben erblickte ich endlich Louis Lambert.

»Nehmen Sie Platz, mein Herr!« ſagte eine ſanfte Stimme zu mir, die mir tief ins Herz drang.

Fräulein von Villenoix ſtand neben mir, ohne daß ich ſie bemerkt hatte, und hatte mir geräuſchlos einen Stuhl gebracht, auf den ich mich jedoch anfangs noch nicht ſetzte. Die Dunkelheit war ſo tief, daß mir Fräulein von Villenoix und Louis nur wie zwei dunkle Maſſen vorkamen, die ſich von dem Hintergrund dieſer dämmerigen Atmoſphäre abhoben. Ich ſetzte mich nieder, von einem Gefühl ergriffen, wie es uns oft gegen unſern Willen unter den düſteren Bogen einer Kirche überkommt. Meine Augen, vom Sonnenlicht noch geblendet, gewöhnten ſich nur langſam an dieſe künſtliche Nacht.

»Der Herr iſt dein Schulfreund!« ſagte ſie zu ihm.

Lambert antwortete nicht. Endlich konnte ich ihn ſehen, und es bot ſich mir ein Anblick dar, wie er ſich einem für immer ins Gedächtnis eingräbt. Er ſtand und hatte beide Ellenbogen auf eine aus der Holztäfelung hervorſpringende Leiſte geſtützt, ſodaß ſein Oberkörper unter der Laſt des nach vorn geneigten Kopfes nachzugeben ſchien. Sein Haar, das ſo lang war wie Frauenhaar, fiel auf ſeine Schultern und umgab ſein Geſicht, daß es den Büſten glich, welche die großen Männer aus der Zeit

Ludwigs XIV. darſtellen. Sein Antlitz war vollkommen bleich. Er hatte die nicht zu bezwingende Angewohnheit, ein Bein gegen das andere zu reiben, wodurch ein gräßliches Geräuſch entſtand. Neben ihm auf einem Brett lag eine mit Moos geſtopfte Matratze. »Er legt ſich nur ſehr ſelten hin«, ſagte Fräulein von Villenoix zu mir, »aber wenn er es tut, dann ſchläft er immer gleich mehrere Tage hintereinander.«
Louis blieb ſo, wie ich ihn jetzt ſah, Tag und Nacht ſtehen, mit ſtarren Augen, ohne, wie wir es zu tun pflegen, die Lider zu bewegen. Nachdem ich Fräulein von Villenoix gefragt hatte, ob ein wenig mehr Licht Lambert kein Unbehagen verurſachen würde, öffnete ich auf ihre Antwort ein wenig die Vorhänge und konnte ſo den Ausdruck auf dem Geſicht meines Freundes ſehen. Ach, er hatte ſchon tiefe Runzeln und weiße Haare, in ſeinen Augen war kein Glanz mehr, ſie waren glaſig geworden wie die eines Blinden. Alle Züge ſchienen wie durch einen Krampf nach oben gezogen. Ich verſuchte mehrmals, mit ihm zu ſprechen, aber er hörte mich nicht. Er war eine irdiſche Hülle, die man dem Grab entriſſen hatte, ein Beuteſtück, das das Leben dem Tod oder der Tod dem Leben abgerungen hatte. Wohl eine Stunde lang war ich in eine unerklärliche Träumerei verſunken, in tauſend traurige Gedanken. Ich hörte Fräulein von Villenoix zu, die mir in allen Einzelheiten von dieſem wieder zum Kinde gewordenen Manne erzählte. Plötzlich hörte Louis auf, ſeine Beine aneinander zu reiben, und ſagte mit langſamer Stimme: »Die Engel ſind weiß«.
Ich kann den Eindruck nicht beſchreiben, den dieſes Wort auf mich machte und der Klang dieſer ſo geliebten Stimme, deren ſchmerzlich erwarteter Ton mir

nun für immer verloren ſchien. Ohne daß ich es hindern konnte, füllten ſich meine Augen mit Tränen. Wie eine Ahnung fuhr es mir blitzſchnell durch die Seele und ließ mich daran zweifeln, ob Louis den Verſtand auch wirklich verloren hätte. Zwar war ich ſicher, daß er mich weder ſah noch hörte, aber der Wohllaut ſeiner Stimme, der eine himmliſche Glückſeligkeit offenbarte, gab dieſen Worten eine unwiderſtehliche Macht. Sein Wort, eine unvollſtändige Offenbarung aus einer unbekannten Welt, klang in unſern Seelen wider wie das wunderbare Läuten einer Kirchenglocke in der tiefen Nacht. Es ſetzte mich nun nicht mehr in Erſtaunen, daß Fräulein von Villenoix Louis geiſtig für völlig klar hielt. Vielleicht hatte das Leben der Seele das Leben des Körpers vernichtet. Vielleicht hatte ſeine Gefährtin, gleich mir, in jenem Augenblick eine unbeſtimmte Vorſtellung von jener klingenden und blühenden Welt, die wir im weiteſten Sinne »Himmel« nennen. Dieſe Frau, dieſer Engel, blieb unentwegt dort vor einem Strickrahmen ſitzen, und jedesmal, wenn ſie die Nadel zog, blickte ſie Lambert traurig und liebevoll zugleich an. Da ich außerſtande war, dieſes furchtbare Schauſpiel noch länger zu ertragen – denn ich vermochte es nicht, wie Fräulein von Villenoix, alle ſeine Geheimniſſe zu erraten – verließ ich den Raum, und wir gingen ein paar Augenblicke auf und ab, um von ihr und Lambert zu ſprechen.

»Natürlich muß Louis irrſinnig erſcheinen,« ſagte ſie zu mir, »aber er iſt es nicht, wenn das Wort irrſinnig ſich nur auf diejenigen beziehen ſoll, deren Gehirn aus unbekannten Urſachen geſtört iſt und deren Handlungen unzuſammenhängend erſcheinen. Aber bei meinem Gatten iſt alles logiſch miteinander verknüpft. Wenn er Sie nicht physisch erkannt hat, so glauben Sie nicht, daß er Sie nicht gesehen habe. Ihm ist es gelungen, sich von seinem Körper loszumachen, und er sieht uns in einer anderen Form, ich weiß freilich nicht, in welcher. Wenn er spricht, sagt er wunderbare Dinge. Nur vollendet er oft durch das Wort eine Idee, die in seinem Geist begonnen hat, oder er beginnt einen Satz, den er dann im Geiste vollendet. Den anderen Menschen würde er geistesgestört erscheinen, mir, die ich in seinen Gedanken lebe, sind alle seine Ideen klar. Ich gehe den gleichen Weg, den sein Geist geht; und wenn ich auch nicht alle Umwege kenne, so treffe ich doch am Ziel mit ihm zusammen. Wem ist es nicht schon oft geschehen, daß er an etwas ganz Belangloses dachte und dabei, durch Ideen oder Erinnerungen veranlaßt, zu einem ernsten Gedanken geführt wurde? Ein Denker, der irgend ein nichtssagendes Wort – den unschuldigen Ausgangspunkt schnellen Denkens – ausgesprochen hat, vergißt und verschweigt die abstrakten Folgerungen, die ihn zu seinem Schluß geführt haben, und er greift erst wieder zum Wort, um das letzte Glied dieser Kette von Reflexionen zu zeigen. Die gewöhnlichen Sterblichen, denen diese schnelle geistige Vision unbekannt ist, und die von der inneren Arbeit der Seele nichts wissen, lachen über den Träumer und behandeln ihn wie einen Irrsinnigen, wenn diese Art von Vergeßlichkeit oft bei ihm bemerkbar ist. Louis ist nun immer so: er bewegt sich unablässig im Raum des Gedankens und durchquert ihn mit der Schnelligkeit einer Schwalbe; ich kann ihm dabei folgen. Das ist die Geschichte seines Wahnsinns. Vielleicht wird Louis eines Tages in das Leben zurückkehren, in dem wir vegetieren;

aber wenn er die Luft des Himmels atmen darf, ehe es uns verſtattet iſt, warum ſollen wir da wünſchen, ihn wieder unter uns zu ſehen? Ich bin zufrieden, ſein Herz klopfen zu hören; und mein ganzes Glück beſteht darin, bei ihm zu ſein. Iſt er nicht ganz mein? In drei Jahren habe ich ihn zweimal für ein paar Tage ganz beſeſſen: in der Schweiz, wohin ich ihn gebracht hatte, und in der Bretagne auf einer Inſel, wo er Seebäder nehmen ſollte. Ich bin zweimal überglücklich geweſen. Ich kann von Erinnerungen leben.«

»Und ſchreiben Sie die Worte auf, die ihm entſchlüpfen?« fragte ich ſie.

»Warum ſollte ich das?« antwortete ſie.

Ich ſchwieg. Unſer menſchliches Wiſſen war ſo klein vor dieſer Frau.

»In der erſten Zeit,« begann ſie von neuem, »wenn er ſprach, habe ich ſeine Sätze wohl feſthalten können, aber dann habe ich aufgehört, es zu tun. Ich verſtand damals nichts davon.«

Ich bat ſie mit einem Blick, den ſie verſtand. Hier folgt das, was ich der Vergeſſenheit habe entreißen können.

I.

HIENIEDEN IST ALLES DAS PRODUKT EINER »ätheriſchen Subſtanz«, der gemeinſamen Baſis mehrerer Phänomene, die unter den unzulänglichen Namen »Elektrizität«, »Wärme«, »Licht«, »galvaniſches und magnetiſches Fluidum« bekannt ſind. Die Geſamtheit der Wandlungen dieſer Subſtanz ſchafft das, was man gemeinhin die Materie nennt.

II.

Das Gehirn iſt die Retorte, in die das »Tier« alles das hineinträgt, was, nach dem Vermögen dieſes

Apparates, jeder ſeiner Teile von dieſer »Subſtanz« verarbeiten kann und aus dem es als Willen verwandelt wieder herauskommt.

Der Wille iſt ein Fluidum, das jedem Weſen, das mit Bewegung begabt, eigen iſt. Daher die unzähligen Formen, nach denen das »Tier« ſtrebt und die die Ergebniſſe ſeiner Verbindung mit der »Subſtanz« ſind. Seine Inſtinkte ſind das Produkt der Notwendigkeit, das das Milieu, in dem es ſich entwickelt, ihm auferlegt. Daher ſeine Verſchiedenartigkeiten.

III.

Im Menſchen wird der Wille zu einer Kraft, die ihm eigen iſt und die an Intenſität diejenige aller Gattungen übertrifft.

IV.

Durch ſeine dauernde Nahrungsaufnahme iſt der Wille mit der »Subſtanz« verbunden, die er in allen Wandlungen wiederfindet, indem er ſie mit dem Gedanken durchdringt, welcher ſeinerſeits ein beſonderes Produkt des menſchlichen Willens iſt, der mit den verſchiedenen Formen der Subſtanz in Verbindung ſteht.

V.

Aus der größeren oder geringeren Vollkommenheit des menſchlichen Organismus reſultieren die unzähligen Formen, nach denen der Gedanke ſtrebt.

VI.

Der Wille äußert ſich durch die Organe, die gewöhnlich die fünf Sinne benannt werden, aber nur ein einziger Sinn ſind: die Fähigkeit zu ſehen. Gefühl, Geſchmack, Gehör und Geruch ſind nur ein Sehen, das ſich den Wandlungen der Subſtanz anpaßt, die der Menſch in ſeinen beiden Stadien aufnehmen kann: verwandelt und nicht verwandelt.

VII.

Alle Dinge, die durch die Form in das Bereich des einzigen Sinnes, des Sehens, fallen, beſchränken ſich auf einige elementare Körper, deren Grundſtoffe in der Luft und im Licht oder in den Grundſtoffen von Luft und Licht enthalten ſind. Der Ton iſt eine Abwandlung der Luft, alle Farben ſind Abwandlungen des Lichtes, jeder Duft iſt eine Verbindung von Luft und Licht. So haben die vier Darſtellungsarten der Materie, die ſich auf den Menſchen beziehen: der Ton, die Farbe, der Duft und die Form ein und denſelben Urſprung. Denn der Tag wird nicht mehr fern ſein, an dem man den Zuſammenhang der Grundſtoffe des Lichtes mit denen der Luft erkennen wird. Der Gedanke, der ſich auf das Licht bezieht, drückt ſich in dem Wort aus, das dem Reich des Klanges entlehnt iſt. Für ihn rührt alſo alles von der Subſtanz her, deren verſchiedene Formen ſich nur durch die »Zahl« unterſcheiden, durch eine gewiſſe »Doſierung«, deren Zuſammenſtellung die Individuen oder Dinge aus den ſogenannten »Naturreichen« hervorbringen.

VIII.

Wenn die Subſtanz in einer hinreichenden »Zahl« abſorbiert iſt, macht ſie aus dem Menſchen einen Apparat von gewaltiger Kraft, die mit dem Prinzip der Subſtanz ſelbſt in Verbindung ſteht und auf die organiſierte Natur in der Weiſe großer Ströme wirkt, die die kleinen aufnehmen. Das Wollen ſetzt dieſe Kraft in Bewegung, die vom Gedanken unabhängig ist und die durch ihre Konzentration einige der Eigenschaften der Substanz erhält, wie die Schnelligkeit des Lichtes und das Eindringen der Elektrizität, wozu man noch das hinzufügen muß, was sie selbst vermag. Es besteht aber im Menschen ein ursprüngliches und herrschendes Phänomen, das keine Analyse duldet. Man mag den ganzen Menschen zerlegen, man wird vielleicht die Elemente des Gedankens und des Willens finden, aber immer begegnet man — ohne es erklären zu können — diesem X, an dem ich mich früher immer gestoßen habe. Dieses X ist das Wort, dessen Übermittlung diejenigen verbrennt und verzehrt, die nicht vorbereitet sind, es zu empfangen. Es erzeugt unablässig die Substanz.

IX.

Der Zorn, so wie jede Äußerung der Leidenschaft, ist ein Strom der menschlichen Kraft, der elektrisch wirkt. Dieser Schlag, wenn er sich entlädt, wirkt auf die anwesenden Personen, selbst wenn diese weder sein Ziel noch seine Ursache sind. Begegnet man nicht Menschen, die durch ein Entladen ihres Wollens die Gefühle der Massen leiten?

X.

Der Fanatismus und alle Gefühle sind lebendige Kräfte. Diese Kräfte werden bei gewissen Wesen zu Strömen des Willens, die alles vereinen und mit sich reißen.

XI.

Wenn der Raum existiert, so geben gewiße Fähigkeiten die Kraft, ihn mit einer solchen Schnelligkeit zu durchschreiten, daß ihre Wirkungen seiner Aufhebung gleichkommen. Von deinem Bett bis zur Grenze der Welt gibt es nur zwei Schritte: den Wille – den Glauben! –

XII.

Tatſachen ſind nichts, ſie exiſtieren nicht; es bleiben von uns nichts übrig als Ideen.

XIII.

Die Welt der Ideen teilt ſich in drei Sphären: in die des Inſtinkts, in die der abſtrakten Begriffe und in die des Schauens.

XIV.

Der größte Teil der ſichtbaren Menſchheit, und zugleich ihr ſchwächſter Teil, bewohnt die Sphäre des Inſtinkts. Die Inſtinkte entſtehen, arbeiten und vergehen ohne ſich zu dem zweiten Grad der menſchlichen Intelligenz, den abſtrakten Begriffen, zu erheben.

XV.

Bei den abſtrakten Begriffen beginnt die Geſellſchaft. Wenn die abſtrakten Begriffe mit dem Inſtinkt verglichen eine faſt göttliche Kraft ſind, ſo ſind ſie, wenn man ſie mit dem Schauen vergleicht, das allein Gott erklären kann, nur eine gewaltige Schwäche! Die abſtrakten Begriffe umfaſſen eine ganze Natur viel virtueller im Keim als das Samenkorn das Syſtem einer Pflanze und deren Frucht. Aus den abſtrakten Begriffen entſtehen die ſozialen Geſetze, Intereſſen, Ideen und Künſte. Sie ſind der Ruhm und das Verderben der Welt: der Ruhm, weil ſie die Geſellſchaft geſchaffen haben, das Verderben, weil ſie den Menſchen daran hindern, zum Schauen zu gelangen, welches einer der Wege zum Unendlichen iſt. Der

Menſch beurteilt alles nach ſeinen abſtrakten Begriffen: das Gute, das Böſe, die Tugend, das Laſter. Seine Formeln des Rechts ſind ſeine Wage, ſeine Gerechtigkeit iſt blind; die Gerechtigkeit Gottes aber iſt ſehend, darin liegt alles. Es gibt notwendigerweiſe Zwiſchenweſen, die das Reich des Inſtinktmenſchen vom Reich des abſtrakten Menſchen trennen und bei denen ſich das »Inſtinktive« mit dem »Abſtrakten« vieler Abarten vermiſcht. Bei den einen iſt mehr Inſtinktives als Abſtraktes vorhanden, bei den andern iſt es umgekehrt. Dann gibt es Weſen, bei denen ſich beides neutraliſiert, indem es durch gleichartige Kräfte wirkt.

XVI.

Die Gabe des Schauens beſteht darin, die Dinge der materiellen Welt ebenſo gut wie diejenigen der geiſtigen Welt in ihren urſprünglichen und ihren in der Folge abgewandelten Arten zu ſehen. Die ſchönſten menſchlichen Genien ſind diejenigen, die von den Dunkelheiten des Abſtrakten ausgegangen ſind, um zum Licht des Schauens zu gelangen (species, ſchauen, nachſinnen, alles ſehen und auf einmal; speculum, Spiegel oder Mittel, eine Sache zu begreifen indem man ſie ganz ſieht). Jeſus war ein Seher, er ſah das Geſchehene in ſeinen Wurzeln und in ſeinen Früchten, in der Vergangenheit, die es hervorgebracht, in der Gegenwart, in der es ſich darſtellt, in der Zukunft, in der es ſich entfaltet. Sein Schauen durchdrang die Einſicht des Anderen. Die Vollkommenheit des inneren Schauens erzeugt die Sehergabe. Das »Sehen« bringt die Intuition mit ſich. Die Intuition iſt eine der Gaben des »inneren Menſchen«, dessen Attribut die Seherkraft ist. Sie wirkt durch eine nicht zum Bewußtsein kommende Empfindung, von der derjenige, der ihr gehorcht, nichts weiß: Napoleon entfernte sich instinktiv von seinem Platz, ehe eine Kugel dorthin traf.

XVII.

Zwischen der Sphäre des Schauens und derjenigen der abstrakten Begriffe gibt es, wie zwischen dieser und der des Instinkts, Wesen, bei denen die verschiedenen Eigenschaften der beiden Reiche sich miteinander vermengen und Mischwesen hervorbringen: die Genies.

XVIII.

Die Sehergabe ist naturgemäß der vollkommenste Ausdruck des Menschen, der Ring, der die sichtbare Welt mit der höheren verbindet: der schauende Mensch handelt, sieht und fühlt durch sein Inneres. Der abstrakte Mensch denkt, der Instinktive handelt.

XIX.

Daher gibt es drei Stufen für den Menschen: der instinktive steht unter dem Maß, der abstrakte steht in gleicher Höhe desselben, der Schauende über demselben. Die Sehergabe öffnet dem Menschen seinen wirklichen Lebensweg, das Unendliche beginnt in ihm aufzugehen, er ahnt sein Schicksal.

XX.

Es gibt drei Welten: die natürliche, die geistige, die göttliche. Die Menschheit geht durch die natürliche Welt hindurch, die weder in ihrem inneren Wesen noch in ihren äußeren Fähigkeiten feststeht. Die geistige Welt ist feststehend im Wesen und beweglich in ihren Fähigkeiten. Die göttliche Welt ist feststehend sowohl in ihren Fähigkeiten als auch in ihrem Wesen. Es gibt daher einen materiellen, einen geistigen, einen göttlichen Kult; drei Formen, die sich durch das Handeln, das Wort, das Gebet auswirken, oder anders ausgedrückt: durch die Tatsachen, den Verstand und die Liebe. Der Instinktive will Tatsachen, der Abstrakte beschäftigt sich mit den Ideen, der Seher sieht das Ende, strebt Gott zu, den er vorempfindet oder betrachtet.

XXI.

Vielleicht wird eines Tages der umgekehrte Sinn von »Et Verbum caro factum est« der Inbegriff eines neuen Evangeliums sein, das sagt: Und das Fleisch wird Wort werden; es wird das Wort Gottes sein.

XXII.

Die Auferstehung vollzieht sich durch den Wind des Himmels, der die Welt rein fegt. Der Engel, der vom Wind getragen ist, sagt nicht: »Tote, stehet auf!«, er sagt vielmehr: »die Lebenden sollen auferstehen!«

Dies sind die Gedanken, die ich nicht ohne große Mühe in eine Form gekleidet habe, die unserm Verständnis entspricht. Es waren noch andere, denen sich Pauline, ich weiß nicht aus welchen Gründen, noch ganz besonders erinnerte und die ich niedergeschrieben habe. Aber sie bringen den Geist zur Verzweiflung, sobald man weiß, welchem Intellekt sie entstammen und man sie dann zu verstehen sucht. Ich führe noch einige an, um das Bild dieser Gestalt zu vervollständigen, vielleicht auch, weil in seinen letzten Ideen Lambert die Welt noch besser umfaßt als in den vorhergehenden, die sich nur auf die animalische Bewegung zu beziehen scheinen. Aber zwischen diesen beiden Arten von Bruchstücken besteht doch eine offensichtliche Beziehung für das Auge der im übrigen recht seltenen Menschen, die sich gern in solche Abgründe des Geistes stürzen.

I.

Alles hienieden besteht nur durch Bewegung und Zahl.

II.

Die Bewegung ist im gewissen Sinne die wirkende Zahl.

III.

Die Bewegung ist das Produkt einer Kraft, die sowohl vom Wort als auch von einem Widerstand – der Materie – erzeugt wird. Ohne diesen Widerstand wäre die Bewegung ohne Resultat, ihre Wirkung wäre unendlich. Die Anziehungskraft Newtons ist an sich kein Gesetz, sondern eine Wirkung des allgemeinen Gesetzes der Bewegung der Welt.

IV.

Die Bewegung bringt durch den Widerstand eine Verbindung hervor: das Leben; ist das eine oder das andere stärker, so hört das Leben auf.

V.

Nirgends ist Bewegung unfruchtbar, überall erzeugt sie die Zahl; aber sie kann durch einen höheren Widerstand neutralisiert werden, wie in den Mineralien.

VI.

Die Zahl, auf der alle Verſchiedenheiten beruhen, erzeugt auch die Harmonie, die in ihrer höchſten Bedeutung die Verbindung iſt zwiſchen den Teilen und der Einheit.

VII.

Ohne Bewegung wäre alles ein und dasſelbe. Ihre Erzeugniſſe, die mit ihrem Weſen identiſch ſind, unterſcheiden ſich nur durch die Zahl voneinander, die die Eigenſchaften hervorgebracht hat.

VIII.

Der Menſch hat Beziehungen zu den Eigenſchaften, der Engel hat Beziehungen zum Sein.

IX.

Der Menſch kann, ſobald er ſeinen Körper der elementaren Bewegung verbindet, dahin gelangen, ſich durch ſein Inneres dem Lichte zu verbinden.

X.

Die Zahl iſt ein geiſtiges Zeichen, das nur dem Menſchen zugehört und durch das er zur Kenntnis des Wortes gelangen kann.

XI.

Es gibt eine Zahl, über die der Unreine nicht hinauskommt: die Zahl, in der die Schöpfung zu Ende iſt.

XII.

Die Einheit iſt der Ausgangspunkt alles deſſen geweſen, was je geſchaffen wurde; daraus gingen die zuſammengeſetzten Körper hervor; aber das Ende muß dem Anfang genau gleich ſein. Daher die folgende geiſtige Formel: zuſammengeſetzte Einheit veränderliche Einheit, feſtſtehende Einheit.

XIII.

Das Univerſum iſt alſo die Verſchiedenheit in der Einheit. Die Bewegung iſt das Mittel, die Zahl das Ergebnis. Das Ende iſt die Rückkehr aller Dinge zur Einheit, das iſt Gott.

XIV.

Drei und ſieben ſind die beiden größten geiſtigen Zahlen.

XV

Drei iſt die Formel für die geſchaffenen Welten. Sie iſt das geiſtige Zeichen der Schöpfung, wie ſie das materielle Zeichen der Kreislinie iſt. Denn Gott iſt in der Tat nur in Kreislinien zu Werke gegangen. Die gerade Linie iſt das Attribut des Unendlichen; der Menſch, der das Unendliche ahnt, gibt ſie in ſeinen Werken wieder. — Zwei iſt die Zahl der Zeugung, drei iſt die Zahl der Exiſtenz, die Zeugung und Erzeugtes umfaßt. Man füge die Zahl vier hinzu, ſo ergibt es ſieben: die Formel des Himmels. Gott ſteht darüber, er iſt die Einheit.

Nachdem ich Lambert noch einmal beſucht hatte, verließ ich ſeine Frau und verfiel in Ideen, die dem täglichen Leben ſo entgegengeſetzt waren, daß ich, trotz meines Verſprechens, nicht wieder nach Villenoix zurückkehrte. Der Anblick Louis' hatte einen unbeſchreiblich düſteren Einfluß auf mich gehabt. Ich fürchtete mich wieder in dieſe nervenaufreizende

Atmoſphäre zu begeben, in der die Ekſtaſe anſteckend war. Jeder hätte wie ich die Luſt verſpürt, ſich in das Unendliche zu ſtürzen, gleich jenen Soldaten, die ſich alle in dem Schilderhaus beim Lager von Boulogne töteten, weil es der erſte von ihnen dort getan hatte. Es iſt bekannt, daß Napoleon dieſes Schilderhaus verbrennen laſſen mußte, da in ihm ſich Ideen angeſammelt hatten, die wie totbringende Miasmen waren. – Vielleicht war es mit Louis' Zimmer wie mit jenem Schilderhaus? Dieſe beiden Tatſachen waren noch Beweiſe mehr für ſein Syſtem von der Übertragung des Willens. Ich empfand eine ganz ungewöhnliche Unruhe, die ſtärker war, als hätte ich Tee, Kaffee oder Opium genoſſen, und ich hatte ein merkwürdiges Gefühl von Schlaf oder Fieber, wie es ſo oft unſere Köpfe verwirrt.

Dieſe Gedankenbruchſtücke hätte ich vielleicht zu einem ganzen Buch verarbeiten ſollen; ſie ſind nur jenen Geiſtern verſtändlich, die daran gewöhnt ſind, ſich über den Rand des Abgrunds zu beugen, um auf deſſen Grund zu ſchauen. Ich hätte das Leben dieſes gewaltigen Gehirns, das gleich einem allzu großen Reich in allen ſeinen Fugen krachte, ſchildern ſollen, hätte die Viſionen dieſes Weſens darſtellen ſollen, das durch allzu große Kraft oder durch allzu große Schwäche unvollkommen war. Aber ich wollte lieber von meinen eigenen Eindrücken Rechenſchaft geben als ein mehr oder weniger poetiſches Werk ſchaffen.

Lambert ſtarb im Alter von achtundzwanzig Jahren, am 25. September, in den Armen ſeiner Freundin. Sie ließ ihn auf einer der Inſeln im Park von Villenoix begraben. Auf ſeinem Grab ſteht ein einfaches Steinkreuz ohne Namen, ohne Datum. Gleich einer

Blume, die am Rande des Abgrunds geboren war, ſollte er auch wieder ungekannt dort hinuntergleiten, mit allen ungekannten Farben und Düften. Hat er nicht – gleich vielen unverſtandenen Menſchen – oft voll Stolz in das Nichts untertauchen wollen, um dort die Geheimniſſe ſeines Lebens zu begraben? Doch hätte Fräulein von Villenoix wohl das Recht gehabt, den Namen Lamberts auf dieſes Kreuz zu ſetzen und den ihren dazu. Denn ſeit dem Tode ihres Gatten war die neue Vereinigung die Sehnſucht jeder ihrer Stunden. Aber die Eitelkeit des Schmerzes iſt einem treuen Herzen fremd. – Villenoix verfällt. Lamberts Gattin wohnt nicht mehr dort, gewiß, um im Geiſte beſſer ſchauen zu können, wie ſie früher dort gelebt hatte. Hat man ſie nicht noch kürzlich ſagen hören: »Mir gehörte ſein Herz, Gott gehört ſein Geiſt.«

Französische Literatur im Diogenes Verlag

Honoré de Balzac
Die Menschliche Komödie in 40 Einzelbänden:

Das Haus zur ballspielenden Katze. Erzählungen. Deutsch von Otto Flake. detebe 130/I
Zwei Frauen. Roman. Deutsch von Gabrielle Betz. detebe 130/II
Modeste Mignon. Roman. Deutsch von Friedrich Sieburg. detebe 130/III
Albert Savarus. Erzählungen. Deutsch von Max Krell und Hugo Kaatz. detebe 130/IV
Die falsche Geliebte. Erzählungen. Deutsch von Friedrich von Oppeln-Bronikowski und Emmi Hirschberg. detebe 130/V
Die Grenadière. Erzählungen. Deutsch von Paul Mayer, Rosa Schapire und Hugo Kaatz. detebe 130/VI
Honorine. Erzählungen. Deutsch von Paul Mayer, Max Krell und Hugo Kaatz. detebe 130/VII
Beatrix. Roman. Deutsch von Viktor von Koczian. detebe 130/VIII
Die Frau von dreißig Jahren. Roman. Deutsch von Erich Noether. detebe 130/IX
Vater Goriot. Roman. Deutsch von Rosa Schapire. detebe 130/X
Oberst Chabert. Erzählungen. Deutsch von Ernst Weiss, Hugo Kaatz und Paul Mayer. detebe 130/XI
Der Ehekontrakt. Erzählungen. Deutsch von Rosa Schapire. detebe 130/XII
Ursula Mirouet. Roman. Deutsch von Walter Benjamin. detebe 130/XIII
Eugenie Grandet. Roman. Deutsch von Mira Koffka. detebe 130/XIV

Pierrette. Erzählungen. Deutsch von Rosa Schapire. detebe 130/xv

Junggesellenwirtschaft. Roman. Deutsch von Franz Hessel. detebe 130/xvi

Nebenbuhler. Erzählungen. Deutsch von Paul Mayer. detebe 130/xvii

Verlorene Illusionen. Roman. Deutsch von Otto Flake. detebe 130/xviii

Geschichte der Dreizehn. Erzählungen. Deutsch von Viktor von Koczian. detebe 130/xix

Cäsar Birotteaus Größe und Niedergang. Deutsch von Hugo Kaatz. detebe 130/xx

Das Bankhaus Nucingen. Erzählungen. Deutsch von Else von Hollander. detebe 130/xxi

Glanz und Elend der Kurtisanen. Roman in zwei Bänden. Deutsch von Emil A. Rheinhardt. detebe 130/xxii–xxiii

Die Geheimnisse der Fürstin von Cadignan. Erzählungen. Deutsch von Luci und Hans Pollnow, Paul Mayer und Else von Hollander. detebe 130/xxiv

Tante Lisbeth. Roman. Deutsch von Paul Zech. detebe 130/xxv

Vetter Pons. Roman. Deutsch von Otto Flake. detebe 130/xxvi

Volksvertreter. Erzählungen. Deutsch von Paul Mayer und Charlotte Stucke-Kornfeld. detebe 130/xxvii

Die Kleinbürger. Roman. Deutsch von Hugo Kaatz. detebe 130/xxviii

Eine dunkle Geschichte. Erzählungen. Deutsch von Friedrich von Oppeln-Bronikowski und Frieda von Oppeln. detebe 130/xxix

Die Königstreuen. Roman. Deutsch von Magda Kahn. detebe 130/xxx

Die Bauern. Roman. Deutsch von Hugo Kaatz. detebe 130/xxxi

Der Landarzt. Roman. Deutsch von Emmi Hirschberg. detebe 130/xxxii

Der Landpfarrer. Roman. Deutsch von Emmi Hirschberg. detebe 130/xxxiii

Die Lilie im Tal. Roman. Deutsch von Charlotte Braun-Wogau. detebe 130/XXXIV
Die tödlichen Wünsche. Roman. Deutsch von Emil A. Rheinhardt. detebe 130/XXXV
Buch der Mystik. Erzählungen. Deutsch von Franz Hessel, Else von Hollander und Emmi Hirschberg. detebe 130/XXXVI
Das ungekannte Meisterwerk. Erzählungen. Deutsch von Heinrich E. Jacob und Hete Maass. detebe 130/XXXVII
Der Alchimist. Roman. Deutsch von Emmi Hirschberg. detebe 130/XXXVIII
Der verstoßene Sohn. Erzählungen. Deutsch von Sigrid von Massenbach. detebe 130/XXXIX
Katharina von Medici. Roman. Deutsch von Paul Hausmann. detebe 130/XL
Über Balzac. Zeugnisse und Aufsätze von Victor Hugo bis Somerset Maugham. Mit einem Repertorium der wichtigsten Romanfiguren, Chronik, Bibliographie. Herausgegeben von Claudia Schmölders. detebe 152

Charles Baudelaire

Die Tänzerin Fanfarlo und *Der Spleen von Paris.* Sämtliche Prosadichtungen in einem Band. Deutsch von Walther Küchler. detebe 144

Alexandre Dumas père

Horror in Fontenay. Roman. Übersetzt von Alexander Schmitz. detebe 129

Gustave Flaubert

Briefe. Ausgewählt und übersetzt von Helmut Scheffel. detebe 143

Erckmann-Chatrian

Der Rekrut. Roman. Deutsch von J. von Harten, K. Henninger und Tatjana Fischer. Vorwort von V. S. Pritchett. detebe 12

Guy de Maupassant
Meistererzählungen. Ausgewählt, übersetzt und eingeleitet von Walter Widmer. Ein Diogenes Sonderband

Molière
Komödien und Materialien in 8 Einzelbänden
Neuübertragung von Hans Weigel:

Der Wirrkopf / Die lächerlichen Schwärmerinnen / Sganarell oder Der vermeintlich Betrogene. Komödien I. detebe 95/I
Die Schule der Frauen / Kritik der ‚Schule der Frauen' / Die Schule der Ehemänner. Komödien II. detebe 95/II
Tartuffe oder Der Betrüger / Der Betrogene oder George Dandin / Vorspiel in Versailles. Komödien III. detebe 95/III
Don Juan oder Der steinerne Gast / Die Lästigen / Der Arzt wider Willen. Komödien IV. detebe 95/IV
Der Menschenfeind / Die erzwungene Heirat / Die gelehrten Frauen. Komödien V. detebe 95/V
Der Geizige / Der Bürger als Edelmann / Der Herr aus der Provinz. Komödien VI. detebe 95/VI
Der Hypochonder / Die Gaunereien des Scappino. Komödien VII. detebe 95/VII
Über Molière. Zeugnisse, Essays und Aufsätze von Anouilh bis Voltaire. Mit Chronik und Bibliographie. Herausgegeben von Christian Strich, Rémy Charbon und Gerd Haffmans. detebe 37

Georges Simenon
Neuedition in Einzelbänden

Bisher liegen vor:
Der Verdächtige. Roman. Deutsch von Eugen Helmlé
Der Mörder. Roman. Deutsch von Lothar Baier
Als ich alt war. Tagebücher 1960–1963. Deutsch von Linde Birk
Georges Simenon/André Gide. Briefwechsel. Deutsch von Stefanie Weiss

Brief an meinen Richter. Roman. Deutsch von Hansjürgen Wille und Barbara Klau. detebe 135/I

Der Schnee war schmutzig. Roman. Deutsch von Willi A. Koch. detebe 135/II

Die grünen Fensterläden. Roman. Deutsch von Alfred Günther. detebe 135/III

Im Falle eines Unfalls. Roman. Deutsch von Hansjürgen Wille und Barbara Klau. detebe 135/IV

Sonntag. Roman. Deutsch von Hansjürgen Wille und Barbara Klaus. detebe 135/V

Bellas Tod. Roman. Deutsch von Elisabeth Serelmann-Küchler. detebe 135/VI

Roland Topor

Memoiren eines alten Arschlochs. Roman. Deutsch von Eugen Helmlé

Der Mieter. Roman. Deutsch von Wolfram Schäfer. detebe 126

Jules Verne

Hauptwerke in Einzelbänden:

Ungekürzt, originalgetreu, mit allen Stichen der französischen Erstausgabe.

Bisher liegen vor:

Reise um die Erde in achtzig Tagen. Roman. Deutsch von Erich Fivian. detebe 64/I

Fünf Wochen im Ballon. Roman. Deutsch von Felix Gasbarra. detebe 64/II

Von der Erde zum Mond. Roman. Deutsch von William Matheson. detebe 64/III

Reise um den Mond. Roman. Deutsch von Ute Haffmans. detebe 64/IV

Zwanzigtausend Meilen unter Meer. Roman in zwei Bänden. Deutsch von Peter Laneus und Peter G. Hubler. detebe 64/V–VI

Reise zum Mittelpunkt der Erde. Roman. Deutsch von Hansjürgen Wille und Barbara Klau. detebe 64/VII

Der Kurier des Zaren. Roman in zwei Bänden. Deutsch von Karl Wittlinger. detebe 64/VIII–IX

Zwei Jahre Ferien. Roman. Deutsch von Erika Gebühr. Ein Diogenes Sonderband

Die großen Seefahrer und Entdecker. Ein Diogenes Sonderband

Als deutsche Erstausgabe erscheint, in der Übersetzung von Eva Rechel-Mertens:

Die erstaunlichen Abenteuer der Expedition Barsac. Ein Diogenes Sonderband

Diogenes Taschenbücher

Alphabetisches Verzeichnis

detebe-Kassetten

Titel mit * sind Erstausgaben oder deutsche Erstausgaben.
Titel mit o sind auch als Studienausgaben empfohlen.

Diogenes Kinder Taschenbücher

Alphabetisches Verzeichnis

Diogenes Taschenbücher

0 Flora, *Premiere**
1/I o Andersch, *Die Kirschen der Freiheit*
1/II o Andersch, *Sansibar oder der letzte Grund*
1/III o Andersch, *Hörspiele*
1/IV o Andersch, *Geister und Leute*
1/V o Andersch, *Die Rote*
1/VI o Andersch, *Ein Liebhaber des Halbschattens*
1/VII o Andersch, *Efraim*
1/IX o Andersch, *Winterspelt*
1/XIII o Andersch, *Öffentlicher Brief an einen sowjetischen Schriftsteller**
2/I o O'Casey, *Purpurstaub**
2/II o O'Casey, *Dubliner Trilogie**
3 o Wilde, *Der Sozialismus und die Seele des Menschen*
4/I o Sillitoe, *Guzman, Go Home**
4/II o Sillitoe, *Die Einsamkeit des Langstreckenläufers*
4/III o Sillitoe, *Samstagnacht und Sonntagmorgen*
5 o Amalrik, *Kann die Sowjetunion das Jahr 1984 erleben?**
6 Ungerer, *Der Sexmaniak*
7 o Henkel, *Eisenwichser**
8 Tschukowskaja, *Ein leeres Haus*
9 Mercer, *Flint**
10/I Rosendorfer, *Über das Küssen der Erde**
10/II o Rosendorfer, *Der Ruinenbaumeister*
10/III Rosendorfer, *Skaumo**
11 o D. H. Lawrence, *Pornographie und Obszönität**
12 o Erckmann/Chatrian, *Der Rekrut*
13 Loriot, *Kleine Prosa**
14 Searle, *Weil noch das Lämpchen glüht*
15 o Fischer, *Überlegungen zur Situation der Kunst**
16 O'Flaherty, *Ich ging nach Rußland*
17 Ungerer, *Fornicon*
18 o Braun/Iden, *Neues deutsches Theater**
19/I o Thoreau, *Walden oder Leben in den Wäldern*
19/II o Thoreau, *Über die Pflicht zum Ungehorsam**
20/I o McCullers, *Wunderkind*
20/II o McCullers, *Madame Zilensky und der König von Finnland*
20/III o McCullers, *Die Ballade vom traurigen Café*
20/IV o McCullers, *Das Herz ist ein einsamer Jäger*
20/V o McCullers, *Spiegelbild im goldnen Auge*
20/VI o McCullers, *Frankie*
20/VII o McCullers, *Uhr ohne Zeiger*
20/VIII o *Über Carson McCullers**
21/I o L. Marcuse, *Philosophie des Glücks*
21/II o L. Marcuse, *Sigmund Freud*
21/III o L. Marcuse, *Argumente und Rezepte*
21/IV o L. Marcuse, *Richard Wagner*
21/V o L. Marcuse, *Ignatius von Loyola*
21/VI o L. Marcuse, *Mein zwanzigstes Jahrhundert*
21/VII o L. Marcuse, *Nachruf auf Ludwig Marcuse*
21/VIII o L. Marcuse, *Ludwig Börne*
21/IX o L. Marcuse, *Heinrich Heine*
22/I Jägersberg, *Cosa Nostra**

22/II o Jägersberg, *Weihrauch und Pumpernickel*
22/III Jägersberg, *Nette Leute*
23 Topor, *Tragödien**
24 Brechbühl, *Der geschlagene Hund**
25/I–III Hottinger, *Mord · Mehr Morde · Noch mehr Morde*
26 Richartz, *Tod den Ärtzten*
27 Gorey, *Balaclava**
28 o Einstein/Freud, *Warum Krieg?*
29/I Spark, *Memento Mori*
29/II Spark, *Die Ballade von Peckham Rye*
30/I o Faulkner, *Brandstifter*
30/II o Faulkner, *Eine Rose für Emily*
30/III o Faulkner, *Rotes Laub*
30/IV o Faulkner, *Sieg im Gebirge*
30/V o Faulkner, *Schwarze Musik*
30/VI o Faulkner, *Die Unbesiegten*
30/VII o Faulkner, *Sartoris*
30/VIII o Faulkner, *Als ich im Sterben lag*
30/IX o Faulkner, *Schall und Wahn*
30/X o Faulkner, *Absalom, Absalom!*
30/XI o Faulkner, *Go down, Moses*
30/XII o Faulkner, *Der große Wald*
30/XIII o Faulkner, *Griff in den Staub*
30/XIV o Faulkner, *Der Springer greift an*
31 Hensel, *Wider die Theaterverhunzer**
32 Ely, *Aus**
33/I Goya, *Caprichos*
33/II Goya, *Desastres de la Guerra*
34 Whistler, *Die vornehme Kunst sich Feinde zu machen**
35/V Maugham, *Rosie und die Künstler*
35/VI Maugham, *Silbermond und Kupfermünze*
35/VII Maugham, *Auf Messers Schneide*
35/VIII Maugham, *Theater*
35/IX Maugham, *Damals und heute*
35/X Maugham, *Der Magier*
35/XI Maugham, *Oben in der Villa*
35/XII Maugham, *Mrs. Craddock*
35/XIII–XIV o Maugham, *Der Menschen Hörigkeit*
36 (Samisdat), *Unruhen aus neuester Zeit**
37 o *Über Molière**
38 Sempé, *Konsumgesellschaft**
39/I Widmer, *Das Normale und die Sehnsucht**
39/II Widmer, *Die lange Nacht der Detektive**
39/III Widmer, *Die Forschungsreise*
39/IV Widmer, *Schweizer Geschichten*
39/V Widmer, *Nepal*
40/I West, *Schreiben Sie Miss Lonelyhearts*
40/II West, *Tag der Heuschrecke*
40/III West, *Eine glatte Million*
41 o Ferlinghetti, *Ausgewählte Gedichte**
42 o Jewtuschenko, *Ausgewählte Gedichte**
43 o R. Walser, *Der Spaziergang*
44 o Bosc, *Love and Order*
46 o *Über Gott und die Welt**
47 o *Kann man noch beten?**

48 o Wollschläger, _Die bewaffneten Wallfahrten_*
49 Ungerer, _Spiegelmensch_*
50/I o Čechov, _Die Möwe_
50/II o Čechov, _Der Waldschrat_
50/III o Čechov, _Der Kirschgarten_
50/IV o Čechov, _Onkel Vanja_
50/V o Čechov, _Ivanov_
50/VI o Čechov, _Drei Schwestern_
50/VII o Čechov, _Platonov_*
50/XI o Čechov, _Ein unbedeutender Mensch_
50/XII o Čechov, _Gespräch eines Betrunkenen_
50/XIII o Čechov, _Die Steppe_
50/XIV o Čechov, _Flattergeist_
50/XV o Čechov, _Rothschilds Geige_
50/XVI o Čechov, _Die Dame mit dem Hündchen_
50/XVII o Čechov, _Eine langweilige Geschichte_
50/XVIII o Čechov, _Krankenzimmer Nr. 6_
50/XIX o Čechov, _Drei Jahre_
50/XX o Čechov, _Die Insel Sachalin_
51 Monterroso, _Das gesamte Werk und andere Fabeln_*
52/I Flora, _Trauerflora_
52/II Flora, _Vivat Vamp!_
53 o _Über Alfred Andersch_*
54 o _Über William Faulkner_*
55/I Fellini, _Roma_*
55/II Fellini, _Das süße Leben_*
55/III Fellini, _8½_
55/IV Fellini, _Julia und die Geister_
55/V Fellini, _Amarcord_*
55/VI Fellini, _Aufsätze und Notizen_*
55/VII Fellini, _Casanova_*
55/VIII Fellini, _La Strada_*
55/IX Fellini, _Die Nächte der Cabiria_*
55/X Fellini, _I Vitelloni_*
56 o Benn, _Ausgewählte Gedichte_
57 o H. Mann, _Liebesspiele_
58 o _Das Diogenes Lesebuch_*
59 o Friedell, _Konversationslexikon_*
60/I o Busch, _Gedichte_
60/II o Busch, _Max und Moritz_
60/III o Busch, _Die fromme Helene_
60/IV o Busch, _Tobias Knopp_
60/V o Busch, _Hans Huckebein / Fipps der Affe / Plisch und Plum_
60/VI o Busch, _Balduin Bählamm / Maler Klecksel_
60/VII o Busch, _Prosa_
61 Loriot, _Tagebuch_*
62 o Saki, _Die offene Tür_
63/I o Orwell, _Farm der Tiere_
63/II o Orwell, _Im Innern des Wals_*
63/III o Orwell, _Rache ist sauer_*
63/IV o Orwell, _Mein Katalonien_
64/I Verne, _Reise um die Erde in 80 Tagen_
64/II Verne, _Fünf Wochen im Ballon_
64/III Verne, _Von der Erde zum Mond_
64/IV Verne, _Reise um den Mond_

64/v–vi Verne, *20000 Meilen unter Meer*
64/vii Verne, *Reise zum Mittelpunkt der Erde*
64/viii–ix Verne, *Der Kurier des Zaren*
64/x Verne, *Die fünfhundert Millionen der Begum*
64/xi–xii Verne, *Die Kinder des Kapitäns Grant*
64/xiii Verne, *Die Erfindung des Verderbens*
64/xiv Verne, *Die Leiden eines Chinesen in China*
64/xv Verne, *Das Karpathenschloß*
64/xvi–xvii Verne, *Die Gestrandeten*
64/xviii Verne, *Der ewige Adam*
64/xix Verne, *Robur der Eroberer*
65/i Leblanc, *Arsène Lupin – Der Gentleman-Gauner*
65/ii Leblanc, *Die hohle Nadel*
66/i o Conrad, *Lord Jim*
66/ii o Conrad, *Der Geheimagent*
66/iii o Conrad, *Herz der Finsternis*
67/i Wells, *Der Unsichtbare*
67/ii Wells, *Der Krieg der Welten*
67/iii o Wells, *Die Zeitmaschine*
67/iv o Wells, *Die Geschichte unserer Welt*
67/v Wells, *Das Land der Blinden*
68 Belloc Lowndes, *Jack the Ripper**
69/i Hammett, *Der Malteser Falke*
69/ii Hammett, *Rote Ernte*
69/iii Hammett, *Der Fluch des Hauses Dain*
69/iv Hammett, *Der gläserne Schlüssel*
69/v Hammett, *Der dünne Mann*
70/i Chandler, *Der große Schlaf*
70/ii Chandler, *Die kleine Schwester*
70/iii Chandler, *Das hohe Fenster*
70/iv Chandler, *Der lange Abschied*
70/v o Chandler, *Die simple Kunst des Mordes*
70/vi Chandler, *Die Tote im See*
70/vii Chandler, *Lebwohl, mein Liebling*
70/viii Chandler, *Playback*
70/ix Chandler, *Mord im Regen*
71 Christie, *Villa Nachtigall*
72 Simenon, *Die Glocken von Bicêtre*
73 Stoker, *Draculas Gast*
74/i Highsmith, *Der Stümper*
74/ii Highsmith, *Zwei Fremde im Zug*
74/iii Highsmith, *Der Geschichtenerzähler*
74/iv Highsmith, *Der süße Wahn*
74/v Highsmith, *Die zwei Gesichter des Januars*
74/vi Highsmith, *Der Schrei der Eule*
74/vii Highsmith, *Tiefe Wasser*
74/viii Highsmith, *Die gläserne Zelle*
74/ix Highsmith, *Das Zittern des Fälschers*
74/x Highsmith, *Lösegeld für einen Hund*
75/i Ambler, *Die Maske des Dimitrios*
75/ii Ambler, *Der Fall Deltschev*
75/iii Ambler, *Eine Art von Zorn**
75/iv Ambler, *Schirmers Erbschaft*

104		Becker, *Russisch Roulette* *
105	o	Poe, *Der Untergang des Hauses Usher*
106		Bierce, *Die Spottdrossel*
107		O. Henry, *Glück, Geld und Gauner*
108/I		Haggard, *Sie*
109		Hornung, *Raffles – Der Dieb in der Nacht*
110/I		Heller, *Herrn Collins Abenteuer*
111		Hearson, *Euer Gnaden haben geschossen?*
112	o	Wollschläger, *Karl May*
113	o	Wollschläger, *Die Gegenwart einer Illusion* *
114	o	Plomer, *Turbott Wolfe*
115	o	Lessing, *Hunger* *
116		Richartz, *Das Leben als Umweg* *
117	o	*Das Diogenes Lesebuch amerikanischer Erzähler* *
118	o	*Das Diogenes Lesebuch englischer Erzähler* *
119	o	*Das Diogenes Lesebuch irischer Erzähler* *
120/I		*Dolly Dolittle's Crime Club I*
120/II		*Dolly Dolittle's Crime Club II*
121		Lodemann, *Anita Drögemöller*
122	o	*Das Tintenfaß, Nr. 26* *
123		Ungerer, *Der erfolgreiche Geschäftsmann*
124		Moss/Gorey, *Augenblicke aus dem Leben großer Geister* *
125/I	o	Maugham, *Honolulu*
125/II	o	Maugham, *Das glückliche Paar*
125/III	o	Maugham, *Vor der Party*
125/IV	o	Maugham, *Die Macht der Umstände*
125/V	o	Maugham, *Lord Mountdrago*
125/VI	o	Maugham, *Fußspuren im Dschungel*
125/VII	o	Maugham, *Ashenden oder Der britische Geheimagent*
125/VIII	o	Maugham, *Entlegene Welten*
125/IX	o	Maugham, *Winter-Kreuzfahrt*
125/X	o	Maugham, *Fata Morgana*
126		Topor, *Der Mieter* *
127		Bradbury, *Der illustrierte Mann*
128		Kersh, *Mann ohne Gesicht* *
129		Dumas, *Horror in Fontenay* *
130/I–XL	o	Balzac, *Die Menschliche Komödie*
131		Bellairs, *Das Haus, das tickte* *
132		Cullingford, *Post mortem* *
133		Armstrong, *Mein Leben in New Orleans*
134	o	Hesse, *Die Fremdenstadt im Süden*
135/I		Simenon, *Brief an meinen Richter*
135/II		Simenon, *Der Schnee war schmutzig*
135/III		Simenon, *Die grünen Fensterläden*
135/IV		Simenon, *Im Falle eines Unfalls*
135/V		Simenon, *Sonntag*
135/VI		Simenon, *Bellas Tod*
135/VII		Simenon, *Der Mann mit dem kleinen Hund*
135/VIII		Simenon, *Drei Zimmer in Manhattan*
135/IX		Simenon, *Die Großmutter*
136	o	*Das deutsche Tintenfaß, Nr. 27* *
137	o	Shakespeare/Kraus, *Sonette*
138	o	Richartz/Widmer, *Shakespeares Geschichten* *
139	o	Heine, *Gedichte*
140/I–IV	o	Schopenhauer, *Die Welt als Wille und Vorstellung I/II*

140/V–VI o Schopenhauer, *Kleinere Schriften*
140/VII–X o Schopenhauer, *Parerga und Paralipomena I/II*
141 o Gogol, *Die toten Seelen*
142 o Melville, *Moby-Dick*
143 o Flaubert, *Briefe*
144 o Baudelaire, *Die Tänzerin Fanfarlo*
145/I–VI Hottinger, *Geschichten für den Connaisseur*
146 o Jiménez, *Herz, stirb oder singe*
147 o D. H. Lawrence, *John Thomas & Lady Jane*
148 Tschukowskaja, *Untertauchen*
150/I o O'Casey, *Ich klopfe an*
151 Andersch, *Einige Zeichnungen*
152 o *Über Balzac* *
153 o *Über Schopenhauer* *

mini-detebes

1 *Lektüre für Intelligente* *
2 *Cartoons für Intelligente* *
3 *Das mini-anti-Lesebuch* *
4 *Das kleine Liederbuch* *
5 *Das mini-Krimi-Kompendium* *
6 Sendak, *Zehn kleine Kerlchen* *
I–XXV *Die Diogenes mini-Bibliothek der Weltliteratur* *

detebe-Kassetten

K 1 o Hottinger, *Morde in 3 Bänden*
K 2 o Čechov, *Das erzählende Werk in 10 Bänden*
K 3 o Hammett, *Sämtliche Romane in 5 Bänden*
K 4 o Chandler, *Sämtliche Romane und mehr in 9 Bänden*
K 5 o Maugham, *Gesammelte Erzählungen in 10 Bänden*
K 6 o D. H. Lawrence, *Sämtliche Erzählungen und Kurzromane in 8 Bänden*
K 7 o Molière, *Komödien und Materialien in 8 Bänden*
K 8 o O'Connor, *Gesammelte Erzählungen in 6 Bänden*
K 9 Chaval, *Gesammelte Cartoons in 3 Bänden*
K 10 o Balzac, *Die Menschliche Komödie in 40 Bänden*
K 11 o McCullers, *Werke in 8 Bänden*
K 12 o Schopenhauer, *Zürcher Ausgabe in 10 Bänden*
K 13 o Busch, *Studienausgabe in 7 Bänden*
K 14 Hottinger, *Geschichten für den Connaisseur in 6 Bänden*
K 15 o Maugham, *Der Menschen Hörigkeit in 2 Bänden*
K 16 o Faulkner, *Gesammelte Erzählungen in 5 Bänden*

Titel mit * sind Erstausgaben oder deutsche Erstausgaben.
Titel mit o sind auch als Studienausgaben empfohlen.